フラクタリスト
―マンデルブロ自伝―

ベノワ・B・マンデルブロ

田沢恭子 訳

THE FRACTALIST
MEMOIR OF A SCIENTIFIC MAVERICK

Benoit B. Mandelbrot

早川書房

本物のシダ

Ｌシステムで作成したフラクタルによるシダ

本物の雲

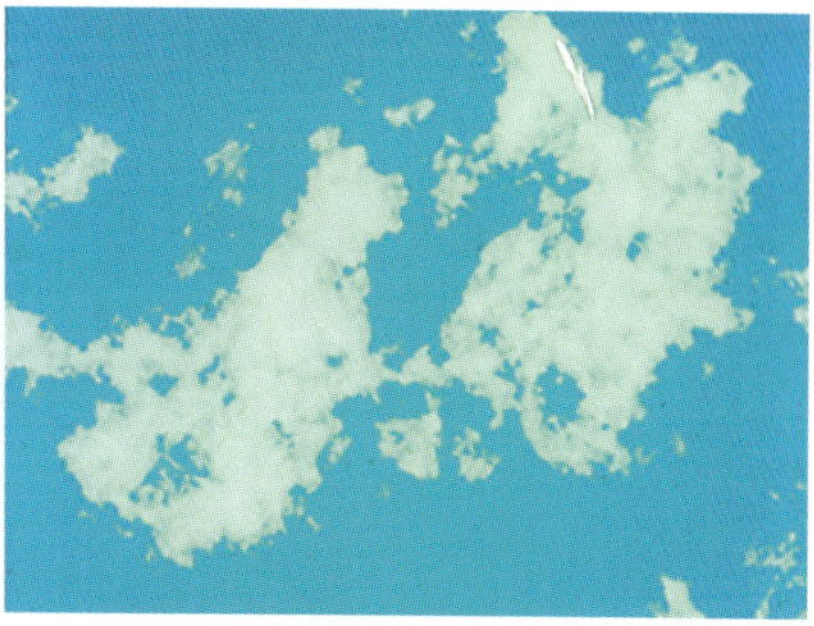

フラクタルによる雲

本物の海岸線

フラクタルによる海岸線

本物？　フラクタル？
模倣：理解への第一歩

山肌
2.15 次元

山肌
2.5 次元

山肌
2.8 次元

フラクタル次元とラフネスの関係を示すフラクタルによる創作

「涼しい午後」

「レーテー（忘却の川）」

フラクタルによる風景の芸術的表現

フラクタルによる花の絵
アウグスト・ジャコメッティ

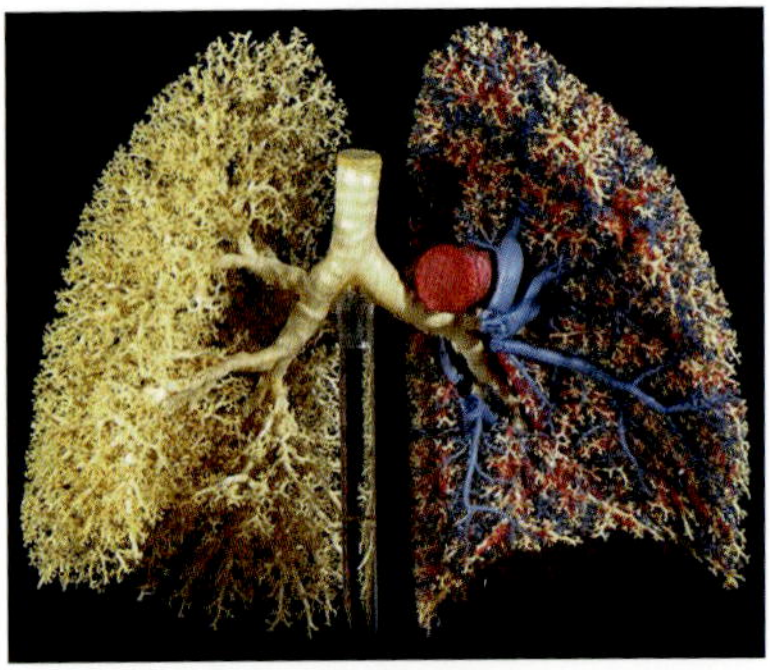

ヒトの肺の模型

『神奈川沖浪裏』
葛飾北斎

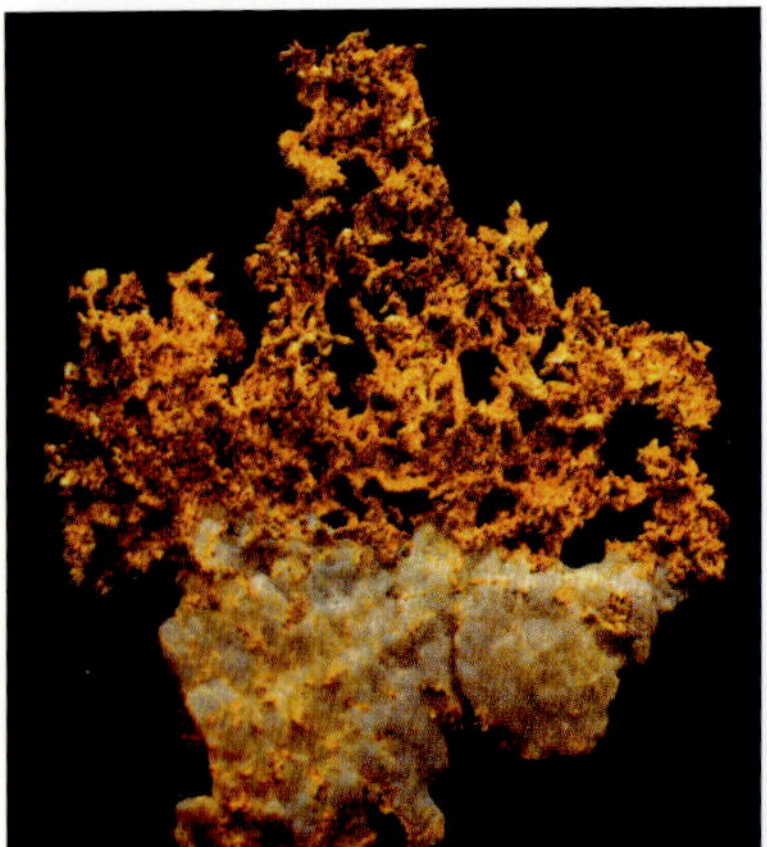

入り組んだ形状の自然金

木星表面の乱流

科学、芸術、自然

マンデルブロ集合の拡大図

「ファラオの胸当て」、円に関する自己反転の極限集合

マンデルブロ集合のバリエーション

マンデルブロ集合の深奥部

「洞窟壁画」、修飾されたマンデルブロ集合の断片

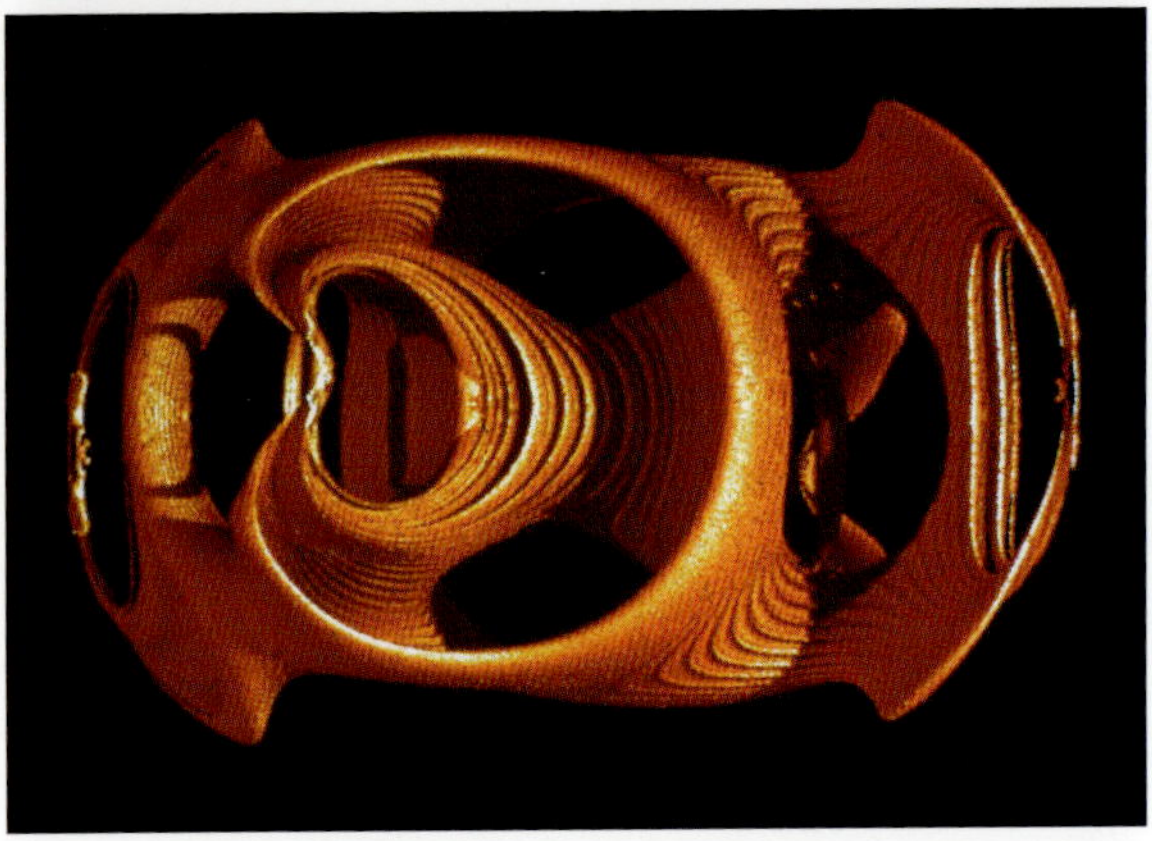

四元数によるジュリア集合

フラクタリスト

―マンデルブロ自伝―

THE FRACTALIST
Memoir of a Scientific Maverick
by
Benoit B. Mandelbrot

Translated by
Kyoko Tazawa
First published 2013 in Japan by
Hayakawa Publishing, Inc.
This book is published in Japan by
direct arrangement with
Brockman, Inc.

わが人生の曲がりくねった長い道のりは、孤独でしばしばひどく荒れていた。愛情に満ちた助けがなければ、短く危険で不毛な道のりとなっていただろう。しかし私は幸運に恵まれていた。両親は、生き抜く術を教えてくれた。叔父は、私を従順ではないが恩を知る教え子として受け止めてくれた。のちにアリエットもこうした人たちの一人となり、彼女と息子たち、そして孫たちは、私に笑顔を教えてくれた。絶えず私を導いてくれた人たちに、わが生涯のシーンの数々を捧げる。

本書は、数学、経済学、自然科学、工学、芸術を通じてラフネス（訳注　roughness、なめらかでなく不均一な形状）の秩序と美を真摯に追い求めた険しい道程を描く回想録である。この道をたどるなかで、私には過分なほど、強い力を放つ多彩な人たちにたくさん出会うことができた。多くは温かく寛容な人たちだった。しかし無関心や侮蔑や敵意を示す人もまた多く、残忍と言うべき人さえいた。本書で全員に触れることはできないが、私はすべての人からなにかを教わり、大きな恩を受けている。

古のデータと古のおもちゃを結びつけて科学の礎を築いたヨハネス・ケプラーをしのんで。

目次

第2部　科学と人生を学んだ紆余曲折の長い道のり

第3部 人生の実り多き第三段階

感謝の言葉

アリエット・マンデルブロ

わが夫ベノワは、本書『フラクタリスト』の原稿を出版社に送る直前に亡くなりました。ベノワは何年もかけて、この回想録を執筆してきました。これは人から言われたのではなく彼が純粋にやりたくて手がけた仕事です。彼の言葉の命をつないでくださった方々に、心より感謝を申し上げます。

ベノワの優秀なアシスタント、メリー・モースがいなければ、本書を完成させることはできなかったでしょう。メリーはベノワの言葉やスタイルや精神を損ねることなく、校正や問題解決に驚くべき才能を発揮してくれました。ありがとう、メリー。仕事への熱意、数え切れないほどの時間、出版社とのやりとり、そして友情に感謝します。

イェール大学でベノワの親友であり同僚でもあったマイケル・フレイムは、あとがきを執筆し、本書全体でフラクタルの画像や専門性の高い部分について相談に乗り、私たちの果てしない質問にいつも即座に答えをくれました。

ヨークタウン・ハイツのＩＢＭ研究所で同僚かつ友人だったリチャード・ヴォスには、ＩＢＭでの初期のコンピューターグラフィックスに関する部分をチェックしてわかりやすくしてもらうとともに、ご自身の生成された画像の背後にあるテクノロジーを解説してもらいました。

同じくＩＢＭ研究所で同僚だったアラン・ノートンは、ジュリア集合に関する部分をチェックし、関連した画像を使ったらどうかと提案してくれました。

『禁断の市場』（高安秀樹監訳、東洋経済新報社）の共著者リチャード・ハドソンには、ファイナンス関係の部分をチェックしていただきました。

リサ・マーゴリンは多大な時間を費やして、ベノワが子どものころに一夏を過ごしたポウォチャンカの載っている一九三八年の白ロシアの地図を探し出してくださいました。

ＩＢＭケンブリッジ研究所のアイリーン・グライフ所長とＩＢＭホーソーン研究所のチャールズ・リッケル元副所長は、メリー・モースが本書の作業を進めるに際して惜しみなく時間を割いてくださいました。

メイダ・アイゼンバーグはベノワをＩＢＭケンブリッジ研究所に温かく迎え、本書の執筆に向けて協力的で快適な環境を整えてくださいました。

ＩＢＭケンブリッジ研究所のデザインリサーチャー、ポール・ムーディーには、本書で用いたフラクタル画像の一部を作成していただきました。

ＩＢＭケンブリッジ研究所側の担当者ジェイン・オリンジーは、本書の原稿をすべてまとめて出版社に送ってくださいました。

パンテオン社のダン・フランクには、本書の制作において貴重なご助力をいただいたことを特に感謝します。

最後になりましたが、アルフレッド・P・スローン財団から本書に対して助成金をいただいたことを感謝いたします。

美とラフネス——序文

自然界に存在する一般的なパターンのほとんどはラフである。精妙に不規則で不連続な性質をもっている。古（いにしえ）の驚異的なユークリッド幾何学の図形より入り組んでいるだけでなく、はるかに複雑である。何世紀ものあいだ、ラフネスを測るという考え自体が荒唐無稽な夢だった。そしてこれこそ、私が研究生活をすべて捧げて追い求めてきた夢の一つだ。

かく言う私は何者であろうか？　科学に挑む戦士のはしくれで、今や老兵となった私は、これまでに数々の書き物をしてきたが、固定読者層というものは獲得したことがない。そこでこの回想録では、私が自分をどんな人間だと思っているか、史上前例のないラフネス理論にかくも長きにわたって取り組むようになった経緯、そしてそれが美の理論の一面となるのを見守ることで報われるまでの道のり、これらについて語らせてほしい。

＊

開(ひら)けた精神をもつ数学者のアンリ・ポアンカレ（一八五四～一九一二）は、人が自らの意思で問う問いもあれば、問いのほうから問いかけてくる「自然発生的」な問いもあると述べた。私の人生はそうした自然発生的な問いで満ちている。山、海岸線、川、二つの川の分水線は、どんな形状をとるか？　雲、炎、溶接の接合部の破面は、どんな形をしているか？　銀河はどんな密度で宇宙に分布しているのか？　金融市場の価格変動性(ボラティリティ)を記述し、それにもとづいて行動できるようにするにはどうしたらよいか？　さまざまな書き手の語彙を比較したり測定したりできる方法はあるのか？　面積や長さは数で測れるが、さびた鉄や、砕けた石や金属やガラスなどの〝全体的なラフネス〟を測れる数はあるのか？　音楽や抽象絵画の複雑さについてはどうか？　幾何学（geometry）は、語源のギリシャ語「geo（土地）」に込められた期待に応えることが――すなわち、ナイル川流域の開墾地だけでなく未開拓の土地についても正確な測量をすることが――できるのか？

これらの問いは、ほかのたくさんの問いとともにさまざまな学問分野に散らばっている。それらへの取り組みが始まったのはつい最近のことで、始めたのは私だ。第二次世界大戦中に少年だった私は、はるか昔の数学者で天文学者、ヨハネス・ケプラー（一五七一～一六三〇）の偉業を崇拝するようになった。ケプラーは二つのものを結びつけた。古代ギリシャの幾何学者が発見した〝楕円〟を、惑星運動には常に〝変則(アノマリー)〟が存在するという古代ギリシャの天文学者の誤解と結びつけたのだ。ケプラーは数学と天文学という二つの分野で自らのもつ知識を利用して、この惑星運動が変則ではないことを確かめた。変則と思われていたものは、じつは楕円軌道だった。このような発見をすることが、子ども時代の私の夢となった。

なんとも現実離れした考えだ！　確立されたいかなる職業でも出世にはつながらず、人生で成功する手立てになるわけでもない。叔父で高名な数学者のショレムからは、まったく子どもじみた考えだと何度も言われた。それでもどういうわけか、この夢を追って生涯を過ごすことを運命は許してくれた。並外れた幸運と、長く、このうえなくややこしいキャリアを通じて、夢がついにかなったのだ。

ケプラー的探求の途上で、私は幾多の困難に挑んだ。そしてうれしいことに、挑戦は成功した。一方で、残念なこともあった。あるいはこれも喜ぶべきことなのかもしれないが、その〝成功〟から新たに別の問題がどっさり生まれたのだ。そのうえ、一見互いに無関係かと思われる複数の分野で私のなし遂げた業績が、じつは密接に関係していて、それらがやがてラフネス理論につながった。この難題は古代から存在しており、ギリシャの哲学者プラトンがわれわれより何千年も前に概述しているが、それを探究する方法は誰にもわからなかった。私がその方法を知る人間だったのか？

＊

私の知り合いに、有名大学で学部長を務める押しの強い人物がいた。あるとき騒々しい廊下で出くわすと、彼は立ち止まって私に話しかけた。その言葉は私の記憶から決して消えることはなかった。「君はとてもよくやっている。だが孤独で厳しい道を歩いている。分野から分野へと走りつづけて先の見えない生活を送るばかりで、自分の手に入れたものをゆったりと楽しもうとしない。転がる石には苔つかずと言うが、君の場合は完全にイカれていると陰口を叩く人もいる。しかし私は君がイカれているとはまったく思わない。今のやり方を続ければいい。物事を考える人にとって、最も深刻な心の病は自分が何者かわからなくなることだ。しかし、君はそんな問題に悩んだりしない。状況が変わっても、それに合わせて自分を変える必要など絶対にない。ひたすら進みつづければいいんだ。この点で、君はわれわれの中で一番まともな人間だ」

分野から分野へと走っているわけではなく、ラフネス理論の研究をしているのです、と私は心の中で答えた。私は、問題を目にしたら片っ端から叩いてやろうと大きなハンマーを握りしめているような人間ではない。学部長の言葉は賛辞だったのか、それともただの気休めか？　その答えはすぐにわかった。彼は私をある大きな賞に推薦してくれていたのだ。

健康な精神というのは、じっとしていられない気持ちをなんとか抑えている状態と両立しうるものだろうか？　ダンテの『神曲』では、終わりのない探究を命じられた死者が、地獄の最も奥深い階層へ追いやられる。しかし私の場合は、明白な結びつきのない無数の学問領域にまたがる果てしない探究が、幸福な人生につながった。確かに私は転がる石かもしれないが、周囲に対して無反応な石ではない。きわめて行動的で自発的な私は、どんどん転がって、さまざまな一般信徒向けの修道院に立ち寄っては説教に耳を傾けたり、あるいは自分が説教をしたりするのを好んだ。壮麗で堂々とした修道院もあれば、へんぴな場所に建つさびれた修道院もあった。

＊

二〇歳のとき、フランス最難関の高等教育機関であるエコール・ノルマル・シュペリウール（国立高等師範学校）への入学をその年に勝ち取った二〇人の中の一人となった。八〇歳で退職したときには、イェール大学数学科のスターリング記念教授だった。これはイェール大学全体で二〇人ほどの最高位の教授職だ。私は考えうるかぎり最も権威があって批判されない立場で〝研究生活〟を送れるようになり、そしてそれをあとにした。ここへ至るまでには〝苔〟もいくらかまとった。

三五歳で転機を迎えてからの人生は、さまざまな点で、ともかく有意義なかたちで、きわめて型破りだった。私はあるおとぎ話を思い出す。一本の細いひもが不意に主人公の目に留まる。それをどんどん強くたぐり寄せていくと、信じられないような驚くべき光景が目の前で次々に繰り広げられる。まったく思ってもみなかったものばかりだ。私自身の目の前に現れた驚異を一つひとつ調べてみると、それらは互いに遠く隔たった知の領域に〝属する〟ものだった。それぞれを別個に研究することは可能で、それだけでも大きな成果が得られる。私も若いころはそうしていた。しかしのちにもっと広い視野をもつようになり、それで大きな報いを得た。さまざまな分野で得られたこれらの成果はみな「同じさやで育った豆粒」、あるいはとても長いネックレスに連なる大小の真珠ととらえると、最も研究しやすくなることがわかった。

やはりこれらの分野は互いに遠く隔たりすぎていて、まとめて扱うには無理があるだろうか？ 私は無駄に自分の力を分散させていたのか？ そうかもしれない。だが、厳しく慎重に自己を律したおかげで、共通の名前はまだなかったが絶対に名前が必要な、それらのラフな形状に目を向けつづけることができた。別々の分野を結びつけることで、私は新たな分野を開拓してそれを命名する権利を得るという、めったにあるものではないが無防備で危うい立場へと、思いがけず到達することになった。そして私はこの分野を「フラクタル幾何学」と名づけた。

フラクタル幾何学を構成する主要な側面はすべて、二〇世紀初頭の物理学者が「発散（カタストロフィ）」と呼んだ問題を抱えていると言っていい。ある特定の物体が放出するエネルギーについて、当時の理論に従って計算すると無限大の値が出てきてしまった。しかし現実には無限大のエネルギーなどというものはありえないので、なんとかする必要があった。この難問を解決したのが量子力学だった。量子力学は二〇世紀の物理学に起きた最大級の革命であり、コンピューターやレーザーや人工衛星といった現代のテクノロジーの多くを支える基盤となっている。

私が〝豆粒〟をすべて結びつけられたのは、じつはこれと同じ難題を裏返すことによってだった。私の手がけた学問領域の多くは、たとえば海岸線の長さのように明確で有限な値をもつとされる数量を基盤としていた。しかし、そのような有限の値というものがどうしても特定できなかった。海岸線の長さを測る場合、使う物差しを短くしていくとどんどん細かい形状が検出され、長さの測定値が大きくなっていく。そうした重要な数量が無限大となることを許すべきだと看破したがゆえに、私はこれらの分野の研究にのめり込むようになったのである。

＊

どんな経緯でこうなったのか？　叔父のショレムと私はワルシャワで生まれた。二人ともすぐれた眼力をもち、数学者として認められるようになった。しかしあまりにも波瀾に満ちた時代が十代のショレムを苦しめ、のちに私も同じく苦しめられ、私たちは互いにまったく違うタイプの人間となった。ショレムは体制側で明確な目標をもつ人間であることに満足感を見出したが、私は何者とも分類しがたい異端者として成功を収めた。

叔父は第一次世界大戦中に少年時代を過ごし、革命と内戦のさなかにロシア各地を転々とした。早い時期に、明確ではあるが視覚的イメージとは無縁のテーマに出会った。古典的なフランスの数理解析である。数理解析に対して生涯にわたる激しい愛を抱いた彼は、その発祥の地へ移った。すぐにその学問のかがり火を渡され、晴れた日も荒天の日もその火を燃やしつづけた。

一方、第二次世界大戦中に少年時代を過ごした私は、フランス中部のへんぴで貧しい山間地に疎開した。そこで、図版がたくさん載った時代遅れの数学の教科書を通じて、視覚的イメージの世界に出会った。戦争が終わってエコール・ノルマル・シュペリウールに入学するとすぐに、現実世界の謎から切り離された数学は私向きでないことに気づいた。そこで別の道を歩みだした。

＊

私が生まれる半世紀前、ゲオルク・カントール（一八四五～一九一八）は「数学の本質はその自由性にある」と主張した。彼の仲間たちは「怪物」や「病変」と呼ばれる図形を大量に発明した——少なくとも当人たちはそう思っていた。そうした研究によって、数学は自然界から意図的に乖離したものとなった。私はコンピューターの助けを借りてそれらの図形を実際に描き、その本来の意図を完全に反転させた。さらにたくさんの図形を発明し、しばしば古くから存在する多数の具象的な問題——「かつては詩人と子どもだけのものだった問題」——に取り組む助けとなりそうな道具もいくつか見出した。数学の中で最も純粋な領域で、打ち捨てられた〝病変〟と臆せずたわむれるうちに、私は数々の広

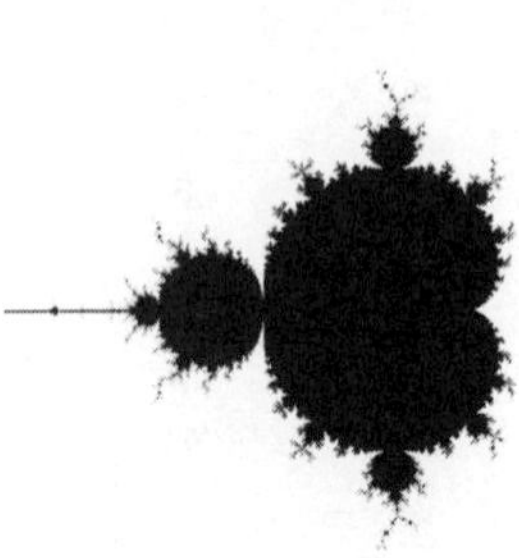

範な発見をするに至った。今では「マンデルブロ集合」と呼ばれている精妙なまでに複雑な図形（上図）が、数学における最も複雑な対象だと言われたこともある。私は先駆けとなって多くの視覚的イメージを調べ、そこから数々の抽象的な予想を引き出した。それらはきわめて困難だったが、たくさんの厳しい作業に挑む気持ちをかき立て、大きな報いをもたらした。

自然科学の領域では、私は山、海岸線、雲、乱流渦、銀河団、樹木、気象など、数え切れぬほどの見慣れた形状を研究するパイオニアとなった（次ページ）。

人為的な現象の研究では、私が最初に扱ったのは語の出現頻度の法則という一風変わった事象だった。その後、投機市場の価格変動に見られる「予想外の動き」というきわめて現実的なテーマでこの分野の研究のピークに達した。さらに視覚芸術の研究にちょっとした疑念を投げかけた。

では、私が真に属する場所はどこなのか？　「どこにでも」とは言わないことにしている。これはあまりにもたやすく「どこにも属さない」という意味に転じてしまうからだ。答えを迫られたときには、自分のことを「フラクタリスト」と呼ぶことにしている。やり方の見当もまったくつかないまま私が挑みつづけた難題の一つは、部分と全体を正当にとらえることだった。この回想録でも、大いにその努力をしている。

科学と芸術において、昔ながらの単純な〝ラフネス〟はもはや無人の地ではなくなった。私は理論

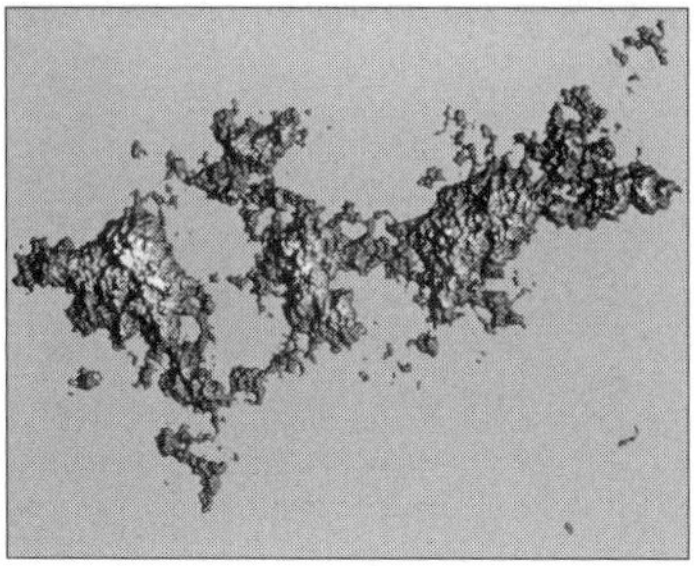

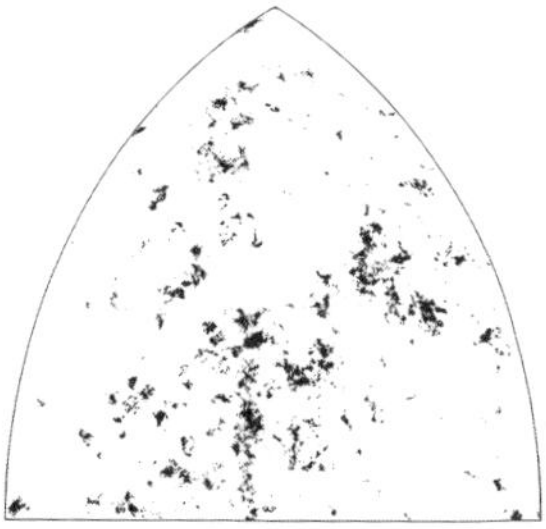

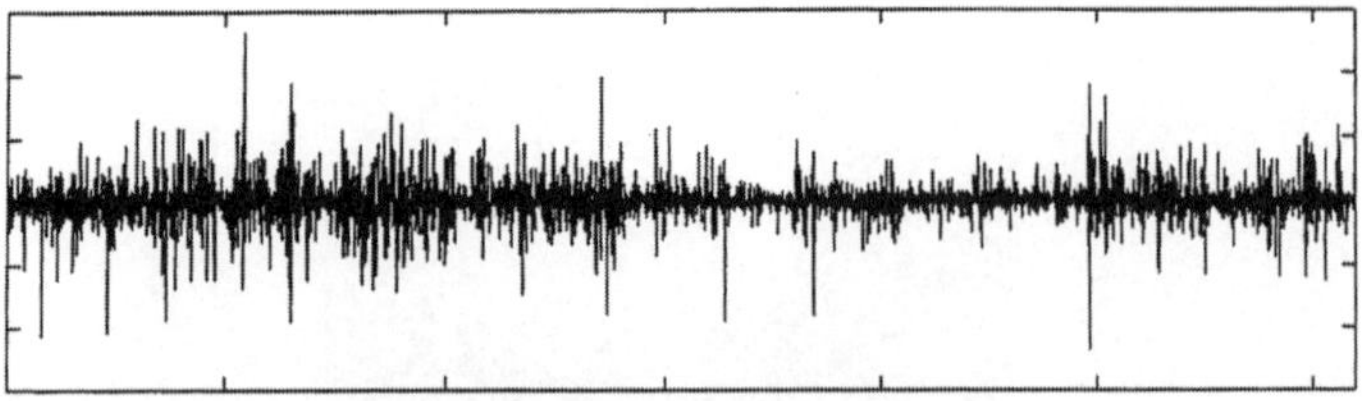

を提示し、驚くほど多様なたくさんの問題に今や強力な新しい道具で取り組めることを示した。これらの道具は、「ラフな形状はまともな図形とは言えない」と見なす標準的な幾何学による従来の自然観に異議を申し立てる。はるか昔のプラトンからの誘い（いざな）いに対して、私は合理的な科学の対象範囲を、長いあいだ手つかずだった別の基本的な認識へと広げたらしい。

　私自身が望むよりもはるかにいろいろな中断の生じた人生において、ＩＢＭ研究所は三五年間にわたって基本的な安定を与えてくれた。その後、今度はイェール大学がやはり長年にわたって安定を与えてくれた。私は自分の研究が想像を超えて高く評価されるのを見届けられるほど、十分に長生きできた。

　もっと早いうちにこの回想録を書いていたら、私の仕事は少し楽になったかもしれない。しかし、執筆を先送りしたのは有益だった。あまり重要でない瑣末な事柄がそぎ落とされ、私自身にさえ自分の人生のたどった道すじがもっと明瞭に把握できるようになったからだ。

*

　本書では、正確な引用は教科書体で記す。はっきりと覚えている会話には前後に「」（カギカッコ）をつける。脚注はなく、他文献への言及もほとんどおこなっていない。

第1部　科学者になるまで

どんな真理も、ひとたび発見されてしまえば理解するのは簡単だ。
問題は、発見できるかどうかである。

——ガリレオ

第1章　ルーツ——血筋と精神の根源

平和で豊かな国では、地主やパン屋や銀行家の子どもには容易に選べる道が用意されている。一族の伝統に従って家業を継げばよいのだ。しかし私の生まれたポーランドや一族の出自であるリトアニアは、平和にも豊かさにも無縁だった。ヨーロッパのこの付近で生まれた作家がこう記している。

「怒濤(どとう)の時代に重大な出来事の起こる土地で生まれた詩人は悲劇だ」

わが家の先祖たちが遺してきた財産といえば、ぼろぼろの本がほとんどだった。実際、物欲を捨てて知性の成果をあがめる姿勢が、一族の家風として代々受け継がれてきた。

科学者、思想家、発明家というのは、神に近い高尚な職業と見なされていた。科学者や創造的な人は「偉大」だと言われた。わが家の若い世代や私の友人たちにとって、思索にふけり生涯を学問に捧げられるというのは信じがたいほどの並外れた恩恵だった。金銭には大した価値を認めず、富や出世への道を探求することもなかった。そんなことをする者は一人もいなかった！　反対に、学問のために自己を犠牲にしたいと願っていた。

この言葉を記したのは、叔父のショレム（一八九九〜一九八三）だ。彼と私はそれぞれまったく別の方法でこの犠牲を払った。叔父は主流派の著名な数学者となった。彼のこの言葉は純朴で、感傷的にさえ響くかもしれない。私には、ユダヤとロシアの伝統が奇妙に混ざり合ったものを表現しているように感じられる。多くの点で、解決不可能な問題に人間が自ら進んで向き合いたがるということをはっきりと示している。彼の世界は「感傷的」という言葉の意味など知らなかっただろう。そのせいで、さまざまな英雄的行為（ヒロイズム）が、そして破壊が、駆り立てられていた。

このような環境では、才能のある若者たちは自分になにかの権利があるという意識はまったくもてず、称賛を受けて励まされることもなかった。生きるうえでの悲惨な現実から守ってもらえないばかりか、逆に大きな重荷を押しつけられた。傑出した存在になれ、少なくともなんらかの学者になれ、ただし家族や楽しみのための時間も残したうえで、と要求されたのだ。

この無理難題に対して私はどうしたか？　一言で言えば、従った。しかし叔父とは反対に、フランスで第二次世界大戦の影響を受けた私は、私の知るかぎり誰も目指したことのない道を進んでいった。

特別な夕食会

出来事の重要性というのは、きちんと記録するには手遅れとなってはじめて理解されることがあまりにも多い。また、歴史を伝える劇や物語では、過去を呼び覚まして多数の主要人物を勢ぞろいさせる場面が初めのほうに用意されることが多い。私の人生では、一九三〇年六月にわが一族の住まいでそんな場面が実際に起きていて、記録もしっかり残っている。ここは一九二四年一一月二〇日に私が誕生した場所でもある。

この特別な出来事のために、のちに私の人生でとりわけ重要な意味をもつようになる人たちが何人か集まり、同じテーブルを囲んだ。その日の出席者たちを通じて、一九世紀終盤に生まれたさまざまな数学的概念が、コンピューターという二〇世紀の発明品よりも強く直接的な影響を私の人生と研究に与えることになる。

舞台は、ワルシャワのユダヤ人街（ゲットー）で私たちの親戚が暮らす、ムラノフスカ通り一四番地のアパートのダイニングルームだ。ちっぽけな公園の向こうに、工事の中断された大きな建物の骨組みが見える。その後、第二次世界大戦でこの一帯が破壊されて世界全体が崩壊したときにも、おそらく未完成のままだっただろう。

写真屋に撮ってもらった写真がただちにわが家の家宝となり、私の記憶にあるかぎりいつもあがめられ語り継がれてきた。そこにはわが家の歴史が色濃く映し出され、私が「数学の家」とでも呼ぶべき場所で育ったという事実も記録されている。

夕食会の出席者はみな、おのおの違ったかたちで私の血筋か精神のいずれかに大きく影響している。さまざまな場面で、見習うべき手本、抗（あらが）いがたい刺激、あるいは厳格な裁き手となったのだ。今いる場所に深く根をおろさない異端者の私にとって、彼らは絶えずよりどころとなってくれる存在でもあった。この場に集（つど）った役者たちをひととおり紹介してから、主役級の役者たちについてじっくり語る

ことにしよう。
写真の中の紅一点でもてなし役を務めたのは、叔母のヘレナ・ロテルマンだ。父には姉妹が四人いたが（二人は歯科医だった）、家事をこなす意欲と能力があったのは上から三番めのヘレナだけだった。そのため、女性のほうが男性よりも優先的に正規の教育を受けて、可能なら外で働くことが期待されていた社会にあっても、ヘレナは子どものいない専業主婦という立場に満足していた。彼女はまた、写真に写っている白いあごひげを生やした八〇歳の家長の世話を淡々とこなしていた。これは彼女の父親で私の祖父にあたるシュロモで、この食事会の五年後に亡くなった。

祖父はイディッシュ語しか話せず、私はポーランド語しか話せなかったので、互いに話をすることはできなかった。それでも私たち一家は祖父から多大な影響を受けていた。祖父はロシア帝国の古い大きな町で生まれた。苛酷な歴史のせいで、この町には名前がいくつもあった。祖父は「ヴィルナ」と呼んでいたが、ポーランド人は「Wilno」と書いて「ヴィルノ」と発音する。現在ではヴィリニュスという昔の名前に戻り、再び独立国リトアニアの首都となっている。リトアニアは今ではバルトの小国にすぎないが、かつては有力な大公国として黒海まで広がる領土をもち、ポーランド王国との国家合同を果たした。一八一二年にナポレオン・ボナパルトがモスクワ征服を目指して結局は失敗に終わる遠征に出たとき、彼はヴィリニュスを「北のエルサレム」と呼んだ。私の先祖は父方も母方も五世紀にわたってこの地で暮らし、ユダヤ教の知的なバリアントを奉じていた——もっと南のウクライナで始まったバプティスト的なハシディズムとは対照的に、カルヴァン主義に近いものである。祖父は経済上の機会を求めて景気のよいワルシャワへ移り、そこで父が生まれた。

私たちと同じ姓（スペルはいろいろある）をもつ一族はめずらしいが、この一族どうしが血縁関係にあるかどうかは定かでない。しかし正統のアシュケナージ（訳注　ドイツ・ポーランド・ロシア系のユダヤ人の総称）の出自であることは確かだ。アメリカの作家ジョン・ハーシーは、第二次世界大戦中のワルシャワのゲットーを描いた著作にこの名前の主人公を登場させている。

伝え聞いた話によると、父方の男性の先祖はみな聖職者階級に属する博学者で、なかにはユダヤ人社会で名の知られた者もいたという。彼らは昔からのしきたりに従って、お気に入りの娘をお気に入りの弟子と結婚させた。祖父の師が私の曾祖父になったのも、この慣習のおかげだ。

服装の違いからはっきりとわかるとおり、あるとき世代間で急激な変化が起きた。祖父をはじめとする年長の親戚は宗教をなによりも重視するゲットーに属していたが、その子どもたちが属したのはまったく別の世界で、そこでは宗教のもつ意味がはるかに小さかった。私たちは決して裕福だとは思わなかったが、祖父の家は余裕があったらしく、田舎から出てきた人を一人、ときには二人も使用人として置いていたこともある。たくさんの子どもたちに支えてもらえるようになるまで、祖父はいったいどうやりくりしていたのか？　私は不思議に思わずにいられなかった。表向きは、パン種のイーストを大量に仕入れて一般の客に小売りし、まだ子どもだった末息子のショレムに配達をさせていた。しかし、それだけではなかった。博学者を支えるべく、地域のコミュニティーが手を回していたのだ。祖父は助言者として尊敬され愛されていた。祖父とともに祈る裕福な者にとって、祖父の暮らしを楽にして説教者の立場を守らせるために、そして貴重な助言をもらえるようにしておくために、商売はうまく体裁を取り繕うための手立てとなった。

写真の中で祖父の椅子の背に寄りかかっているのが、私のいとこにあたるレオン（一九〇〇頃～七〇）だ。当時はポーランド語で書かれた最有力のユダヤ系日刊紙の編集に携わっていた。彼のおかげで、私たちは世の中で実際に起きていることに触れていられた。彼はのちにシベリア東部へ追放されてポーランドでの戦争を免れ、それからまた西へ戻ることになった。戦争が終わってから、私は何度か彼と会った。彼の妻マリア・バルは一流のピアニストだった。コンサートのポスターを見たことはあるが、演奏を聴いたことはない。レオンの弟ジグムントは学校の教師をしていたが、詩人としても知られていた。

左から二人めでカメラを見すえている思慮深そうな四七歳の男性が、私の父（一八八三～一九五二）である。四人兄弟の次男で、強い信念と激しいほどの独立心をもつ父は、私の人生における重要人物の一人だ。父の兄と姉は早く結婚し、ワルシャワから遠く離れた土地で配偶者の一族とともに暮らしていたが、父は違った。息子、兄、夫、父親として無私無欲だった父は、かなりの晩年まで家族のために生きつづけた。しかしついにあるとき、私にこうこぼした。家族以外、自分はなに一つとして楽しみをもたなかった。末の弟ショレムは好きなことばかりやっていたのに、と。

そのショレムは、写真で一番左に写っている三一歳の男性だ。祖母は五〇歳のときに一六回めの妊娠をして産後の回復が思わしくなく、第一次世界大戦の前に亡くなった。知的な面でも金銭的にも、末っ子はもっぱら私の父が育て上げた。

この特別な夕食会で、ショレムはもてなし役であり賓客でもあり、そしておそらく通訳者としても大活躍した。彼は子どものころにそのアパートで暮らしていて、家族の中で初めて宗教や職業の学校ではなく普通の高校に入り、医学部でない大学へ進んだ。パリに移るとたちまち広く認められるようになり、この夕食会のときは故郷に凱旋していたのだ。ウクライナ東部のハリコフで一九三〇年六月に大事な行事が開催されることになっており、彼はフランス代表として参加する四人の教授の中に入っていた。その行事というのは、ソヴィエト社会主義共和国連邦数学会の第一回大会だった。その後、科学者としての私の人生に対して、ショレムは誰よりも強い影響を与えることになる。

祖父の右側の上座に着いているのが、客の中で最年長のジャック・アダマール（一八六五〜一九六三）だ。私に物心がついたころにはすでに、彼は偉大な科学者で、ほぼ間違いなく当時のフランスで最高の数学者だと言われていた。そして今よりもずっと高く評価されていた。彼も非常に特殊で重要な領域において、私の人生にきわめて大きな影響をいろいろと与えることになった。私は彼を心の祖父と思っている。

祖父の左側に座っているのが、ほんの数年前にショレムの博士論文を指導した数学者のポール・モンテル（一八七六～一九七五）だ。私はモンテルとしばらく疎遠だった時期を経て、何度かかかわりをもったことがある。ショレムはモンテルからじかに感化された二人の数学者、ガストン・ジュリア（一八九三～一九七八）とピエール・ファトゥ（一八七八～一九二九）の研究を称賛していた。一九八〇年ごろ、私はマンデルブロ集合を発見したことでモンテルの研究を受け継ぐ一人となる栄誉に浴し、この業績によってわが一族の名が広く世に知られることとなった。この発見が、一九一〇年代にモンテル一門の生み出した地味な言葉や数式をよみがえらせて活発な科学研究に変えるとともに、若い世代を長らく夢中にさせた。さらに一般人のあいだにもブームを巻き起こした。

写真で中央に座っているのが、数学者のアルノー・ダンジョワ（一八八四～一九七四）である。彼は私の研究のほんの一部に影響しただけで、それも重要な部分ではない。

そして最後になるが、ヘレナ叔母の隣りに立っているのが彼女の夫、ハンサムでやさしく教養のあるロテルマンだ。のちに私の家庭教師として、きわめて風変わりな〝名目上〟の教育を施してくれた。大恐慌時代のワルシャワでは、ロテルマンも母の弟も、それ以外のたくさんの親戚も、定職に就くという僥倖（ぎょうこう）に恵まれるのは無理なようだった。それでも一族の結束が強かったおかげで、誰も下賤な仕事には就（つ）かずにすんだ。ロテルマン夫妻はホロコーストで殺された。

父

夕食会の客の中に、誰よりも注目すべき人がいる。ショレムが生まれたとき私の父は一六歳で、商業高校に通って簿記を勉強していた。彼は生涯にわたって独学を続け、大変な読書家で、明晰な頭脳をもった学者肌の人物だった。機械の仕組みに強い関心をもち、工具の扱いに長けていた。戦時中、私は父からいろいろな技を教わった。

誰を英雄視しているかによって、その人がどんな人かわかる。レンズ研磨職人で哲学者のバルーフ・スピノザの次に父が崇拝していたのは、身体に障害がありながら発明家として数々の業績を上げたチャールズ・プロテウス・スタインメッツだった。スタインメッツは、仕事場を構えたニューヨーク州スケネクタディ市で当局に適正で誠実な行政を要求した、という人物でもある。父は数学における

創造力をテストされる機会には一度も出会わなかったが、数について驚くべき実用的な能力をもっていた。縦六〇センチに並んだ数字を足し算するとき、とがった鉛筆を上下に走らせるだけで、絶対に計算ミスはしなかった。

　フランスがドイツに占領されていたころのことだが、父の賢さと独立心と勇気を物語るエピソードがある。父は最終的な死の収容所へ連行される前の一時収容所に入れられていた。ある日、フランスのレジスタンス部隊が突入して警備兵を制圧した。ゲートを開放することはできるが収容所を防護することはできないと叫んだかと思うと、みんな逃げろと言って立ち去った。父は最寄りの町を目指して歩く収容者たちの長い列に加わったが、不吉な気配を察してわき道に入った。するとおののく父の目の前で、警備兵から連絡を受けたナチス武装親衛隊のシュトゥーカ爆撃機が、収容者たちを地上掃射した。父は家に帰り着くまでずっと細い道を選び、寝るときは人気（ひとけ）のない小屋を見つけた。父以外で戦争を生き延びた人たちも、死の収容所へ向かう集団にいて逃げ道に気づいたら、即座にそこへ飛び込んだと言っている。父はまさにそういう人間だった。

　父は運命のめぐり合わせでやむをえず衣料関係の商売をしていたが、「縫い物」や「ぼろ布」の商いなどと言っていた。この仕事が父に充実感を与えることはなく、私の人生にも大した影響をもたらさなかった。父が私に〝商売の手口〟を教え込むことはなかった。決して〝組織人間〟でない父は、いつも一人で働くようにしていた。最悪の場合でも、手を組む相手は一人だけだった。

　私の最も幼い時期の記憶として、父が営んでいた婦人用メリヤス製品の問屋を訪ねたことがある。そこでは靴下、肌着、手袋を扱っていた。店はユダヤ人地区の大きな商店街のナレフキ通り一八番地にあり、私の目には広い前庭のように見える場所の奥にある建物の一階だった。第二次世界大戦でワルシャワはがれきと化し、ナレフキ通りは公園沿いの短い舗装路として再建されたが、現在は住む者がおらず、往時のにぎわいの痕跡が残るだけとなっている。最近になって、ある親切な人が古い商工名鑑のコピーを送ってくれた。それによるとナレフキ通り一八番地に入居していたのは父と同じような店が多かったらしく、これは父がワルシャワで最高の立地を選んでいたことを示す証拠だった。父の店は〝登録〟済み（それがどんな意味であれ）の数少ない店の一つであり、電話をもち太い活字で印刷されている数少ない店の一つでもあった。父の商売はうまくいっていたということだ。

通りから前庭への入り口では、いつも物乞いが〝見張り〟をしていた。商品の納入や購入で父の店を訪れる業者はしばしば一泊していたが、そのときには私たちの家に泊まるしかなかった。というのは、ワルシャワには豪華なホテルや安宿はあったが、商用で泊まるのに手ごろなホテルがなかったからだ。父の店は信頼と信用を築いたが、例の夕食会の一年後にどちらも崩れ去った。今でもはっきり覚えているが、店に客が来て、いったいどうしたのかと言った。母が大きな旅行かばんを持ってきて開けると、請求書の写しが詰まっていた。「全部未払いなの。みんな倒産してしまったから。そういうことよ」

父はくじけず、もっとよい生活を求めて一九三一年にパリへ行き、一九三六年には家族を呼び寄せた。ポーランドを脱した父は、縫製業からも脱してもっと自分の性格や希望に合ったことをやろうとした。その一つがフリーランスの発明家だった。実際に〈楽しい地理〝テラ〟〉という発明品で特許を取得したりもした。しかしポーランドやアメリカほどひどくなかったとはいえ、パリにも大恐慌の影響は及んでいたので、発明で生計を立てるのは無理だった。ほどなくして現実に目を向けることを余儀なくされた父は、安物の子ども服をつくる小さな会社の下級共同経営者となった。

戦争が終わると、父はアメリカ陸軍で経理の仕事に就いた。もう六〇歳を過ぎたのだから堅実第一で、独立独歩はあきらめて、少なくとも「うちの状況が落ち着くまでは」つまらなくても給料のもらえる仕事に就くべきだ、と母に説得されたのだ。歳をとると、これが母の口癖になった。もっとも私は「うちの状況」が一九一四年から一度だって落ち着いたためしはないと何度も母に言い聞かせたが。

ところが、父はまた新たな事業を始めた。当時の状況ゆえに、この驚くべき偉業は以前よりもさらに大変だった。今度の仕事は、衣料品地区から離れた貸部屋でごくわずかな予算を使って、父がほぼ独力で実現させた。父は遠い工場街にある時代遅れの製布業者に布を注文し、自分で裁断した。私が手伝うこともあった。布を無駄に切り落とすと儲けがなくなってしまう。それに当時はおしゃれなど二の次だった。仕立ては、街から離れた郊外地域に住んでいて外で働けない主婦たちに外注した。その一人の息子がトラックの運転手だったので、副業で配送係をやってもらった。

それから、父が自らセールスマンとなった。一人で小さな町へ出かけては、田舎の市を渡り歩く零細商人、つまり父とはまったく別の文化に属する人たちに直接品物を売った。父は戦争前にもそうした商人たちを訪ねていたので、戦争が終わると、自分がまだ商売をやっていて、納期厳守で安く品物を提供していると伝えた。すると、顧客と仕入先業者のほとんどが取引を再開してくれた。

父の大胆さが功を奏した。商売は順調で、ちゃんとした衣料品地区の近くへ移転できるほどになったので、さびれつつある帽子地区（最近ではトルコ系クルド人たちがこのあたりを気に入ってい

る！）に仕事場を兼ねたアパートを買った。

父が死の病と闘っていたころには社会全体が豊かになり、父の巧みな商売も立ち行かなくなった。私は母の目を盗んでは質の悪い残り物のウール地や流行遅れの衣類の束を安く売りさばき、大儲けできたと得意顔で家族のために嘘をついた。私はこの経験から、金銭的価値という概念がいかにあいまいでたやすく変化するものかという現実の経済を学んだ。

母

あの一九三〇年の写真が撮影されたころ、私たち一家はワルシャワの厳しい暑さを逃れて、ヴィスワ川沿いの水浴地シュフィデルで夏を過ごしていた。父は仕事でほとんどワルシャワに残っていたが、母は私たちと一緒だった。例の夕食会に当然参加しているべき母があの場にいなかったのはこのためだ。

人生における三つの時期の母をお見せしよう。一九三五年に写真館で撮影した若いころの母、戦争中の一九四二年に撮った身分証明書用写真のりりしい母、そして祖母となってくつろぐ一九六二年の母の姿だ。

母は自分の生まれた大きな町を「シャヴリ」と呼んでいた。ポーランド語では「Szawli」とつづる。現在では、リトアニアの首都ヴィリニュスの北西に位置するシャウレイである。母は子どものころ、ロシア帝国（リトアニア大公国も含まれていた）の首都サンクトペテルブルクで暮らしていた。北部の冬の湿気と寒さにやられて母の母が病気になったことなどがきっかけで、一家はワルシャワへ移った。

母の父方の祖父が生まれたのは、ロシア征服を目指したナポレオンの作戦が惨憺たる結果に終わってまもないころだった。彼は奔放なところがあり、十代で家を離れると徒歩でサンクトペテルブルクに出たが、やがて故郷に戻って家庭をもった。彼は著しく進んだ考え方のもち主だった。世界各地に散らばった母のいとこたちを見ればわかるように、自分の孫娘全員を是が非でも医者にしたがった点で進歩的だった。彼は九四歳のとき、馬から落ちて亡くなった。馬上の彼はゲットーのほかの住人と変わらないように見えたが、帝政ロシアが自国内のユダヤ人を支配するやり方はいろいろだった。セルゲイ・ユーリエヴィチ・ヴィッテという大金持ちに出会って気に入られた祖父は、ヴィッテの地所の管理を手伝うようになった。二人は手紙のやりとりを始め、一九〇五年に元雇い主のヴィッテが帝政ロシアの伯爵となり首相になったあともそれは続いた。首相の地位は長続きせず、後任の首相が帝国を混迷に追いやった。

母は自分を取り巻く世界が崩壊するのを六回も目の当たりにしながら、すぐに気を取り直して再び全力で歩きだすような人だった。高齢になってからは自分の経験にかかわる悪夢を見ることがあると話すようになったが、元気なうちは黙っていた。ショレムはよくこう言っていた。「あいつは性格が悪い……だが、強烈な個性をもつ人間はえてしてそう言われるものだ」

ロシアで結局は失敗に終わる一九〇五年の革命が起きていたころ、二〇歳だった母は勉学のために政治を捨てた。母には語学の才能があり、ドイツ語とほぼ変わらぬほどうまくイディッシュ語を話し、ポーランド語とロシア語とドイツ語は完璧で、さらにすごいのはフランス語もとても堪能になったことだ。

母は悪評高い入学枠割当制度をものともせず、ワルシャワ帝国大学医学部に入学した。そればかりか輝かしい先駆者世代の一員として試験で首席をとり、それを誇りにしていた。高校の学習内容は、すべて独学で勉強するしかなかった。新約聖書が必修科目に入っていたが、教科書の表紙に大きな十字架が描かれていたので、両親のいる自宅に持ち込むときには無地の茶色い紙をかけて見つからないようにした。末期の病気で尊厳を失いつつあったときにも、人生のこの時期についての記憶は最後までしっかりもっていた。

母は歯科を選んだ。育児と最も両立しやすい科だからだ。夜間の往診がないうえに、伝染病がよく発生する地域でもほかの科と比べれば厄介な黴菌（ばいきん）が少ない。麻酔が普及するまで、歯医者の評判は歯を抜くときの手際のよさで大きく決まった。私は母の力強い右手とたくましい二の腕を覚えている。

次ページの写真には、一九三〇年にシュフィデルへ行った私と一五カ月下の弟レオンが写っている。子どものころ、私たちはたいてい一緒にいて、当然ながら言い合いばかりしていた。弟が口論の相手を立派に務めてくれたことが、私の生涯で最大の幸運の一つだった。二人のあいだで小さな違いがしだいに広がり、彼はやむをえず彼の道を進み、私は反対の方向へ進むしかなかった。認めるのはつら

いが、私の弟であることは彼の生涯で最悪の重荷だったのかもしれない。
この街角での写真は例の食事会と同じころに撮影されたもので、母は左側で私の手を握っている。私は歳をとって頭がはげて太りだすまで、外見はあまり変わらなかった。これだけの年月が過ぎた今でも、気持ちはこの幼い少年の体の中に入り込むことができる。当時の私はあわただしさとは無縁で、詩人のような想像力はないが注意深く慎重で、世界とまっすぐに向き合っていた。
この写真には、母と大の仲良しだった妹のラヤも写っている。レオンと手をつないでいるのがそうだ。ラヤはうちからほんの数ブロック離れたところに住んでいたうえにそのあたりは安全だったので、私たちは子どもだけで歩いてラヤの家に行くことができた。ラヤは子どもがいなかったので、私たちにとっていつでも手が空いていて熱心に世話をしてくれる〝母親代わり〟だった。ラヤも歯医者だったので、甥たちの歯の面倒を見てくれた。母とラヤはそれぞれの歯科医院の待合室に同じ調度品を置いた。ただし仕上げの色だけは別で、一方は黒、一方は褐色だった。大勢の親戚に囲まれた私たちの幸福でのどかな子ども時代にとって、ラヤは欠かせない存在だった。私たちはラヤが大好きだったが、私たち一家がワルシャワから引越したときに彼女は残ることになった。そしてホロコーストで死んでしまった。

母には兄と弟が一人ずついた。弟は憎めないやくざ者だった。兄は一時期リトアニアからスウェーデンに移ったが、その後また戻ってきた。運命的な帰国！　スウェーデンにとどまっていたら、私たちをそちらへ呼び寄せたかもしれない。その場合、私たちの人生もまったく違ったものになっていただろう。彼は一九三九年にはフランスへ移ったが、長居はしなかった。妻と娘があとを追って来ると、今度は一家でアメリカへ移住したのだ。

両親の話の続き

勤勉を信条とし、不可能なことの存在など認めない悲壮な人生観をもつ人というのがいるが、私の両親こそ——一人ずつでも、二人合わせても——その最たる者だった。父は大胆で、母は慎重。二人とも絶対に声を荒らげたりはしなかったが、とるべき方針について絶えず議論していた。私はごく幼いうちに両親から、大きな危険を冒す前には勝ち目を入念に計算せよと教わった。

父方と母方の一族は同程度の社会的地位にあったが、知的な面では父方のほうが上だった。父と母

は子どものころに出会った。父は母の兄の同級生だったのだ。二人は双方が仕事で一人前になるまで婚約だけしていた。父は出張に出かけると母宛ての葉書を毎日送ったが、それには「敬愛するルリエ嬢へ」と記されていた。度重なる引越しを経ても、母はその葉書を秘密の宝物としてなくさずにとっていた。ところがあるとき、レオンと私がその包みを見つけ、葉書を破ってめずらしい切手をとってしまった。母を泣かせたことを、私は今でも恥じている。

　第一次世界大戦の直後に、二人はようやく結婚した。写真を見ると最初の息子はかなりハンサムで、誰もが認める類まれな天才児だった。ところが髄膜炎の流行で死んでしまった。母はひどく取り乱し、ヘレナ叔母が瀕死の子どもを抱いていなくてはならないほどだった。母は自分の死の直前まで、その子のことを思い出すと必ず泣いた。長男を亡くしてから二人の息子が生まれて母の悲しみはやわらいだが、その一方で期待はふくれ上がった。こうしたすべてが、二人の子どもに両親が激しいまでの愛情を注ぐことにつながった。

私の自信の強さも家庭に端を発している。幼いころに自信が育まれたのだ。両親は自力で物事をなし遂げることを尊んでいた。しかし大恐慌と戦争のせいで望みはかなわず、それぞれにふさわしいことも達成できなかった。そこで両親は自分たちの希望と強い期待を私に向けた。しかし、すぐに成果を出すことはできず、両親が私について思い描いたイメージどおりの人間となるには長い時間がかかった。期待に応えるだけでもずいぶん時間がかかったかもしれない。

第一次世界大戦の開戦時、両親と長男はワルシャワに住んでいた。親戚のあいだでドイツは文明の導き手としてあがめられ、ロシアはすぐれた音楽家や作家を輩出している点を除いて侮蔑の対象で、フランスとイギリスはあまりに遠い存在だと思われていた。しかし父の商売がだめになったので、両親はハリコフに移った。共産党がロシアを奪取したのに続いて起きた血みどろの内戦のあいだ、両親はそこで暮らした。この時期、いずれも等しく非情な過激派と反革命派とのあいだで支配権が行き来した。ここでも生活が破綻した両親は、一九一九年に離れ業的な脱出に成功した。まずクリミアのセヴァストポリへ南下し、船で西へ向かい、ルーマニアのコンスタンツァを経て、それから北上してワルシャワに戻ったのである。そこで暮らしを立て直したものの、またもや破滅に見舞われた。三度めは大恐慌、四度めは第二次世界大戦にやられた。そして最後となる五度めの事件は政治とは無関係で、父のがんだった。

両親のルーツがリトアニアにあることからくる微妙な事情が、重大な影響やひたすら厄介な影響など、さまざまな影響をもたらした。たとえば一九一九年には、再統一を遂げたばかりのポーランドがかつての王朝連合を復活させようとした。その試みは阻止されたが、歴史的な首都であるヴィリニュスを中心としたリトアニア南東部がポーランドに併合された。しかし、母の出生地シャウレイは併合領域に含まれていなかった。休戦協定が発効したが、和平の調印には至らなかった。母の兄がリトアニアから手紙を送ってくるときは、そのころ自由都市だったダンツィヒ（現在のグダニスク）にいる仕事相手を経由させなくてはならなかった。これよりはるかに深刻だったのは、和平協定が結ばれていないために、母がポーランドでは〝敵国人〟、つまり不法移民になってしまったことだ。それなりの賄賂を贈って、母が家族や友人から離れてなんの記憶もない国へ強制送還される事態は免れた。一方、のちに私たちがパリへ移住したときには、このおかげでちょっと助かった。ワルシャワではなくシャウレイで生まれたことが安全に働いたのだ。二つの大戦のあいだ、ポーランドで暮らすリトアニア系ユダヤ人は理屈のうえでは市民とされたが、実際には二つのいやな観点から外国人と見なされていた。フランスに移住すると、外国人であることに伴う二つのいやな点がそれよりずっと害のない別の一点に置き換わり、さらにアメリカへ移住するとまた大きく違う別の一点に置き換わった。

　私の場合、ポーランドよりフランスやアメリカにいたときのほうがはるかに過ごしやすかった。それでもよそ者でありつづけることの重荷は消えず、その重荷は国の違いによるものから科学の分野の違いによるものへと広がった。とはいえ、そのせいで私の活動が妨げられるようなことはなかった。しかし成功を収めていても、外国人にとって移住は何度繰り返しても容易にはならない。大きな負担が伴うものだ。

ショレム叔父

本書の献辞を思い出してほしい。両親および妻アリエットと並んで、ショレム叔父は私の人生に最も深く大きな影響を与えた四人のうちの一人だ。彼は数学を心から愛していた。

ショレムは十代のころから大学の授業に顔を出しはじめ、「ポーランド学派の数学」として体系化されようとしていた〝現代〟的な概念に親しんだ。ロシア革命後に起きた内戦のあいだ、ハリコフに短期間滞在した。これがその後の彼の人生に——そして私の人生にも——重大な影響を与えることになる。彼はパリ大学で博士号を取得したばかりの数学者セルゲイ・ベルンシュテイン（一八八〇〜一九六八）が大学でおこなっていた講義に出て、ポアンカレと彼の知的後継者としてパリ数学界を支配した者たちの業績に対して生涯にわたる愛を抱きはじめた。ワルシャワに戻ると、過激なほど抽象的な分野としてポーランド数学が生まれるのを目の当たりにし、それに嫌悪を覚えてフランスへ行った。ほぼ純粋に知的なイデオロギーに突き動かされた亡命者というわけだ。

のちに私の両親が経済上および政治上の亡命者としてフランスでショレムと合流したことが、私たちの命を救うことになる。

何年も経ってから、ショレムはパリの研究室に設けた〝名誉の壁〟に、指導教官ジャック・アダマールから〝心の息子〟に献呈された写真をかけた。アダマールは、伝統と定評のある高等教育機関コレージュ・ド・フランスの教授として研究生活の大半を送った。一九三七年、ショレムがアダマールの教授職を引き継いだ。一九七三年には科学アカデミーの会員に選出された。偉大な科学者アンリ・ポアンカレもかつて会員であり、ポアンカレのあとにはアダマールも長く会員の身分にあり、その後ポール・レヴィ（あとで紹介する）も短期間だが会員だった。

ショレムがいかに優秀だったか、そしてなぜすぐに広く認められたかは、マックス・ジャコブからマルセル・ジュアンドーに——フランス文学界のきわめて著名な人物から同じく著名な人物に——宛てた一九二四年八月二八日付の手紙を見ればわかる。以下の言葉は、手紙とほぼ同時期の写真に残されたショレムの姿を、まさに思い起こさせるものである。

数学とは何かを教えてくれる天才的な数学者［に出会った］。彼は、数学は詩と同じだと言う。また、人は数学的な美を発明することがあるとか、真の数学者は決して計算などしないとも言う。重要で革命的な公式を考え出す者は科学を刷新するのであり、ただの計算屋とはまったく違うらしい。ポーランド生まれのこの男は天才だ。世界で指折りの科学者たちからもらった推薦状を手にしてあちこちに現れては、子どもっぽい得意げなようすでそれを見せびらかす。彼は恋をしていて、金髪で手厳しく、このうえなく美しい眼をしている。絵にも同じく天才的な腕前を示すが、描き方を習ったことはないという。ときおりやたらと陽気になり、すばらしく辛辣(しんらつ)な皮肉を込めて人のことを話す。ポーランド人だがどこかチロル的なところがあり（ヨーデルの歌声を思い浮かべてほしい）、また決闘に臨むコーカサス地方の将校を思わせたりもする。……私が思うに彼は途方もなく善良な人物で、やむをえない場合にはひそかに暴力を振るうこともできるが、その

暴力というのは単に〝暴力的〟な言葉を浴びせるだけかもしれない。

最後の部分から、この手紙を書いたジュアンドーが人を見る目にすぐれていたことがわかる。ショレムが数学と視覚的イメージを注意深く切り離していたことにも触れるとよかったかもしれない。私は逆に、この二つを結びつけることで大きな報いを得た。この違いが、生涯にわたってショレムとの不和のもととなった。

ショレムがパリへ行ったタイミングは絶妙だった。それはちょうど一世代あとの私が、科学分野の最強企業だったIBMの全盛期にうまく居合わせたのと同様だった。第一次世界大戦でたくさんの人が亡くなったあと、アダマールとポール・モンテルは新しい血がぜひとも必要だと気づいた。そして彼ら自身と非常に関心の近い後継者を見つけることができて喜んだ。ショレムが競争や差別に悩まされることなく歓迎されたのは、このようなわけだ。のちに外国人がパリに大挙して押し寄せると、再び競争が激しくなり、差別も復活した。ポアンカレやアダマールと同じく、また彼らよりずっと前のアイザック・ニュートンとも同じように、ショレムも数学をほぼ現実に存在するものと見なしていたが、一つだけ決定的な違いがあった。先達たちは物理学と現実世界の深遠な問題に心を奪われていたが、ショレムは違ったのだ。

彼は、聡明で一途な年下の人物、アンドレ・ヴェイユ（一九〇六～一九九八）と知り合った。ヴェイユはまもなく、第一次世界大戦の直後に表舞台へ登場するフランスの若手数学者からなる集団を創設し、強力な指導者となった。ショレムがヴェイユの誘いに応じて仲間に加わり、「ニコラ・ブルバキ」と称する〝秘密〟数学結社が創設された。彼らの著書に当初つけられた『数理解析の基礎構造』という題名からは、解析は今後もブルバキの〝承認〟するテーマの一つでありつづけるものと思われた。

しかし、実際にはそうならなかった。第二次世界大戦の時期をアメリカで過ごしたあと、ショレムはパリに戻った。支配力を強めたブルバキは偏狭で硬直した存在となっており、ショレムは場違いで居心地の悪い思いをさせられた。せっかくポーランドの象牙の塔から逃げ出して生き延びたのに、今度はフランスの象牙の塔にとらわれてしまったのだ。彼はやむをえず、抽象概念自体のための抽象概念とあとで応用するための抽象概念を区別しようとした。これは私には納得できない区別だ。ショレムはブルバキの仲間たちがかつて自分を歓迎し助けてくれたことに対しては個人的な感謝の念を抱きつづけ、自分の加担が求められているときには彼らの意向に従った。しかし、真に愛するものと友人関係との葛藤は死ぬまで消えなかった。彼は昔ながらの象牙の塔に属していた。この事実は私にとって、のちに大きな意味をもつことになる。

最後に一言。ショレムは数学に深く傾倒していたが、狂騒の二〇年代にパリで活動した文学や政治の前衛（アヴァンギャルド）派集団のいくつかに加わるくらいの暇はあった。東欧で燃えはじめた内なる炎を燃やしつづける聡明なほかの移民たちとも交わったが、フランス式のふるまいをたちまち身につけ、まもなく移民のグループとはきっぱりと決別した。友人たちは《フィロゾフィー》や《エスプリ》といった時代を超えた名前のついた雑誌を刊行する一方で《マルクス主義雑誌（ラ・ルヴュ・マルクシスト）》という雑誌も刊行したが、結局いずれも短命に終わった。ショレムと私がマルクス主義について議論したことは一度もなく、ショレムはソ連をめぐる恐ろしい話をいろいろと思い出して話してくれた。しかし彼の友人の中には、急進的な政治に熱心で、のちの戦争中に死んだ人もいた。たとえばジョルジュ・ポリツェルはソヴィエト支持派の共産党指導者となった。ポール・ニザンはのちにジャン＝ポール・サルトル（一九〇五〜一九八〇）と同調するようになった。ソルボンヌ大学の大物で哲学者のジャン・ヴァール（一八八八〜一九七四）もショレムの友人だった。文学界の友人たちは、サルトルを中心として一九四五年以降に広く知られるようになった実存主義者の先駆けだった。知的動乱の時期には、貴族と無一文の移民とが交わったりするのだ。

知的世界の支配者

アダマールがショレムを若い弟子として受け入れたころ、娘のジャクリーンは未婚で年齢的にもショレムとつり合っていた。それにもかかわらずショレムがグラディス・グリュンヴァルトと結婚したのは、確固たる慣例に反することだった。

ショレムの博士論文審査委員会で主査を務めたエミール・ピカール（一八五六〜一九四一）は、自分の指導教官だった才気あふれるシャルル・エルミート（一八二二〜一九〇一）の娘と結婚した。エルミートもまた結婚によって自分の指導教官ジョゼフ・ベルトラン（一八二二〜一九〇〇）と親戚になった。このような者たち（業績の程度はいろいろだ）が、身内のコネに助けられて何世代にもわたってフランス数学界の政治を牛耳っていた。幼いころに両親を亡くしたグラディスは、お父さんは元気かと訊かれると、この手の勘違いにもう慣れたもので、アダマール先生はお元気ですとか風邪をひかれたようですなどと答えていた。

例の社会習慣はその後も続いた。もっとあとの話になるが、この慣例に従って私がアダマールの孫娘と結婚するだろうとか、ポール・レヴィの甥の娘と結婚するのではないかなどと予想する者も現れた。また、私の出身校の同窓会は、前途有望な新会員に同窓生の娘を紹介するためのダンスパーティーを定期的に開いていた。私も一度だけその〝市場〟に顔を出したことがあるが、ショレムの先例にならって〝族外婚〟でアリエットと結婚することにした。多くの社会習慣と同じで、そむくことは不可能ではないが、代償が伴う。知識人や専門職の集団に蔓延する後ろ盾（パトロン）制度に加われなくなるのだ。アダマールはショレムの後ろ盾でありつづけたが、私が後ろ盾を得られなかったのはこの〝反抗〟が一因だったに違いない。

第2章　ワルシャワでの子ども時代（一九二四〜三六年）

一九三〇年の夕食会で祖父のテーブルを囲んだ主要な人物の紹介が済んだところで、今度は私自身の話をしよう。木の根は確かに大事だが、果実ほどに重要ではないので、根について語るのはあまり意味がない。年齢とともに、大して成功していない人でも、真に自己を形成した出来事よりも家族や社会的な知己を重視するようになる。しかし私はどちらに対しても公正な姿勢を心がけたい。

親戚とのどかな子ども時代

ワルシャワのアパートで記憶にあるのは、オグロドヴァ通り（庭園通り）七番地のものだけだ。この通りはソルナ通り（塩通り）から入ったところにあって、並木も魅力もないまっすぐなわき道だった。そのあたりはユダヤ人地区に近くてふだんは閑静だったが、一つだけ例外があった。ワルシャワの街は、なにかの大義への支持を訴える横断幕を掲げた人たちの行進がしょっちゅう通っていた。なぜだか知らないが、警察は私たちの住むブロックへデモ隊を追い込み、それから警棒で襲いかかった。

私たちは安全なバルコニーからそれを眺めていた。たいていは何が起きているのかわからなかったが、政治情勢が不安定で不穏だということは、はっきりと理解できた。

エレベーターのないアパートでは、まずまず高級な歯科医を受診する患者がのぼって来られるのは四階（アメリカ式の数え方で）が限界だった。母は口腔外科医で、アパートの中で通りに面した上等な部分を診察室と快適な待合室に充てた。壁にはめ込まれた大型ストーブ一台で二つの部屋を暖房していた。古いオランダの絵画に描かれているような、白と青の陶製タイルで縁取られたストーブだった。

家族が生活する部分は裏庭に面していて、もっと質素だった。台所はキャベツをゆでるにおいがなるべく届かないように、診察室から最も離れたところにあった。高い天井は、暑い夏にはありがたい贅沢だった。台所には、昔からうちにいる料理人で女中のボニウショヴァのためにロフト状のスペースが設けられていた。私たちは既製品ではなくあつらえた靴を履いていた。これは豊かさのしるしだったが、それとて貧しいことで知られる靴屋の暮らしぶりと比べればというだけの話だ。のちに父が私たちの移住先を探しにパリへ行くことになったとき、ボニウショヴァには暇を出すしかなかった。アパートの裏庭側の半分を又貸しすることにして、母と息子たちはそれまで待合室だったところに移り、患者には玄関ホールをつくり替えたスペースで待ってもらうことになった。

かなり広い浴室がとても重宝した。ワルシャワで汚染をまきちらす馬、ほこり、泥は、母の考える衛生基準を満たさない。そこでレオンと私はしょっちゅう手を洗わされた。暑い夏のあいだには、公園から帰るといつも服をすべて脱いで、身の縮むような冷たいシャワーを浴びた。

大恐慌のあいだ――医療保険が登場するよりずっと前――母の歯科診療所に来る患者が激減した。患者は痛みに耐えられるうちは受診しない。しかし、忘れられない例外が一つあった。ある日の朝七時、呼び鈴が鳴り、強烈な糞便の悪臭とともに一人の若者が入ってきた。食肉処理場へ荷物を運んでそのまま来たので、と彼は詫びた。そして、歯がみんな虫歯で口がくさいといって恋人がキスしてくれないのだと説明し、だから治してほしいと言った。料金はきちんと支払ったし、新鮮な肉も持ってきてくれた。彼が帰ったあとにはアパートの空気をしっかり入れ替えなくてはならなかったが、とにかく厳しい時代だったのだ。しばらくのあいだ、恋人に治療を命じられた患者一人のおかげで多額の治療費が入ってきた。

幼いころの思い出で正確な時期のわかるものはほとんどないが、今でも心の中では、ワルシャワの街を果てしなく歩き回り、美しい公園で遊ぶ自分の姿を思い描くことができる。サスキ公園は、ザクセンの世襲王でポーランド王に選出された強健王ことアウグスト二世を記念してつくられたものだ。

金銭の価値をめぐる謎に初めて触れたときのことは覚えている。ファーマーチーズ一キロを買うには一ズウォティ（当時も今も使われているポーランドの基本通貨単位）の銀貨一枚が必要だということに気づいた。あるいは事実を伝え聞いたか、学校でなんとなく教わったのかもしれない。ところがバターは同じ一キロでもチーズよりずっと高い。また、果物は非の打ちどころのないものから腐ったものまで品質によって値段が異なる。つまり私は金本位制について知るよりずっと前から、ファーマーチーズ本位制を基準としていたのだ。チーズとバターは基本的に明確な概念だった。今でもはっきりと覚えているが、のちにパリへ移住したとき、私たちの住むスラム街でさえ多種多様な食べ物が手に入ることに母はびっくりしていた。フランスチーズが〝一〇〇〇〟種類あるというのはよく聞く話だったが、バターにもいろいろな種類があるとは！　手ごろな品から高級品、そして超高級品のイズニーバターというのまであった。

ある夏、ショレムが新婚の妻グラディスを連れてワルシャワにやって来た。レオンと私が猩紅熱（しょうこうねつ）にかかって――子どもがかかる病気に対する母の万全の予防策も、これだけは防げなかった――隔離命令が出されていたので、ショレム夫妻はうちに泊まれなかった。枕投げに興じるレオンと私を遠くから見つめるショレム夫妻――あるいはショレムだけだったかもしれない――の姿が私の記憶に残っている。これは早ければ一九二七年の夏だったはずだ。一九二九年には、私たちは公園で元気に夏の日を過ごしていた。

一風変わった教育の始まり

読み書きは幼いうちに苦もなく身につけたので、格別な記憶もない。ポーランド語のつづりは発音どおりで簡単だということになっているが、もちろんそんなことはない。それでも私自身はまったく苦労した覚えがない。その次の記憶には日付が刻み込まれている。手紙の出だしに一九二九年一月と書いてから、もう新しい年になったことに気づき、「一九二九年」を「一九三〇年」に直したのを覚えている。私は五歳と数週間で、学校へ通うにはまだ早すぎた。今でも私は日付を書くときに「二〇

××年」とすべきところを「一九××年」としてしまうことがある。

手紙を書いていたのは自宅ではなく、間違いを指摘したのはやさしくて教養あふれる叔父のロテルマンだった。幼いころから本物の学校に三年生として通いだすまで、叔父が家庭教師をしてくれた。場所は、私が生まれ、一九三〇年に例の夕食会が開かれたアパートだった。表向きの理由としては、叔父に金を払っていたのは間違いない。私を公立学校に通わせるようになったのは、うちの金が足りなくなったときだったのかもしれない。

家庭教師が愛情に満ちているのはすばらしいことだが、叔父には経験と体系化能力と指導技術が欠けていて、そのことが私の生涯にわたって痕跡を残した。叔父は万年失業中の知識人で、私の知るほかの男性たちと違って、役に立たない学位をいくつか取得して無為な暮らしから脱するようなことはしなかった。丸暗記を軽蔑し、アルファベットや掛け算表さえ嫌っていた。そのせいで、私はこの二つには今でもちょっと苦労している。しかし、小さな国は大きな好奇心を育む。彼は私の速読能力を鍛えた。私たちは読んだものについて議論した。決して喜ぶべきことではないが、そのころ世間ではたいていめまぐるしくいろいろな事件が起きていた。彼はまた大昔の物語を聞かせて、私が自立した創造的な精神のもち主となるように導いた。私たちはしょっちゅうチェスをした。父の家と同じく彼の家にも地図がたくさんあり、私はそこに記されていることを見て覚えた。こうした経験がなんら害にならなかったことは間違いない。私は物心がついてからずっと、日付や数字を心の中で果てしなく延びる一本の線の上に並んだものとしてとらえてきた。のちに科学者としての私にとって最も重要な知的ツールとなった幾何学的直観を養うのに、チェスや地図が役立ったということもあるかもしれない。

この家庭教育が、私の受けた風変わりな教育の第一歩となった。それから私の教育は、二〇世紀のさまざまな悲惨な出来事によってあちらこちらへ押しやられ、比較的〝平穏〟な短い時期と長い混乱の時期とのあいだを無秩序に行き来した。私はいくつかの事柄に熟達したが、多くの形式的な点で教室でも現実生活でも極端に教育が足りなかった。幸いにして結局のところ、正規の学校教育の欠如は心配していたほどの大問題ではなかった。

第二次ポーランド共和国——初期の歴史の教訓

私の家族や友人は、過去と現在のどちらにおいても、さまざまな出来事が直接的に重大な影響をもたらすことがあるのは当然だと考えていた。そのため、歴史上の出来事について絶えず議論していた。私はいつもそれを聞いていて、すべてを頭の中で整理していった。リトアニアは今でこそ小さな国だが、かつてはバルト海からウクライナ西部を越えて黒海まで広がるカトリックの強大な帝国だった。中世には、王朝連合によって強大なリトアニア大公国とそれより小さなポーランド王国——東方正教に対抗するカトリックの二つの牙城——が合同し、部分的な併合がおこなわれた。それからしばらくして、王朝連合は一人の王をいただく連邦を称するようになった。王は貴族による全員一致の投票で選出され、一人でも反対者がいれば当選できないので、王位を目指す候補者には潤沢な資金が必要だった。そのため、ポーランド王の多くはハンガリー人かザクセン人かスウェーデン人だった。ポーランドとスウェーデンに君臨したある王が、首都をポーランドのクラクフおよびリトアニアのヴィリニュスからワルシャワに移した。当時のワルシャワはヴィスワ川の最上流にある小さな港町で、外洋船も入港できた。ヨーロッパの基準で言えば、ワルシャワはベルリンやマドリードと同じく歴史が浅いので、歴史的な建造物があまりない。

ポーランド・リトアニア共和国は予想外に長命だった。それでも一七七二年と一七九三年に軍事的な征服を受けることなく内部から崩壊し、一七九五年には完全に消滅した。この共和国は国境を接する三つの帝国のあいだで分割された。東側では、以前から定住していた数少ないロシア系ユダヤ人（保護されていた少数の第一ギルド商人（訳注　ユダヤ人商人は当時のロシアで資産の大小に応じて第一／第二ギルド商人と分けられていた）を含む）に多数の旧ポーランド系ユダヤ人が加わって、君主たちを脅かした。そのため分割前に共和国の東端を定めていた国境は、ユダヤ人が合法的に居住できる〝特別居住地区〟の東側の境界として一九一七年まで存続した。ロシアで反ユダヤ主義が生じたのは、ポーランドが崩壊したあとだったのだ。

一九一八年に連合国がドイツとオーストリアを破り、一九二〇年にトロツキーのボリシェヴィキ軍を破ると、ポーランドは独立を回復し、領土もかつてないほど広がった。これらの理由やそれ以外にもよんどころない理由により、一九一九年から一九三九年までポーランドは動乱の歴史を経験した。西側の国境は、ドイツ領を分断するポーランド回廊によってバルト海に達した。東部地域では、上流階級の多くがポーランド系であるのに対し、住民のほとんどは敵対的なリトアニア系、白ロシア系、ウクライナ系だった。完全に疎外されたロマ族の人々は、特有の派手な衣装のせいで非常に目立っていた。要するに、新しいポーランドの国民は互いをほとんど理解していなかったのだ。ポーランド系住民、とりわけ比較的安楽に暮らしてきた南部の旧ハプスブルク朝の臣民は、国家の統一が調和をもたらさないことに失望した。

それから、私たちにとって大きな意味をもつ出来事が起きた。ポーランドはアジアによる侵略で破壊され、中産階級がいなくなったので、ドイツ人はキリスト教徒でもユダヤ教徒でも歓迎された。一九二〇年代には、中産階級か下層階級のユダヤ人がポーランド住民の一〇パーセントほどを占めるようになった。宗派を示すさまざまな中世風のカフタンを着用しつづける者もいた。

一九二〇年ごろにポーランドが再統一を果たすと、ショパンのピアノ曲の名手として知られ短期間だけポーランド首相を務めたイグナツィ・パデレフスキが、経済および社会のあらゆる害悪の原因はユダヤ人のみにあると正式に言明した。これが私たちの経験した第二次ポーランド共和国だった。

失業が蔓延した。大恐慌が始まってからは特にひどく、戦争が始まるまで続いた。国外へ移住する人が増え、ポーランド系の農民がにわかにフランスの鉱山で働きだしたりした。父の一番下の妹レギナが結婚した相手は、ユダヤ人を列車に詰め込んでユダヤ人村(シュテトル)からブレマーハーフェンまで一気に送り、それから出航を待つアメリカ行きの蒸気船の三等船室に積み込む仕事をしていた。本人も最後の船で行くつもりだったが、アメリカがポーランドからの移民受け入れ枠に厳しい制限を設けたので、計画は失敗に終わった。

猛然と進められてきた国づくりの方向が反転した。一〇〇年間に及ぶそれまでの取り組みでは、敗残者の寄せ集めをまともなロシア人、オーストリア人、ドイツ人に変えようとしていた。それが今度は、彼らを国から退去させるか、さもなければポーランド人化するという方針に変わった。ある日のこと、私の通っていた小学校の先生が、ある公式声明を読み上げよという命令を受けた。その声明は「ポーランドは過去の民族問題がすべて解決した幸福な多民族国家である」というもので、私たちの教科書にも書かれるようになった。先生は声明を読み上げると生徒たちに目を向けて、ウィンクのようなしぐさをした。私たちはみな、先生の本心を理解した。

ポーランドもその多様な国民も、あまりうまく事を運べなかった。もっとも、これよりずっとうまくやった国、あるいはうまくやっている国などほとんどない。民族浄化が試みられたが効果はなかった。多様性というのは避けられないものなので、それを好きになるか（私はそうした）、少なくとも受け入れられるようになったほうがいい。

ポーランドの小学校

一九一九年、失われた国民の団結を取り戻したいという強い願いから、ポーランドは強固な初等義務教育制度を導入した。ワルシャワでは、学校は宗教別に分けられていた。教育内容はほぼ同じだが、キリスト教の司祭かユダヤ教のラビによる特別な講義がある点だけが違った。ユダヤ教の学校ではヘブライ語を教えてくれないので、私は家で〝勉強〟したが、きちんとしたやり方をしたわけではないので身につかなかった。

宗教別の分離には例外がほとんどなかったが、知識人が設計して流行やドグマの影響を受けていた新しい教育制度では、子どもに卑屈な思いをさせることが禁じられた。このため、病気で一年間休学したレオンは一番近い公立学校に転校させられたが、そこはカトリックの学校だった。

資金が乏しいうえに急ぐ必要があったので、当局はありとあらゆる手を使って、空いた場所を学校に転用しようと躍起になっていた。私の通っていた第二四公立男子校は、エレベーターのないアパートのかなり上の階（六階だったと思う）にある二区画をつないで使っていた。建物は一ブロック全体を占めていて、下の階には悪臭を放つ魚卸売市場が入っていた。クラスの人数は教室に収まるようにする必要があったので、各クラスが交代で休憩をとるしかなく、そのために机のない部屋が一つ用意されていた。

ポーランドの新しい教育では教師が親の代わりとされたので、一人の教師が宗教と体育以外の全教科を教え、担任するクラスと一緒に毎年〝進級〟した。そのクラスが卒業すると、教師は一年生のクラスに〝降級〟した。私がゴルドシュラコヴァ先生のクラスで過ごした四年間は、私の教育においてきわめて〝混乱〟した時期と入れ替わりに訪れた〝平穏〟な時期の一つだった。そよ風のように快適な経験だったが、記憶に刻み込まれるほどの印象はほとんど残っていない。

白ロシアで過ごした長い夏

一〇歳のとき、当時はポーランド東部で現在は独立国家ベラルーシの中心部付近にあたる場所で、忘れがたいほど変わった夏を過ごした。向こうに着くなり、きつくこう言われた。「よく聞いて。明け方に散歩に出かけたりしたく

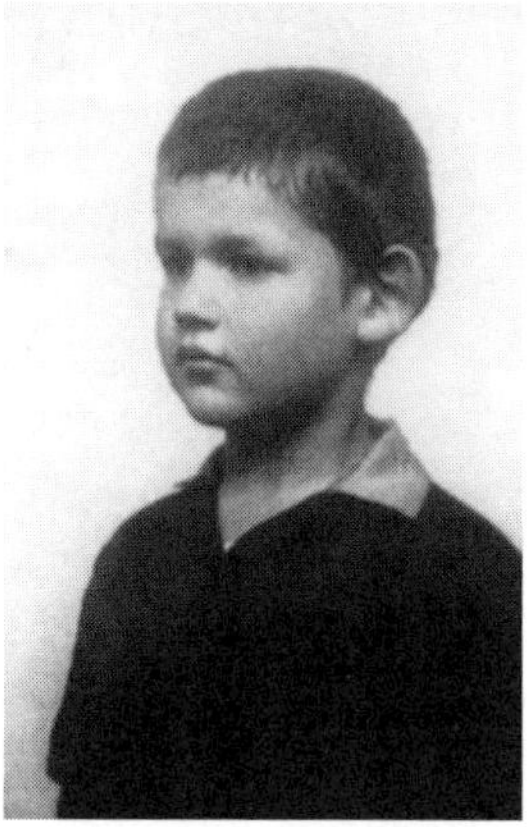

なるかもしれないけど、歩いていくとすぐに木でできた大きな壁に行き着くわ。壁のところどころにやぐらがあって、そこからこちらにまっすぐ銃が撃てるようになっているの。そこに近づいてはだめよ。やぐらに兵隊がいて、いきなり撃ってくることがあるから」。こんなわけで、私は静かな草地を隔てて、恐るべきソ連の姿を初めて眺めることになった。草地は西側の外交官とソ連の人民委員によっておおまかに境界が定められていた。私はそこに近づかなかった。

*

帝政ロシアの勅令は「朕（ちん）、全ロシアの皇帝、ポーランド王、フィンランド大公……」という言葉で始まる。一人の皇帝が三つのロシアを統治していたからだ。白ロシア（訳注 現在のベラルーシ）で話されていた白ロシア語（これは白い帝国旗のもとでロシア共産党との内戦に敗れたロシア人とは関係がない）は、私がそのころ話せた唯一の言語で母語のポーランド語にかなり近かった。もっと近いのが、現在ではウクライナ語と呼ばれる小ロシア語や、ポーランドの言語警察に聞かれないところで母（ロシアの大学を卒業していた）が信頼できる友人と話していた標準的な大ロシア語だった。

かつてベラルーシはリトアニア大公国の一部だった。ポーランドと合併し、それからロシア帝国の一部となり、一九二一年のリガ条約によってベラルーシとウクライナの領土がポーランドとソ連のあいだで割譲された。その結果、ベラルーシの首都ミンスクは国境のすぐ東側に位置するようになった。現在のベラルーシは、いくらか不本意な部分を抱えながらも歴史上初めて独立国家となっている。

蛇行する川と深い沼が、他国からの征服にも自国の発展にも妨げとなっている。私が夏を過ごした

村落は、おおむね平坦な土地に数軒の農家があり、細い川に橋がかかり水車場が設けられていた。村の名前は「Połoczanka」と書いて「ポウォチャンカ」と発音する。最寄りの小さな町は「Raków」と書いて「ラクフ」と呼ばれていた。イェール大学図書館のすばらしい収蔵品の一つである地図では、ここがまさに世界の端に示されていて、当時ポーランドに属していた二つの州とソ連の白ロシアとが接する地点となっている。

私を温かく迎えてくれたのはゴルトベルク夫人だった。彼女の姉のヴィグドルチク夫人がワルシャワにいて、私の母の親友だった。そのおかげで、私は都会の夏の暑さとほこりを無事に逃れることができたのだ。ヴィグドルチク夫人が仕事で東へ向かうことになっていたので、回り道をして私を送ってくれた。なぜレオンは一緒に来なかったのか？　その理由は覚えていない。

パリとレニングラード（訳注　現在のサンクトペテ

ルブルク）を結ぶ近代的な鉄道は、ヴィリニュスまで西欧やアメリカと同じ標準的な狭軌の線路を使っていた。ヴィリニュスに到着すると、私たちは一九世紀のロシアの遺物である広軌の列車に乗り換えた。車内は体格のいい年配の女性でいっぱいで、それぞれ大きくて重そうな荷物を抱えていた。地図を見ると、線路はソ連との国境まで続き、そこからミンスクを通ってさらに先まで延びていたが、そのころ乗客が行かれるのはモウォデチノ〔訳注　現在のマラデチナ（モロデチノ）。ミンスクの街〕までだった。そこは、一八一二年にモスクワから撤退したナポレオン大陸軍のわずかな残存兵が、その無謀な遠征の行程でとりわけ厳しい低温（マイナス三〇度）に見舞われた場所だ。私は何年も経ってから、兵力の縮小するようすを示した有名なミナールの図〔訳注　ロシア遠征におけるナポレオン軍の兵力の推移と各地の気温との関係を視覚化した図〕を見て、そのことを知った。

列車を降りた私たちを待っていたのは、古いロシアの小説に添えられた挿絵でおなじみの、異国の世界から抜け出てきたかのような馬車だった。私たちは森の奥へ、そして過去へ――と私は感じた――どんどん進んでいき、やがて本物の昔式の丸太小屋（イズバ）に到着した。これもやはり古いロシアの小説に出てきそうだった。天井とわらぶき屋根はとても低く、半ば地面に埋もれるように建っている。こぢんまりとして、厳しい天候に耐えられるように窓はほとんどない。都会の道路標識に似たほうろう引きのプレートに、農地の番号（今でも覚えているが、二四番だった）、借地人の名前、入居日が記されていた。

土地の人はほとんどがイディッシュ語か白ロシア語、またはその両方を話した。ポーランド語が話せれば基本的な白ロシア語を覚えるのは難しくないので、私はみんなにワルシャワについてびっくりするような話を聞かせたり、地元の人たちのうわさ話についていったりすることができた。農場の所有者は「小伯爵」と呼ばれるポーランドの貴族で、一〇〇カ所もの農場をもちワルシャワで暮らしていると言われていた。ゴルトベルク氏は読み書きができたので、伯爵〝閣下〟の代理人のような役割を果たしていた。

モウォデチノから四〇ヴェルスタ走ってきたと聞いて、知りたがり屋の私は苦心のすえに一ヴェルスタが実際には何メートルに相当するかを突き止めた。教科書には「だいたい一キロメートル」と書かれていたが、そのもっともな理由を地元の人がすぐに説明してくれた。道路の性質上、夏のヴェルスタと冬のヴェルスタがあるそうだ。どちらも時間を基準としていて、そうするのが妥当だった。開拓時代のアメリカ西部と同じように、轍（わだち）にはまってしばらく動けなくなることもある。だから道を行く人は、慎重に轍を見極めて進んだ。

ときおり、ほこりっぽい村の広場に家畜が集められ、動き回ってもはぐれないくらいいっぱいになることがあった。私は若い雄牛と雌牛から性の基本を学んだ。農場を渡り歩いて仔豚の去勢をする男性の姿も、鮮やかな記憶として残っている。処置の最中にもそのあとも麻酔や消毒薬を使わず、鋭いメスを決然とした手つきですばやく動かすだけだ。豚は鳴き声を上げながら泥だまりへ駆け戻っていく。歯科医の息子としては、魅惑と恐怖を覚えるばかりだった。

すぐに私は激しい好奇心を満たすことができるようになった。近所の人がはだしで石垣に腰掛けていたので、そばに行って訊いてみた。「どうして足の指がないの?」「もう若くないからさ」「うちのお母さんも若くないいけど、足の指はあるよ」「何度も凍傷になって、とれちまったんだ」。私は彼の娘と友だちで、どちらも一〇歳だったが、いったい彼は何歳だったのか？

村でいつ行ってもわくわくするような場所といえば、深さ一メートルほどの川を見下ろす小さな水車場しかなかった。そして村でポーランド語を母語として話すのは、水車場で働くユゼフだけだった。水車の技術は一二世紀にフランス北部とイングランド南部で完成したが、ポウォチャンカではこの技術に通じた専門家を遠くから招く必要があった。

意外にも、水車では穀物を挽いているのではなく、羊毛をフェルト状にする「縮絨（fulling）」をしていた。これはたいていの人にとって聞いたことのない作業だが、今でも「フラー（Fuller）」という姓の人がたくさんいることから、かつてヨーロッパ全域で重要な仕事だったことがうかがわれる。雪に閉じ込められる冬のあいだ、農民は自分の飼っている羊の毛で粗い糸を紡ぎ、ゆるい平織りの布を織った。黒か茶色のアルカリ性染料を加えた湯にこの布を浸す。水車に取りつけた爪車で大きな木片を持ち上げ、それから布に叩きつける。

水車より少し川の上流にある木橋の近くでは、道が崩れていた。橋に続く道が完成したときの高揚した気分は今でも覚えている。

ユゼフの恋人は農家で働く女中だった。私は秘密の連絡係として、二人のあいだを行き来した。あるとき私は彼女に、ロシアではなくポーランドで暮らせてうれしいかと尋ねた。「全然！」「どうして？」「日曜日になると、カトリック教徒の行列がロシア正教徒の行列より先にラクフの街を通っていくのよ。ロシアでは正教の信者がこんな屈辱的な目に遭うことはないわ」。じつのところ、ワルシャワで暮らす私の家族は、主教たちがスターリンから厳しく迫害されていることを知っていた。ところが彼女は国境の高い木壁から歩いてすぐのところで暮らしていながら、そんなことは知らなかった。彼女の両親は白ロシア人で、娘が「外国人」と付き合っていることを知ると、まともな結婚をさせるためにあわてて娘を連れて帰った。

＊

ほこりまみれでほかの子と遊んでいるとき以外は、野生のきのこを探して野原や森を歩き回っていた。

ゴルトベルク夫妻が私を一人でワルシャワに帰らせたがらないので、ライ麦（小麦はここでは育たない）の収穫期が訪れても私はまだそこで過ごしていた。私は村人たちに手伝いをしたいと言ったが、収穫作業の日はユダヤ教の新年だったので、見ていることしか許してもらえなかった。あちこちの農家から女が集まって長い列をつくり、前かがみの姿勢で畑を進んでいく。柄の長い大鎌は知られていないか、あるいは凹凸の激しい土地では使い物にならないのだろう。代わりに小鎌を使っていたが、これこそソヴィエトの標章の由来だった。小鎌と槌を交差させた図柄の標章は、搾取される農民と工業労働者を象徴しているのだ。畑では男が女のあとに続き、刈ったライ麦をまとめて大きな束にすると、今度は別の女たちが落ち穂を拾い集める。汗のにおいの届かない離れたところから眺めていると、まるで聖書のルツ記から抜け出したような、牧歌的で絵葉書を思わせる光景だった。

ついにゴルトベルク夫妻は、近々ラクフを発つという若い女性を見つけた。ワルシャワの開拓者学校に入り、それからパレスチナにある植民地へ行くという。彼女が私をワルシャワまで連れていくことになった。私たちは夜行の普通列車でヴィリニュスまで行った。ワルシャワへ行く翌朝の列車を待つプラットフォームは私にとってもう故郷のようなものだったが、彼女のほうは勝手がわからず家に帰りたがったので、私が彼女を励ますはめになった。電報受付係の少年がそばを通りかかった。机代わりに使う箱を胸の前に掲げている。彼女は少年を呼び止めると料金を払い、私がもうすぐ帰ることを母に知らせようと電報を頼んだ。読書家で都会育ちのませた子どもだった私は、電文体のことも知っていたので、「1600」と書けばわかると主張した。しかし彼女は絶対に誤解されない文じゃなければだめだと言って、こう書かせた。「午後四時にワルシャワに到着する予定。来てください。愛を込めて。息子より」。向こうのほうが年上だったし、金を出すのも向こうだ。私には逆らいようがなかった。

喧騒に満ちた大きなワルシャワ駅に着くと、連れの若い女性はすっかりへとへとになっていた。ともあれ、彼女の試練はとりあえずほぼ終わった。母が迎えに来ていて、馬車タクシー(ドロシュキ)をつかまえて彼女を学校に送り届けるように頼むと、私を連れて家に帰った。ポウォチャンカの村は戦争を生き延びられなかったらしい。あそこの友人たちはどうなっただろう?

自国からの脱出を夢見て

一九三〇年代のワルシャワでは、大恐慌が猛威をふるい、もともと険悪だった民族や政治をめぐる紛争がさらに深刻化していった。合理的で決断力のある両親は、ドイツとロシアの情勢をじっくり観察し、ポーランドにいるかぎり私たちが幸せに暮らせる見込みは厳しいと判断した。

私は一〇歳のころ——のちにパリで過ごした二〇歳のころと同じように——派手なイデオロギー的活動の時代に遭遇した。ありとあらゆる過激な方策を絶対に効く特効薬だと訴える扇動家がはびこっていた。子どもというのは人生にかかわる決断を下すことはできないが、私は人の話を聞いて行動を観察する方法を身につけていた。長じてからの私の選択は、家族の姿勢や家族が取捨選択したいろいろな行動から間違いなく強い影響を受けていた。

ポーランド国内でユダヤ人の置かれた状況は、紛れもなく絶望的だった。だからといって、どうすればよいのか？　党員や支持者がしょっちゅう街頭を行進している共産系のどこかの党に入るか？　祈りの世界に引きこもり、最善の事態を願うか？　ユダヤ民族主義の政党にも穏健なものからやたらと極右的なものまでいろいろあるが、その一つに加わるか？　それとも自由を求めてよその国へ移住するか？

両親には、共産主義に対して寛容な姿勢をとらない理由がいくらでもあった。保守派と急進派とが何度も入れ替わっては厳格な支配をおこなっていた血みどろの内戦中、二人はウクライナ東部のハリコフでつかまったことがあったのだ。ショレムはロシアで何度か講演をおこない（その一つが例の一九三〇年の夕食会につながった）、自分の見たことを語っていた。私たちは粛清を知っていた。もっとも、最悪の事態を迎えたのは私たちがパリへ逃れたあとだったが。私は、幼い子どもの変節を狙ったユダヤ民族主義者の遠足に誘われたことも覚えている。私が彼らの考えについて話すのを聞いた母は、あの人たちはファシスト以外の何者でもないと言い、次からはもう行かないようにと命じた。家族は過すぐになんらかの行動に出る必要があったが、どの選択肢にも高い危険と代償が伴った。家族は過激なやり方に対しては常にはっきりと疑念を示した。こうして大人たちが自分の目論見を口にし議論を交わすのを延々と聞いていたことが、私の心に生涯消えない跡を残した。

いとこの高校入学事件が人生を決める

私より一つ年上の聡明ないとこのミルカは、彼女なりの困難にぶつかっていた。再建されたポーランドでは小学校が非常に重視された反面、高校はさほど重視されなかった。ミルカはワルシャワで彼女にふさわしい唯一の女子高のおそろしく難しい入学試験で首席の成績だったのに、もっと有力なコネのある親をもつ受験生たちのせいで、ユダヤ人の入学者割当枠からはじき出されてしまった。それを知ったショレムがパリの同僚に相談した。ワルシャワで顔の利く関係筋に送った手紙が上層部へ回されていき、ついにミルカは入学を許可された。

ミルカの入学を〝工作〟した有力者とは誰だったのか？　それはポーランドで政治との結びつきが最も強く影響力の大きな数学者、ヴァツワフ・シェルピンスキだった。私の人生で彼の果たした役割は、いつも間接的でまったく予想外だったが、どんな評価をしても足りないほど大きかった。一九二〇年ごろショレムにフランスへの移住を勧めたのは彼だったし、一九七〇年には私の研究にも影響を及ぼした。

一九三六年、今度は私が入学試験を受ける番だったが、男子の高校は非常に少なかった。そのうえポーランドの著名な政治家ユゼフ・ピウスツキ（一八六七〜一九三五）が死去すると、政治はユダヤ人にとって不利な方向へ急転換した。気の毒なほど間抜けだが恐ろしいベック大佐が外務大臣になり、自分はヒトラーを出し抜くことだってできると豪語してはばからなかった。

二度と帰らない覚悟でこの地を離れるべきか？　私の年齢を考えると、タイミングは完璧だった。その一方で、パリに行った場合には父の身分がどうなるかわからず、母は仕事をやめて収入も手放さなくてはならないとすれば、ひどくまずいタイミングでもあった。しかしミルカの一件で迷いが消えた。ポーランドは両親が息子たちのために望む国ではなかったのだ。決断が下された。

すべてを手放してフランスへ

ワルシャワで過ごす最後の週は、来ては去り、来ては去りして、私たちはなかなか出発できなかった。理由は思い出せない。ビザがおりなかったか、あるいはパリの住居がまだ準備できていなかったか、そんなことだったのかもしれない。しかしそれまで住んでいたアパートの賃貸契約が切れると、大家が息子を入居させるために容赦のないすばやさで部屋の修繕を始めた。代理人がやって来て母にわずかばかりの金を払うと、私の目には優美な間仕切りと見えたものを取り外し、手押し車で運び去った。私たちはノヴォリプキ通りにあるラヤのアパート兼診療所に居候させてもらうことにして、大量の荷物らしきものを持って出た。その中には、寒いワルシャワの冬には欠かせないがパリでは不要な重たい羽毛の掛け布団も入っていた。

私にとってこの出来事は、ポーランドで経験した最後の重大な事件だっただけでなく、露骨な反ユダヤ主義に直接ぶつかった初めての経験でもあった。しかしこれは反ユダヤ主義を生き延びた者のほとんどが記憶しているような経験とは大違いで、私がどれほど安全に守られた子どもだったかを示すだけだ。ポーランドの反ユダヤ主義が、公式に規定されたものであれ世間でまかり通っているものであれ、家の外での生活に与える影響は間接的にすぎなかった。テレビが登場する前でラジオもほとんどなかった時代、外の世界は絶え間なく話題にされてはいたが、たいていは自分からかけ離れたほぼ抽象的なものだった。どうがんばっても、レオンがカトリックの学校でひどい扱いを受けて不満を訴えたという記憶は浮かばない。私が覚えていることといえば、映画鑑賞会で私のクラスがカトリックの教区立学校の生徒たちと隣り合って座ったときに、小突かれて侮辱されたことが一度あっただけだ。

両親の恐れていたあらゆることがポーランドで忌まわしい現実となる前に、二人の大胆な計画が功を奏した。私たちは南フランスへ行って土地の人のようなふるまいや話し方をして、その地でたくさんの誠実な友人を得た。家族が捕虜になっている人たちが胸を痛めていることを除けば、異国の戦争ははるかかなたの出来事のように感じられた。むしろ最も重大な紛争は、地方の政治派閥どうしがフランス国内で繰り広げる内戦だった。

父は妻や息子たちのビザをどうやって入手したのか？　じつのところ私自身は覚えていないのだが、レオンから聞いた話では、経済的な事情で離散した家族を再会させるという政策が短期間だけ施行され、私たちはその恩恵にあずかったらしい。

知り合いの中で、フランスへ移って生き延びることができたのは私たちだけだった。たいていの人は、ぐずぐずしているうちに状況がひどく悪化してしまった。ワルシャワ時代の知人で生き残ったのは二人だけだ。私たちの上の階に住んでいたブラウデ夫人は夫を亡くしたが、戦争が終わってから私と同い年の娘を連れてパリへやって来た。そして私の母に連絡をとり、友だち付き合いを再開した。

ほかの人たちは貴重な陶磁器を手放せなかったり、ベーゼンドルファーのコンサートグランドピアノが売却できなかったり、あるいは窓から見える公園の眺めをあきらめられなかったりして、動きがとれなかったらしい。母はそんな話にぞっとしながらも、感情を隠したまま耳を傾けていた。

第3章　パリでの少年時代（一九三六〜三九年）

ワルシャワ国際鉄道駅では、親戚、同業者、近所の人、友人、かつての患者、それにただの知り合いまでもが、押しあいへしあいしながら母に別れのあいさつをしていた。それぞれがちょっとした贈り物を持ってきていて、ポーランドのチョコレートの箱詰めが多かった。誰もが別れを惜しみ、感極まった別離の光景がいつまでも続いた。

その晩から、私は避難民を詰め込んだチャーター列車ならではの経験を、次々と味わうことになった。チャーター列車というのは、のちで言う飛行機のチャーター便の列車版だ。料金は安いが車両は古く、スピードは遅い。変則的なスケジュールで運行し、正規料金の特急列車を通過させるためにしょっちゅう停車する。ナチス・ドイツを通過するあいだは、誰も乗り降りできないように南京錠がかけられた。

パリ北駅に着くと、父が近くに住む妹のファニー叔母とともに待っていた。胸に込み上げる思いはあったが、静かな再会となった。母は子どもたちに未来を与えるために、父のあとを追って多くのものを手放した。評判のいい歯科医としての信望と収入も、快適なアパートも、そして自分がしっかりと根を張り、知り合いがいて、尊敬され、自立して生きられる世界も、すっかり手放したのだ。母は五〇歳にして、異国のスラム街で暮らす孤独な主婦になることを選んだ。この落差を思うと、今でも私の心は痛む。

＊

母は理性的な判断できっぱりとこの決断を下し、ヒトラーの軍隊がウィーンに侵攻してからプラハ、ワルシャワ、そしてパリへ進軍するちょうど二年前に実行に移した。

ほんの数年後には煙となって消えることになるコミュニティーに深く根づいていた暮らしを引き払うことによって、明敏で決断力のある両親は私たち全員を救ってくれた。このことにはいくら感謝しても足りない。しかし生活の根を引き抜くのは、どれほど状況が整っていたとしても決して自然なプロセスではない。私にとって、自分がそこに〝所属〟しているかと自問せずにいられるコミュニティーで暮らしたのは、子ども時代のワルシャワが最後となった。

私の心に消えない記憶を刻むことになるフランスは、騒乱、崩壊、外国による占領に見舞われようとしていた。これと比べれば、二人のナポレオン（訳注　ナポレオン一世および三世）の失政を終わらせた出来事（一八一五年のコサック兵によるパリのシャン・ド・マルスの占拠と、一八七一年のプロイセン軍によるパリ占領）すらかすむほどだ。一九三六年、フランスは苛酷な内戦にのみ込まれようともしていた。この戦いは、ユグノー戦争やフランス革命と比べればずっと穏やかではあったが、まったく似ていないわけでもなかった。

父のパリ名所案内

パリに到着して最初に暇のできた夜、私たちは下層階級の暮らす東部地区から上流階級の西部地区まで延々と歩き、最後に凱旋門にたどり着いた。馬が少なく自動車が多いのに気づいた私は、パリで用済みになった自動車がワルシャワで第二の人生を迎えるのだということに思い至った。「Renault」の発音（ルノー）も知った。ワルシャワでは、〝受け入れ〟やすいように「Renlaut」（レンラウト）に変えられていた。

それから日曜日ごとに、ルーヴル美術館、国立技術博物館、ラテン区（カルティエ・ラタン）といった瞠目すべき場所を訪れた。ワルシャワにも博物館は確かにあったが、行った記憶はない。

音楽は見物の眼目ではなかったが、しばらく経ってからエドヴァルド・グリーグが音楽をつけたイプセンの『ペール・ギュント』をオデオン座で鑑賞したりもした。特に母が愛唱していた「ソルヴェイグの歌」が目当てだった。

父は画家のティツィアーノが好きだった。私は初めて見るティツィアーノの作品に出会うたびに（作品の故郷であるヴェネツィアでほこりをかぶったのを見ても、あるいはロンドンで驚くほどきれいなのを見ても）、ルーヴルを初めて訪れたときのことが頭に浮かぶ。古代ギリシャや古代ローマの彫像の発掘が始まり、長く君臨する支配者一族らが見事な芸術作品を収集するようになると、ローマ教皇が真っ先に好きなものをとり、次にフランス国王が選び、それからイングランド、ロシア、ドイツの王族や一般の愛好家に順番が回ってきた。ヴァティカン美術館の所蔵する古代ギリシャの彫像が本物とは思えないほど〝つくりたて〟のように見えるのに対し、ルーヴルの所蔵品は鼻や腕が欠けており、さらに別の場所にある彫像はそれよりひどく欠損しているのは、おそらくそうした事情のせいだろう。

ルーヴルとは違って、サン＝マルタン通りの国立技術博物館（訳注　現在のパリ工芸博物館）は周囲から目立つことなく、落ち着いた商業地区に溶け込んでいる。この地区の中核をなす旧サン＝マルタン＝デ＝シャン修道院は、ロンドンのセント・マーティン・イン・ザ・フィールズ修道院に相当し、中世のパリでは現在のポンピドゥ・センターのあるあたりから先は練兵場だったことをうかがわせる（訳注　フランス語のchampも英語のfieldも「練兵場」を意味する）。史上初の自転車（木製で車高が低く、ペダルがないので地面を足で蹴って進んだ）、最初の自動車（蒸気で走る怪物のようなもの。熱力学を創始した物理学者サディ・カルノーの着想のもとになったらしい）、ごく短時間だが実際に飛んだ最初の飛行機（クレマン・アデールのつくったコウモリのような形の装置）、英仏海峡を初めて横断した飛行機（ルイ・ブレリオが製作したもの）――これらをはじめとして、ほかにもそれと匹敵するような人間の創意工夫から生まれた驚くべき発明品の数々が、ゴシック時代の暗い小修道院で分厚く積もったほこりの下に隠れていた。この博物館を運営する機関は、一七九四年に創設された。フランス国立工芸保存院という古めかしい名前がついているが、それがすべてを物語っている。フランスで最も偉大な実用的思考家の最も偉大な業績の実物を、国がここに保存しているのだ。初めての見学で感銘を受けた私は、今でも折を見つけてはそこへ足を運ぶ。子ども時代への巡礼のようなものだ。

パリに着いて三度めの日曜日の外出で、父は私たちをセーヌ川左岸の文教地区、ラテン区へ連れていった。ラテン区は、パリの守護聖人モンタ一ニュ・サント＝ジュヌヴィエーヴがまつられる急勾配の丘にある。私たちは、サン＝ミシェル大通り、リュクサンブール公園、ソルボンヌなどいろいろな大学の校門、サント＝ジュヌヴィエーヴ図書館、そして〝伝説〟的な建築物であるパンテオンなどを見て回った。父は抜かりなく、パンテオンの裏手にある建物――ボワト・ア・クラーク――の小さくて目立たない入り口の前を通った。そこにはあせた金文字で

エコール・ポリテクニーク

と書かれていた（訳注　ボワト・ア・クラークは「帽子の箱」という意味で、エコール・ポリテクニークの旧校舎の愛称）。校舎は移転したが、この文字は今も残っている。私に学生としてその入り口を通らせるという希望が父の支えだった。九年後に私がポリテクニークの学生になったとき、父は大喜びした。工芸保存院と同じく、この学校も一七九四年に創設された。父の死後ずいぶん経ってから、私は創立二〇〇周年記念式典の特別ゲストとして両方に招かれた。

再び父と暮らしはじめてパリの名所を案内してもらったときのことは、今でもしょっちゅう心によみがえってくる。そのたびに、やはり私は胸が苦しくなる。父自身は、末の弟と比べたらほとんどなにもなし遂げられなかったような、誰にうらやまれることもない男だ。それでも妻と息子たちには、自分から見てこの世で最も立派で希望を与えてくれると思われるものに触れさせようとしていた。そ

れらは地理的にはアパートのすぐそばにあったが、文化的には広く深い隔たりの向こうにあり、父は息子たちにその隔たりを越えてほしいと切実に願っていた。

父は息子たちや二〇年間連れ添った妻に対し、自分がどんな人間なのかを改めて伝える必要も感じたに違いない。それまでの五年間に父は数回しか家族のもとへ帰ることができなかったし、その前にワルシャワで暮らしていたころも大恐慌の中で自分の商売を持ちこたえさせようと努力するだけで精一杯だった。

こんなわけで、パリでの日々は毎日があらゆる点で新たな始まりだったのだ。

パリ一九区のスラム街、ベルヴィル

母はパリでは歯科の診療ができないので、父が新たに事業を始められるように、とにかく資金が必要だった。私たちがパリへ行く前に、父はベルヴィル（美しい街）と呼ばれる古いスラム街で私たちにふさわしい住まいを見つけていたが、そこは「アパルトマン」というより「貸部屋」と呼ぶほうがぴったりだった。

スラム街には往々にしてやたらと華やかな名前がついているが、それは業者がつけた名前であることが多い。しかしベルヴィルは、かつてパリ市の北東に古くからある郊外の村だった。一八六〇年までパリの周囲にめぐらされていた城砦を少し越えたあたりに急勾配の丘があり、ベルヴィルはそこの陽当たりのよい南西側の斜面に位置している。パリ東端のベルヴィルは、格づけとしては最低レベルで、観光用パンフレットに出てきそうな名前の響きからは程遠い。ロンドンと同じくパリでも世の中の動きはもっぱら西から東へと伝わるので、高級な地区は街の西側を占めている。

ショーモン通りは行き止まりの細い道で、都市再開発が計画されて久しい荒廃地域（計画は数十年後に実行された）の中央を貫いていた（今でもそうだ）。五－七番地に比較的立派できれいな建物が建っていた。父がそれを見つけて管理人に声をかけると、じつはその管理人が建物の所有者でもあり、父は試験のようなものをやらされた。

私たち一家が落ちぶれたホームレスではなく、身なりはみすぼらしいが中流階級の人間だとわかると、アパートを一つ貸してもらえた。通りに面した側から中庭側へ、二つの細長い部屋が列車のように縦に並んでいた。一つを両親の部屋にして、食事用テーブルとベッドを置いた。もう一つが子どもの部屋となり、勉強机とベッドを置いたが、少し経って母の兄がリトアニアから逃げてきたので、彼のために場所を空けた。彼は病気で、まもなく亡くなった。台所は食器棚程度の狭いものだった。階段の踊り場には一階おきにトルコ式トイレ（訳注　しゃがんで使う、和式トイレに似たスタイルのもの）があり、一つを四世帯で使っていた。蛇口から湯は出ず、浴室はなかった。

近隣のよその建物には中庭があって移民がたくさん集まっていたが、私たちはそこにいる人たちと付き合ってはいけないときつく言われていた。私たちのアパートの所有者は、中庭をうろついたりしない静かな入居者を好んでいた。パリには知り合いがほとんどいなかったので、私たちの社会生活は大人数の親戚付き合いからほとんど人付き合いのない状態へと一気に縮小した。

父が選んだアパートは、ビュット・ショーモン公園から歩いてすぐのところにあった。この公園はすばらしい名所だが、西側の高級地区に住む上品なパリ市民は訪れたがらなかった。公園のある場所は、昔はパリにとって便利な石切り場だったが、石をとりつくして崩壊の危険が迫ったので放棄された。地下の空洞内で、堅固な石の上に柱を立てて高架橋が設けられ、公園を横切る地下鉄が開通した。一九世紀終盤に公園を設計した者たちは、掘りつくされた土地を財産に変えた。湖にはコンクリートで表面を塗り固めた島状の小高い〝山〟があり、その頂上はギリシャ風の神殿で飾られ、そこからは見る方向によって最高の眺めや最悪の眺めがぐるりと展望できる。公園はきちんと清潔に保たれていたので、私たちはワルシャワのサスキ公園で遊んだときのように遊ぶことができた。しかし今でも覚えているが、側溝を勢いよく流れる〝川〟に大きなダムをつくって思いきり楽しんでいたら、通りかかった立派な身なりの人たちに「なんと不愉快な」と言われた。

広い芝生の周囲を画するように、たくさんのアーチが互いに少しずつ重なり合って並んでいた。それぞれ円を六分の一に切った弧の形で、どれも節（ふし）のような奇妙なふくらみがところどころにできているのが不思議だった。何年もあとで初めて日本を訪れた私は、これとよく似たアーチを見つけた。ただし竹製だった！　パリの設計者は、竹の質感をもっと丈夫な銑鉄で再現したらしい。つまり、ビュット・ショーモンは英国式庭園だと言われるが、じつは日本庭園からもアイデアを得ているのだ。右岸のビュット・ショーモンに相当する左岸のモンスーリ公園（何年も経ってから、私はそのすぐ隣りにパリで最初のアパートを購入した）についても同じことが言える。ビュット・ショーモン地区にはびっくりするほどひなびた雰囲気があり、郊外住宅のモデルハウスがびっしりと建ち並ぶ区画もいくつかあった。画一的な住宅団地が増えはじめていたので、建築業者は自社の商品を展示する場所として地価が最も安く地下鉄で行かれる地域を選んだのだろう。

戦争が終わってしばらくのあいだ、私の正式な住所はショーモン通り五ー七番地のままだったが、実際にはそこに居住していなかった。最後に見に行ったときには、ビュット・ショーモン公園の周辺は建物が増え、パリの魅力的な場所によくあるように、すっかり高級化して落ち着いた孤島のような地区となっていた。ショーモン通りもきれいになったが、私たちの住んでいた古い建物はあまり変わっていない。現在この通りで暮らす人のほとんどは、私の記憶にある住人たちほどみすぼらしくない。

狭いアパートの話に戻ろう。初めて足を踏み入れたとき、母はこらえきれずに泣いた。しかし翌日には落ち着きを取り戻し、家事の切り盛りもできるようになった。両親も息子たちもポーランド語を話してはいけないということにしたので、信じられないほどフランス語が上達した。母は学校で習ったフランス語（すでにかなりうまかった）を勉強し直し、近隣の立派な公立図書館すべてから本を借りてきた（フランスの本はほとんどがペーパーバックなので、図書館はそれぞれ独自のやり方で表装をしていた。表装の方法と質を見れば、どこの図書館の本かわかった。まもなく私は、古い本の中に「低地諸国を含めてあらゆる国にて」著作権が保護されていると書かれたものがあることに気づいた。二〇世紀に入っても、フランスの書籍に対する著作権侵害の中心地は高徳の国オランダだったからだ）。母はたちまちフランス語をほぼ完璧に書き、なまりをほとんど感じさせずに話すことができるようになった。私の両親は、新しい国で人とやりとりするには子どもが頼りというありがちな移民のパターンにはまったく当てはまらなかった。

初めて出かけたとき、母は妊娠している人が少ないわねと言った。買い物に行く前から、パリ市民がパンをむき出しのまま素手で持ち歩くといううわさは聞いていた。しかし母は、狭いセクレタン大通りをたくさんの車が行き交うなかで、開けっぴろげの屋台に肉が並んでいることにもやはりショックを受けた。食欲をそそる光景ではないが健康に害はなかったので、母もやがて慣れた。ワルシャワでは常に伝染病の不安があったので、母の利用する店では店内をパリの店よりもずっと清潔にしていた。何年もあとになって、私は母がショックを受けた理由をもう一つ聞いた。冷蔵庫がまだ一般的でなかったころ、パリの食肉処理場は高級住宅地のそばにあった。そこで一番いい肉を売り、残った肉を社会階層の下のほうへ回していくので、だんだんと質が下がっていく。だからスラム街にたどり着くころには、長い道のりの痕跡が肉に見てとれたのだ。

ある日のこと、父が数巻からなる旧版の『ラルース百科事典』をアパートに運び込んだ。修正情報をまとめた冊子も数十年分ついていた。私はすぐに隅から隅まで読みつくした。

ドイツ軍のパリ侵攻が引き金となって一九四〇年五月に政権が瓦解すると、両親はすべてを捨ててテュールまで何百キロも歩き、身の安全のために先に来ていた息子たちと合流した。一九四四年にパリが解放されるとすぐに、父は急いでパリに戻った。前に住んでいたアパートはほかの人が借りていたが、別の部屋に残っていた入居者がパリ解放の直前に国外退去させられていた。そこで私たちは、もとの入居者が戻るまでその部屋を借りられることになった。結局、部屋の主は戻らなかった。あるとき台所の床を掃除していた母は、床材が外れることに気づいた。床下には、ナポレオン三世（一八五二～七〇）の時代に使われた二〇フラン金貨のレプリカが一枚隠されていた。前の住人がそのレプリカを持っていっていれば、それを使って生き延びることができたかもしれない。

フランスの小学校

フランスに到着したとき、私は頼りにならないロテルマン叔父から教わった不完全なフランス語しか話せなかったが、パリ一九区のシモン・ボリバル大通り一一九番地にある地元の男子小学校にそのまま入った。隣りは女子の学校で、裏は保育園だった。

元気がよくて親切な校長が、レオンには四年生を、私には五年生をもう一度やらせたほうが無理なく学校になじめるのではないかと考えた。そこで一九三六年、私はプパール先生のクラスに入った。その年の途中で弟と私はそれぞれ上の学年に進み、私はルブラン先生のクラスに移った。どちらの先生も仕事の枠を超えて親身になってくれるすばらしい先生で、ずっと心に残っている。同級生の中で、私のほかに高校へ進学したのは一人だけだった。典型的なスラム街の住人で、レプコフスキという名前だった。彼はパリに留まり、ホロコーストで死んだ。

パリ方言のフランス語

フランス語の勉強は、楽しい挑戦だった。一七九〇年代にイタリアでナポレオンが勝った戦いの年など、歴史の年号をたくさん暗記させられた。フランス語では、年号というのはまさに早口言葉なのだ。たとえば「九七」は「二〇が四つと一七」という言い方になる。一度だけ、見かねた母から特訓を受けたこともある。

がんばったおかげで、私はすぐに正しいフランス語と思われるものを流暢に話せるようになった。ところがじつは、私が覚えたのは正しいフランス語とは大きく違う言語だった。ベルヴィルの人たちが話していたのは〝パリ語〟だったのだ。英語のロンドンなまりとしてはコックニーが有名だが、まさにそのフランス語版である。たとえば「marrant（愉快な）」と「marron（褐色）」を耳で聞いて区別するのは難しかった。

小学校の次に通ったパリのリセ（国立高等学校）では、誰もが〝山の手のフランス語（ハイ・フレンチ）〟を話していた。これはイタリア語がもとはトスカナ方言だったのと同じように、もとはトゥーレーヌ州で用いられていた方言である。それからテュールのリセに転校したら、今度は強い南部なまりで話す人がほとんどだった。こんなふうに、私の話すフランス語はしっかり安定することがなかったので今でもなまりがあるが、それは時によって変化し、どこのなまりか簡単にはわからない。

初等教育修了証書、スペリング、すぐれた視覚能力

フランスの小学校に一年間通ったところで、手ごわいと言われる初等教育修了試験に合格して卒業することができた。書き取り試験でスペリングを五つ以上ミスした生徒は、最終学年をもう一度やるか、成績を「保留」扱いのまま卒業するかのどちらかになるが、私は思い出せるかぎり一つもミスをしなかった。

小学校レベルでは、フランス語でも英語でもスペリングはおおむね視覚的記憶力の問題だと思う。たとえば「there」と「their」のように、発音は同じなのに意味によってスペルが異なる単語のペアがある。私の場合、めちゃくちゃな教育を受け、標準的ではない人生の選択をしてきたが、すぐれた視覚能力のおかげで前に進むことのできた場面が何度もあった。

試験をうまく乗り切ったときのことを思い出すと、いつも私の心は喜びにあふれる。幸運の女神は目が見えないので、助けの手を必要としている。一九三六年、私の両親はポーランドを脱出することで女神をあと押しした。一九三七年には私が手助けを求められて、それに応じたのだった。

フランスの公教育で並行する二つのコース

フランスでは、教育省のほこりっぽい小部屋で数々の決定が下される。そこではささいな事柄に対して絶えず向けられる政治的配慮によって重要な問題が隠蔽され、そのせいで奇妙な政策が必要以上に長く法律として存続できるようになっている。私が人生において次に進んだ段階は、当時施行されていた教育制度についていくらか予備知識がないと、なかなか理解できないだろう。一九三七年まで、教育課程には二種類のコースがあった。それらは「第一課程」および「第二課程」と呼ばれていたが、実際には並行するまったく別個のものだった。

第一課程では、私が通ったような初等小学校に六歳から通いはじめる。このコースの行き先となる初等教育修了証書は、最も早ければ満一三歳の誕生日を迎える年にもらえる。修了後に進学する生徒はごくわずかだが、このコースはここで終わるわけではない。ただ、高等小学校へ進み、さらに小学校教師を養成する師範養成学校へと進む（高校には行かない）につれて人数が減っていく。

第二課程では、六歳で準備科に通いはじめる。学年には数字が逆順につけられ、一年めが第一一学年となる。初等教育修了証書がもらえる最低年齢より二年早い第六学年で正規のリセに入り、第一学年まで通う。最後にこのコースならではの大事な決まりとして、最終学年になると数学（理科系）か哲学（人文系）のどちらかを選択しなくてはならない。

この二つの並行したコースは社会階級を密接に反映していて、途中で一方から他方へ移ることはほとんどなかった。それは多くの国で社会的移動を妨げるためにさまざまな方策がとられるのと同様に、もともと意図されていたことである。しかし一九三六年、社会党の穏健なリーダーと目されていたレオン・ブルム（一八七二〜一九五〇）が首相になると、この制度が全面的に見直された。ブルムはすべての労働者に二週間の年次有給休暇を与える制度を確立した人物である。彼の内閣で教育相を務めたジャン・ゼイが、教育制度において並行する二つのコースを統合した。これによってゼイは議論と敵意を招き、ドイツによる占領の最中に殺害された。彼の意図は立派だったが、古くからの安定した制度を解体するのは容易ではない。フランスの教育制度は、今も絶えず〝改革〟を続けている。

一九三七年、私は野心的な両親の立てた計画の肝（きも）である、リセと呼ばれる普通高校への入学を果たした。家から一番近いリセ・ヴォルテールは職業学校から格上げされたばかりで、うわさによれば資格が十分ではない教師がいるという話だった。家より西側でその次に近かったのが、リセ・ロランだった。今では第二次世界大戦中にレジスタンスとして殉死し英雄となった教師を称えて、リセ・ドクトールと呼ばれている。

ロランでの二年間に私の受けた教育は、風変わりではあるがまさに一流だった。私は勉強ではほかの生徒よりはるかに抜きん出ていたので、一人で本を読んだり思索にふけったりすることが多く、あまり学校に縛られていなかった。そのためこの教育制度の悪名高い硬直性は私にとって問題ではなく、むしろこの制度のもつ別の性質から大きな恩恵を受けた。当時は大学教員の職が非常に限られていた

ので、今なら博士論文の指導にあたるような人が、そのころは一一歳の生徒を教えていた。教師たちは、どう考えても不つり合いに多くの時間を私のためだけに費やした。ほかの生徒よりも幅広い私の経験をクラスのみんなに共有させたいからと、教師が見え透いた言い訳をすることもしばしばだった。体育の成績は振るわなかった。この科目については、天気がよければ狭い中庭で走り幅跳びを習っていたということしか思い出せない。

まもなくロランにはもう一つよい点があることがわかった。パリ北東部全域から生徒が集まっていただけでなく、左翼の労働者階級が居住する郊外の〝レッドベルト〟地帯からも通ってくる生徒がいたのだ。というのは、リセのないその地域から北駅や東駅に出れば、最も近い学校がここだったからだ。同級生の多くは長時間の電車通学をしていて、学校に対する熱意は私と同じくらいだった。

地下鉄は、ちょっと乗るだけでもかなりの料金がかかった。歩くほうが安いし体にもいい。グット・ドールという地区に沿ってラ・シャペル大通りを歩くルートが最短だった。この地区はもっと有名な歓楽街ピガールよりも東側にあり、古くからの悪名高い売春街としてピガールよりもさらに古くて低級だった。

夜の女（あるいは昼の女でも）に惑わされるほどの年齢にはなっていなかったが、大通りから見える光景にはどうしても目が引きつけられた。ただし、いかにも危なげな横丁は避けた。しばらくするとこのルートに飽きてしまい、遠回りをして郊外に住む友人たちとともに彼らの降りる駅まで行き、そこから格別どうということもない通りを歩いて帰るようになった。

フランス語とラテン語、そしてパリの名指導者

ラテン語の勉強は、おそろしくつまらない教材で始まった。キケロの弁護人の弁論と、ユリウス・カエサルが将官としての仕事について記した味気ない報告書で、カエサルが殺害または奴隷化した一〇〇万人のガリア人にはまったく触れていなかった。歴史家タキトゥスや詩人たちに進むまで、ラテン語は好きになれなかった。何年間もラテン語を勉強したことが報われたのは、もっとあとになってからだった。しかるべき用語を新たにつくるのに役立ったのだ——たとえば「フラクタル」をつくったときのように。

第六学年のときにフランス語とラテン語を教えてくれたのは、ジルベール・ルジェ先生だ。すばらしい先生だっただけでなく、ジェラール・ド・ネルヴァル（一八〇八～五五）の詩選集の編纂もしていた。しかし先生のことが忘れられない理由は、ほかのところにある。先生がパリを心から愛していたことだ。日曜日になると先生は古い街並みを歩き、そこを十分に自分のものにすると、また別の場所で散策を始めるのだった。教え子たちにも声をかけ、ベストセラー『パリの散歩』のルジェ先生版に加わらせた。先生の博識ぶりは尋常ではなかった。地図やガイドブックや古典文学に書かれていないようなことまでたくさん知っていた。先生から教わったことはとてもためになった。なかでもとりわけ役立った経験が三回ある。

一九四五年の夏、ヨーロッパで連合国が戦争に勝つと、アメリカはすぐに部隊を帰国させることにした。帰還を待つ兵士が大量に生じたので、パリ近辺の兵舎に収容された兵士たちにはなにか時間をつぶすものが必要だった。そこで私は案内役を買って出た。通訳兼ガイドとして給金と食事がもらえ

るだけでなく、両親にも十分な食べ物を持ち帰ることが許された。一九四五年のパリでは、スパムはごちそうだった。威勢のいい監督者が、私の英会話力と資格証書を確認すると大喜びで私を採用し、いろいろな仕事をさせてくれた。私は歩いてしゃべる百科事典さながら、パリの史跡とそれにまつわる壮麗な背景について説明した。最初に案内したグループからは、いわばしごきを受けた。言葉遣いが荒く戦争で鍛えられた陸軍婦人部隊のおかげで私は英語の話し言葉の幅を広げることができたが、向こうは古びた建造物ばかりでひどく退屈し、私が相手のジョークを理解しないことやアメリカ軍の進攻を歓迎していないことに落胆し、やがてそれぞれ好き勝手に散らばってしまった。次に担当したのは、陸軍司令部の法務官たちだった。アイヴィーリーグ出身者で、ガイドブックに出ている程度のことはすでに知っていた。細かい点を質問してくる彼らはいわば、かつてのルジェ先生と同じ役割を果たす私の熱心な生徒であった。仕事を終えて帰ろうとする私をなおも、質問攻めにした。退屈からは程遠い一日だった。

それから何年も経った一九五〇年代、のちに妻となるアリエットと交際していたとき、私はパリの名高い地域に彼女を案内するのが気に入っていた。これから見るものを前もって説明するのだが、それは相手を感心させるためであり（地図やガイドブックなどいらなかった）、その説明はあきれるほど正確だった。ただし一度だけ失敗したことがある。次の角を曲がるとすぐに古い宮殿があるよと言ったのに、じつは運の悪いことに、私が前回そこを訪れたあとで取り壊されていたのだ。

さらに何年もあとの一九七二年、アリエットと息子二人と私はパリのルガール通りにアパートを借りた。近所の、この短い通りのちょうど反対端にある二つの建物を見て、私は考え込んだ。ルジェ先生に教わった事柄はまだ記憶にはっきりと残っていたが、その建物の様式がなかなかわからなかった。一七一五年より前のものか、それともあとのものか？ つまり、ルイ一四世が老齢で在位していたころのものか、それとも幼い曾孫（ひまご）のルイ一五世が即位したあとのものか？ しかしもちろん、私の知るかぎりパリに住む者なら誰でも、こうしたきわめて重大な疑問に答えてくれる本をもっていた。調べてみると、老王から幼王への王位移行期には建物があまりつくられていなかったことがわかった。当時としてはへんぴな場所にあってつまらぬものと思われ、ルジェ先生がめずらしく省略した時期の例に、私はたまたまぶつかったのだ。

暗雲

パリで再び一家がそろった。ポーランドにいたときと比べれば、状況は大きく改善した。しかし安心すべき理由はなかった。一九一八年に結ばれた休戦協定の記念日にあたる一一月一一日、盛大な祝賀式典が開かれた。私たちは伝統的な軍事パレードを見ようと、家族全員でシャンゼリゼまで出かけた。秩序と正確さという点で、フランス兵はポーランド兵にかなわない。脚を前に高く上げるグースステップのドイツ兵にもかなわない。このとき父が不安でいやな予感がすると言ったのを、私は今でも覚えている。

両親は、最善の事態を期待してそのために努力しながら、最悪の事態を切り抜ける備えもしておくことを教え込まれていた。やがて、戦争が差し迫っていることが明らかになった。ある日ショレムが訪ねてきて、人工放射能を使って強力な爆弾をつくることができるかもしれないと、コレージュ・ド

・フランスの同僚で物理学者のフレデリック・ジョリオ＝キュリー（一九〇〇〜五八）が周囲に明かしたと言った。私たちはこの話を誰にもしてはいけないときつく口止めされた。私はそれに従った。この話をするのは今回が初めてだ。

ショレムが訪ねてきた別のときに、父はわざわざ私のいるところでこう言った——自分は生き延びて妹や弟を助けるために、勉学をあきらめて見習いの仕事に就いたが、息子も同じ道をたどるしかないのだろうか？　いろいろな職業学校が話題にのぼったが、ショレムはそれらについてなにも知らなかったので、やがてその話は立ち消えた。まもなく戦争が始まった。

第4章　占領外の窮乏の山間地、ヴィシー・フランス（一九三九〜四三年）

　第二次世界大戦は、つむじ風のようなものとして私の心に今も残っている。戦争後に過ごした人生の多くは、あの時期に学んだこと、あるいは学びそこねたことに支配されてきた。

　一九三九年九月に戦争が始まり、一九四〇年の中ごろから一九四二年までフランスの北西部（パリも入っていた）が直接的な占領下に置かれた。両親とレオンと私はその期間をフランスの中南東部で過ごした。そこはフランス有数の貧しい山間地域に設けられて正式にドイツの占領外とされた残存国家であり、ヴィシー・フランスと呼ばれていた。

　一九四三年まで、私たちはその地域にある人口一万五〇〇〇人ほどのテュールという小さい質朴な町に住み、堂々と――目立ってはいたが格別どうとも思われずに――暮らしていた。そこで私たちはまさに文字どおりの意味で、ショレムの献身的な友人たちに助けられた。彼らはぎりぎりの生活を営む農家の一族や村の学校の教師で、幸運の女神を立派に手助けしてくれた。私たちは、命を助けてくれた人たちのうちエロール一家およびルビネ一家とは連絡をとりつづけている。彼らについてはあとで紹介する。

私たちは常に不安を抱いていた。それなりの動機をもった、私たちをよからず思う者から当局に通報され、殺されてしまうのではないかと恐れていたのだ。近くの郡の中心部で医者をやっていたパリ出身のジナ・モランジュという親しい友人が、まさにそんな目に遭った。競争相手を排除したいというだけの理由で、別の医者から告発されたのだ（奇跡的に彼女は生還し、彼女の娘がこのときの経験について『シャンベレ――ありふれた子ども時代の思い出』というすばらしい本を書いている）。

私たちはそんな運命を逃れることができた。その理由はわからない。あるとき、私の学業成績に非の打ちどころがないせいで県の事務官が葛藤したことがあった。パリなどよその土地から来た者に対して地元民のあいだで反感が蔓延する一方で、実力主義という考え方も強まっていたのだ。その極貧の地域では、よい生活を夢見るというのは、厳しい国家試験に合格してよそへ出ていくことでもあった。その事務官は同級生の姉で、裁量権をすべて握っていた。彼女の中で排他主義が敗れ、実力主義が勝った。そして、私の家族の書類をわざと間違った場所に置いてくれた。

幸い、私たちが地元の人たちと張りあうことはなく、よそ者らしく見えもしなかった。土地の文化になじめるように両親が計画的に手を打ったのが功を奏し、レオンと私はほぼ地元民のように話したりふるまったりできるようになった。

間欠的に荒れ狂う嵐

軍隊勤務とは果てしない退屈の中にときおり不規則で予測不可能な恐ろしい中断がはさみ込まれる

ものだという古くからの皮肉な言い回しがあるが、「間欠性」というのはまさにそれを表すのにぴったりな言葉だ。占領下のフランスでは、忌まわしい出来事がいろいろと起きた。あまりにもたくさんの人がほぼ絶え間なく恐怖を経験した。ヴィシー政府は結局のところ寄せ集めにすぎず、私たちは幸運に恵まれていた。私はこの時期について、「間欠的」に嵐が吹き荒れたことしか覚えていない。

ヴィシー政府の内部では、各部門が何をしているのか互いに把握していなかった。ある部門は、私たちのようなありがたくない外国人を非常にいやがり、積極的に困らせた。たとえば父のような立場の者が有給の仕事に就くことは違法とされており、実際に父はそういう仕事に就けなかった。しかし同じ政府内でも別の部門では、私たちをパリから逃げてきた正真正銘の避難民として扱った。帰れないことを根拠として、私たちは公的保護の受給資格が認められ、テーブルやベッドなどの家財道具、場合によっては家賃の軽減、さらにはいくらかの現金まで与えられた。なによりありがたかったのは、一見したところ無条件で無償の医療が受けられたことだ。テュールの医師は、私たちの住むスラム街にもしょっちゅう往診に来てくれた。わが家は慈善援助団体やアメリカにいる親戚からも金をもらっていたに違いない。余裕などなかったはずなのに支援してくれた人たちには、いつまでも感謝を忘れてはならないと思っている。

のちに私は四〇歳に近づいたころ、自然界にも市場にも存在する「間欠」という現象を研究のテーマとすることになる。

フランスの陸の孤島

もっぱら都会（ワルシャワとパリ）で育った私は、一〇歳のときにポウォチャンカという小さな村で夏を過ごし、その経験に大きな影響を受けた。さらにそれよりずっと大きな影響を与えたのが、リムーザン地方南部にある、卵形をしたコレーズ県のテュールで過ごした四年間だった。

私が生き延びることができたのは、知人たちから絶えず助けてもらったことに加えて、テュールの人たちがひそかに護ってくれたおかげだ。テュールの住民はよそ者に対して友好的でないというのが定説だった。この場合の〝よそ者〟とは、パリ市民やそれ以外のフランス国民のほとんどを指す。ところが不信の壁が崩れると、彼らは誰よりも広い心で私たちを受け入れ、私たちが戦争を生き抜くのを助けてくれた。

リムーザン方言には「谷川」を意味する「コレーズ（corrèze）」という言葉があるが、これは標準的なフランス語の「走るもの（coureuse）」に相当する。この語はテュールから川をさかのぼったところにある小さな町の名前でもあり、また少し離れたところに同じ名前の鉄道駅もある。住民はテュールをローマにもパリにも負けない「七つの丘の町」と呼ぶが、もっと正確に言えば深い谷の底と側面に築かれた町であり、その谷は曲がりくねって長く続き、いくつかに分岐している。斜面を一直線にのぼる道がたくさんあり、その中には石やコンクリートでできた長くて評判の悪い階段が設けられた道も少なくない。言い伝えによれば、このおかげでテュールの娘は、コレーズ川の下流に広がる平地に位置するもっと豊かな町ブリーヴ＝ラ＝ガイヤルドの娘よりも、脚がきれいになったのだそうだ。「ガイヤルド」は「元気な、屈強な」という意味だが、それとは対照的にテュールの愛称「テュール＝ラ＝パイヤルド」は「わらの上で眠る貧乏人」を意味する。

コレーズ川が別の川と合流するほぼ平坦な場所に、荘厳なたたずまいのサン゠マルタン教会がある。教会の一部は初期の中世ロマンス時代につくられたが、完成までには何世紀もかかった。周辺地域も中世風だと言われるが、民家はおそらくほとんどが一七世紀に建てられたものだろう。

私が暮らしていたころには、川の流れが一方の岸から他方へ蛇行する箇所ごとに、同じ大通りの名称が変わっていた。地元民のこの大通りの呼び名は「ケ（川岸通り）」であったかと思えば「リュ・ナシオナル（国民通り）」となり、さらに「フォーブル（街外れ通り）」へと変わったものである。市当局は別の名称の使用を求めた――一度は戦争中の国家元首ペタン元師に敬意を表した名前がつけられた――が、住民はまったく意に介さなかった。その後、この通りは一方通行となり、周囲の丘に沿ったいくつもの古い道を利用して、大通りがもう一本つくられた。

教会から川を下ったところにあるテュール駅は、川と丘に囲まれていた。ボルドーとクレルモン＝フェランを結ぶ小型のローカル列車は、コレーズ川をさかのぼれるかぎりさかのぼったところで引き返し、今度は蛇行しながら急勾配の斜面をのぼっていった。駅に接する平坦な狭い土地は、豊富な水力を利用するために一七世紀に建てられた武器工場で大部分が占められていた。今ではもちろん工場はなくなり、地元の産業雇用もほとんど失われてしまった。

私たちはこの工場の近くに住んでいた。夏になると谷間は暑いので、川泳ぎはとても魅力的だった。しかし泳げる場所まで教会から上流へさかのぼる道のりは、なんとか手に入れたおんぼろの自転車に乗ってもなお遠かった。

テュールへ移った理由

間接的にではあるが、運命を決めたのはまたしてもショレムだった。初めての終身教授の職をクレルモン＝フェラン大学で得たのだ。大学人事の椅子とりゲームのなりゆきによっては、ノルマンディ、フランドル、アルザスなど、もっといいところに行かれたかもしれない。しかしその場合には、計り知れないほどの悪い結果につながったことだろう。これらの豊かな州はドイツに占領されたのだから。

クレルモン＝フェランで、グラディス叔母とショレムは同僚のエロレットことリュシー・エロールと親しくなり、彼女の両親の、勤勉と自己鍛錬の精神を尊ぶピエールとルイーズとも知り合った。

テュール駅から北東に二つめのコレーズ駅の近くに、エロール一家はショレムのために手ごろな土地と建築士を見つけてくれた。土地は大部分がイグサで覆われ、建築士は仕事がなくて暇だった。大学教授のために仕事ができることを誇らしく思った建築士は、施工業者の監督料金を請求せず、シンプルな箱型の設計を採用した。創意工夫にあふれる家というわけにはいかないが、スラム街の住人から見れば贅沢そのものだった。地元の人は「ラ・メゾン・デュ・シャヴァン」と呼んだ。リムーザンの言葉で「科学者の家」という意味である。近所に「ヴァラード」というブランド名で果物の缶詰やマーマレードをつくる人がいたが、このブランドは今も続いている。歓迎のしるしとして、その人は店の商品を大きな箱に詰め合わせてショレムに贈った。

一九三七年の夏、レオンと私は完成したばかりのショレムの家で一カ月を過ごした。三八年と三九年にも滞在したが、初めて訪れたときの記憶がとりわけ鮮明に残っている。やさしいグラディス叔母から、正しいフランス式テーブルマナーを教わるはめになったからだ。

戦争が始まると、ショレムは〝一般市民〟として扱われることを求めてコレージュ・ド・フランスの教授にふさわしい机上の仕事を拒み、一兵卒として高射砲部隊に入った。彼とグラディス叔母と息子のジャックはテュールに引越した。テュールならエロール家に近いし、高校もある。それからまもなくレオンと私が加わった。一九四〇年六月のパリ陥落の直前、私の両親もわずかばかりの蓄えを携えてやって来た。父の共同経営者が金庫と銀行預金を持って逃げてしまったからだ。

ピエールとルイーズのエロール夫妻が私たちを守ってくれていたのだが、私たちはそれをあとで知った。二人は地域と深く結びついていたので、私などではとうてい会えないような政界の顔役をはじめとして、地元の有力者に接触することができた。しぶといアンリ・クイーユ（一八八四〜一九七〇）は、戦前にはフランスの内閣の顔ぶれがいくら変わっても、彼だけはずっと大臣の座を守りつづけるような人物だった。しかし一九四三年にドイツの占領がヴィシーにまで及ぶと、さすがの彼でもどうにもならなかった。終戦後、首相としてつかの間のカムバックをどうにか果たしたときには、英語を話す者たちから「ケリー」と呼ばれたが（訳注　アメリカではそれまで無名だったうえに Queuille の発音が英語圏の人にとって難しいため）、まあひどく違うわけではない。

エロール一家は、いつも私たちの親しい知人でいてくれた。五〇年以上経った一九九二年、テュールのリセで創立一〇〇周年記念行事が催され、私は来賓として現地を訪れた。退職した元教師のイヴォンヌ・〝ニニ〟・エロール・ペシャドルが、一族で最後まで生き残っていた。アリエットと私はレオンとその妻ニコールとともに、エロールの家を訪ねて感慨にふけった。その家は急な丘の上にあり、階段が延々と続き、斜面には階段状の段がいくつか設けられていた（現在ではエレベーターを備えた新しいアパートとブリッジでつながれている）。この威厳のある老婦人を通じて、私たちは改めて――そしてこれが最後になった――エロール家の人たち全員の積極的な友情と勇気に感謝を捧げた。永遠に消えない感謝の念を。

一九四〇年六月のフランス陥落の際、ショレムはほとんど戦闘には加わらず、テュールで除隊した。それからすぐに、家族を連れてテキサス州ヒューストンのライス研究所（現在のライス大学）へ移った。以前にも博士号を取得してからライスに一年間いたことがあって、呼び戻されたのだ。

ショレムの渡米を手配したのは、有名な生物学者ルイ・ラプキン（一九〇四～四八）だった。ラプキンはパリのパストゥール研究所に勤務したことがあったので、フランスの科学界の事情に詳しかった。一方でカナダ出身だったので、自由に動きがとれた。自由主義者やユダヤ人、さらにその配偶者らがヒトラーによってドイツから追放されたあと、西側で新たな生活が送れるようにネットワークを形成するのを、ラプキンは目撃していた。彼はほぼ独力で——金銭面ではロスチャイルド一族の一人から支援を受けたが——フランスで突如として脅威にさらされるようになった人たちをたくさん助けた。その中にはジャック・アダマールも含まれていた。大半が一九四八年までに帰国した。フランスの科学の再出発は、この件でにわかに声望を得たこの外国人の粘り強さとすばらしい発案によって大いに助けられたというわけだ。

ショレムと家族がヒューストンへ発つ前に別れのあいさつを告げに来たとき、これが真の別離になるのではないかと、誰もがひそかに思っていた。

テュールでの暮らし

川を下った兵器工場のそばの平らな土地に小さなアパートがあり、その最上階に格安の貸間が見つかった。避難民支援の一環として、基本的な家具類は支給された。レオンと私は狭苦しい台所兼食堂で寝た。暖房用のストーブで料理もした。両親の部屋も暖まるようにと境のドアを開け放っても、漆喰と麦わらの混ざった三方の壁が丘陵地の外気に触れているので、部屋は冷えきってしまう。冬場には室内につららができた。一階にトルコ式トイレが一つあり、玄関には冷水しか出ない蛇口があった。言うまでもないが、浴室はなかった。

私たちはこれ以上ないほどの極端な倹約生活を始めた。聡明で考え方の柔軟な両親——それまでにいろいろとひどい目に遭ってきたおかげで経験が豊富だった——が、にっちもさっちもいかない状態に追い込まれたときに出せるかぎりの知恵を絞ってなんとかやっていた。かつて厳しい食糧難に見舞われたころに身についた、母の反射的なふるまいがよみがえった。息子の成長を優先させて自分の食べ物を削ったせいで、母にしてはめずらしくやせ細ってしまった。

信じがたいほど紙が不足していたので、まだ使えそうな紙は絶対に捨てなかった。タバコと酒は厳格な配給下に置かれ、もっと必要度の高いパンや食用油といった食料品と交換できた。だから私はタバコを吸わず、ワインの知識を学んだのももっとあとになってからだ。農家の知り合いがいたおかげで、私たちは食べ物を余分に入手することができた。金のかかる娯楽など論外だった。私は町に一つだけある映画館のそばをしょっちゅう通っていたが、館内は一度も見る機会がなかった。ラジオは電力を大量に消費するので、無駄な贅沢とされた。生死にかかわるような場合でもなければ、旅行もできなかった。

人と会う用事などのないときでも、父は掘り出し物や配給外の食料品を探してあちこちの店を見て回った。変速装置のついていない壊れた自転車など、なんでも修理した。父が道端で見つけて修理した椅子や、壊れた柄を取り替えたナイフを、私は長いあいだ手元にとっておいた。父はものすごく手先が器用で、探し集めた道具の扱いにも長けていた。作業を見たり手伝ったりしたおかげで、私も器用になった。父はいつもメモをとりながら熱心に本を読んでいた。次にどんな運命が降りかかるかわからないということを忘れず、ぼろぼろの古い本で英語の書き方を勉強していた（「備えあれば憂いなし、だからな」）。何年もあとで私が見つけた革製のブリーフケースの中に、父の膨大な学習帳のうち数冊が奇跡的に残っていた。

ごくまれにだが、ドイツの占領軍の許可を得て、パリからテュールへ小さな荷物が届けられることがあった。私たちのところに荷物を届けてくれたのは、かつてグラディス叔母の子守を手伝ったマリー・バールという女性だった。マリーが重たいスーツケースをなんとか持ってきたことがあり、貴重なものかと思ったら、じつは私が集めた旅行案内のパンフレットだった。高級な陶磁器が詰まったスーツケースを運んできたこともあった。両親が結婚祝いにもらって何度かの引越しを乗り越えたものだったが、マドモアゼル・バルが地下鉄に乗ったらスーツケースが開き、長い道のりをたどってきた陶磁器は粉々に砕けてしまった。母は肩をすくめただけだった。難を逃れたものも少しあり、それは今でも私の手元にある。

残された品物の中に、一〇〇〇ドル紙幣が一枚あった。アメリカにいる遠い親戚——余裕などほとんどなかったはずだから、その心遣いに感謝する——が、なにかの非常事態や戦争の長期化に備えて保険としてとっておくようにと送ってくれたのだ。偽札ではないかと私たちは心配したのだが、れっきとした本物だった。戦後の混乱期には保険としてとっておいたが、一九四七年にその役割は、命をつなぐことから、学費の足しへと変わった。その金を受け継いだ私はそれを銀行に預け、あとで有効に使った。運命が試練を与えなかったことに感謝の念でいっぱいだった。

リセ・エドモン・ペリエとトロンション先生

私たちがテュールに行く直前、地方で費用をまかなうコレージュ・ド・テュールが、国立のリセ・エドモン・ペリエに変わった。校名はここを卒業した著名な博物学者にちなんでいる。私の記憶では、校舎はとても優美な姿をしていた。のちに再訪したときに、それを確認することができた。丘の上にあり、曲がりくねった坂道か、テュール名物の長い階段をのぼって行く。冬になると階段は氷で覆われて危険だが、凍結を防ぐために塩をまいたりはしなかった。

前からの教職員は人員整理されて質の向上が図られたが、パリのリセ・ロランの水準には遠く及ばなかった。優秀な教師はみな、以前はアルザス地方の名門リセで教えていたが、ヒトラーがその地方をドイツ帝国に併合したために追放された人たちだった。

物理学のカリキュラムはつまらなかった。このことがフランスの物理学研究にも悪影響を与えた。私はもっぱら〝自然の事物の仕組み〟に関する本を読んで物理学を勉強した。私の数学の才能が注目されるようになったのもこのころだ。私にとって数学は簡単だったが、あとで自分の才能を自覚するまでは格別重要なものとも思わなかった。本や新聞から学ぶ歴史のほうがはるかにおもしろかった。

フランス語を指導してくれた忘れがたい最初の先生はルジェ先生だったが、最後に教わったマリー＝テレーズ・トロンション先生（一九〇七～九七）はさらに心に残っている。トロンション先生は、高校のカリキュラムの域をはるかに超えて、フランス文学の世界を広く深く案内してくれた。フランス語の書き方も教えてくれたが、その中には「使わないものはすたれる」という格言どおりにすたれた一八世紀のパスティーシュの技法も含まれていた。科学の専門家は文章を書くのが下手でも許される。科学分野の情報伝達というのはその性質上、口頭でおこなわれることが圧倒的に多く、聞き手がどんな相手かも明確だからだ。しかし私は、雑多な集まりで事前にどんな人が含まれているのかわからないような相手に向けて書きたいと思っていた。だから筆力が重要だった。長いこと、英語を書くときに自分では英語を書いているつもりだったが、私の書いていたのはじつはフランス語の英訳にすぎなかった。あるときトロンション先生は何気なく、英語の教師は英語のことをほとんどわかっていないと言ったが、トロンション先生自身は英語をよく知っていて、膨大な個人の蔵書を私に利用させてくれた。

本物の図書館と〝私の〟図書館

私には、学校よりも公立図書館のほうが大事だった。図書館はエレベーターのない安っぽい集合住宅の最上階にあった。一人しかいない司書は親切でなにかと力を貸してくれたが、耳を傾ける人がいれば必ずドイツの大義を説いていた。蔵書の出所はいろいろだった。あるとき、当局の人間がやって来た。戦争が激しさを増していたが、この人物はその後もしょっちゅう現れては、特別なリストに載っていて非公開の蔵書を調べていた。それらの本はおそらく教会や修道院から譲り受けたもので、読み手による破損は生じていなかったが、屋根の雨漏りは防げなかった。この件で正式な報告書が提出されたが、本は助けてもらえなかった。

教会の近くにあるベノワ・セール・カトリック書店も、私にとっては〝図書館〟で、ちょっとずるいやり方で本を借り出していたものだ。ペーパーバックの読み方を工夫して、背表紙に折り目をつけず、本を汚さず、それ以外にも新品でないことがわかってしまうような痕跡を残さないで読む方法を身につけたのである。表向きは、買った本が思っていたのと違うので取り替えてもらうということにした。私をよく知る（テュールでは誰もが私を知っていた）店主はその手口に気づいていたが、「いい加減にしろ」などと言わなかった。気立てのいい人だった。

自分や親の学生時代の教科書をとっておいた人たちから、時代遅れの数学の教科書を何冊かもらった。どの本にも、もっとあとの教科書では指導方針として省かれた図版がふんだんに載っていた。これらの古い教科書を使って、私は動物園に動物を集めるように頭の中に図形を蓄えていった。一九四四年の冬にリヨンのリセ・デュ・パルクで非常に手ごわい数学の試験に備えて勉強していたとき、これが大いに役立つことになる。

高校修了認定試験バカロレア

バカロレアは中等教育（collège）の締めくくりとなる試験だが、そもそもコレージュとは何なのか？　イギリスとアメリカの大学（college）では在学者の年齢は一八歳から二二歳だが、フランスのコレージュでは一二歳から一八歳となっている。私のころは、記述と口述による修了試験に加えて、最終学年の前学年の終わりにフランス語の資格認定試験もあった。フランスのバカロレアは、希望すれば誰でも入学できる大学制度において名目的におこなわれる入学試験だった。そのためいささか形式ばっていて、その地域にある大学の教授が試験委員会の委員長を務めることになっていた。つまり私の場合、クレルモン＝フェラン大学の教授が試練を仕切るわけだが、その教授はショレムの元同僚だった。彼はヴィシー政府の支持者として有名だったが、私がそれを知ったのは試験のあとだった。

私のことを当局に通報することも容易にできたはずだが、そんなことはしなかった。

委員会は最終学年とその前年度の担当教師による評価も考慮した。哲学の先生は私がいつも異議を唱えてばかりいることを快く思っていなかったが、主だった先生がたはとてもよい評価をしてくれた。校長先生は、最終学年の前年には「すばらしい成績で合格するはず。類まれな才能をもつ努力家」、最終学年には「格別に優秀な受験者。すばらしい成績で合格するはず」という所見を記していた。

結果発表の前、委員長はもったいぶって書類をひとしきりもてあそぶと、リストを下から読み上げていった。私の名前は最後に呼ばれた。最優等を獲得したと言われた。開校以来、初の快挙だそうだ。万一のときには慰めてやろうと、レオンが付き添いで来てくれていた。私たちはこの知らせをもって家路を急いだ。両親が窓越しに私たちの姿を認め、三階の踊り場から父が叫んだ。「どうだった?」「マンシオン・トレ・ビアン(最優等)だよ」。父はこだまのように返した。「トレ・ビアン」

私は期待どおりの成績をあげたわけである。だからお祝いのパーティーはなかったし、特になにも言われなかった。私はがっかりして胸が痛んだのをはっきりと覚えている。もちろん、この出来事が私たち一家に何をもたらしてくれるか、みなよくわかっていたには違いないのだが、それでも私の胸は痛んだ。私は両親がなにかを祝うのを一度も見たことがない。お祝いなどしたことがないのかもしれない。あるいはやり方を忘れてしまったのかもしれない。とにかくその手のことについて、私にはなにも教えてくれなかった。

どんなかたちにせよ、なにか力になってくれそうな相手を見つけたら片っ端から、父は私が非凡な才能をもっていることをわからせようとひそかに手を打っていた。それは間違いない。父は口癖のように、数学者アンリ・ポアンカレの言葉を誰彼となく聞かせていた。人はそれなりの訓練を受ければたいていの分野で専門家になれるが、数学者には天賦の才能が必要だという話だった。厳しい時代だったので、これは息子自慢どころではない、生き死にの問題だった。東欧の戦争を伝える報告には、〝殺戮者〟は犠牲者に事欠かず、非凡な才の持ち主はどうにかして難を逃れる余地があるという話が増える一方だった。父は、目立ちすぎては元も子もないが、類まれで特別な人物と見なされるのは非常によいことだと思っていたに違いない。父のこの信念はおそらくワルシャワ時代からのもので、私の中に強いやる気と志を生み出した。

私のこの〝最優等〟獲得は何の役に立つか――私たちが抱いた望みは切実で差し迫ったものだった。すなわち、生き延びる可能性を上げることだ。スマは新しく手に入った切り札であり、大事なのはうらぶれた小さなテュールの町でそれをどう生かすかということだった。クレルモン＝フェラン大学に近いということは、ショレムにとってはテュールの最大の利点だった。そして誰もが、私なら入学定員割当枠をなんなくすり抜けられると思っていた。しかしそれでもなおクレルモン＝フェラン大学への道はあまりにも遠く険しく、費用がかかる。クレルモンに通う同級生が、絶えずいろいろと教えてくれた。最終試験でごく簡単な問題が二つ出題されたが、それらがじつは同じ問題を二通りの方法で言い表したものであることを私は即座に見抜いた。しかしどうやらそれに気づいた学生はほとんどいなかったようだ。

生涯の友、ピエール・ルビネ

テュールでピエール・ルビネと同級生になったのは、一九三九年の終わりごろだった。出会ったときのことは、鮮明に覚えている。リセ・エドモン・ペリエの校舎が野戦病院に転用されることになり、

追い出された私たちの学年は閉校になったばかりの教区立学校の校舎に移った。初日、明らかな新参者の私にピエールが声をかけてくれて、二人でおしゃべりを始めた。彼がカトリックの学校から来たことを、私はすぐに知った。その学校は上級学年を設ける余裕がなく、やる気に満ちた卒業生がいればためらわずに宗教とは無関係の国立のリセに送り出していた。出会ってまもないころ、私たちは前の学年にそれぞれの学校で使っていた教科書にフランス革命の歴史がどう書かれているか調べてみた。二つの説明は、まったく別の二つの国を描いたかのようだった。

ピエールと私は、互いをうわさでしか知らない、別個の〝部族〟に属していた。そのうわさというのが、そもそもかなり気の滅入るようなものだった。しかし二人で話してみると、そんなうわさなどすぐにどうでもよくなった。私たちは親友になり、今でもついでがあればなるべく訪ねて行ったり、電話で連絡をとったりしている。前ページの写真はテュールで撮ったもので、左から順にピエール、私、レオンである。

成人して家庭をもつと、私たちの付き合いはピエールの妻クロードや私の妻アリエットにも広がった。ピエールの長男マルタンと私の長男ローランにも受け継がれた。しかし痛ましいことに、息子たちが二人で自転車旅行に出かけ、自転車を降りて泳いでいたとき、ローランの目の前でマルタンがモーターボートの事故に遭って亡くなってしまった。ピエールとクロードはカトリシズムを深く穏やかに信仰していたおかげで、この恐ろしい出来事をなんとか乗り越えることができた。

長い会話の途中でしょっちゅう新しい話題が割り込んでくるのだが、話の腰を折ることなくもとの話題に戻っていける。考えてみれば奇妙な関係だが、こうした付き合いのできる相手は、ピエール以外にはなかなかいない。死が私たちを分かつまで、この関係が続くことを私は心から願う。

ピエールの両親は、ケで電気部品店を営んでいた。父親は一九四〇年に捕虜となったが、私たちがテュールを離れたあとで逃走して、レジスタンスの指導者になった。ピエールも同じ道を進んだ。戦後のあるとき、私たち一家の書類をわざと間違った場所に置いてくれた県職員を姉にもっていた同級生の消息をピエールに尋ねた。その同級生は自らドイツ支持派を公言していたが、真の悪党になるにはあまりにも軟弱な感じだった。ピエールは自分もそう思ったと言い、一九四四年にあえて自分がそいつをつかまえたと告げた。何のために？　彼に言いたいことがあったからだ。彼の行為は卑劣だったが犯罪ではない。しかしフランスの解放後にその熱気の中で裁判にかけられたら、おそらく刑務所に送られ、それから地元に戻って暮らせば戦争の遺恨をずっと抱えていくことになるだろう、と伝えたかったのだ。ピエールは同級生を解放し、五年間はフランスから離れていろと言い聞かせた。同級生はこの助言に従った。やがて憤りがおさまったので故郷に戻り、地域の住民として特に問題なく暮らしたそうだ。私はピエールの話に強く心を動かされた。

それから半世紀後の一九九九年、私は科学者の集まる、ごく内輪の会合で講演をしてほしいとヴァチカン宮殿に招かれた。アリエットも同伴するようにと言われた。聴衆の中にヨハネ・パウロ二世が列席していたので、私たちは驚くとともに喜んだ。私たちはまず、豪奢な居室、至聖所、調度品のほとんどない巨大な広間、ラファエロの描いた壮麗な絵画、ミケランジェロのデザインした制服に身を包むスイス衛兵を見て回った。いたるところで、位階を示す繊細な腰帯をつけた司祭や司教や枢機卿の姿が見られた。私はその威風堂々たる光景をピエールに報告せずにはいられなかった。フランス語のトロンション先生から教わった書き方を思い出そうとして、一八世紀風のフランス語をしたためる力が残念ながらさびついてしまったことに気づいたが、それでもベストを尽くした。

数週間後にピエールから返事が届いたが、そこには思いがけない顛末が記されていた。彼はテュールに程近い田舎に引っ込んだのだが、そこにはわずかな住民と職務に追われるごくわずかな田舎司祭がいて、司祭たちは日曜日になるとほとんど人の来ないいくつかの教会で礼拝をおこなうために右往左往している。これら住民の聖職者ではない精神的指導者となったピエールは、読んで聞かせたら喜ぶだろうと考え、私の手紙を朗読した。ところが逆に住民は、ローマ教皇聖下と行動を共にするとはなにごとかと憤慨したという。ピエールは、私がただ居合わせただけで、教皇と一緒になにかをしたわけではないと言って擁護してくれたそうだ。

第5章 リヨンへ――占領の強化と才能の自覚（一九四三〜四四年）

一九四〇年から四二年にかけて、生活はしだいに厳しくなっていった。それでも私たちは、敵対的な土地で暮らす無力な避難民ではなかった。一九四二年にドイツ国防軍がフランス南部を占領したときも、狭い谷間に位置するテュールは取るに足りないへんぴな場所にすぎなかった。ケで唯一の立派なホテルには軍政司令部が置かれたが、実際にそこの人間を見かけることはほとんどなかった。最初の一年間に起きたことといえば、警報が響くと私たちが安全な家の中へ逃げ込むようになったくらいだ。レオンは高校を卒業した。そうこうするうちに一九四三年の秋、運命の日が訪れた。私たちの大事な味方のエロール氏が、ある知らせをもって泣きそうな顔でうちに立ち寄った。彼の友人だった例のしぶとい政治家、アンリ・クイーユが権力を完全に失い、クイーユ自身が危機にさらされているというのだ。テュールで私たちを守ってくれた匿名の人物が誰だったのか、その正体を私はこのとき初めて聞かされた。

頼れるものをなくした私たちにとって、生活はそれまでより格段に危険なものとなった。生き抜くために、ユダヤ人の友人たちはほとんどが一緒にいることで危険を分かちあった。しかし私たち一家は群がることを嫌う直感に従って、別行動をとるのが一番よいと判断した。息子たちは息子たちで、両親は両親で、別々に暮らすことにしたのだ。

ペリグーの工具職人、危機一髪

これ以上ないほどの幸運で――例によって――救いの天使がどこからか現れて、父を助けてくれた。このとき、私たちはテュールを離れるために偽の身分証明書が必要だった。どこかの慈善団体が仲介役を見つけて報酬を払ってくれたのは間違いないが、そんな助けが誰にでも与えられるわけではないし、父には支払う手だてがなかった。仲介役は、テュール西部のブリーヴ＝ラ＝ガイヤルドに住むラビだったのかもしれない。父はこのラビに対し、自分の長男は余人の及ばぬ才能をもっているからなんとか助けてもらえないだろうかと頼んでいた。この時期に起きたことで悔やむべきことはほとんどないが、あのときの慈善団体と〝天使〟の名前は不覚にも忘れてしまった。私たちのほかにはどんな人が助けてもらったのだろうか。

正体を隠すため、レオンと私はテュールから川を下ったペリグーで工具職人の見習いになるといいと言われた。作業場は旧式の機械がたくさん置かれた広い土間で、指導係が数人と若い見習いが十数人いた。夜には、近くの鉄道駅の向かいに建つ宿舎の一室があてがわれた。犯罪者や密告者の類がいるかもしれないから、ほかの宿泊者には話しかけないのが得策だった。

スポーツと同じように、訓練の大部分はきわめて難しい作業を一つだけ習得することに充てられていた。金属やすりを渡されて、大きなドラム缶からとった二枚の鉄片をつないで〝蟻継ぎ〟にしろと命じられた。二つのパーツが互いになめらかにはまり込み、なおかつチェックのために当てる光の漏れるすき間すら合わせ目にできないように、加工してつなぎ合わせなくてはいけない。機関車や荷馬車の部品が壊れた場合、店に新しいものを注文している暇はないので、その場でつくる必要があるのだ。

この種の修理作業を習う場合、やすりは非常に目の粗いものを使う。最初のうちは、完璧な蟻継ぎをつくることなど無理だと思った。しかしじつは文字の書き方を覚えるときと同じで、必要な筋肉の動きを完璧にコントロールする方法を習得するだけ
の問題だった。蟻継ぎの場合は、やすりをぴたりと水平に保って往復させるやり方を覚えればいい。手先が器用で鋭い空間認識をもつ私はとてもうまくこなし、たいていの見習いよりずっと上手にできるようになった。見習いの多くは大酒飲みだったのだ。私は大きな自信を得たうえに、自分で家を所有するようになると戦争中に工具職人の見習いとして得た経験が役立った。

見習いの中で、レオンと私、そしてどこからかやって来て去っていった謎の男という三人が極端に目立っていた。どう見ても、ふるまいや話し方が工具職人の見習いらしくなかった。しかし親方は私たちの正体を知っていて、私たちを気に入っていた。だからしばらくは普通に修業をさせてもらえた。

偽の身分証明書では、私の出生地がバスティアとなっていた。これはコルシカ島にある町で、すでに連合国軍が上陸していたので、誰からも調べられたり疑義を申し立てられたりすることはない――と思われた。しかしその身分証明書も絶対に安全というわけではないので、私は修業を切り上げて列

車でリモージュへ向かった。リモージュでは、見知らぬ女性が、この子は自分と暮らしているのだと証言する役目を買って出てくれた。身分証明書を更新する作業は一日では終わらなかったが、駅は常に開放され暖房されていたので、私は列車を待つふりをしながらそこで夜を明かした。浮浪者を除いて、駅には人影がなかった。一人の浮浪者が私の隣りに座り、汚ないびんに入った酒を勧めてきた。私が断ると「テ・パザン・ポト（つれない野郎だな）」と絡んできた。私は恐怖で身動きできなかった。警察の目こぼしと引き換えに手先となって、仕入れた情報を報告しているのか？　私の人生は危険をはらみ、瞬時の駆け引きの判断を迫られる場面に満ちていて、絶えず不安につきまとわれていた。

翌日、第二警察管区の警察署に出向き〝新しく修正した〟身分証明書を受け取った。なんの問題もなかったが、それからまもなくこの出来事をある人に話したら、青ざめた顔でこう言われた。「君は運のいいやつだな。第一管区だったら、署長は最近テュールから異動してきたばかりの○○さんだ」。その署長は悪い人ではなかったが、私が署長室に現れたら逮捕しただろうか？　運命がそう計らわなかったのは、まさに幸運だった。

一九四三年一一月のある朝、警察官を名乗る二人の男が情報屋を伴って、レオンと私が工具職人見習いのふりをしている作業場に入ってきた。町は前の晩に届いた大ニュースで騒然としていた。占領軍の司令部が爆破され、警察が犯人を追っているというのだ。警察官が私に詰め寄り、コートとベレー帽を着けて身分証明書を見せろと命じた。身分証明書はもちろん偽物だ。情報屋は「間違いない。こいつです」と言うと、一方の警察官に伴われて出ていった。もう一人は残って、その場にいる人たちに心配するなと言い聞かせていた。レオンと私は、ついに自由な日々が終わったと思った。ひょっとしたら人生も終わりかと。

私のコートには目立つ特徴があった。長くしまい込まれていたのを父が倉庫で見つけた戦前の品だが、明らかな長所があった。戦時中に製造された代用品と違って布の目が詰まっているのでとても暖かいうえに、正式に登録されていないので配給切符が不要だったのだ。ただし欠点もあり（だからこそ売れ残っていたのだ）、スコットランドに実在するどの一族のものでもない、おそろしく派手なタータンチェック柄だった。

警察官が来た日の夜、レオンと私は相談できる相手もなく身を寄せ合いながら、これからどうしようかと考えた。爆破事件の真犯人は、私のとそっくりなコートを着ていたに違いない。先ほどの見え透いた〝やさしい警官（グッド・コップ）と怖い警官（バッド・コップ）〟の尋問スタイルはまったくの茶番で、この先どうなるのかと不安が募った。逃げることなど論外だった。警察や近所の暇な人たちがずっと見張っているに違いない。ずいぶん考えたが、見とがめられずにこっそり逃げ出せる機会を待つしかなさそうだった。考えているあいだ、私たちは誰にも状況を尋ねなかった。心配事などなにもないふりをしようと決め、恐怖に歯を食いしばりながらそこにとどまった。

私たちはこのあと、なんとかまた救いの天使をつかまえることに成功し、リヨンのリセ・デュ・パルクの寄宿舎という、もっとましな居場所に移れることになる。

サン＝ジュニアンでのクリスマス

よそへ移るのに都合のいいチャンスが訪れたのは、クリスマス休暇に作業場の見習い全員がサン＝

ジュニアンへ連れていかれたときだった。サン＝ジュニアンはリムーザンの田舎にある貧しい地域で、子羊の革が大量に生産されていて、中世から手袋の製造が盛んだった。この仕事に携わる者たちはきわめて特殊な専門能力と高い技能をもち、独立心が強く、互いの連携がよくとれていた。中世のギルドが変容し、無政府主義の確固たる伝統を受け継いだ、一致団結した強力な組合になったのだ。

私がそこについて覚えているのは、街路の標識だけだ。一九四三年終盤のナチス占領下のフランスでは、「カール・マルクス大通り」、「カール・リープクネヒト大通り」、「ローザ・ルクセンブルク遊歩道」のように、ドイツ共産党の英雄たちに敬意を表した名称が通りにつけられていた（レーニンやスターリンは無政府主義者に好まれなかった）。私の声に出さない驚きを察した地元の人が、こう説明してくれた。サン＝ジュニアンではよそから役人（ヴィシー政府に任命された知事など）が来訪する予定があるときだけ標識をすばやく取り替えて、「ペタン元帥大通り」や「ヴェルダン大通り」などの〝政治的に正しい〟ものにするという。そして警戒態勢が解かれるとすぐに〝正当〟な標識に戻すらしい。

オラドゥール＝シュル＝グラヌは、ナチス武装親衛隊が一九四四年に大虐殺をおこない、住民六四二人を教会に集めて火をつけた小さな町だ。ここはサン＝ジュニアンまで近い。ということは、武装親衛隊のダス・ライヒ師団がここを選んだのは偶然ではなく、住民たちの強烈な独立心を示す証拠に反応したのかもしれない。

リセ・デュ・パルク

世界の多くは混乱状態にあったが、レオンと私が一九四四年の一月から五月まで寄宿していたリヨンのリセ・デュ・パルクでは、ほぼふだんどおりの日常が続いていた。私は大いに安心し、戸惑いに近いものさえ覚えた。じつは本来の校舎（私自身は今まで一度も訪ねたことがない）は軍の病院になっていて、私の入ったクラスは街の中心部から、クロワ＝ルスと呼ばれる小高い丘の上に建つありきたりの建物へ移転していた。この地区は非常に自尊心の強い労働者階級のコミュニティーとなっていて、絹職工と闘争的な無政府主義者の存在で古くから知られていた。

正体を隠して生活していても、そのことによって必ずしも現実的な影響が明白に生じるわけではなかった。身分証明書は偽物でも大丈夫だった。レジスタンス的行為という政治的な意思表示として発行されたものだからだ。しかし配給券は無法な闇市場で取引されており、偽造を見破られないものには、私たちや私たちの救いの天使では手の届かない値段がついていた。

こんな具合だったので、リヨンのリセ・デュ・パルクでなによりもありがたかったのは、寄宿生を担当する事務主任が私たちの明らかに〝修正〟された配給券に目をつぶってくれたことだ。リセ・デュ・パルクがほぼ間違いなくこの地方で最高のリセだという事実は私にとって大きな恵みだったが、それはたまたまの僥倖（ぎょうこう）ではなかった——私たちの救いの天使が真に超自然的な力を振るってくれたのでないかぎりは。

ピンチに陥ったときにぼろが出ないように、偽造した学校関連の書類には私がテュールから来たと記してあった。そのため、こちらへ来た直後に人文科教室をふとのぞいて、以前テュールで一緒だった同級生を見つけたときには、恐怖で体がこわばった。しかし彼の目を正面から見て、落ち着いた口調で「ここでまた会えるなんてうれしいな。僕を覚えている？」と言った。そして偽名を告げた。しかし反応がない。同じ言葉を繰り返すと、今度は笑顔と答えが返ってきた。「びっくりしたよ。こんなところで会うなんて。君を忘れるはずがないじゃないか」。私は息をついた。どうやら、こいつに密告されることはなさそうだ。

　バカロレアで「最優等（スマ）」をとったことを書類に記載したら目立ちすぎて危険なので、用心のために成績を実際より下げてほどほどの「第二等（マグナ）」にした。あるとき、一人の生徒に話しかけられた。「君はテュールから来たんだってね。ベノワ・マンデルブロのことは知ってるだろ？」「もちろんさ。よく知ってるよ」「バカロレアでスマをとった『クラック』だっていうのは本当？」。一九四四年当時、「クラック」というのは優等生を意味するフランス語のスラングだった。私がどれほどあわてたか想像してほしい。バレたか？　探りを入れられているのか？　私は震えながらも平静を装い、自分に関する話をでっち上げた。ただのマグナしかとれないような〝僕〟にとって〝あいつ〟と同じ教室にいることがどれほど悩ましかったか。相手が単に好奇心から話しているだけだとわかるまで、私は呼吸もままならなかった。

　学校に通っていなかった一年半のことも訊かれた。「高校を出てから何をしていたの？」「体の具合が悪くて、エコール・ユニヴェルセルを受講していたんだ。あれはすごくいいよ」。エコール・ユニヴェルセルというのは、低所得者向けの私立の通信制学校だ。派手に宣伝をしているが、エリートの集まるリセ・デュ・パルクでは誰も直接は知らないので、そんな学校がいいらしいと聞いて驚いていた。この答えでしばらく時間が稼げた。やがてみんなは私の実力を知って事情を察し、あれこれ詮索するのをやめた。

不安には事欠かなかった。しかし占領が最も厳しい段階に入っても、もっとひどい目に遭った国々とは違い、フランスでは最悪の恐怖に国全体が一様に襲われることはなかった。むしろフランスの歴史から生じた二つの陣営間で戦われた激しい内戦の一端として、恐怖はおおむね局地的に生じるだけだった。私の遭遇したさまざまな出来事は、私を惨事に引きずり込んでもおかしくないものばかりだったが、そんなことは一度も起こらなかった。

教室で私の隣りに座っていたフランシス・ネッテルは、フランス系ユダヤ人の旧家の子どもで、身分を隠していなかった。同じような生徒はクラスに何人かいた。そういう生徒がいてもなんら問題は起きなかった。ヴィシー・フランスにそんな一面があったと言うと、必ず驚かれるが。フランシスは学校から道路を隔てた向かいに住んでいた。私にほとんど身寄りがいないと知って、彼の両親は私を食事に招きたがったが、私にブルゴーニュなまりを感じ取ったことなどで戸惑いと不安も覚えた。彼らは親切心があだにならないかと案じて何週間も悩んだが、結局は招待してくれた。フランシスはよい友人となり、今でもその関係は続いている。

フランスのユニークな制度、トープ

リセ・デュ・パルクは無名かもしれないが、じつは一七世紀のイエズス会士が中国からフランスに持ち込んだ官吏登用制度を支える礎石(そせき)の一角を担っている。制度の中核を占めるのは「グランゼコール」(訳注　エリートの養成を目的とする高等専門教育機関)で、各校は程度の差こそあれ確かにいずれも立(グラ)

派だ。入学するには〝死ぬほど〟難しい試験に合格する必要がある。この試験が時代とともにバカロレアよりも難しくなり、猛烈な勉強が必要となったので、大学と並行するかたちで公立の受験準備科が設けられた。リセを母体として、第一二学年の上に学年が置かれる。

専門数学（マテマティーク・スペシアル）を勉強する第一四学年は、「マト・スペ」という略称と「トープ」という呼び名で知られる。同様に、「マト・シュ」と「イポトープ」は上級数学（マテマティーク・シュペリウール）をやる第一三学年を表す。これらの学年に進めるかどうかは主にバカロレアの成績で決まり、リセ・デュ・パルクでは最低でもスマかマグナが必要だった。私はイポトープを飛ばしてトープの後半に入れてもらえた。トープのカリキュラムは四学期で構成され、学生は「トーパン」と呼ばれるが、私は最終学期だけトーパンになったわけだ。「トーパン」というのは言語学的に言うと、アメリカの「ナード」（訳注日本語でいう「ガリ勉」に相当する強い意味をもつ、「トープ」の派生形である。日常のフランス語で「トープ」は「モグラ」を意味する。ガリ勉は勉強ばかりしていて昼の光を目にすることがないからだろう。

このような受験準備科はよその国では見られないが、日本にはこれと近いものがある。フランスでは、どの受験対策のクラスでも生徒がきわめて難しい試験に合格できるように指導する。そのため、最高のキャリアに至る最短ルートであると正式に明言されている道へ進めるように、すべての生徒を型にはめる。試験は非常に手ごわく、優秀な生徒（のちに偉大な科学者になるような人もいる）でも不合格となることがめずらしくないので、トープを二度やっても不名誉と思われたりしない。

未来の幾何学者、心から愛せるものに出会う

リヨンに移ってからの数カ月は、私の人生における転機となった。レオンと私は学校からほとんど外出しなかった。日曜日の午後でも、昼食後にあわただしく出かけて、夕食までたっぷり時間があるうちに帰った。帰りが遅れると夕食が食べられないことになっていたが、私たちには外食などとうてい無理だったからだ。そのうえ、私たちはリヨンの町を支配するドイツ人治安責任者を心から恐れていた。「リヨンの虐殺者」として悪名高い、クラウス・バルビーだ。

まだはっきり書いていなかったが、私は当時、なんとしてもみんなに追いついて、よい成績を収めてやるのだと心に決めていた。戦争のせいで、長期に及ぶ野心を抱く余裕はなくなっていた。短期的な目標だけが大事だった。私は机にかじりつき、もって数カ月というおそろしい勢いで勉強し、試験

のコツを覚え、能力に磨きをかけた。受験に備えるために代数の達人になる、というのは尋常なやり方ではない。しかしじつに奇妙な話だが、一連の出来事の結果として、それまで自分ではまったく気づいていなかったすばらしい能力が明らかになったのだ。

トーパンとなって最初の二週間、私は手さぐりで暗い迷路をさまよっていた。そうなることは予想していた。ところが三週めに入ると、なんの前触れもなく驚くべきことが起きた。あまりにも芝居めいているので、プッチーニのオペラ『マノン・レスコー』の歌詞を借りるのが一番だ。「見知らぬ土地で一人きり、道に迷い、見捨てられた」。私もそんな気持ちだった。マノンがパリの高級娼婦で、王の裁きを受けてニューオーリンズに追放されたことはどうでもいい。大事なのは、厳然たる絶望が不意に解消したことだ。マノンの場合は恋人の出現によって、そして私の場合は未知の強烈な力の顕現によって。

数学教授のコワサール先生は、このころリセ・デュ・パルクに着任したばかりだったが、それから長いあいだここで立派な教員生活を送ることになる。トープの教授というエリート集団の中でも、コワサール先生は抜きん出ていた。毎日、一日の半分ほどを私はコワサール先生とともに過ごした。先生は黒板の前に立ち、やたらと長い問題を書いた。それは先生が過去何世代もの教師たちの経験を踏まえて、ばかばかしいほど複雑な計算が必要となるようにわざと作成したものだった。問題はいつも代数的または解析幾何学的に記述されていた。

私の中で、同じ問題を幾何学的に言い換える声が聞こえた。テュールにいたあいだずっと、私は時代遅れの数学の教科書を使って勉強していた。一九三〇年代の教科書と比べて、あるいは今日(こんにち)の教科書と比べても、図版がはるかにたくさん載っていて、説明が充実し、やる気をかき立てる内容となっていた。そんな教科書で数学を勉強した私は、何世紀にもわたってきわめて特殊な図形が幅広く集められた一大図形〝動物園〟を知悉するに至っていた。だからたとえ解析的な装いをまとっていても、そしてそれが私にとって〝見知らぬ〟装いであり、図形の基本的な性質とは無縁のように見えても、私はいろいろな図形をすぐさまそこに見出すことができた。

私はいつも最初にさっと図を描いた。そうするとすぐに、なにかが欠けていて美的に不完全だと感じられた。たとえば単純な射影変換や、なんらかの円に関する反転操作を加えるとよくなったりした。この種の変換を何回かおこなうと、たいていの図形はもっと調和のとれたものになった。古代ギリシャ人ならこの新しい図形は「対称性が高い」と言っただろう。まもなく対称性を探して調べることが、私の勉強の中心となった。この愉快な作業は、とんでもなく難しい問題を単純な問題に変えた。必要な代数はあとで必ず補える。どうしようもなく複雑な積分の問題も、見慣れた図形に〝還元〟すれば簡単に解ける。私は手を挙げて自分の発見を発表したものだ。「先生、幾何学的なわかりやすい解法が見つかりました」。先生がどれほど難解な問題を考えても、私はたちまち解いてしまった。それからは、特に意識的に追い求めたわけでもないのに、即座に難なく、いかなる難問もクリアしてしまう一本の道が、私の前には開きつづけたのだった。一九四四年にリヨンで過ごした冬のあいだ、学期が進むにつれて、私の特異な才能は強固で信頼できるものであることが明らかになっていった。

考えようによっては、ずるいやり方を覚えていたとも言える。しかし私の変わったやり方には、成文化された規則に触れるところはいっさいなかった。ほかの生徒はみな、代数や複雑な積分の変換といった難解だが指導可能な方法で、速さと正確さを目指して訓練に励んでいた。私はまず代数を幾何に変換し、それから幾何学的図形を使って考える際のスピードとセンスに頼って試験に臨むことにした。私の解析能力は依然として大したものではなかったが、それはどうでもよかった。大変な作業は幾何学的に片づけてしまうので、あとは私でもなんとかなるような短い計算をすれば十分だったのだ。

リヨン時代の同級生は今でも互いに連絡をとりあっていて、私にも連絡をくれることがある。このあいだもフランシス・ネッテルから手紙をもらったが、そこには私が数学において最高の「絶対的優等生（シュペリオリテ・アブソリュ）」だったと書かれていた。しかし彼が私について最も驚いたのは理系科目の能力ではなく、もっと幅広い学識だったそうだ。あるとき連れ立ってぶらぶら歩いていたら、私がある文学作品と作家について熱心に語りだした、と彼は記していた。それは彼がそれまで聞いたことのなかったトーマス・マンの『ブッデンブローク家の人々』だったそうだ。いつ、どこで、どうやって、私はその本を手に入れたのだろう？　私がマンを称賛したのは、彼がヒトラーに逆らった（そしてヒトラーから逃れた）からか？

一九七三年、フレンチ・アルプスのシャモニー近くでコワサール先生を訪問した。夫人と、リヨンでコワサール先生の後任となった先生にも会った。この先生は休暇で近くに来ていたのだ。まさに感慨深い再会！　コワサール先生は打ち明け話をしてくれた。一九四四年の冬のあいだ、私のやり方が先生自身と先生の父親（トープの教師を退職して先生と同居していた）の生活をどれほどかき乱したかを語ってくれたのだ。二人は夜や週末の時間をたっぷり費やして、私が即座に〝幾何学化〟できないものはないかと、過去の試験問題を調べて古い問題から最近の問題まで探したそうだ。それでも私を困らせることはできなかった。

私のこの能力はどこから生じたのか？　生まれ（ネイチャー）と育ち（ナーチャー）をはっきり区別することはできないが、手がかりはいくつかある。叔父のショレムは平日には数学者、日曜日には絵描き、という二重の生活を送った。彼の息子も物理学者で絵描きだ。私は日々、数学と美術の融合に励んでいる。視覚的形象を扱う私の才能は、幼少時と戦争中に私の受けた教育を特徴づけたすべての厄介な事情によって保たれたのかもしれない。数式の扱いが得意になっていたら、この才能は損なわれていたかもしれない。美術の正規教育を受けていないことも人生における数々の選択に影響し、最終的にはハンディキャップというよりむしろメリットになったと考えられる。

奇妙だと思われるかもしれないが、トープのカリキュラムにはフリーハンドのデッサンがあった。写真技術が誕生するまで、技師は作業を記録する図を自分で描くものとされていたからだ。たいていの生徒はデッサンが苦手だったが、私は一族の遺伝子のおかげできわめて正確な絵を描くことができた。題材はたいていルーヴル美術館に所蔵される有名な彫像の使い込まれた石膏模型で、『ミロのヴィーナス』（表面がなめらかで描きやすい）、『サモトラケのニケ』（翼を描くのが難しい）、ウードン作のヴォルテール胸像（かつらが最高に手ごわい）などが使われた。デッサンの先生が生徒の作品を集め、評点とコメントをつけて返却した。私が編入したとき、学校側が先生に連絡するのを忘れたため、先生は次の授業のときに私が初めて提出した作品を見せてこう言った。「どうやらいたずらのようだな。このクラス以外の何者かが生徒になりすまして描いたと見える。この美術のクラスにいる君たちにも、このくらいうまく描いてほしいものだ」。そこで私は立ち上がり、自己紹介をした。

＊

トープでは心身ともに強烈なストレスを受けたが、私はなんとか乗り切った。リヨンで過ごした日々が私の生涯に与えた影響は並外れて大きく、いつまでも消えずに残っている。

第6章　ポミエ＝ザン＝フォレの近くで馬の世話をする（一九四四年）

一九四四年六月に連合国軍がノルマンディに上陸すると、リセ・デュ・パルクはあわただしく閉鎖された。全生徒が寮から追い出され、リヨンを離れるようにと言われた。ここでまた救いの天使が現れた！　レオンと私はリヨンから西へ向かって中都市ロアンヌにある事務所へ行けと言われ、そこで割り振られた近くの農場で次の指示を待つことになった。

レオンの行った農場では厳しい労働が要求され、彼はそれをこなした。一方、私のほうはうまくいかなかった。農場はサン＝タンドレ＝デ＝ゾーという小さな町の近くだった。ここはかつての火山地帯で、ヴィシーから遠くなかった。きらめく水は鉄分が多く、蛇口やあらゆる建造物がさび色のなめらかな薄い膜で覆われていた。敷き藁や堆肥の中で作業をするときには、素足に木靴――といってもただの木片だ――を履いた。慣れていない者が履くと、かさぶたがとれたあとで皮膚が革のように分厚くなった。あるとき牛車のくびきが落ちて膝に当たり、私は何日かほとんど動けなくなった。私の主人は親切な老農夫だったが、さすがの彼も私の助けなどないほうがましだと言った。私もそう思った。

ロアンヌの事務所が次に私を送り出した先は、人里離れた養馬場だった。私は指示に従ってサン＝ジェルマン＝ラヴァルまでバスで行き、そこからは徒歩でポミエ＝ザン＝フォレを越えて東へ向かい、ロアンヌとサン＝テティエンヌ（当時は鉱業と製鋼業の主要生産地だった）のあいだに広がる肥沃な農業地域を進んでいった。

夜遅くル・シャトラール農場に到着すると、立派な体格の女性が迎えてくれた。翌日には、その女性がシャンシエルグ・ドルナノ伯爵夫人シュザンヌだとわかった。彼女はル・シャトラールを母親から受け継ぎ、伯爵である夫と実父ド・リヴィエール氏とともにそこで暮らしていた。ド・リヴィエール氏は六〇歳くらいかもしれないが、関節炎を患(わずら)っていて、私にはかなりの高齢に見えた。ほかに使用人が数人いた。

初日の昼食時に、その家では馬を飼育していると聞かされた。私にとってはベラルーシで過ごした夏以来、触れていない動物だ。会話の途中で、ド・リヴィエール氏がにわかに生き生きとしゃべりだした。「一九一三年にわしのポイボスという馬がリヨン・ダービーで優勝した。足の速い馬だったのだ」。それからその馬の血統について何世代もさかのぼって説明した。食卓では誰もまったく耳を傾けていなかった。私は、そこで飼っている馬がアングロ・ノルマン種だと知った。この種の馬は、イギリスのサラブレッドのもつ類(たぐい)まれな美しさ（しかし脆弱(ぜいじゃく)なことでも知られる）とノルマン種の引き馬としての能力とを絶妙なバランスで兼ね備えているそうだ。このような馬の育種は、なによりも種馬選びにかかっていた。政府の運営する国立種馬飼育場に行くと、純血のサラブレッドから雑種までいろいろな種馬が用意されていた。そのころル・シャトラールは繁殖用の馬の数が減っていて、雌の成馬二頭とその子どもがいるだけだった。成馬はたてがみと尾だけが黒い栗毛馬で、レヴーズとレスペクテューズという名前だった。

その日の夕食の席で、ド・リヴィエール氏がまた目を輝かせて語りだした。「一九一三年にわしのポイボスという馬が――」。私は割って入り、その馬の血統を一つの間違いもなくそらんじた。「おやおや！　誰もわしの話など聞きやしないが、おまえは聞いていたんだな。しかも全部覚えていた。まんざら悪いやつではなさそうだ」

まもなくド・リヴィエール氏から、馬の飼育係が必要だと言われた。みんな戦争に行ってしまったから、私か「ジュール」（本名が思い出せないので仮名）かのどちらかを選ぶしかないという。「ジュールは馬のことならなんでも知っておるが、おまえはなにも知らん。しかしあいつは泥棒だが、おまえはどうやら正直者らしい。だからおまえにしよう。食事は今までどおり、わしらと一緒に食堂で食べていいからな」。ポイボスは古代ギリシャ語で太陽を意味する。とうの昔に死んだその馬が、私を照らす太陽を連れてきてくれたわけだ。私はこの馬の名前を決して忘れないだろう。

役得として、本来なら私など完全に締め出されるはずの、地方名士の世界を垣間見る（かいまみる）ことができた。ド・リヴィエール氏は若かりしころ、馬術の腕前でル・シャトラールの相続人（もう亡くなってい た）の愛と権力と住まいを勝ち取った。ド・リヴィエール氏が最も親しくしている友人は、彼が赤ん坊だったときに彼の世話をした乳母の娘だった。この友人は未亡人で、近くのサン＝テティエンヌからときおり訪ねてきた。地所にはほとんど使われていない農地も二つあった。

雌の雑種のマドロンは年齢の割に若々しい荷馬で、よく働くが、とりたてて目立つ点はない。かわいそうなことに、レヴーズとレスペクテューズは仕事がなくやせこけていたが、私はその見栄えを十分によくしてやる方法を覚えた。老齢の雑種ユニオンサクレは、現役を引退して久しかった。私は主人の言いつけに従って、日曜日ごとにユニオンサクレをちょっとした運動に連れ出したが、暗記しているに違いないと思えるほど、馬はいつも正確に同じ動きをした。私は、馬の尻の毛並みを櫛（くし）でなでつけて市松模様に整えるやり方、馬車につなぐ手順、伯爵夫人と父親を教会へ送るときの正しい手綱の握り方、木陰で馬と一緒に待つときの作法、教会から帰る二人の乗る馬車を馬に引かせる方法、そして馬を馬小屋に入れる方法を教わった。ド・リヴィエール氏とこんな話をしたことがある。「ユニオンサクレが病気になったり体が不自由になったりしたら、どうするんですか？」「わしはあれが生まれた瞬間から見てきた。だから絶対に苦しませやしない。馬小屋の裏に連れていって、古いピストルで撃ってやる——眼のあいだをな」

かつてフォレ州の州都だった小都市フールの近くに競馬場があり、そこで品評会が開かれるというので、ド・リヴィエール氏は雌馬と子馬を出品することにした。この品評会は、かつて騎兵隊（キャヴァルリー）が育種家から買う新しい馬を選ぶために利用した（後援さえした）こともあるのだと聞かされた。しかし一九四四年には、「キャヴァルリー」という言葉は機甲部隊を指すようになっていた。そのうえ品評会は以前の盛大さを失い、日ごろそれぞれの地所に引っ込んでいる昔の敵や味方が集まって酒を飲み、おしゃべりに興じる場となっていた。馬はにおう。ストレスや夏の暑さが加わればなおさらだ。さらに糞もにおう。ぬかるんだ会場に集まった多数の馬から悪臭が漂い、いななきが響く。今これを書きながらも、あの場面がよみがえってくる。

騎兵隊の評価基準に従えば、レヴーズとレスペクテューズは出品されたすべての雌馬の中で最下位だった。そのすぐ上にジュールの馬が入った。ジュールの鹿毛馬は私たちの栗毛馬より体格がよく筋肉もついていたが、それは彼が私たちのところから盗んでいるとうわさされているカラス麦のおかげだ。私たちの馬のうち一頭は足を引きずっていたが、もう一頭はそんなに悪くない。ド・リヴィエール氏が友人たちに訴えると、ジュールの馬が下から二番めに落とされ、私たちの〝よい〟ほうの馬が繰り上がった。私たちはマドロンの引く馬車で帰宅した。手綱は私が握った。

子馬たちに名前をつけるときがやって来た。登録する名前の頭文字は血統台帳によって決まっていて、順番に使うことになっていた。レヴーズとレスペクテューズはどちらも一九四〇年生まれで、頭文字はともに「R」だった。一九四四年の頭文字は「A」と決まっていた。ジュールは自分のところの子馬をアルジェリーと名づけた。ド・リヴィエール氏はいとしいポイボスをしのんでいつもギリシャ語の名前にしていたので、何日か部屋にこもって考えたすえ、アフロディテとアポロンに決めた。

残念ながら、アポロンはアフロディテの母馬と同じく足を引きずっていたので、売り払うしかなかった。その決断は、ブトゥレス見本市にぎりぎりで間に合った。これは一四世紀から毎年、平時も戦争中も豊かなときも飢饉に見舞われたときも、ボエンという町の近くで開催されてきた国際見本市だ。マドロン、アポロン、アポロンの母馬、ド・リヴィエール氏、そして私が、アポロンを売るために会場へ向かった。

馬車置き場に停めた馬車のそばにマドロンを残し、私たちは予約しておいた場所へ行った。私は、連れてきた馬たちのそばに立っていて、取引人が来たら子馬の売値は四万フランだと言うように指示された。ド・リヴィエール氏はそこを離れると、知り合いたちの中に入っていった。ヨーロッパの半分から訪れた（あるいはそう感じられた）馬の取引人たちがすぐにこちらへ近づいてきて、私が都会から来た新参者であることをたちどころに見抜いた。「どちらも四万です。まけられません」「とんでもない。離乳もできていない子馬が四万とは」。脚の悪い子馬をもっとよく見ようとする人などいなかった。ド・リヴィエール氏がちょくちょく戻ってきては、購入の申し出があったかと訊いてきた。しかし報告できることはなにもなかった。

夕暮れが訪れ、私たちは重い足取りで帰途についた。失意と疲労に包まれた小さな一団となり、のろのろと進んだ。途中で、大勢の農夫を乗せた騒々しい馬車に追い越された。農夫たちは酒を飲んで歌を歌い、その後ろを亜麻色の子馬が駆けている。車上の一人が声をかけてきた。「おまえらの子馬は売れなかったのか。俺はこの立派なのを二万二〇〇〇フランで買ったぜ」。馬車の一行が遠ざかると、ド・リヴィエール氏は「無礼なやつめ」とこぼした。農夫の馬車が今度は速度を落とし、私たちが追いつくのを待っていた。別の農夫が叫ぶ。「うちの農場で使ってやってもいいぜ。うちまで連れてきたら、二万フランで買ってやる」。農夫がさらに名前と農場の場所を叫ぶと、馬車はスピードを上げてまた私たちを抜き去っていった。

脚の悪いアングロ・ノルマン種のサラブレッドに価値はないが、それでも餌代は毎日たくさんかかる。アポロンはまだ離乳できていなかったが、ド・リヴィエール氏としては売るしかなかった。私たちは母馬のそばにとても長い綱を用意した。「何に使うんですか？」と私は尋ねた。「あとでわかる」

私たちは言われたとおり農場へ行き、小額紙幣で二万フランを受け取った。飲み物を飲み終えてもド・リヴィエール氏が席を立たないので、農夫はいら立ちを見せた。「金は払ったし、俺には仕事が山ほどある。帰ってくれ」「まだ飼育係から馬具を買い取っていないじゃないか」「飼育係ってこいつのことか?」と農夫は言って、私を指差した。「そうだとも。わしの話を聞け。馬具そのものはおんぼろで価値のない革の切れっ端だ。だがな、こいつは懸命に馬の面倒を見てきたんだ。馬具を買ってやれば、いいねぎらいになるじゃないか」「とんでもねえ。そんなたわけた話など聞いたことがない。とっとと帰りやがれ」。帰り道でド・リヴィエール氏が私から馬具を「買う」と言ったが、私はそれには及びませんからと固辞した。

帰りの馬車は歩みが遅く、私たちは疲れ果てた。母馬はわが子がいなくなってひどく寂しがり、あちこちを探して走り回った。ここで例の長い綱の出番だった。私は母馬が走っていかれるように綱を延ばしては、タイミングを見計らって引き戻した。その晩、ド・リヴィエール氏は一睡もせず、母馬の乳を搾(しぼ)ったりなだめたりしていた。私にはどうすることもできなかった。

*

政治的には、フォレで馬を飼育する名士というのは、怒れる急進派の対極にある人々だ。昼食や夕食のとき、私たちはうやうやしく黙ったまま、ヴィシー政府のラジオ局が流す明らかに偏ったニュースに耳を傾けた。しかし、どうせドイツが勝つだろうとあきらめてペタン元帥を容認していた一家の考えが、やがて揺らぎだした。私はみんなを言いくるめて、まずスイスのフランス語放送を聞かせ、それからロンドンの自由フランス政府の放送を聞かせた。

すると、思ってもみなかったことが起きた。ロンドンのラジオ放送でシャルル・ド・ゴール将軍の経歴が紹介されると、一家全員が耳をそばだてて、彼を自分たちの仲間だと思うようになったのだ。一方、私はいささか疑念を抱きはじめていた。一九四〇年六月一八日に彼はフランス国民に対して戦いの続行を訴えたのだが、私はこの有名な呼びかけを薄い壁越しに隣家のラジオでたまたま聞いていた。しかし戦争中にはどちらの陣営も、ド・ゴール将軍が以前からペタンと親しかった――ペタンの息子フィリップの名づけ親にさえなった――ことをフランス国民に知らせるのは政治的にプラスにはならないと考えた。戦争が終わってからようやく一部の著述家が、じつはペタンとド・ゴールが「外国」の紛争の両陣営をひそかに演じていたのだと主張した。ちなみに、ド・ゴールという父方の姓は貴族を表すわけではない。この名はフラマン語（ベルギー北部とフランス北部で使われる言語）で「馬」を意味する。

戦争中にフォレで私を住まわせてくれた人たちは、私の正体をいぶかしがりながらもはっきりと突き止めはせず、常にあくまでも礼儀正しくふるまっていた。世間から孤立した生活の中で、私が際限なく語る話を楽しんでくれたのかもしれない。何年も経ってから、アリエットと私は車でそこを通った。フランスはとても豊かになりつつあり、アングロ・ノルマン種の馬が大人気だった。しかしあの地所はもう住む者がおらず、だだっ広く味気ない場所に見えた。

最後に皮肉な話を一つ。あのとき飼っていた馬たちはまだ調教されていなかったか、あるいは歳をとりすぎていたため、私は飼育係をしていたのに馬の乗り方を覚えることができなかった。

第７章　ハレルヤ！　戦争が終わり、新たな生活が手招きする

一九四四年八月一五日、連合国軍がフランス南部に上陸した。まもなく南部戦線に展開していた占領軍が布陣を解いて急速に北上したが、その際にフォレは完全に素通りされた。北部戦線では、八月二五日にパリが解放された。ようやく片がついたという思いの混ざった喜びが爆発した。

戦争は、恐怖を与え、いろいろなものを奪っただけでなく、私の中に決して消えない痕跡を残した。その痕跡は、私の人生を形づくってきた明白で重大な事柄の中に、今も刻み込まれている。一方で、ささいな事柄にもその痕跡は残っていて、たとえば私は今でも、いつか別の使い道があるかもしれないと思うと紙を捨てることができない。

＊

戦争中に私が幸運に恵まれていたということは、紛れもなく明白だった。ポーランドで間近に迫っていた恐怖を間一髪で逃れたあと、フランスの占領もなんとか生き延び、身の毛のよだつような出来

事と驚くほど〝平穏〟な時期を交互に経験した。一度もつかまらなかっただけでなく、なぜだか何度も通行証が渡され、一度も通報されなかった。とてもたくさんの助けをもらったが、私の気づいていないところでさらに多くの助けを受けていたに違いない。

試験で非常によい成績を収めるのに十分な知識をトープで身につけた。しかし、フランスで一目置かれるステレオタイプのいずれかに収まるには、まだまだ足りなかった。戦時中の日々は、ポーランドで過ごした年月以上に私を生涯にわたって〝特別〟な人間にした。

ル・シャトラールで過ごした数週間は、体の調子がすこぶるよかった。しかしその後の数年間、私はしょっちゅう実際よりも年上に見えると言われた。それがようやく変わったのは、アリエットと出会って結婚してからだ。

＊

状況が許すようになるとすぐに、レオンと私はロアンヌで再会した。驚いたことに、そこから西のクレルモン＝フェランへ向かう列車が運行されていた。しかも時刻表どおりに！　どうやらそのあたりの貧しい山間部では、鉄橋さえ破壊する価値がないと判断されたらしい。しかしクレルモン＝フェラン駅に着くと、そこからさらに西へ向かう乗り継ぎの列車はすでに出発していた。当時、時刻を定める中央機関は存在しなかったので、南西部は南東部より時刻が一時間早かったのだ。

テュールに到着すると、いやな予感は氷解した。奇跡のような信じがたい驚きが待ち受けていた。両親が駅で私たちを待っていたのだ！　東から列車が到着するたびに出迎えに来ては、失意のうちに帰途に着くということをずいぶん続けていたらしい。

一人として欠けることなく家族が再会できて、幸せで頭がおかしくなりそうだった。しかし私たちはすぐに、サン＝ジュニアンの近くのオラドゥール＝シュル＝グラヌと同様に、テュールでも私たちの聞いていたニュースでは報じられなかった忌まわしい大事件が起きていたことを知った。私たちがテュールを離れてから、レジスタンスは組織化し、きわめて活発に活動するようになった。それに対し、オラドゥールを壊滅させた占領軍は北への撤退を余儀なくされる直前に、私たちの住んでいたアパートに隣接する街区の街灯柱やバルコニーで、一〇〇人近い若者を絞首刑に処したという。犠牲者の一人は私の同級生だった。彼の両親は教師だった。気立てがよく才気煥発であまりにも危険知らずだった彼は、よく大きな声で典型的な左翼思想を語っていた。私なら小声でささやこうとも思わないような内容だった。彼はたまたま選ばれたのだろうか、それとも危険人物として密告されたのだろうか。

私の家族の場合、両親が大胆な計画を立ててくれたおかげで――二人が苦労して身につけた生き抜く術（すべ）に感謝する――両親と息子たちは離散してもさまざまな出来事を切り抜けることができた。この賭けは、私たちの紆余曲折（うよきょくせつ）に満ちた人生の中でも最大の危険な賭けだったが、賭けを嫌う現実主義者なら望みえなかったほどの成功を収めた。両親と息子たちはすぐに別行動でパリへ戻った。オルレアン付近でロワール川に架かる鉄橋は空襲で焼け落ちていたので、乗客は荷物を抱えて、並べた艀（はしけ）に板を渡した橋を渡った。しかしそれくらいなんでもなかった。

今でも、私の話すフランス語にはスラム街のパリなまりとリムーザンなまりが残っている。私の暮らしたテュールは歴史にのみ込まれてしまったが、心の中ではいつまでも私はテュール人でいるだろう。私はなるべく頻繁にそこへ足を運ぶようにしている。今そこで目にするものを、あのころの古い小さな農場や、一九一四年から一九一八年に亡くなった人たちの名を刻んだ大きな記念碑のあった無人の村や、一九四四年の流血の惨事と結びつけるのは、どんどん難しくなっていく。

いつも楽観的なパングロス（訳注　ヴォルテール作のピカレスク小説『カンディード』に登場する楽天的な教師）のような人なら、ポーランドを脱出して戦時中のフランスで生き延びたことは、常にはなはだ波瀾に満ちた人生を送るのにぴったりの準備になったとでも言うのではないだろうか。

＊

二〇歳に近づくと、私は人生の第二段階に入りつつあることをひしひしと感じるようになり、それがあまりつらいものでないことを強く願った。しかし、過去をただ置き去りにすることはできない。私のように、大恐慌や戦争と歩調をぴったり合わせてきたならなおさらだ。私には〝己を知る〟暇などなかった――数学に関する途方もない夢を抱いたことを除いて。学び手としては優秀だったが、人生の手綱を自分で握る、というのは初めての経験だった。これから話すように、人生の一二年間を占めたこの第二段階で、私は物事をそつなくこなすことはできなかった。そのせいでやがて、私は遅ればせながら第三の段階を意図的に始めることになる。

第2部　科学と人生を学んだ紆余曲折の長い道のり

私は「異端者」と呼ばれることに誇りをもっている。異端者として生きてきたし、異端者として死ぬつもりだ。私は成人に達したときから異端者となった。若者らしい決断で、異端者の孤独な道程に踏み出した。その結果が現れるまでには長い時間がかかった。私が中年期に死んだり引退したりしていたら、この結果を理解することはできなかっただろう。

私のケプラー的な夢が、実現しはじめる。

第８章　パリ――試験地獄、選択の苦しみ、一日だけ通ったノルマル（一九四四～四五年）

一九四四年九月には、私の家族を含めてたいていのパリ市民は、気持ちのうえで新たな難しい課題に取り組みはじめていた。一九四五年五月八日に実際の休戦に入る前から、占領の終了には言い尽くせぬほどのうれしさと安堵を覚えたが、それとともに私の人生は複雑な転機を迎えた。

私にとって次の課題は、自分に最適な大学を見つけることだった。私を受け入れて、自分で決めた二つの目標をあと押ししてくれるか、少なくともそれを容認してくれる大学でなくてはならない。私は幾何学との親密な関係を保ちたかった。また、少し前から抱きはじめたケプラー的な夢をなんらかのかたちで実現するための準備もしたかった。恐れていた試験は、じつは楽勝だった。そして私は人生において初めての、最も自由な、しかし最も苦しい、職業に関する選択を迫られた。

至高の目標――グランゼコール

エコール・ノルマル・シュペリウール（高等師範学校）とエコール・ポリテクニーク（理工科学

校）は、全国から志願者が集まり、間違いなく科学分野ではフランスの最高峰だった。かつてエコール・ノルマル・シュペリウールはラテン区（カルティエ・ラタン）にあるパンテオンの南側、エコール・ポリテクニークは北東側にあり、互いにほぼ向かい合っていた。

ごくおおまかに言うと、エコール・ノルマル・シュペリウール（ノルマル、ユルム通り、ENSとも呼ばれる）はケンブリッジ大学かハーヴァード大学のミニチュア版で、「グヌフ」（訳注「田舎者」を意味する「pignouf」に由来する）というくだけた呼び名がついていた。厳正に選抜された二〇〇人ほどの数学と物理学の受験者のうち、一九四四〜四五年度は二五人まで入学できることになっていた。しかし戦争でいろいろと影響が生じていたため、その年度の入学審査委員会が入学を許可したのは一五人だけだった。その名称からは、これがエリートの中等教育および高等教育に携（たずさ）わる男性教員を養成するための学校であることがわかる（前に説明した、庶民向けの第一課程の教員を養成する学校はたくさんあった）。ノルマルは学校の規模を小さく保つことによってしだいに評価を高め、研究者や大学教員、それに私がリヨンで在籍したトープのようなクラスを担当する教員を養成する学校へと発展した。一九四五年には、この学校の評判を支えるのはある一つの分野での実績だけだった。純粋数学ではすぐれた業績を上げていたが、物理学はそうではなかったのだ。

エコール・ポリテクニークは、マサチューセッツ工科大学（MIT）をずっと小さくしたような学校だ。一般に「X（イクス）」と呼ばれているが、私は自分が在籍していたころに在学生や卒業生が使っていた「カルヴァ」に愛着がある。これは長く学生監を務めた、数学者で半ば神話的存在のモイズ・エマニュエル・カルヴァロにちなんだ呼称「カルヴァの家」を略したものだ。私の卒業後にこの学校は共学になり、学生数もカリキュラムも、そして卒業生に与えられる将来への機会も拡大しつづけている。

父にパリを案内してもらったときに見たとおり、カルヴァはデカルト通り五番地にあった。およそ二〇〇〇人から三〇〇〇人のトップクラスの志願者から、入学試験で二〇〇人ほどが選ばれる。ノルマルと比べるとカルヴァのほうが扱う学問の幅が広いと言えたが、また焦点が絞られていないとも言えた。卒業生がさまざまな国家機関や民間銀行、民間企業にいて、フランス国民の生活全体を動かしているということは誰でも知っていた。少数派ながら、聖職者、修道士、プロの作家や音楽家、あるいは地方や国の政治家になる卒業生もいた。陸軍士官学校（アメリカの陸軍士官学校のモデルとなった）として長く果たしてきた役割はほとんど薄れていた。栄光に満ちた歴史の初期には、フランスの科学者の大半がこの学校の出身だった。それから長い空白の時期があったが、この伝統はその後また復活している。

入学を切望する志願者が、入学者数に限りのある学校に入るにはどうすればよいか？　革命前には、高給の官職は世襲で受け継がれるか、国王の恩寵として与えられるか、あるいは金で買われた。対照的に、グランゼコールは実力主義で入学者を選抜した。入学試験は、〝未開人〟がおこなう苛酷な通過儀礼のフランス版だった（今もそうだ）。試験対策のために、私がリヨンのリセ・デュ・パルクで受講したような受験準備科が設けられていた。

一九四四年の秋にパリへ戻った私は、国王ルイ一四世が自ら命名した超一流校、リセ・ルイ＝ル＝グランに寄宿生として編入した。ポン先生のクラスに入ったが先生とはほとんど話さず、自力で受験勉強に励んでいた。延期されていた試験が一九四四年一二月に始まって、ノルマルとカルヴァで筆記試験が一週間ずつおこなわれ、翌年の一月にそれぞれの口述試験を一週間ずつやってすべてが終了した。

ノルマルでは、数学の試験でとても時間のかかる問題が出されたので、途中で監督官が少し休憩にしようと言い、温かいスープを出して受験者たちを元気づけてくれた。いくつかの言語で書かれた文章が渡されて、そのうちの二つをフランス語に訳すという問題もあった。英語を選んだのはもちろんだが、二つめとして私はラテン語を選んだ！

どちらの学校でも試験は意図的にきわめて難しくつくられていて、通常はトップの受験者でも全科目の平均点が二〇点満点中一六点をなんとか超えられる程度だった。うわさでは、一九四五年までの最高記録は一八八五年ごろにジャック・アダマールが出した点数だと言われていた。アダマールは一九三〇年にワルシャワで私の祖父が開いた例の食事会に来ていた年配の客で、のちに私の心の祖父となった人物だ。

ノルマルとカルヴァで予想外の好成績を収める

一九四五年一月、筆記試験と口述試験のあいだの週にラテン区を急ぎ足で歩いていると、数学のポン先生に呼び止められた。二人だけで話をしたのは、このときが最初で最後だった。

「ポリテクニークで出された数学の主問題のことなんだがね、私は制限時間内に解けなかった。しかし試験官の話では、フランス中で解けた受験者が一人だけいたそうだ。それが私のクラスの生徒だというのだが、ひょっとして君かね？」

「問題は全部解きました。最後にあった任意選択の問題も全部」
「いったいどうやって？　時間内にあの三重積分を解ける人間がいるのか！」
「球の体積の問題だと気づいたんです。ただし、与えられた座標をまず別の座標に変換する必要がありますが。私の考えでは、その座標は風変わりなものではありますが、問題の根底にある幾何学から示唆される、内在的なものなのです」
「おお！」と先生は言うと、何度もこう言いながら立ち去っていった。「いやはや、なるほど、なるほど、なるほど！」

試験地獄が終わり、その問題で私は二〇点中一九・七五点をとったことがわかった。これまでに二〇点をとった人はいない――一人も！　これ以外の数学の問題でもトップの成績をとったため、私は数学でその年度の国内最優秀成績者だとうわさされた。本格的な受験対策が十分にできなかったことはみんなに知られているらしく、私はそれから長年にわたって記憶される偉業をなし遂げたことにされた。

私は次の年に本気で臨むための練習として試験を受けたはずだった。ところがこの二〇点中一九・七五点という成績に加えて、ほかにも数学の別の問題などでこれに近い好成績がいくつかとれた。そのうえフランス語の作文が非常にうまく書けて、英語もまずまずで、フリーハンドのデッサンの成績もよかった。どういうわけだか、〝重要でない〟科目で標準以下の成績をとったことは取り沙汰されず、私は多くの人に全国で一位と目（もく）された。私の人生における重大な出来事だった。

単純明快に言えば、私は戦争を生き延びただけでなく、フランスで一生ものの成功を手に入れたのだ。もちろん、偉大な科学者になれる保証はない。科学者に限らず、偉大な何者かになれる保証などない。しかしどちらの学校も扉をすべて開き、生涯にわたって、言ってみれば無条件の保険を与えてくれた。なにもかも、まったく信じがたいことだった。フランスに移ってからわずか九年、フランス解放から数カ月しか経たず、正式な住所はまだベルヴィルのスラム街のままだというのに、こんな選択肢を受け入れる準備などできているはずがなかった。

*

振り返ると、ある意味でその大きなチャンスを無駄にしたが、別の意味では最大限に生かしたらしい。一三年間にわたり、私が突如として手に入れた〝資本〟はうまく投資されず、なかなか進まぬ成熟と放浪の時期に浪費されてしまったようにも感じられた。それから私はアメリカへ渡った。そこではフランスで得た評価になんの価値もなかった。それでも私は自分の才能と志向に合わせてキャリアを設計した。試験のおかげで手に入れたフランスでの恩恵をすべて失うとしても、戦争中に抱いた夢にぴったり合った道筋を描いたのだ。

ショレム叔父との再会

ある日、ノルマルで試験を受けてリセ・ルイ＝ル＝グランの寄宿舎に帰ると、ロビーで男性に呼び止められた。一瞬、父かと思った。しかし父より若く、父が常にまとっていた深い不安の気配も見られなかった。そう、ショレムだった。戦争中、最初はテキサス州ヒューストンのライス大学にいて、それからロンドンで軍に入っていたショレムが、パリに戻ってきたのだ。

ろくに食べていないかと思っていたが元気そうだな、と言われたので私は事情を話した。ポーランドにいる人たちのことは気がかりだったが、彼の家族も私の家族もみんな生きていて元気だと教えあって、それぞれ相手を安心させた。彼の妻と息子ももうすぐ戻ってくるという。私はショレムに父と連絡をとらせた。

それから試験の話になった。「試験はどこまで進んだ？」「ノルマルで数学の主問題の筆記試験を受けてきたところ」「どのくらいできた？」「最後の問いまで全部。ひどいミスはしていないはず」「そりゃいい。おめでとう。すばらしい。本当にすばらしいよ。間違いなく合格だ。よかったな。おまえは恵まれているね。ノルマルに行って、すばらしい経験ができるんだから。私の友人たちはみな経験したのに私だけが経験できなかったことを」

それから何日も、何カ月も、何年も、ショレムは数学や自然科学の世界の内情を私に語って聞かせた。彼はその手のことを熟知していたのだ。指導教官のアダマールや自分と同世代の人たちのことをよく話した。華やかなアンドレ・ヴェイユについて語り、ニコラ・ブルバキなるラディカルな数学者集団についても語った。この集団はヴェイユが発案して組織し、自ら率い、命名したもので、ニコラ・ブルバキという名はまったく架空のものだったが、しだいに影響力を強めつつあった。

こういった話はことごとく私の関心をとらえた。その多くには心が強く引きつけられたが、ヴェイユとブルバキには嫌悪をはっきりと覚えた。戦争が終わってまもないころだったので、私は秘密結社やカリスマ的指導者の類に警戒心を抱いており、ブルバキの指導者ヴェイユの志向も私とはかけ離れていた。このことが私の人生にどう影響したかについては、すぐにお話しするつもりだ。理想主義と現実主義を併せもつショレムは、数学界の体制のすばらしさと問題点をきわめて率直に語った。たとえば、後ろ盾(パトロン)による庇護や派閥制、それに身内びいきが蔓延し、〝数学においても価値判断は主観的なものだ〟という事実によってそれが促進されている、といった話をしていた。

一族の〝作戦会議〟

私と同様にノルマルとポリテクニークのどちらに進むか選べるほどの好成績を収めた受験者の中で、ひどく悩んだ者はほとんどいなかったと思う。通常の学校教育を受けてくれば賢明な目標はわかるものだし、私の同級生たちはかなり前から準備をしていた。対照的に、私は学校教育を十分に受けていなかったうえに、にわかにやたらと助言めいたことを言われるようになった。ほんの数カ月前まで、私は生き延びるだけで精一杯だった。ところが今や、影響が長きにわたる、信じられないような選択が私だけに許されたのだ。

大きな問題となったのは、ノルマルに入学すれば数学と物理学のどちらを選択してもあとで簡単に変更できるが、カルヴァでは入学前に決めた方針はほとんど変更できないという点だった。カルヴァに行った場合には、卒業時の成績順位によって将来の道が厳しく制限されるという問題もあった。

一か八かの賭けには、私たち一家はみな恐れを抱いていたし、両親は私の教師たちを信頼していなかった。そこで知恵を借りようと、一族の〝作戦会議〟が招集されることになった。一九四五年二月、ショレム叔父と、はとこで親しい知り合いでもある著名な物理化学者のミシェル・マガーが、ベルヴィルのアパートに顔を出した。

叔父とはいい、ここは聡明で押しが強く、政治に傾倒していたが、信じがたいほど考えが偏っていて世間知らずであることがすぐに露呈した。二人は父を交えて、私の将来と打ち込むべき対象について、よかれと思う道をめぐって言い争った。正確な言葉はもちろん覚えていないが、その内容は心にはっきりと刻まれている。

ショレム　「カルヴァは聡明な学生を、なにもまともに動かせない腑抜けの官僚に変えてしまう。官僚は第一次大戦では勝ったが、第二次大戦では負けた。だから私と同じ道を進んで、さらに私のできなかったことを一つ加えるといい。ノルマルに行くんだ。純粋科学ほど大きな報いの得られる仕事はほかにない。ノルマルに行けば、自由と保障が手に入る。同窓会が面倒を見てくれるからな。運が悪くていい仕事が見つからなくても——まあおまえにはそんな心配はないが——高校の教師にはなれる。社会への奉仕という点でこれに匹敵する仕事はないし、おまえも満足して自分を誇りに思えるはずだ」

ミシェル　「社会と政治の力は避けられず、どちらの学校もじきに廃止される。カルヴァは時代遅れの思想と方法の牙城だ。あんなところではなにも学べず、エリート意識を植えつけられるだけだ。しかしノルマルも同じくらいだめだ。エコール・シュペリウール・ド・フュジーク・エ・ド・シミ（高等物理化学学校）はどうだ？　あそこは国立ではなく市立で、実学に強い科学者を養成する方法を理解している」

父　「そんな話を真に受けてはだめだ。科学者として成功できるかどうかなんて、宝くじみたいなものだ。ショレムは大当たりを引いたが、それは頭がよかっただけではなく、フランスに来たタイミングがどんぴしゃだったおかげでもあるんだ。しかしフランスは、それにヨーロッパ中や世界中のたいていの国も、今はすっかりめちゃくちゃだから、これから先どうなるかは誰にもわからない。ミシェルの予想は軽率だ。それに、ロシアがフランスで共産主義者を助けて政権に就かせたら、おまえはまた生活を引き払ってよその国へ移らされるはめになるかもしれない。今度はブラジルか、それともアルゼンチンか……まるで見当もつかない。母さんと私は結婚してから六回も、自分たちではどうにもならない出来事のせいでひどい目に遭ってきた。それから、基本的なことを忘れてはいけない。教授というのは公務員なのだ。なにか問題が起きたら、母さんのように、それまでの資格が通用しない外国に行くことになるかもしれない。国からお墨つきをもらっている分野や大きな国家機関にはかかわるな。教育や医療や法律などは災いのもとだ。幅広い工学の技能を身につけろ。どこの国のどんな政治体制でも必要とされるから」

生き延びる術に長けた父は学問を心から崇拝し、自分でも実践していたが、それは状況の許す範囲に限ってのことだった。学問を追究する者の幸福と自立は、自分では制御できない出来事にほとんど左右されることのない、安定した収入にかかっていると強く信じていた。この信念は、父自身が経験してきた混乱から生じたものだ。昨今は、メディアがこぞってこれと同じアドバイスを告げている。生涯ずっと同じ雇い主が保護してくれると思ってはいけない、などと言われる。父はすでに何年も前に、当時二〇歳だった弟ショレムに対してまさにこのアドバイスを与えていた。

何年もあとで、私は父の考えがはるかに広い視野に立つものだったことに気づいた。父の心には、アムステルダム出身のポルトガル系ユダヤ人哲学者、バルーフ・スピノザ（一六三二～七七）の業績と不運が深く刻み込まれていた。スピノザは社会から忌避されていたが、寛容なオランダでレンズ研磨職人としてすぐれた腕をもつことによって、自由な思考をすることが許された。彼の精神面における影響力の大きさは、政治的な無力さと鮮明な対比をなしていた。私の一族では、政治的な力を手に入れるということは誰の頭にも浮かばなかった。

私が知りあった科学者の中に、私と同じような親族の論争を経験した人が二人いる。生物学者ジャック・モノーの場合、生物学と音楽のどちらを選ぶか決めるのを助けてもらおうと、有力者だった父親が委員会を設けた。委員会は、息子が生物学を選べばパストゥールに匹敵する生物学者となり、音楽を選べばモーツァルト並みの音楽家になるだろうと報告した。モノーは生物学を選び、ノーベル賞を獲得した。

私にとってもっと大きな意味があったのは、偉大な数学者ジョン・フォン・ノイマンだ（あとで紹介する）。一九二〇年ごろ、彼の母国ハンガリーは、一九二〇年のポーランドや一九四五年のフランスよりもはるかにひどい、先の見えない暗雲に覆われていた。彼の裕福な父親は息子が安全な道を選んで化学工学を学ぶことを望んだが、息子〝ヤーノシュ〟が数学の博士号を目指すことも許すべきかどうかの判断を、ブダペスト大学のフェケテ・ミハーイという若い教授に依頼した。そして両方を勉強させるべきという助言を得た。その結果、フォン・ノイマンは独自の組成で合金をつくるがごとく、彼ならではのやり方で新しい分野を完成させたのだった。

私の生涯で起きたことの多くは、あの一族の作戦会議に端を発していることが容易にわかる。実際、会議は引き分けに終わったが、それはきわめて実りの多い結果につながり、私は父と叔父のどちらに対しても尽きせぬ感謝の念を抱いている。二人から受けたそれぞれの影響が、私の人生の中で混ざり合っただけでなく、その後の試行錯誤の連続から打撃や刺激を受けて徐々に煮え立ち、やがてそのどちらともまったく違う新たな合金を生み出すことになった。

さいが投げられ、翌日に取り戻された

初めのうちは、叔父が学界で占める地位や叔父自身のもつ権威が優勢だった。そこで私はこのうえなく意気揚々とノルマルの入学手続きをした。誇らしい気持ちになるのは至極当然だった。戦争を生き延びることができたのは、助力や幸運に恵まれたことが最大の理由だが、自分ですばやく物事を判断する力があったおかげでもあった。それに、ほとんど準備もせずに入学試験を受けて、トップに近い成績をとるという離れ業をやってのけたのも私だ。

ノルマルに入学した初日、理科系担当の副学長から執務室の入り口のところで話しかけられた。私たちは、ノルマルの正規の入学試験に合格して帰化を望む外国人である私の形式上の身分について話しあった。「なんら問題はない。帰化が認められしだい、正規の学生になれるはずだ。ただしそれまでは、授業料と食費を払ってもらう必要がある。君のような状況はまれだが、ほかに例がないわけではない」と副学長は断言した。彼はその一例として、このころ名声の絶頂にあった哲学者のアンリ・

ベルクソン（一八五九～一九四一）をなんとか思い出し、彼の場合は「最初にゴタゴタはあったが、それで悪影響が生じることはなかった」と言った。こんな先例があるとは誇らしいし、私についても期待がもてそうだという点で、私たちの意見は一致した。

しかし残念ながら、初日を過ごしながら周囲をよく見ているうちに、ひどく気分が重くなった。「こんなところで何をしているのか？　ここは明らかに自分がいるべき場所ではない」。ショレムに聞かされた現実、私がそれまで無頓着だった現実に、いよいよ直面したのだ。ブルバキが純粋数学の世界を支配しつつあり、ノルマルはそれにのみ込まれようとしていた。意志が強く、すでに明確な志向をもつ人間にとって、そこはまさに紛れもなく最悪の場所だった。悶々として一日を過ごしたが、このままノルマルにとどまるべきまともな理由は思いつかず、夜が来たので帰宅した。

翌日には、私は父の言い分に従おうと決めていた。そこで、ノルマルに行って退学手続きをした。レオンはその後しょっちゅう、私の急な心変わりに皆がどれほど驚いたか口にしていた。転学するというこの重大な決断は、そのせいで科学者としての人生の第二段階がややこしくなったものの、結局のところ間違っていなかった。そして私のキャリア全体を支配することになった。

この決断は多くの人から誤解や批判を受けた。友人になる可能性のあった人の中には、私を決して許さない人もいた。ショレムは憤（いきどお）りと不安を抱いた。科学の世界の狂信的な純粋主義者は、新しい合金を恐れるものだ。私の行動は大きな間違いだったと、今でも人から嫌味を言われたりする。

その日の気象と空気

個々の決定というのは、進行中の歴史から偶然の影響を受ける。豊かで幸福な時代なら、その影響はごくゆるやかに生じるが、戦争に疲弊したフランスで迎えた一九四五年初めのあの日はそうではなかった。一族の作戦会議は、歴史上の〝局地気候〟による影響を免れることができなかった。一九四四年度入学生が決断を下したのは、戦争中にめぐってきた忌まわしい最後の冬のさなかだ。このことが影響しないはずがあろうか？　ルクセンブルクに近いアルデンヌで敵の反撃によってすさまじいバルジの戦いが起き、戦争の終結が延期される危機が生じてから、数週間しか経っていなかった。パリは物理的にはほぼ無傷だったが、寒く陰鬱でわびしい街には貧困と衰退の気配が立ち込めていた。

アンドレ・ヴェイユ流のフランス数学を心から信奉していたら、こんな状況にもまったく気づかなかっただろう。しかし私はそんな信者ではなく、そのときの街の空気に決断が影響されたのは必然だった。陽射しが降り注ぎ、戦況が好調で、政治情勢の見通しも明るかったなら、修道院のようなノルマルで過ごすのも悪くないと思ったかもしれない。それを思うとぞっとする。

移民どうしの世代間の対立

一九四五年三月ごろ、ショレムはコレージュ・ド・フランスの教授に復職した。最初の講義のとき、若い受講者は私だけだったので（訳注　コレージュ・ド・フランスは国立の高等教育機関だが、講義は公開されていて自由に聴講できる）、ショレムは私がついていかれるレベルで話を進めてくれた。講義のあと、出席者は玉石の敷かれた中庭に出て、もっぱら戦争で誰が生き残って誰がだめだったかと教えあっていた。

今でもよく覚えているが、ショレムは私を紹介して回り、葬儀に参列している人のような口調で、私のけしからぬ選択について話した。「こいつはせっかくノルマルに入れたのに、二日めに退学して、今度はポリテクニークに行こうとしている」。自分やブルバキの数学とは違う別の数学を追究する人がいるということは、ショレムの理解を超えていた。

エジプトのアレクサンドリア出身のユダヤ人ミシェル・ロエヴ（一九〇七～七九）が居合わせて、「ポリテクニークは確かに二番手だが、決して悪くない。私だったらポール・レヴィのもとで勉強するね」と励ますように言った。このとき初めて、私は確率論というおもしろい分野の偉大な重鎮のことを知った。私はここでロエヴと出会えたことに感謝している。この出会いがやがてほかのさまざまな力と結びついて、私のケプラー的な夢を確率論へ向かわせることになった。

ショレムは二〇代のころには決して温厚ではなかったが、年齢と成功のおかげで人間が円熟していた。彼はたいていの点で自由主義的だったが、自分にとって本当に大事なことは話が別だった。私が彼と同じ道を進もうとしないので、私たちは激しい言い争いをした。本当にやりたいことがわかるまでは、当然ながらいつも私が負けていた。ショレムは私の願望をまるで理解せず、私が非常におかしな志向をもっているから必ず恐ろしい結果に至るはずだと危惧しつづけ、私のもって生まれた知的能力が無駄になってしまったと死ぬまでずっと思っていた。

私たちのあいだに働く主たる力は、強力な父親的存在に対する反発というありがちなものにすぎなかった。ただし私の場合、相手はじつの父親ではなく二五歳年上のショレムだったというわけだ。ここには、フィクションや歴史で好んで扱われる「移民における世代間の対立」というテーマがかかわっている。私たち一族のうち、ポーランドから逃れたショレムは第一世代に属していたが、彼の肩に支えられて立つ私はもっと自由な第二世代に属していたのだ。

人の集団に厳しい制約を課していた規律が不意に覆(くつがえ)されたとき、これと同じような結果が生じる。そのまま規律を守りつづけるというのが、自然な反応なのだ。若いころにショレムが政治や文学の世界とたわむれたという事実はそれと矛盾するが、たわむれは一時的なものだった。数学というもっと大事な世界では、ショレムは第一世代のステレオタイプに当てはまり、思慮深い体制順応者として、力を強めつつあるブルバキにすぐさま加わった。

私はショレムとは対照的で、今日(こんにち)のフランスで言えばアフリカ系移民の子孫を想起すればわかるだろうが、第二世代のステレオタイプそのものだった。決して政治的暴力には走らなかったが、体制には従わず、絶えず疑問を呈し、既存の学派には加わらず、数少ない正規の教え子のために自ら学派をつくることもせずに成功した。したがって遠くから眺めれば、ショレムが科学者として歩んだ人生の道すじは矢のように直線を描いているのに対し、私の道すじは……まさにフラクタルだ。それでも歳をとると互いに似た点もたくさん出てきた。二人とも純然たる抽象概念から逃れた〝イデオロギー上の難民〟であることが大きな意味をもつようになった。ショレムはシェルピンスキの知的および政治的な見解を嫌ってポーランドを離れた。私はブルバキのせいで一九四五年にノルマルを去り、一九五八年にはフランスを去ることになったのだ。

愉快な皮肉が二つある。ショレムは生涯にわたって真に古典的な数学のテーマ二つを愛し、それらに忠実に仕えた。テイラー級数とフーリエ級数だ。二〇世紀には、どちらも数理解析として「精密である」とか「厳格である」などと自認する分野へと発展した。つまり、ノーバート・ウィーナー（彼も私の人生において重要な役割を果たすことになる）による膨大な貢献を例外とすると、これらがもともと物理学から生まれたということが忘れ去られてしまったのだ。

ショレムからこの二つのテーマを学ばされたあと、私はそれから離れた。ただし、学んだ事柄を捨て去ることは決してなかったが。ショレムの定理では、前提条件を列挙するだけで何ページにもなる場合がある。彼が好んで用いた区別は理解しがたく、彼が嬉々として取り組んだ問題の込み入り方のレベルとなると、どんな条件も必要かつ十分にはならなかった。彼の取り組んだテーマは、純粋数学において長い系譜をもっていた。このことが彼にとっては誇りの源（みなもと）だったが、若い私にとっては嫌悪の源となった。

さすらう科学者は、「絶対にありえない」などという言葉を用いるべきではない。歴史が示しているとおり、抽象数学のすばらしい部分がちょっとうたた寝しているうちに、現実世界に張った根から切り離されることもある。完全に死んだように見えたとしても、決して死に絶えたと言うべきではないのだ。

もう一つの皮肉は、かつてショレムと彼の教え子や友人たちが訪れた知の風景にかかわっている。私はラフネスの科学的研究を根気強く続けるうちに、手に負えない複雑性の深みがどんどん広がっていくのに遭遇した。そのせいで、私は世界が根本的に平穏で単純なものだとは期待しなくなった。私はショレムの数学に見られるような手ごわい乱雑さ・入り組み方に何度も遭遇し、最初は驚いたがやがてそれを楽しむようになった。その手ごわさが、私の選んだ仕事の場である科学の最前線のもつ、単純化できない乱雑さを反映していることは、それらがもつ現実への応用可能性から考えても、明らかだったのである。

予定外だが大いに必要だった休息

一九四五年一月に土壇場でノルマルからカルヴァへ転学できたのは、戦時中の特殊な事情のおかげだった。ノルマルの寮は空いていたが、カルヴァには空きがなかった。そこで一九四五年の二月から八月まで、私の学年は寮が空くのを待った。そのあいだに、私の同級生になるはずの学生たちを、軍が特別な部隊に召集していった。私も志願したが、外国人だからという理由で却下された。そのため私の学校教育は半年間、雑事でまたもや中断された。

私が知っていて尊敬している人の多くは、若者にとって大事なのは物事を効率的にこなすことだと思い、「時間の浪費」は有害だと考える。脅威や不道徳だと考えることさえある。しかし私には選択の余地がなかった。さらに言えば、そのおかげで成長できたと思う。運命が貴重な贈り物をくれたのだ。ずっとあとになって息子たちに数年間の休みが必要となったときにも、私はそれを喜んだ。

要はこういうことだ。おいしいワインやチーズをつくりたければ、急いではならない。それなのにすぐれた人間を生み出したいときにはなぜ、柔軟な若い心にクッキーの抜き型を押しつけるようにして急ぐのか？　材料が型に収まると、その形は生涯ずっと保たれる。今では休暇をとることは一般に許容されているが、ハードサイエンスの分野ではまだそうなっていない。昔の同級生の中には、休みをまったくもらえないことが生涯の悩みだったと認める者もたくさんいる。

ありとあらゆる新たなプロパガンダを触れ回るセイレン

こうして一流校に受け入れられる準備が整うのを待つ身分でありながら、私は金と食べ物にいつも困っていた。ベルヴィルの無料食堂（おそらくアメリカのユダヤ人慈善団体が支援していた）でしょっちゅう食事をしていたが、そのことについてなんとも思わなかった。無料食堂の常連のほとんどは、戦争に勝ったらすぐに今度は革命が起きるのではないかと夢見て、いつもにぎやかに会話を交わしていた。

戦争の余波で、多種多様なえせ救世主が跋扈（ばっこ）する状況が生まれ、その風潮は私が関心をもつあらゆる活動に広がっているように思われた。きちんとまとまった立派な大義一つ、あるいは並存可能な複数の大義に、全面的に傾倒することが道徳的な責務とされた（私たちはいろいろなところからそう言われた）。戦前にワルシャワで聞いたのと同じさまざまな騒音が、あのころよりも成長した私にもっと強烈な打撃を与え、さらに聞いたことのない新たな騒音も加わった。

それぞれ異なる思想集団を信奉するいくつもの共産系政党が、人を変節させようと絶えず互いに競いあっていた。フランスをはじめとするヨーロッパ各地で、行く手に待つ巨大な問題に取り組むには、民主主義や個人主義はもう時代に合わないと考える人が増えていた。協調的な集団行動——すなわち政治の世界でカリスマ的指導者の率いる世俗的宗教——のためには、民主主義や個人主義を犠牲にするしかなかった。二つの世界大戦でいくつもの帝国が崩壊したが、その主要な構造の大半は国民からの支持を失わず、多くの国ではすぐさま、しばしば以前よりも小規模ではあるがもっと苛酷な形態で再建された。

カルヴァで一世紀前から続く基本路線は、フランスの国家と諸制度の復権に専心すること、つまり上級官吏になることだった。しかし戦争が終わると、私の寮仲間の多くは逆の路線を考えるようになっていた。自分たちが生きているあいだにフランスが再建されることはないのではないかと恐れて、将来にもっと期待のもてる遠い場所へ――アメリカではなく（奇妙なことだと当時の私は思い、今でも思っているが）アルゼンチンやブラジルへ――渡ろうかと話していたのである。ただし同窓生名簿をちょっと見れば、それが口先だけの話で、実行には移されなかったことがわかる。

一九四五年には、聖職をはじめとする既成の帰依（きえ）・忠誠の対象を受け入れるか否かについて、絶えず議論が交わされていた。カトリック教徒には、従来よりも強化または現代化したかたちの信仰が提案された。ローマ教皇庁があまりにもやすやすと方針の変更に妥協したことを批判して、カルヴァン派に転向する者もいた。そうした対象を本気で設けるとなればたいがい、フリーメイソンやカトリック教会といった組織が先行組織からとり入れてきた規則を模倣することになった。誰もが〝規律と結婚〟した――たとえばイエズス会士が教会と結婚し、その証として鉄の指輪をつけるように。フランスの社会は安定していたので、こうした〝制度〟は次の世代に受け継がれることが多かった。

有名作家のジャン＝ポール・サルトルは、アルザスの名門シュヴァイツァー家の一員だった。扇動家だった彼の書くフランス語はぎこちなかったが、弁舌は巧みだった。私は一度、彼が登壇する政治集会に行ったことがある。司会者は、サルトルが政治的指導者になることを望むと述べて集会を締めくくった。まもなく私はそれを考えるだけでぞっとするようになった。

穏健な著述家のレイモン・アロン——うかつにも私はかなりあとまで彼の真価を理解していなかった——は、ノルマルでジャン＝ポール・サルトルの同級生だった。アロンはかつて「私は常に正しかったのに誰も私のことを知らず、サルトルは常に間違っているのに有名だ」と不満をこぼしたことがある（まあ、今ではアロンも有名になったが）。私は友人たちから、アロンを私たちと同じ精神のもち主だと認めるべきだと言われたが、《フィガロ》紙の執筆者である彼を信用するわけにはいかなかった。《フィガロ》は味気ない保守的な新聞で、私の知り合いは誰も触れようとしないものだった。

私は当時の反主流的な動きから強い影響を受けた。ほとんどの友人が、声高に主張される大義に肩入れした。私は一九三〇年代に家族から懐疑的な姿勢を教え込まれていたが、それが増幅された。私は不利を承知で、そして私が理解しそこねたレイモン・アロンのように、大勢に逆らう人になろうと決めた。ある教会に異議を申し立てたいからといって、別の教会をつくる必要はない。私は教会の変革を助けるという大志、あるいは誇大妄想を抱いていた。数学の世界で、自ら救世主を任じた人といえば誰か？　よきにつけ悪しきにつけ、それはブルバキのアンドレ・ヴェイユだ。

大義に全面的に忠誠を捧げることで、少なくともしばらくは恩恵を受けた友人もいる。しかし私はそれに加わりたいという気持ちにはなれなかった。代わりに、いずれ歴史が報いてくれるかもしれないが過去の社会では実現されたことのないやり方で、常に自分の人生を自分なりのあり方にするよう努めることにした。この決断は、私が長く現役で活動できたことの一因となったかもしれないが、一方で私を確実に早熟とは程遠い人間にした。従うべき明確な基準がなければ、早熟という概念そのものが意味をなさない。

二〇〇〇年以降のフランスを一目見れば、ある意味でこの国は二つの武力戦争と一つの冷戦からほとんど影響を受けていないことが十分に理解できる。政治的マルクス主義やド・ゴール主義は、知の分野でこれに相当するブルバキ主義や実存主義やフロイト主義と同じく、燃えつきてしまったようだ。……だが、実際のところは誰にもわからない。

第9章　エコール・ポリテクニークの（当時はめずらしかった）外国人学生（一九四五〜四七年）

「祖国と科学と栄光のために」というのが、昔からのカルヴァ、すなわちエコール・ポリテクニークの校訓だ。フランスの国家や社会で活躍できる文民および軍人のエリート技術者を輩出することに重きを置いているという点で、この学校は祖国と結びついている。

カルヴァでは卒業時の成績順位が非常に重視され、そのためには社会と個人による莫大な投資がなされるのは当然と見なされる。非常によい成績で卒業すれば国家の立派な仕事が与えられ、しばしばその先には財界でのすばらしい地位も待っている。日々の学生生活は容赦なく中身が詰まっているので、上位を目指す学生は必死に、そしてトープのときと同じように要領よく、勉強する必要があった。カルヴァの同級生のほとんどは、競争があまりにも厳しすぎると感じていた。そのような学生たちは、どんな進路を選んでもカルヴァ出身という肩書きさえあればそれだけでも大いに役立つと確信して、楽に過ごす道を選んでいた。

ふつうなら外国で名声を得るにはフランス国外で暮らすことが欠かせないが、カルヴァでは学位とともに数々の特典が得られるので、外国生活をしたがる卒業生はほとんどいない。リトアニア系でポーランド生まれの私などは特殊な例かもしれない。最初のうち、カルヴァは私にとって非常に大きな意味をもっていた。私は在学中にフランス国民になった。しかしそれからカルヴァの重要性はしだいに弱まり、しまいには若いころのよい思い出にすぎなくなった。たいていの卒業生にとっては、この学校の卒業生であることは一生もののありがたい特権だが、私に言わせれば終身刑みたいなもので、私は卒業とともに本当にカルヴァに別れを告げた。

陸軍士官学校カルヴァの学生生活

カルヴァは一七九四年に土木工学の学校として創設されたが、ナポレオンがこれを砲兵隊将校、軍の技術者、少数の高級官僚を養成する陸軍士官学校に変えた。副業として科学の研究に携(たずさ)わる卒業生もいた。そうした研究者たちは、フランス科学の最盛期に大きく貢献した。最盛期は一八〇〇年から一八五〇年まで続き、のちにアンリ・ポアンカレ(一八七三年度卒業生)のおかげでさらに延びた。私の指導教官だったポール・レヴィの学年(一九〇四年度卒業生)から、だいたい私(一九四七年度卒業生)のころまで、科学は長く厳しい低迷期に入っていた。

私が在学していたころには軍人になる卒業生はほとんどいなかったが、カルヴァは厳格な陸軍士官学校のように運営されていた。入学と同時に学生は国家公務員になるので、入学の五年以上前からフランス国民であることが求められた。だから私は特殊な外国人学生だった。すでに述べたように私は正規の入学試験を受けていたので、通常の学生で最下位の者よりもよい成績を収めれば卒業証書がもらえる約束になっていた。亡くなった同級生一人を除いて、私は一〇年近くにわたってカルヴァで唯一の外国人学生だった。

学生はほとんどが宿舎に入った。一九四五年に入学した私たちが入ったのは、パリ市内の比較的洗練されたキャンパスにある宿舎だった。これはデカルト通り五番地にあり、パリに来てまもないころに父が案内してくれた威厳のある入り口を入ってすぐのところだった。一九四六年に進級して二年生になると、今度はラテン区から南へかなり歩いたところにあるルルシーヌ宿舎という平凡な宿舎に入った。

学生は一二人ずつ「カゼル」（「兵営」を意味する「カゼルヌマン」を縮めたもの）に振り分けられた。狭い寝室にベッドがぎっしりと並び、机は共有の学習室に置かれていた。カゼル三つが一つの「グループ」となり、このグループで演習科目、体育、外国語の授業を受けた。カゼル制度は部屋割りだけでなく授業でも利用されていた。この学校では、言語を操る能力と、体育と主要科目のどちらもこなす文武両道の才能が重視されていたので、学生はまず入学時の英語とドイツ語の成績で順位づけされ、それからカゼルに振り分けられた。

〝外〟の世界では厳しい配給制がとられていたことを考えると、この陸軍士官学校での待遇は驚くほどよかった。体育が重視されていたものの、都会の密集地域なので学内の限られた施設しか使えなかった。学外の地下プールは非常に混雑していて、私たちが利用できるのは早朝か深夜だけだった。日の出前から霧雨の降るセーヌ川のほとりを延々と走らされたことを思い出すと、今でもぞっとする（パリには雨の季節というものがない。なぜなら毎日少しずつ雨が降るからだ、というジョークがある）。手狭になったことなどから、のちに学校全体が強風の吹く遠い郊外へ移転することになった。

カルヴァの服装規定――常時制服着用

ほかの点では慣習に従う同級生の多くが、制服にだけはいつも文句を言っていた。しかし貧乏で変わり者の私は、ほとんど文句を言わなかった。私は文字どおり、ぼろをまとって入学した。その日、レオンと私がかき集めた衣服の中から、私は一番ぼろい靴とズボンと上着を身に着けて学校に行った。ありがたいことに、数時間後には全部ゴミ箱に放り込むことができた。〝ドレスダウン〟が一般的になるよりもずっと昔のことだ。あの服装規定がなかったら、金持ち学生と貧乏学生の格差は耐えがたいほど顕著になっていたことだろう。

学校の基本的な制服には、ふだんの日に着る兵士用戦闘服（バトルドレス）（「バトルドレス」はフランス語になっている）と、外出用の将校服（私のは記章がいくつか足りなかった）があった。どちらもカーキ色なので、この学校が陸軍士官学校である（うわべだけだが）ことが一目ではっきりとわかり、それに付随する特権がいくつか得られた。

それに加えて、きわめて特別な場合には「グランU（ユ）」と呼ばれる立派な制服の着用が要求された。黒い厚手のウール地に金ボタンがずらりと並び、赤と金色の縁取りが施された特注の服だ。非常に丈（たけ）の長いコートかゆったりしたケープを上に重ねて着ることができる。とがった部分が二つ突き出た帽子はどことなくナポレオン風だが、とがった部分は前後を向いていた。学生全員に直剣も渡されたが、これは制服とは違って卒業時に返却しなくてはならない。私のは一〇〇年前につくられたもので、も

ちろん血に触れたことはなかっただろう。

最近引越しをしたときに、グランUの四点セットのうち二点がこれまでの転居を乗り越えて残っていたことがわかった。自分の学生番号（一一七九番）と、ぼろを捨ててすぐに立派な制服をあつらえるために採寸されたときの誇らしい気持ちを思い出した。もう着られなくなったが、いつかまた着られる日が来ないとも限らない。

グランUは、数々の優雅なパーティー（私は一度も招かれなかった）や、シャンゼリゼでかなり頻繁におこなわれたパレードに欠かせなかった。二〇〇人ほどの学年のうち背の高い学生が一二列一二縦隊で行進した。一四四人のグランU姿の学生（その中には私もいた）が、テレビが生まれる前のニュース映画の中で隊列をなしていた。ドリル行進で最も難しいのは、各列をまっすぐに保ちながら扇形に広がって凱旋門のまわりを回る数分間だった。幸いなことに、役人や来賓が陣取る広い観覧席は、シャンゼリゼの道幅が広がって広場へとつながる日当たりのよい地点にあり、凱旋門からは十分に離れていた。

パレードの最前列を歩くのは、非常にプレッシャーがかかる。私はこの運命を逃れられないことが多かった。同級生のアンドレ・ジロー（一九二五〜九七）は私より少しだけ背が低かったので、必ず私のすぐ後ろで行進していた。剣を抜いたら垂直に持たなくてはいけないのだが、私の剣が少しでもぶれると、いつもアンドレに注意された。彼は立派だが非情な高級官僚になり、やがて私の記憶に残る数少ない大臣の一人（産業大臣を務めてから国防大臣に就任した）となった。学生時代の私たちはまったく気が合わなかったので、私は自分の運命が彼の手に握られることがなくてよかったと思っている。

ずっとあとになってから私たちはニューヨークで遭遇したが、子犬のときに遊んだことを覚えている老犬どうし、同じ思いで互いに気づかぬふりをした。〝子犬〟だったころの私たちはグランUを着て、シャルル・ド・ゴールやウィンストン・チャーチル、そして彼らほど大物ではない歴史上の人物たちの前で行進した。なによりも奇妙だったのは――そして記憶に残っているのは――ヴェトナム指導者のホー・チ・ミンに敬意を表して行進したことだ！　彼がパリを訪れたのは、フランス軍の平和的撤退をめぐって残存する細かい問題を処理するためだった。ところがまさにその晩、インドシナ半島に派遣されていたフランス海軍司令官のジョルジュ・ティエリ・ダルジャンリュー提督が、フランス政府の許可を得ずにヴェトナム北部のハイフォン港を爆撃した。ホーは怒って帰国した。あとは歴史にあるとおりだ。このダルジャンリューとは何者か？　彼は海軍将校を退いてカルメル会の修道士になったが、戦争中に会から任務免除を得てロンドンでド・ゴールの自由フランス軍に加わり、提督に任じられた。フランスの戦後政府が掲げる対ヴェトナム政策にそむいたにもかかわらず、カルメル会に戻って起訴を免れ、そのまま表舞台から姿を消した。

えこひいきとしごき

カルヴァの学生は全員、「軍人らしい態度」の成績評価を受けた。ほとんどの教官はこの評価が成績順位に影響することを望まなかったので、たいていの学生に二〇点中一五点という成績をつけた。それでも例外が存在した。たとえばアンドレ・ジローの一年次の成績は一八点とかそんなものだった。そこで口の悪い学生からは、この成績が「えこひいき」のおかげだと言われた。一方、私の一年次の成績は二点というお粗末なものだった。二年次には一三点に上がった。何年も経ってから、誰かがふざけて私に当時の私自身の成績を読み上げさせたことがある。二年次の修了時にヴォルフ大尉という教官が記した所見には、私が一年次に二〇点中二点という成績をとっており、それは私が意図的にトラブルを起こす人間だという意味にとられるかもしれないが、じつは私が単に軍の権威の何たるかを理解していないだけだと書かれていた。まさにそのとおりだった。私はその後も生涯の道すじ全体にわたって、職業上の権威に対して畏怖を覚えることがなかった。

私に二点をつけた教官は、意趣返しをしたのだ。その年の秋、まだ中尉だった彼は特に担当もなくぶらぶらしているように見えたが、じつはそのあいだ学生を統率するための訓練を受けていた。このことを私たちは（少なくとも私は）知らなかった。クリスマス休暇中、彼はイタリアとの国境付近のアルプス山脈に位置するブリアンソン要塞に数人の学生を連れていった。指導者はおらず、私たちは広い道路を滑り降りるというやり方でスキーを覚えようと奮闘していた。私が中尉にぶつかりそうになったとき、彼は叫び声を上げてしまった。これはかなり気まずい事態だ。パリへ戻ると彼は大尉に昇進して私の担当教官となり、すべてをまざまざと思い出したのだった。

Gaudeamus igitur, juvenes dum sumus——若いうちに楽しもう。この精神に則り、また学生たちは卒業すれば否が応でも退屈で規律正しい生活を送ることがわかりきっているので、カルヴァはかなりの（率直に言うと無分別な）愚行を学生に許していた。私自身はそういうことにほとんど加担しなかったし、あえてここで語るまでもなくよく知られたことでもあるので、その話は手短に終わらせてもらう。

上級生による新入生のしごきも許されていたが、大したものではなかった。ある祝賀行事の席で一部の新入生にあだ名がつけられるが、それがいささか品のないものになることもあった。たとえばゴデという姓の同級生がいたが、これはフランス語で杯を意味するのであだ名は「のんべえ」となり、歓迎式典のあいだ巨大な空（から）の杯から酒を飲んでいるふりをしていろと命じられた。私の名前はドイツ語でケーキかなにかの食べられるものを意味すると思われたらしい。そこで私は「大食い」と命名され、大きな骨つき肉にかぶりつくふりをしろと言われた。

春分の日は天文学者にとって特別な日だ。カルヴァではその日を祝って、学外者でも参加できるパーティーを開いていた。そのおそろしく高額な会費が、アメリカの高校でいう生徒会に相当する組織を支えていたのだとよく言われる。私はシャンパンを売りながら自分も相伴（しょうばん）にあずかって何度も実験を試みた結果、高級なシャンパンで酔っ払うのは非常に難しいということを確認した。

出会いの仲介とカルヴァの同窓会館

生涯の伴侶と出会う場として、アメリカのような共学の大学は大事だ。私が在学したころのカルヴァには男子学生しかいなかったので、特別な計らいが必要だった。たとえばパリ七区の優雅なフォブール・サン＝ジェルマン地区にあるカルヴァの同窓会館で、GPX（Group Parisien des X〔X＝（エコール・ポリテクニーク）OBのパリっ子集団〕）がオーケストラの生演奏つきのダンスパーティーを開催していた。道路に面した建物には使用人部屋が設けられ、裏庭や舗装された中庭もあり、裏庭と中庭にはさまれて本館が建っていた。

学生は会費が不要で、卒業生が適齢期の娘を連れてきてはさりげなく相手を探していた。私の同級生は多くがここで妻を見つけた。後ろ盾になりたいと願う義理の父親もここで見つけたことになる。卒業して何年か経ったころに一度だけ、私は好奇心からこの催しに参加したことがある。ともあれ妻アリエットと私は結婚披露宴をそこで開いたし、必要なときには旅行中に宿泊できる立派な施設という本来の用途でそこを利用している。

懐事情

金銭的な面で、カルヴァ（およびノルマル）の正規学生は、よく言えば「多大な特権を得て」いたが、あからさまに言えば「あまりにも優遇されて」いた。このことがカルヴァの魅力の一因となっていた。学生はこれと引き換えに、国の軍か行政機関に勤務する（どこに行くかは完全に学業成績で決まる）という長期にわたる法律上の義務を課された。しかし実際には、卒業後に自由を買い戻すことが可能だった――授業料をあとから納めるか、あるいは納得してもらえるようなすぐれたおこないをするという手があったのだ。正規の学生は全員、金持ちか貧乏かにかかわらず、在学中は寮費や食費や授業料の支払いが免除されていた。

私は外国人学生だったので、授業料と食費の請求書を回された。ただしこれは経理上必要な、形式だけのものだった。政府機関からノルマルに行くはずだった奨学金がカルヴァに回されてきたのである。フランス国民になるとそれがなくなり、私の受け取る明細書は正規学生の契約にある買い戻しと同じものになった。一九四三年に制定された授業料と食費は、イェール大学とほぼ同等だった。しかし一九四六年までに戦後のインフレのおかげで、その金額は実質的にゼロに等しくなった。つまり、父は私に別の制約を伴う奨学金を新たに探させる代わりに、自由の喜びと悲しみを買い与えたことになる――歴史的な安値で。

カルヴァの学生の受ける優遇措置は、これだけではない。正規学生は全員、実際に働いている公務員の初任給と同額の俸給を受け取り、それを小遣いにしていた。アメリカでは保護者や教師から「フランスの二〇歳の学生はアメリカの学生よりも数学がずっとよくできるが、それはなぜなのか」とよく訊かれるが、この制度が答えの助けとなる。「実質的に賄賂（わいろ）をもらっているから」というのが答えの一部だ。

私はこの俸給がもらえなかった。しかしありがたいことに、選挙で選ばれたクラス代表（一人はリヨンで一緒だった）が手を打ってくれた。クラス代表は金庫の管理を任されるので「会計係」と呼ばれていた。この金庫にはすべての学生が寄付金を入れ、さらにいろいろな臨時収入が加わることもある。会計係は、仲間どうしの対等な関係を保つために、私が学生自治会の予算から俸給と同等の金額を受け取るべきだと考えた。

この提案について投票がおこなわれたが、否決された。高邁な理念の問題として反対票を投じたのだと説明する同級生もいたし（「義務に関する契約をしていないのに補償だけ受けるというのはおかしいじゃないか」）、政治的な駆け引きめいた、くだらない理屈を持ち出して釈明する同級生もいた（「君のことは好きだけど、友だちの○○が反対しているから、そいつと同じように投票するよ」）。

うれしいことに、会計係は学内の結束についてもっと高尚な考え方をしていた。会計係の仕事には、近隣地区の慈善事業への貢献といったものも含まれていた。隣接するムフタール通りは、まだ現在のようにディズニーランドを小さくしたようなこぎれいな場所ではなく、昔ながらのスラム街だった。じつはほとんどの同級生は知らなかったが、私は地域の慈善事業の事案として扱われ、結局その〝恩恵〟を受け取っていたのだ。

卒業後の同級生

成績順位をめぐる競争は、すべて報われたのか？　そうでもない。実際には、卒業時の順位から将来の活躍を予測することはほとんどできなかった。それでも同級生の多くは戦後のフランス復興に重要な役割を果たした。彼らはあまり厳しい競争に遭遇せずにすんだ。というのは、すぐ上の世代はおおむね混乱した生活を送ってきたので英語があまり話せず、ほかにもいろいろと不利な点があったからだ。

卒業時の順位が低くても安楽な暮らしは保証されたが、必ずしも華々しい人生が保証されたわけではない。しかし顕著な例外が二つある。ルームメイトだったジャン＝クロード・シモン（一九二三〜

二〇〇〇）は、学年内の順位を気にしなかった。ただし、最下位になり、なおかつ落第しないことを目指していた。銀行経営の仕事を親から受け継いだが、その仕事は耐えがたいほど退屈だった。彼は自由を金で買える金持ちだった。そこでほぼゼロからやり直して電子工学の分野で第二のキャリアに進み、そこで成功した。最初は研究に携わり、のちに企業の経営幹部となった。さらに第三のキャリアにも進み、今度は大学でコンピューターサイエンスの教授になった。退職後には、分割払いで生じる一定額面以下の小切手に記されたサインの自動認識を管理する画期的な新規企業を設立して成功させた。彼は人を楽しませる愉快な人物で、よい友人付き合いのできる相手だった。

　別の同級生ヴァレリー・ジスカール・デスタンは、在学中には私たちの着ていたカーキ色とは違う青い制服を着て人目を引き、卒業後にはフランス大統領に選出されることで人目を引いた。彼に初めて会ったのは、私が一九四五〜四六年度に割り振られた一二人組のカゼルに彼が入ってきたときだった。「シモンを探しているのだけど、どこにいるかわかる?」「いや」「僕が来たって伝えてくれ」。シモンが戻ってくると、私は言われたとおりに伝えて、みんなと違う制服を着てやけに自信たっぷりのあの男は何者かと尋ねた。「おや、同級生のヴァレリー・ジスカール・デスタンに会ったのは初めてか?」。シモンはその制服について説明してからさらに続けた。「僕は高校からの知り合いだ。三〇歳までにデピュテ(フランス議会の下院議員)になって、四〇歳までに財務大臣になって、五〇歳までにフランス共和国の大統領になって、六〇歳までにヨーロッパの総裁になるって、いつもみんなに言っていたよ。よくもそんなばかなことが言えるものだね」。その場にいた全員がどっと笑った。もちろん私の野心のほうがそれよりもっと途方もないものだったかもしれないが、計画は立てていなかった。それに、誰にも話していなかった。

なんと、若きジスカールの立てた目標のうち、最初の三つは達成された。しかも計画より早かった。六〇歳までにヨーロッパの総裁になるという最後の目標だけはかなわなかったが、欧州憲法の起草者として世間の注目を集めつづけた。欧州憲法はフランスとオランダで国民投票にかけられたが、批准は否決された。ジスカールの夢がかなう日は来るのだろうか?

ジスカールがフランスの大統領だったとき、ジャン゠クロード・シモンが自分の監修した報告書をジスカールに手渡すことになった。フランス語の二人称の代名詞には、親しい間柄で使われる「tu」という形と、改まった間柄で用いられる「vous」の形がある。シモンは前者を使うことにした。カルヴァでは同級生どうしや学年が七年以上離れていない卒業生のあいだではtuを使うというのが不可侵の規則であり、シモンとジスカールは旧知の間柄だった。ところが運命の瞬間、彼の口は頭を裏切り、「Monsieur le Président, vous...（大統領、貴殿は……）」と言ってしまった。シモンはこれを悔やみ、その話を語るたびにいつもしょげていた。私が次にジスカールと直接会ったのは、一九九四年にニューヨークでわが母校の創立二〇〇周年の記念行事が催されたときだった。彼は見事なスピーチをおこない、私たちは言葉を交わしたが、私はシモンの経験を忘れず、地雷を踏まないようにした。

ルプランス＝ランゲ教授とプラトリエ教授

学生がカルヴァに求めたのは、質の高い教育というより、役に立つ同級生や、よい就職先だった。一心不乱に勉強をしなくてよい外国人学生という立場は私にぴったりで、むしろほかの学生にまさりたいという気持ちが強くなった。その結果、幅広い数理科学のカリキュラムで非常にすぐれた教育を受けることができた。これは当時のアメリカの学部レベルを超えていて、人生の次の段階でカルテクの大学院生となった私に必要なレベルも間違いなく上回っていた。

物理学のルイ・ルプランス＝ランゲ教授（一九〇一～二〇〇〇）は、魅力とやる気と活力に満ちた人物だった。ランゲ教授はフランスで長年のあいだ停滞していた実験物理学を再興することに全力を注ぎ、当時としては最高の道具である宇宙線を使って高エネルギーの研究をしていた。スペインとの国境に近いピレネー山脈に設けられたピク・デュ・ミディ天文台で観測し、分析はパリに戻っておこなった。ランゲ教授は人気が高く――アントワーヌ・ド・サン＝テグジュペリのベストセラー『星の王子さま（ル・プティ・プランス）』にちなんで「ル・プティ・プランス」とあだ名をつけられたほどだ――自分の研究室へ積極的に学生を集めていた。私も彼のチームに飛び込み、パートタイムの弟子となった。

機械好きなところを父から受け継ぎ、戦争中にはペリグーで工具職人の訓練も受けていたので、私はチームが設計していた複雑な装置をたちどころに、空間の三次元に時間の次元も加えて頭に描くことができた。しかし、実験のリズムというのが私にはもどかしく感じられた。私のケプラー的な計画はまだまとまっていなかったが、私がなんらかの理論家になることは確実だった。

ルプランス＝ランゲ教授の講義録にはむらがあった。自分にとって重要なテーマを扱うときには最新の話題を出してきたが、準備が雑だった。それ以外の場合にはカルヴァの先任者の講義録に近い話をしたが、その先任者の講義もあちこちから内容を借用しただけだった。運命というのは不思議なもので、私はあやしげなカルヴァの講義録によって熱力学に特別な関心を抱くようになった。それでも理解することはできなかった。そこで一九四七年にカルテクに留学したときには、熱力学の講義をしっかり受講した（そして熱力学は私の研究の多くにアイデアを与えている）。カルヴァでの熱力学の授業は、私を当惑させる程度にはすぐれていたが、飢餓感を残す程度に物足りないものでもあったのだ。

力学科の教授には、ジャック・アダマールの同級生だったポール・パンルヴェ（一八六三〜一九三三）が就いていたことがある。彼は創造的な感性を失ってから国政に進出し、第一次世界大戦の最中には短期間だがフランス首相を務めた！　比類なきラザール・カルノー（一七五三〜一八二三）以降で、学者出身の闘士としてパンルヴェにまさる例は思い浮かばない。ちなみに、ラザール・カルノーの息子サディ・カルノー（一七九六〜一八三二）は熱力学の創始者である。

パンルヴェは可能なかぎり講義を続けた。どうしても無理なときには、ほぼ無名のシャルル・プラトリエが代理を務めた。講義と講義録はパンルヴェのものからプラトリエのものへと、少しずつゆっくりと変わっていった。パンルヴェは、オーヴィル・ライトの事故（訳注　ライト兄弟の弟オーヴィルが一九〇八年に墜落事故で重傷を負った）が起きたあと、ウィルバー・ライトの操縦する飛行機に真っ先に同乗した。そのため彼はきわめて早い時期の飛行機マニアと認められている。プラトリエが私たちのクラスのために準備した講義録にはたくさんの参考文献が挙げられていたが、その中にとんでもないものが一つ混ざっていた。ある〝当然〟の数学的仮定から考えれば飛行機が飛べるはずはない、とする、パンルヴェによるライト以前の証明が載っていたのだ！　この証明は、科学者への戒めとして改めて見直すに値する。つまり、ある仮定が数学的には「当然（ナチュラル）」と思われても自然（ネイチャー）がそれを選んでいないなら、それによって理論が覆（くつがえ）される可能性があるということだ。

ジュリア教授とレヴィ教授

純粋数学を教えてくれたのはガストン・ジュリアとポール・レヴィだったが、二人はじつに多くの点で違っていた。私が教わっていたころ、どちらもパリの数学界では敬意を払われておらず、この二人とショレムは互いを快く思っていなかった。もっとも私にはそんなことはどうでもよく、三人すべてから強い影響を受けている。

私が「ジュリア集合」や「レヴィ過程」という用語を使いはじめたころは、これらを持ち出すと当惑された。現在では、フラクタリストは日々これらを使っている。また、科学の分野で安定レヴィ過程を初めて応用したのも私で、これを「レヴィ飛行」と名づけた。皮肉屋の中には、私が生み出した概念をジュリアやレヴィによるものだとする人もいるが、私はこれらの用語が定着したことをうれしく思っている。

自分の教師に強い結びつきを覚える人は型にはまりやすく、教師が時流に乗っていなければその型は先のない袋小路になってしまう。しかしジュリアとレヴィは互いにあまりにもかけ離れていたので、私は一つの型にはまらずにすんだ。そのうえ、一般的に通用する規則には必ず逸脱した例外があるものだ。私は、古典に深く根ざした人間が、成功を収める一方で厄介ごとを引き起こす異端者になる可能性も十分にある、ということを証明する結果となった。

ジュリアは毎年、秋学期にはカルヴァで微分幾何学を教え、春学期にはソルボンヌで特別教授を務めた。中級と上級の授業を一つずつ担当していた。二つの学校を兼務することは法律で認められていた。このやり方は都合がよかったし、実際に広くおこなわれていた。これに付随して、アメリカの大学と比べて学校間で教員どうしの隔たりが抑えられるという効果も生じた。

一九一七年、ジュリアは一九九ページからなる『有理関数の反復合成について』を出版した。これはすばらしい論文で、フランス科学アカデミーの大賞を獲得した。そのテーマである有理関数の反復合成はピエール・ファトゥによる同様の研究につながり、しばらく流行した。しかし、特殊な例や限られた条件でのみ有効な結果が多かった。ブルバキからはあまりにも具象的すぎると見なされ、三〇年にわたって軽侮され無視されることになった。

ショレムの名誉のために言えば、ショレムはいつもジュリアとファトゥの理論を称賛しており、私にそれを博士論文のテーマにしてはどうかと言った。しかし私はまったく応じなかった。三〇年後に私が新たな問いを示してこの分野を活気づけ、相応の評価をもたらすことでこの分野を再興することになるとは、誰が想像できただろう。

レヴィは六〇歳に近づいてもなお、異彩を放つ第一級の変わり者と見られていたが、確率論の偉人へ、そしてほぼ確実に史上最高の確率論学者へと〝脱皮〟しつつあった。しかし確率論を扱うレヴィの方法を、直観に頼りすぎていると思う人や、あまりにも奇抜だと思う人もいた。そのため彼は孤立し、学界には受け入れられなかった。自ら身につけた大胆さや洞察力のせいで、彼は出世を棒に振り、早々と認められることもかなわなかった。しかし私は彼の独立独歩を立派だと感じた。そして自分も彼と同じ代償を払ってよいと思った。

第10章　パサデナ——黄金時代のカルテクへの留学（一九四七〜四九年）

一九四七年、〝複雑性のケプラー〟を目指す私は、人生の新たな分岐点にさしかかった。期待どおり、カルヴァが与えてくれた二年間で私はいろいろ考えることができた。将来にはかなり大きな選択の自由が約束されていた。私は多くを学び、人間として成長し、非常にフランス人らしくなった。しかし、選択の自由は負の財産となった。これを得たせいで、私は十分な指針のないまま広大な海に乗り出すことになったのだ。

整然と整えられた物理学や数学からは距離を隔てておきたかった。一方で、積み重ねた知識と持ち前の鋭い形態感覚を生かせる別のおもしろい道を見つけたいとも思っていた。ほかの人の目には無秩序な混乱としか映らないような、具象的で複雑な現実の領域に、一定の秩序を見出す最初の人間になるという興奮を味わってみたい。数世紀前にケプラーは合理的な数学的構造という要素を物理学の世界に持ち込んだが、私もそのような構造をどこか別の領域に持ち込む、という興奮を。しかし、そうしたケプラー的な夢は足踏み状態に陥っていた。カルヴァの次に進むべき段階は困難なものになるということに私は気づいていた。

ブラール提督からカルテクを勧められる

一九四七年のパリとカルヴァという現実世界で、アドバイスを求めるのに最適な相手といえば、シヨレムではなくポール・レヴィでもなく、応用数学のロジェ・ブラール教授（一九〇七～七七）だった。ブラール教授は海軍技師で、提督の階位をもち、大型の「bassin des carènes」（流水式試験水槽を指す昔風のしゃれた呼び方〔訳注　本来は「船だまり」の意味〕）を管理していた。カルヴァには研究室をもっていなかったので、私たちは彼の車で会った。今でも覚えているが、車種はマットフォードだった。時勢を反映して市内では車がほとんど走っていなかったので、彼はいつも学校のそばに駐車することができた。

一九三〇年代、《ポピュラー・メカニクス》誌で最新鋭の「洋上の巨人」とうたわれた華麗な客船ノルマンディ号が試験航行をおこなった際、船体とスクリューとのあいだに共振が検出された。ブラールは〝診断〟と〝治療〟を手伝った。彼の書いた確率論に関する無数の論文も今ではもう引用されなくなったが、当時のカルヴァは彼を「使える」人材と見なし（ポール・レヴィとは対照的だった）、応用数学のすべてのテーマを担当させていた。

カルヴァの学生で卒業時の順位だけに目を向ける野心的な者には、助言者など不要だった。しかし私は道を切り開くうえで、幅広い実際的な経験をもって助けてくれる人がぜひとも必要だった。ブラールは親身に相談に乗ってくれたばかりか、思いがけず、じつに役立つ助言をくれたのである。

ほぼ迷うことなく、ブラールは二つの考えを述べた。一つは、私にぴったりな分野は流体力学だということ。もう一つは、ロサンゼルス郊外のパサデナにあるカルテクへ行き、著名なセオドア・フォン・カルマンのもとで学ぶべきということだった。カルマンはまるで魔術師のごとく、複雑きわまりない対象を扱うのに適した数学の見つけ方を正確に理解しているという。専門分野は航空学だが、カルマンはオープンな精神のもち主だと思う、とブラールは言っていた。

ショレムは、ブラールのアドバイスなど鵜呑みにするなと言った。パリで流体力学の教師としてうまくやっていくには、それなりの信頼できる後ろ盾をパリで見つけてきちんと信用を築くことが絶対に不可欠で、カルテクに行くのはそれからだ、と。しかし私はすぐに行きたくてたまらなかった。それに、パリで後ろ盾になってくれそうな人の中に、ブラールが話してくれた、カルマンのような魔術師並みの能力をもつ人はいなかった。

父は、カルテク行きはすばらしい考えだ、という意見だった。父はかつてレオンにも航空学を勧めていた。ただしあとになって航空機産業がどれほど国家と密接に結びついているかを知ると、父の熱意は冷めてしまった。

じつのところ、父と私は今後の私の行動指針については意見の一致を見ていたが、まったく違う思惑を抱いていた。私は航空学を自分の最終的な研究分野にするつもりはなく、ただ自分の抱くケプラー的な夢に到達するために利用できる最良のルートだと思っていた。そこで、カルヴァで物理学を教えてくれたルイ・ルプランス＝ランゲ教授の推薦状を添えてカルテクに出願した。私は合格し、そこで二年を過ごした。カルヴァから旅費として多額の資金が支給された。この手配をしてくれたのはブラール教授で、彼は単にアドバイスをくれただけでなく、それをはるかに超えて力になってくれたのだ。

かつて父はショレムにベルリンで工学を勉強させたがったが、父はそのことを覚えているだろうかと私は思った。当時も今回も、工学はその直前の戦争で勝利をもたらした技術とかかわりの深い分野には違いなかったが、一九二〇年代から四〇年代への時代の移り変わりとともに、戦争の行方を左右する技術は化学工学から航空工学へと変わっていた。

父には知る由もなかったが、三人の有名なハンガリー人が、それぞれの父親から重大なアドバイスをもらっている。その三人とは、本書でのちに大きな役割を演じることになる数学者のジョン・フォン・ノイマン、そして彼と同年代に属する物理学者のエドワード・テラーおよびユージン・ウィグナーだ。彼らの父親——私の父よりもはるかに裕福で世知に通じていた——も、自分の息子に化学工学を学ばせたがり、息子はそれに従った。そして第二次世界大戦中にこの三人がアメリカ政府のために働いたことによって、歴史的に重大な結果が生じたのだった。

ロサンゼルスへようこそ

カルテクでの留学中、あとで役立つ授業はいくつかあったが、キャリアに向けた直接的な準備という点ではその二年間はかなりの無駄だった。しかしそこで過ごした時間は、ケプラー的な夢を精緻化する機会を与えてくれた。カルテクに行かれたのは幸運だった。

クィーン・エリザベス号でサウサンプトンからニューヨークへ向かう航路しか切符がとれなかった。

この船は兵員輸送船として使われていたのが本来の豪華客船に戻ったばかりだったが、私の入った下甲板の狭い相部屋はひどいところだった。

ロンドンに立ち寄って観光をしてからニューヨークに着いたときには、カルテクの新学期が目前に迫っていた。飛行機代がもらえたので、ロサンゼルスまで飛行機で行った。リムジンでマンハッタンから空港まで走り、背の高いワイヤフェンスの途切れているところのそばで車を降りた。フェンスのすぐ向こうでは、飛行機が機体を銀色に輝かせていた。トランスワールド航空が保有する初期のロッキード・コンステレーション機だ。プロペラエンジン四基ではロサンゼルスまで直航できないので、セント・ルイスにあるトランスワールド航空のハブ空港に寄航する。ゲートのところで手の空いている職員に搭乗券を見せたあと、私を乗せた飛行機は飛び立った。これが、現在でいうニューヨークのラ・ガーディア空港との出会いだった。

カリフォルニアでの最初の思い出には、スモッグと聖書が登場する。到着してから数日間、眼が痛くてどうしようもなかった。そこで、友人から知り合いとして名前を挙げられた人の中に眼科医がいたことを思い出した。その眼科医は街の西側に住んでいて、社交上のあいさつをしに行くにはあまりにも遠かったが、専門家の助けを欲していた私は電話をかけた。相手は無料で診てくれると言ったが、私はそちらへ向かう途中で、アロヨ・セコ地区沿いを走る大きな赤い路面電車に乗りそこねてしまった。絶望的な気分でヒッチハイクを試みると、すぐにツードアのセダンが拾ってくれた。若者が運転し、年長の人物が助手席に座っている。私は後部座席に乗り込んだ。車が走りだすと、助手席の男が振り向いて言った。「あなたは贖(あがな)いを受けていますか?」。ロサンゼルスに来て耳までおかしくなったのかと考えているうちに、返事をしそびれた。車が左右に蛇行し、助手席の男が再びこちらを向いた。「息子は安全運転をしていますが、それでもアロヨではしょっちゅう事故が起こります。もう一度お訊きしますが、あなたは贖いを受けていますか？」。そして車が路肩に停まり、助手席にいた男が後部座席の私の隣りに移ってきた。彼は聖書を開くと一節を読み上げた。「この話は、英語で読んでもフランス語で読んでも同じ話として読めませんか？　このことは神が存在する証(あかし)だと思いませんか？　もう一度訊きます。あなたは贖いを受けていますか？」。ここに至って車外に逃げ出した私を置いて、車はわき道を走り去り、私は一人取り残された。しばらくしてようやく路面電車がやって来たが、予約時間にはまったく間に合わなかった。ドアに眼科医のメモが貼ってあり、もう待てないので、と書かれていた。私はそのメモに、非常に申し訳ないが遅れたのは伝道師のせいだと書き足した。

ようやくこの眼科医に診てもらったとき、彼は私を迎え入れると「伝道師はなにかいいことを言っていましたか？」と訊いてきた。診断によると、私の眼はスモッグに対して過敏だが、それ以外は異常なしとのことだった。「スモッグって何ですか？」「聞いていませんか？　煙(スモーク)と霧(フォッグ)の混ざったものです。ここの天気の一つです。カルテクにはその研究をしている人もいますよ。その人たちに訊いてみてください」。私は実際に訊いてみた。

最初に借りた部屋でもまた、まったく別の驚きに遭遇した。家主の女性とその友人たちが、互いにドイツ語で話していたのだ！　一八四八年、ドイツ三月革命に続くフランクフルト国民議会においてプロイセンが自由主義者の思惑を握りつぶしたとき、アメリカに渡ってきた移民の子孫だとのことだった。

急激に変貌するアメリカの大学

カルテクの入学手続きに行くと、事務局でこう言われた。「授業料は年間六〇〇ドルですが、あなたは支払う必要がないので伝えませんでした。本学の後援者で国際協力に関心をおもちの方が引き受けてくださったのです。その方は近くのサン・マリノにお住まいです。お礼状を送るといいでしょう」

Mea maxima culpa（最大の失態）――手紙は出さなかった。さらにひどいことに、相手の名前さえ忘れてしまった。前に書いたように、カルヴァでは授業料も寮費も食費も不要だっただけでなく、俸給まで支給されていた。親が大金持ちだと自慢する者でもそうだった。だからカルテクでは授業料が必要だということ自体、まともではないと思ってしまった。罪悪感がようやく消えたのは、息子たちが大学に進学したときだ。授業料を払う余裕があったので、息子たちに奨学金をもらえとは言わないで授業料を納めた。カルテクへの借りをイェールとハーヴァードに返したというわけだ。

授業料より驚かされたのは、刷り上がったばかりの科目便覧や教員要覧で、これには失望させられた。以前の便覧を魅力的に彩っていたスター教員たちのうち、あまりにも多くが姿を消していたのだ。事情はいろいろだった。とりわけがっかりしたのは、戦時中にロス・アラモスで名を馳せた物理学者のJ・ロバート・オッペンハイマーが離任していたことだった。彼はニュージャージー州のプリンストン高等研究所に移っていた（一九五三年に私はここで彼と会うことになる）。総じて言えば、このころのカルテクの理論物理学自体が、それ以前やそれ以後の水準と比べて低調に陥っていた。

カルテクでは教員の刷新が進められ、重点の置き方も変化していた。こうなったのは、カルテクの事実上の創設者であり長年にわたって事実上の学長だったロバート・A・ミリカン（一八六八～一九五三）が、開学時に自分と同世代の仲間を多数招いたからだった。そのときの教員たちがみな、引退かそれ以外の理由で大学を去っていく時期を迎えていた。ミリカン自身も退職したばかりで暇をもてあましていたので、学生の昼食や雑談に顔を出していた。その場となったのがアテネウムというクラブだった。教員や大学院生も歓迎されるという点で、これはカルテクの貴重な財産となっている。もっとあとの話だが、あるときアテネウムで私がミリカンとともに昼食をとっていたら、粗末な身なりで顔色の悪い紳士が歩み寄り、きわめて堅苦しくおじぎをして、ラウエと名乗った。一九一二年にノーベル賞を受賞した、物理学界の真の偉人だと私は気づいた。ヴィルヘルム二世治下のドイツから貴族の称号を授与されて、マックス・フォン・ラウエとなった人物だ。彼はヒトラーに服従しなかったのだが、残念ながらミリカンは彼に対して横柄な態度を見せた。優秀なドイツ人はもっと厚遇されるべきだと私は感じた。今でもそう思っている。

カルテクでは数学の授業があまり開講されていなかった。いくらかでも名の知られた教授はエリック・テンプル・ベルだけだったが、その知名度は数学界の巨匠の伝記的寸描を集めた『数学をつくった人びと』（邦訳は田中勇・銀林浩訳、ハヤカワ文庫など）という著作によるところが大きかった。この本は、史実の誤りを含んでいるとして批判されることもあるが、多くの愛好家を引きつけてこの分野を豊かにした功績も認められている。私は彼に関心を抱き、彼が日曜日の午後に自宅を開放して催していたパーティーによく出向いた。その家はカルテクから通りを隔てたところにあり、そこは教員たちに人気があって経済的にも手の届く地区だった。ベル教授は気難しいイギリス人で、科学研究に対してアメリカ国立科学財団（ＮＳＦ）経由で国から資金を出させようという提案（そのころはさかんに議論されていた）をいつも攻撃していた。国から援助を受ければ、地域内にもともと存在する研究者間の協力関係やアメリカの意思決定制度が維持すべき権限分散が脅威にさらされかねず、さまざまな部門が地理的には分散していながらじつは中央政府の支配下に置かれるというフランス型の恐るべき状況に向かう、と憂慮してのことである。じつは彼には先見の明があったのだが、私が彼の見解を受け入れるようになったのはずっとあとのことで、国立科学財団が整理統合されて官僚機構になったときだった。私のように昔気質（むかしかたぎ）で単独行動をとる者は、この機構からろくな援助が受けられなかった。

成熟期の流体力学

なによりも失望したのは、セオドア・フォン・カルマンが休職中だったことだ。カルテクの便覧には現職の教員として掲載されていたのに、実際にはなんとパリに居を構えていたのだ！　彼は生涯独身だったので、やはり独身の妹が家事を引き受けていた。カルマンがベルギーとの国境近くのドイツにあるアーヘン大学の教授を務めていたとき、二人はベルギーに住んでおり、彼がカルテクに移ると妹もついてきた。しかし戦争が終わるとすぐに妹はヨーロッパへ戻りたがり、パリの優雅なホテルに落ち着いた。彼は私の在籍中に何度かカルテクに姿を見せたが、やがて退職した。

さらにひどかったのは、名高いカルマン一派の後釜にすわったのが（まだ）ほぼ無名の者たちだったことだ。流体力学は全般にきわめて競争が激しく〝成熟〟した分野となっており、このころにはゆるやかな発展と分裂を続けていた。ナヴィエ＝ストークス方程式と呼ばれる流体運動の法則は、難解なことで知られている。純粋数学者や純粋物理学者ではほとんど手も出せなかったので、工学者にゆだねられていた。これに加えてもう一つ問題があった。主要な教科書の一つが、イングランドの大学教員ホレース・ラムがサーの称号を受ける前に書いてから一〇〇年近くも経ったものだったことだ。

一九四七年には、飛行機を加速して音速の壁に達したらどうなるのかということが、研究における重要な問いの一つとなっていた。象牙の塔の理論家たちは彼らの世界にこもって頭をひねり、別の世界の投機家たちは安全に離着陸や飛行ができるかどうかもまだ実証されていないロケット動力装置を飛ばすために巨額の資金を用意した。かつて理論と実践を結びつけたことで称賛されたカルマンも、もはや二つの世界をつなぎとめる力を失っていた。

一方で、希望のもてる部分もあった。一様流の力学はすでに成熟していたが、乱流の研究はまだ成熟に至っていなかったことだ。それどころか、そのとてつもない複雑さが明らかになりはじめたばかりだった。伝えられるところによると、偉大な物理学者エンリコ・フェルミ（一九〇一～五四）が死期に近づいたとき、友人たちは彼が創造主に会ったら真っ先にどんな質問をするのか知りたがった。「乱流の原因と性質はどんなものか？」というのがフェルミの答えだった。言い換えれば「ナヴィエ＝ストークス方程式の本質は何か？」ということだ。結局のところ、カルテクの仲間たちが乱流やいわゆるスペクトル解析、すなわち調波解析の研究に取り組むところを観察できたことが、のちに私の助けとなった。

生物は成熟し、それから老化して死に至る。しかし学問は、一度成熟して停滞してから奔放な若さへ戻ることも大いにありえる。一九五〇年には成熟を迎えていた一般相対性理論がそうだし、ショレムの愛したタイプの数学もやはりそうだった。のちにカオス理論が流体力学の助けとなり、それによって私は流体力学の分野に戻って重要な研究に取り組むこととなった。マルチフラクタルと呼ばれる概念を構築したのだ。

トールマン、リープマン、その他の忘れがたい授業

当然ながら、カルヴァで学んだ私にとって、カルテクのカリキュラムは物足りなかった。弾性学の授業は必修だったが、カルヴァで受けた授業のほうが高度だったので、私はちょくちょくさぼった。期末試験の成績はEだった。問題を解かず、欠けている要素があるので解答不可能だと指摘したからだ。私は抗議し、（実質的に）講師に細かい点をいくつか教えるはめになった。相手は折れたが、それでもAをつけることは拒んだ。

リチャード・チェイス・トールマン（一八八一～一九四八）が引退直前におこなった統計物理学、すなわち熱力学の講義は最高だった。これは数々のベテラン研究者が助けを請い、逃げ出し、あるいは恐るべき間違いを犯す、並外れて難しく微妙なテーマだ。トールマンは専門知識を振りかざす曲芸師のようなタイプではなく、退職を間近に控えていたが、講義の冒頭で一つ警告をした。この講義はすでにこのテーマを理解している学生を対象とするものであり、熱力学とは何かを教えるものではないと言ったのだ。彼は熱力学が有効である理由を明らかにすると約束し、約束を果たした。私がカルヴァで理解できなかった謎の多くを説明し、理解させてくれた。このテーマをベテラン研究者から学

んだということが、私の生涯の多くにわたって研究に影響を与え、博士論文の助けとなり、熱力学の論理的基盤にいくつかの新たな視点を与える数篇の論文にもつながった。

トールマンに次いで学ぶことが多かったのは、ハンス・ヴォルフガング・リープマン（一九一四～二〇〇九）の流体力学の講義だった。彼は研究の形式的な側面には重きを置かなかったが、流体力学を正しく理解することについてはうるさかった。厳しすぎると批判されたこともあったが、そのとき彼はこう応じた。「私がユダヤ人だからといって、真のプロイセン人になれないわけではない」。彼は私が恐れた唯一の教授だった。

自然科学以外でも、なつかしく思い出す教師が二人いる。カルテクは人文学系科目を必修としているのが自慢だったが、それだけのことはあったわけだ。シェイクスピアを講じたウォレス・スターリングは、近くのハンティントン図書館に籍を置きながら兼任で講義に来ており、ラジオのコメンテーターとしても評判がよかった。その後まもなくスタンフォード大学の学長となり、この大学を現在の名門の地位に引き上げた。ホレース・ギルバートの担当した経済制度の講義も心に残っている。彼の断固たる保守的な姿勢は好きになれなかったが、講義はおもしろく、たくさんのことを学んだ。

ポール・マクレディとともに飛行機を設計する

実践的な面では、クラインという非常勤講師が思い出深い。戦前にはカルテクの物理学者だったが、その後、当時隆盛を誇っていた航空機会社ダグラスの創業者ドナルド・ダグラス個人の技術コンサルタントのような仕事をしていた。この本業のせいで、授業には遅刻するし準備もまったくできていなかったが、現実世界の生々しい話で学生を楽しませてくれた。たとえば、自動車の幅が年々少しずつ広くなっていることをアピールする広告があったが、クラインはその理由について、当時のプレス機がすぐに磨耗していたことを引き合いに出して、こう説明した。最も安上がりな解決策は、「オス」側の硬い面を補充して、軟らかい「メス」側を削ることなんだ、と。クラインの話を聞くと、機械やこまごまとした道具を愛した父の想いがよみがえった。

プレス機よりもずっと重大な課題が私たちに与えられた。ジェット空中給油機の設計(エンジンを除く)を命じられたのだ。私たちは四人一組のチームに分かれて、胴体、翼、尾部、着陸装置を各メンバーが分担した。私は着陸装置の担当だった。堅牢なDC3など、第二次世界大戦で使われた飛行機では、尾部付近に小さな車輪が固定されていた。設計はしやすいが、地上で機体が後方へ傾くことになり具合が悪い。DC4のように前部に大きな格納式の車輪を採用すると、機体は地上で水平の姿勢を保てるが、それでも設計上の問題がいろいろと生じた。

私たちの設計は、他人から注目されるようなものではなかった。しかし当然ながら、航空機会社の専門家たちも私たちが読んだ本や雑誌は読んでいた。そんなわけで、ボーイング707型機という空中給油機の原型機が登場したとき、私は〝私たち〟のと同じ方式が使われているのに気づいた。私はその後継機の進化を今でも見守りつづけている。旅客機はあらゆる細かい点で大幅に改良されてきた。しかし全面的な改良というのはおこなわれていない。このことは、すでに一九四七年の時点で航空機の設計が〝成熟〟した分野だったことを示す揺るがぬ証拠と言える。そうした細かい点の改良に生涯を費やすというのは、考えるだけでぞっとする。私はそんな人生には一度たりとも魅力を感じなかった。

　同じチームのポール・マクレディ（一九二五～二〇〇七）は、いつまでも忘れがたい人物で、私たちは互いに違う点もたくさんあったが友人関係を築いた。彼は、創意に富み粘り強く、根っから昔気質の独立心あふれる発明家となった。彼の会社エアロヴァイロンメントは、儲けではなく好奇心で動いていた。レース用自転車と同じペダルと変速機を搭載し、それを使って（十分に鍛えた）パイロットの脚力をプロペラに伝える〝飛行機〟を設計すると、彼の名声は一気に高まった。彼は鳥の飛翔に強い関心があり、そのことは飛行機につけた名前にも表れていた。ゴサマー・コンドル号でコンセプトを検証してから、ゴサマー・アルバトロス号（訳注　「ゴサマー」は空中を浮遊するクモの糸、「アルバトロス」はアホウドリの意）で英仏海峡を低空飛行で――緊急事態に備えて待機する船隊のすぐ上を――横断した。その後、ゴサマー・ペンギン号では太陽エネルギーを使った。同じく太陽エネルギーを利用したソーラー・チャレンジャー号では、もっと高い高度で英仏海峡を渡った。

　ただし、こうした愉快なことをするようになったのは、もっとあとの話だ。カルテクでは、彼は週末になると滑空の練習をしていた。グライダー（エンジンのない軽量機）に乗って、鳥を模倣していたのだ。私はのちにフランス空軍に勤務したときに初めて、この穏やかな口調の男が何年も連続でアメリカの滑空チャンピオンの座に就き、さらに世界チャンピオンのタイトルも獲得したということをパイロットから聞いた。もっと広い社会では、彼は「世紀のエンジニア」と呼ばれていた。彼は自分のことを「矛盾を抱えた技術革新反対派（ラッダイト）」と呼び、自由な思想を擁護した。彼は同じ遊び場でずっと遊びつづけることのできた幸運な男だった。私たちはいつも波長が合うと感じていたが、あまり頻繁には会わなかった。とにかくあっぱれな男だった。

力学の数学的な側面

私はカルテクで、形だけの修士論文によって力学のもつ数学的な側面の一つを示した。フランク・E・マーブルからプロペラ理論に関するテーマを与えられて、複雑な計算を解いたが、二人とも大してのめり込まなかった。フランクと私はその後も友人関係を保ち、今でも彼は、もっと高尚な探究のために私の力を温存するのを助けたと自慢している。

力学について別の側面を体現したのが、数学者のパコ・アクセル・ラゲルストロム（一九一五～八九）だった。彼は聡明で洗練されたスウェーデン人だが、風変わりで謎めいた人物でもあり、一部の学生は彼をあがめ、少数の学生はなんとか我慢し、多くの学生は憤っていた。私は研究以外の場でもパコとしばしば会い、彼の志向が進化を続けながら神学から哲学、論理学、高度に純粋な数学へ、そしてさらに彼の考えでは（私の考えは違ったが）応用数学らしきものへと変遷してきたことを知った。あるときめずらしくカルマンがカルテクに現れて、論文のテーマとしてどんなものを考えているか説明しなさいと言った。私が話しはじめると彼はすぐに話をさえぎり、そんな非物理学的なテーマを提案したのはいったいどこのばか者だと言いだした。私は隣りに立っていたパコを指差すしかなかった。するとカルマンが今度はパコに説明を要求し、手厳しくあしらった。

この出来事以来、パコとの関係はこじれてしまった。私が受けていた彼の講義の最後に口述試験があり、彼はAをくれてこう告げた。「君は私のもとで博士課程に進むべきではないと思う。私への尊敬の念が足りないから」。彼の言うことはもっともだったので、その率直さが私にはありがたかった。惰性に従えば彼のもとで研究をすることになったかもしれないが、どのみち長続きしないか、あるいは悔いの残る結果となっただろう。残念ながら、カルテクで私が博士課程の研究指導を頼める教授は彼しかいなかった。ということは、博士号を取得せずにカルテクを去るしかない。

打ちひしがれた気分で、しばらくは私を純粋数学へ引きつけつづける重力に従った。数ある数学科の中でも一流のシカゴ大学から、助手にならないかという誘いらしきものを受けたときはうれしかった。しかしじつは、その仕事は手当が確保されていなかった。それでもとにかく手続きをしてくれと言われた。大物数学者のソーンダース・マックレインが代数学の授業で教育助手をどうしても必要としていて、私を支援する手立ても見つけるつもりでいるからというのだ。代数学は数学の中で私の最も嫌いな分野だった（今でもそうだ）。だから、そんなもののために先の見えない状況に身を置いてもいいという気持ちにはなれなかった。

博士号はとれなかったが、すぐれた教育とコミュニティーに触れる

なんといっても、私がアリエットと出会えたのはカルテクのおかげだ。ただし出会いも結婚も、何年もあとのことだが。

もっと大きな話をすれば、私と同じ時期に偶然や必然からカルテクに集まった小さな集団には、よそではめったに見られない性質があった。知的刺激や、またとない貴重な時間を過ごしているという意識がはっきりと感じられ、それは重荷にもなったが気分を高揚させるものでもあった。あのころの

気持ちは今でも心の中に生きつづけている。そして世間も同じ見方をするようになった。なぜなら、このきわめて小さな学校がわずか数年間でノーベル賞受賞者やそれに匹敵する人材を驚くほどたくさん輩出したからだ。カルテクはまた、専任教員の数を増やさないという点でもよそとは違うかもしれない。

カルテクではとても愉快に過ごし、南カリフォルニアの野外活動を楽しみ、生涯の友もたくさん得た。物理学者のドナルド・グレイザーとよく一緒に音楽会を聴きに行ったし、私は彼に近い進路をたどった。実験高エネルギー物理学者であるグレイザーは、泡箱（訳注　ニュートリノなど素粒子観測用の装置）の発明者として名高い。かつて熱力学の専門家たちは、そんなものは物理法則に反するからできるはずがないと断言し、その根拠として高名な物理学者エンリコ・フェルミの著書に書かれた記述に反していることを指摘した。しかしフェルミの記述のほうが誤りだったことが判明し、泡箱は基本的な装置となり、グレイザーはこの業績でノーベル賞を受賞した。そのとき初めて、彼は物理学から分子生物学に「転向」したことを明かした。彼は私の多芸多才を称賛する七〇歳の誕生日会に出席して、いかにも彼らしく彼の多芸多才を物語る逸話で一同を楽しませてくれた。

とりわけ有意義だったのが、カルテクの国際交流会だ。留学生や地元の若者が集まってきた。大学は会を支援し、おそらく資金援助もしていた。私たちは新世界について学び、旧世界を自分の目で見たことのないアメリカの若者たちに旧世界のことを教えた。

会の常連にイタリアのプロテスタント地域出身で数学専攻のパオロ・コンバという学生がいて、彼とは双方が同時期にＩＢＭで働いていたときに再会した。彼は退職後にたくさんの小惑星を次々に発見し、その一つにさりげなく私にちなんだ名をつけて、旧友への思いを示してくれた。若手の科学者だった時分にミニトマトの研究をしていて、それがすぐに実験室から食料品店に進出すると予想していた。そして予想は当たった。

カルテクは、カルヴァで当然とされた見解——学校がエリート校になれるかどうかは、エリート学生を集められるかどうかに大きくかかっているという見方——に対する私の疑念が正しかったことを証明してくれた。私の世代にはエリート学生もいくらかいたが、戦時中にありがちな、複雑でしばしば英雄的な経歴をもつ学生がたくさんいたことのほうが重要だった。

マックス・デルブリュックと分子生物学の誕生

カルテクの狭いキャンパスで、知的生活の中心として熱気に満ちていたのは航空学ではなかった。その中心を占めていたのは野心と才気と独立心をもつある人物に率いられた集団であり、その人物とは偉大なる異端者、マックス・デルブリュック（一九〇六～八一）だ。

私は実りのない一年を数学と航空学に費やしたあと、当時は物理化学者だったガンサー・ステント（一九二四～二〇〇八）と知り合った。彼はデルブリュックのところに入ったばかりのポスドク（博士課程修了研究員）だと自己紹介し、数日後にはもう一人のポスドクとしてエリー・ウォルマン（一九一七～二〇〇八）という微生物学者が妻オディールを伴ってパリのパストゥール研究所からやって来ると言った。たちまちガンサーとウォルマン夫妻は私にとって生涯の友となった。まもなく私は学界の驚異的なスーパースター、Ｄ・カールトン・ガジュセック（一九二三～二〇〇八）にも出会った。私は社交上でも知的な面でも、この派閥の仲間となった。

当時のカルテクでは、いくつかの確立された派閥が人の出入りを制限したり敵対心をあらわにしたりしていたが、デルブリュックは生物学者としての新しいあり方を生み出そうと手を尽くしていた。そのころカルテクでは「生物物理学」という言葉を使うことは許されていなかった。しかし彼らの手がけていた研究自体はまもなく「分子生物学」となった。一九五二年に自然界の幾何学の象徴とも言うべきＤＮＡの二重らせん構造が発見されると、それに伴ってこの分野が広く知られるようになった。やがて分子生物学は生化学と融合し、ゲノミクスの誕生によって産業に応用される段階に達した。今日この分野の研究に携わる人は、分子生物学が成熟した分野と見なされることに不満を訴える。しかし一九四九年の時点では、流体力学のゆるやかな成熟と比べれば、これほど成熟からかけ離れているものはほかになかった。

プロイセンの名門貴族の一員（ドイツ語で「ユンカー」と呼ばれる）だったデルブリュックは、ヒトラーへの忠誠を誓いたくなかったので、ドイツを去るしかなかった。ヒトラーの暗殺を企てた者の中に彼のいとこがいた。デルブリュックは物理学から生物学へと異例の方向転換をしたが、それにはどんないきさつがあったのか？　若いころの彼はぱっとしなかった。物理学者として、ヴォルフガング・パウリ（一九〇〇〜五八）の取り巻きの中で彼とほぼ同世代のハンス・ベーテ（一九〇六〜二〇〇五）やヴィクター・ワイスコップ（一九〇八〜二〇〇二）と比べると、彼は自分がどうしようもなく遅れをとっていると感じていた。しかしデルブリュック家の人間は、二番手に甘んじるのを潔しとしない。そこで一九三二年にニールス・ボーア（一八八五〜一九六二）がおこなった「光と生命」と題する画期的な講演に触発されて、彼は生物学者に転身した。

のちにノーベル賞を共同受賞することになるサルヴァドール・ルリア（一九一二〜九一）とともにデルブリュックが論文を執筆したところ、エルヴィン・シュレーディンガー（一八八七〜一九六一）がこれを見出し、著書『生命とは何か』（岡小天・鎮目恭夫訳、岩波文庫）で大々的に取り上げた。戦争が終わると、カルテクはデルブリュックの採用に乗り出し、彼にとって初めての本格的な職となる生物学の正教授の身分を与えた。やがて物理学者たちがデルブリュックの拓いた新たな道をたどって続々と生物学に進みはじめ、かつては軽侮された生物物理学が受け入れられるようになった。この分野が確立され、いたるところで研究されるようになったとき、彼はどうしたか？　性分に従ってこの分野を離れ、はるかに研究の進んでいない別の分野に向かったのだった。

デルブリュックから遅ればせながら〝テスト〟を受ける

デルブリュックの性格は、決して温厚と言えるようなものではない。あるとき私は、一人の男性(ハロルドという名前しか思い出せない)が私たちの集まりに姿を見せなくなったことに気づいた。尋ねてみると、ハロルドは〝テスト〟を受けたが、うまくやれなかったので消えたのだと言われた。

デルブリュックのテストの謎が解けたのは、何年もあとで私自身がそれを受けたときだった。一九七九年、私は物理学者のリチャード・P・ファインマン(一九一八〜八八)に招かれてカルテクを再訪し、フラクタルをテーマとした講演をおこなった(マンデルブロ集合を発見する直前だった)。ファイマンとデルブリュックは、私のすぐ目の前で隣りあって座っていた。講演のあいだずっと、ファインマンは同意を示すようにうなずいたり微笑を浮かべたりしていた。デルブリュックのほうはずっと無表情だったが、一緒に会場をあとにしながら「ベノワ、明日の朝八時に私の研究室に来てくれないか?」とさりげない口調で言った。

会場から出ると、目の前の長い廊下にはカルテクの学部生がずらりと並んでいた。私は足を止め、なにか質問でもあるのかと尋ねた。いいえ、先生の姿を近くで拝見したいだけです、と答えが返ってきた。私も昔は高名な講師の姿を一目見ようと並んで待っていたものだ。今やその高名な講師というのが私なのだ。一九七七年に出した本のおかげで、私は学生のあいだで有名人になっていた!

翌朝、デルブリュックの研究室に行った。開口一番、彼は「昨日、君はハウスドルフの名前を挙げていたね。彼のことをもっと教えてくれ。前に会ったことがあるか確かめたいんだ。……君は〇〇と言っていたが、私には理解できなかった。もっとうまく説明してくれ。……会場で××という質問が出たが、君の答えは不十分だった。もっとうまく答えられないか？」と言ってきた。私は不意に、自分がテストを受けていることに気づいた。そして、どの質問も巧みにさばいて切り抜けた。試練が終わると、彼は椅子にゆったりと座り、さっきまでとはうって変わった口調でこう締めくくった。「非常にいい講演だった。いろいろと勉強になったよ」

ケプラー的な夢の焦点が少し絞られる

一つの学問分野が誕生するのを間近で目撃したことは、決して忘れられない経験となった。私のような性向をもつ者にもいずれチャンスが到来する可能性があるという裏づけが得られて、気分が高揚した。二〇世紀の前半を支配したのは物理学だが、後半は生物学が支配するだろうとしきりに言われていた。リチャード・ファインマンさえデルブリュックの実験室で腕試しをしていた。私自身は生物学に移ることを真剣に考えはしなかったが、勇気がわき、自分の得意分野にもっと近いところで同じような手つかずの分野はないかと探しつづけた。

タイミングは理想的だった。戦争のせいでいくつかの新たな展開が〝棚上げ〟にされていたが、それらがこのころにしか見られないある種の花火のように、続々と表舞台に出てきていたからだ。絶えざる好奇心から、私は発表されたときに広く話題を呼んだ著作を読むようになった。クロード・シャノンの『通信の数学的理論』（植松友彦訳、ちくま学芸文庫）、ノーバート・ウィーナーの『サイバネティックス——動物と機械における制御と通信』（池原止戈夫・彌永昌吉・室賀三郎・戸田巌訳、岩波文庫）、ジョン・フォン・ノイマンとオスカー・モルゲンシュテルンの『ゲームの理論と経済行動』（銀林浩・橋本和美・宮本敏雄・阿部修一訳、ちくま学芸文庫）などを読みあさった。

一九四九年にシカゴ大学で数学に戻ろうかとちらりと考えたことはあったが、私はウィーナーとフォン・ノイマンの例に従えばなにか重大なアイデアにたどり着くことができ、それによってなんらかの点で新分野のデルブリュックになれるかもしれないと思いはじめていた。そしてまさにそれを目指して歩きだした。

ただし、すぐに動きだしたわけではない。ニューヨーク行きのバスに乗り、デトロイトとクリーヴランドで下車して博物館に寄った。それから船と列車を乗り継いでパリへ行き――それからフランス空軍の手中に落ち、そこで一年を過ごすことになった。

第11章　フランス空軍が訓練中の予備役将校を翻弄する（一九四九～五〇年）

私は生涯ずっとありがたく思っていることがある。決して自分が何者かと悩んだりせずにすんだことだ。反対に、絶えずいくつもの官僚制度が私について疑問を抱いた。フランス軍も間違いなくその一つだった。私の立場についてなんとかつじつまを合わせようと、それまで一度も必要とされたことがなく、その後もおそらく二度と必要とされないであろうやり方を考え出した。

カルヴァの入試地獄を覚えているだろうか？　あれは一九四五年一月に終わったが、校舎が帰還兵に占拠されていたので、授業が始まったのはその年の一〇月だった。私の同級生たちは陸軍の特別な部隊で六カ月の基礎訓練を受けると、それで兵役の義務から解放された。しかし私はポーランド国民だったので兵役を命じられなかった。同級生とともに兵役に就きたかったので志願しようとしたが、外国籍の者は怪しげな外国人部隊にしか入れないと言われた。当局は私をそこに入れようとしたが、私のほうから断った。

一九四九年に私がカルテクからフランスへ戻ると、卒業の迫ったレオンは学生の兵役猶予が終わり、空軍工兵隊に一年間徴兵されることになっていた。そこで私も自分が軍に対してどういう立場にあるのか確認したほうがいいと思った。これが結局やぶへびで、ゴルディオスの結び目もかくやという難問が明るみに出て、解くのに一年もかかってしまった。

名目上、カルヴァは陸軍士官学校ということになっていたので、学生が兵役に不適格と認められることはまずなかった。私のクラスが徴兵委員会に召喚されることになったとき、カルヴァの学生だというだけで「大丈夫だろう」と言われ、私の軍歴記録にも「勤務適格」のスタンプが押された。ところが私は召喚されなかった。あとで私が外国人学生であること、つまり文民であることがわかって、「適格不参」にされた。「適格」とされたのはそれを否定する証拠がないので兵役に適していると判断されたからで、「不参」とされたのは出頭しなかったからだ。これは脱走兵に相当する最低の格づけだ。

わざわざ問い合わせなかったら、この矛盾はすでに古びた書類の中に埋もれたままになっていただろう。ところが問い合わせてしまったせいで、私はそれまで学生の兵役猶予が与えられていたことにされ、これから一二カ月間の兵役に就くべきと判断されて、問題は決着した。

空軍基地――ラ・フォリーとシャトー・ブゴン

辞書の定義によれば「folie」は「狂気」を意味するが、この言葉は一八世紀の貴婦人がごく親しい客をもてなすために建てた小さな邸宅も意味する。そんな邸宅の一つがパリ北西郊のナンテールにあった。一九四九年には、その邸宅(フォリー)はラ・フォリーという空軍基地になっていた。現在ではパリ第一〇大学のキャンパスとなっている。一九六八年三月に、五月革命へとつながる有名な学生反乱が始まった場所だ。

フランス空軍から、ナンテールに出頭せよと命じられた。そこで最初にやらされたのは、適性に関する質問票に回答することだった。私は田舎の若者から次々に質問された。

「読み書きはできるか?」

「はい」

「小学校は卒業したか?」

「はい」

「初等教育修了試験は合格したか?」

「はい」

「高校は行ったか?」

「はい」

「卒業したか?」

「はい」

「ほかに言うことはあるか?　お利口さんよう」

「はい」

「何だ?」

「エコール・ポリテクニークを卒業しました」

相手は顔を真っ赤にしてどなりだした。「それなら俺は聖母マリア様だぜ!　くだらん冗談はやめてくれ」

「冗談じゃありません。本当です」

「だったら、下っ端の兵隊じゃなくて命令を出す士官になるはずだろうが」

やがて基地を指揮する大佐のところに連れていかれた。

「君はカルヴァを卒業したと言っているそうだな。もちろん誰も信じやしないが、そんなやつに軍曹は命令を出したがらず、そういう者がいれば規律が乱れる。カルヴァの卒業生がこんなところに送り込まれることは絶対にない。この点をはっきりさせねばならん」

「大佐、私は本当にカルヴァの卒業生です。卒業生名簿を調べるか、学校に問い合わせてください」

「よし、信じてやろう」。彼は物わかりのよさを見せて、私がここに呼ばれたのは明らかに事務的なミスだと言った。親しい友人が空軍本部にいるから、すぐにきちんと処理してもらう、とのことだった。


次に出頭すると、大佐は態度を軟化させていた。「法律は法律だ。君には一年間兵役に就いてもらわねばならないが、どう考えても兵卒は無理だ。予備役将校として訓練を受けて、まず予備役将校候補生（アスピラン・ド・レゼルヴ）になってもらう。六カ月後には空軍本部に呼ばれるだろうが、その前にまずはそれなりの基地に行く必要がある——こんなところではなく！」

秘書官が口をはさんだ。「予備役将校候補生になるには、ＲＯＴＣ（予備役将校訓練部隊）で訓練を受けているか、もしくは特別な試験に合格する必要があります」。大佐は「カルヴァ出身者にそんな試験を受けさせるのでは、きわめて体裁が悪い」と言った。そこで彼らは、フランスの陸軍士官学校でよい成績を収めた文民の卒業生についてはROTCの要件が自動的に満たされるという規則を新たに設けた。

次に、候補生への昇格には正式な任命が必要だと秘書官が大佐に指摘した。また空軍本部とのやりとりがあり、規則を再び変更したという通知が届いた。「この者は全要件を満たすので候補生とすべし」

私の軍歴が更新され、新しい軍服、過去にさかのぼって適用される大幅な昇給、そしてラ・フォリー基地からナント近くのシャトー・ブゴン基地へ行くための列車の片道切符が与えられた。シャトー・ブゴン基地に着くと、基地本部にいる大尉のもとへ出頭した。

私は大尉に名前を告げた。大尉は身長が一五〇センチそこそこで、一八〇センチ以上あるような大男をことごとく嫌っていた。階級が低いとなればなおさらだ。彼は私に書類を見せろと言った。「この通知には、君を任命すべしと書いてあるだけだ。フランス大統領の署名がなければ、君の書類は処理できない」

「申し訳ありませんが、ナンテールの事務局では大統領の手紙が必要だとは思わなかったのです。ご覧のとおり、私の軍歴はすでに更新されていますから」

「私にはなんともしかねる。また明日来てくれ」

「承知しました、大尉」

翌日になると、大尉は妥協案を示してきた。いったん降格して軍歴を更新し、数日後か数週間後にまた任命するというのでは、話がややこしくなる。そこで、しばらくどこかに身を隠して大統領の手紙を待てと命じられた。私は命令に従って、レオンとともに過ごした。私はすぐにシャトー・ブゴンの近くで生産されるミュスカデワインに詳しくなった。この辛口のワインが、危険なほど安く樽から飲めたのだ。

まもなく大統領の命令が届き、私は訓練に送り出された。訓練ではすぐれた視覚能力と手先の器用さが必要とされたが、それは一九四三年に工具職人の修業で役立った能力でもあった。私は優秀な射撃手となったが、訓練以外でその能力を試さずにすんだことをありがたく思っている。

カゾー基地と個人指導の約束

カゾーに着いた翌日、私は基地本部に出頭した。そこで大佐にこう言われた。「私のことは知っているかね?」

「はい。戦争中、戦闘機のパイロットとして有名でした」

「そのとおり。正午にパイロットが二人で曲技飛行をやっていたのは見たかね?」

「はい、見ました」

「そのときのパイロットたちについてどう思う?」

「カルテクでは、低速で機体を横転させるのは不安定だと教わりました。二人ともパイロット失格です」

大佐は自分がそのパイロットの一人だと言った。「まあ、気にせんでいい。われわれは自分のやっていることはわかっているから。それに、あれは一九二四年につくられた第一次世界大戦時代の飛行機なのだ。ああいう飛行機が必要だということになってから六年たって、ようやくつくり方がわかって製造された。木材と布と接着剤でできているが、岩のようにしっかりしている」

「そうかがって安心しました、大佐」

「君はアメリカで航空学を勉強したそうだな。そこで頼みがある。私はお偉方からいろいろと勲章をもらったが、将官にはしてもらえなかった。空軍士官学校に行っていないから、学位が足りないのだ。それで超音速飛行の研究をしなくてはいけないのだが、そんなもののことはなにもわからない。私の論文を見て、おかしいところや間違ったところがあれば率直に教えてくれないか?」

「喜んでお引き受けします、大佐」

私は論文を渡され、まもなく再び大佐のところに行った。

「どうだ？　正直に言ってくれ」

「大佐、最初にしては悪くはありませんが、もっと手を加える必要があります」

手直しした論文を渡され、私はまた彼のところへ行った。

「今度はどうだ?」

「もう少しです。あとはこんな内容を加えたらどうかと」

「すばらしい。君にはずいぶん助けてもらっているから、お礼をしよう。われわれが乗っている飛行機は複座式だ。君を前に座らせてやろう。最初はおそろしく気分が悪くなるが、それからはほかでは決して味わえない最高の気分が味わえるぞ。どうだ?」

「承知しました、大佐」

それからさらに修正した論文を受け取った。

「どうだろう?」

「じつは、前より少し悪くなっています」

私は粘り強く指導を続けた。そうこうするうちに基礎訓練が終わり、パリの空軍本部に異動することになった。列車の時刻の一時間前、私は教え子に最後の課題を返却した。「大佐、すばらしい論文になりました。将官になられたら、ぜひ配下にお迎えください」

「本当にありがとう。明日来てくれ。約束どおりお礼をするから」

「あいにく本日正午の列車でパリへ発つことになっているのです」

「それは残念だ。近いうちにまた来てくれ」

「承知しました、大佐」

結局、彼からの連絡は一度もなく、彼のうわさを聞くこともなかった。

ヴィクトール大通りのパリ空軍本部

次に配属されたのは、ブルヴァール・デ・マレショー沿いの科学研究局だった。ブルヴァール・デ・マレショー(元帥大通り)というのは、ナポレオンの側近たちの名を冠したいくつもの大通りからなり、パリを一周する環状道路である。研究局の所在地は、正確に言えばヴィクトール大通りだった。元帥にとっては縁起のよい名前であり、空軍本部にとっても聞こえのいい住所であり、ラ・フォリー基地から始まった〝軍歴〟を終えるにもぴったりの場所だった。

私の上司となる大佐は私の評判を聞いていて、私を科学分野での学界との連絡係にした。私は自在に連絡をとり、それで誰もが喜んだ。ちなみに私は軍服を着用せず、実家で生活した。パリに実家がなかったらどんな住居が与えられたのかと、ふと考えたりする。

数年後、ある友人が軍での配属先について力説するのを耳にした。「一つ言えるのは、科学研究局はとてもうまくできているってことだ」。彼はこちらに向き直り、「信じないのか！」と言った。私は答えた。「もちろん信じるとも。あれは僕が自分の必要に合わせてつくったんだから。君の必要にも合っているとわかってなによりだ」

まじめな話もしよう。学界との連絡係を務めるのは、博士論文のテーマを探すのによい機会だった。カルテクにいたとき、クロード・シャノンが情報理論を確立する発端となった論文を読んだのだが、私はそれについてもっと詳しく知りたいと強く願っていた。ロンドンでこのテーマを扱う会合があると聞いて、ぜひとも行きたいと思った。出席させてもらえないかと訊いてみたところ、空軍は願いを聞き入れて私を派遣してくれた。私にとって初めての学会だった。

刑期の延長?

一二カ月にわたる兵役の終了が近づき、私は残りの日数を指折り数えていた。ところが間際になって、アメリカが朝鮮半島で展開する作戦にフランスも連帯していることを示すために、徴兵期間が一八カ月に延長されることになった。学生のあいだに徴兵猶予が認められていた徴募兵は、この新しい法律の適用外となった。レオンがこれに該当した。私はこの条項が自分にも適用されると思っていたが、空軍での最終日となるはずだった日がなにごともなく過ぎ去り、除隊のための呼び出しはかからなかった。

問い合わせると、大佐のところに行けと言われた。「ご足労ありがとう。いい知らせではないんだが、知ってのとおり、君の軍歴は……なんというか……ふつうではない。われわれは君を学生時代に徴兵猶予を認められた学生として処遇してきたが、君の記録のどこにもそんなことは書かれていない。数日前からこの件を再検討し、解決策を探っているが、答えは出ていない。法律に従えば、君にはあと六カ月、勤務してもらわなくてはならない」

「しかし……」

「まことに申し訳ない!」

パニックと闘いながら、私は状況を把握し、助けを求めてカルヴァへ走った。私の在学中には大尉だった担当者が少佐に昇進していた。少佐はすぐに、エコール・ポリテクニークを指揮する将官からパリで国軍を指揮する将官に宛てた手紙の写しを見つけ出した。二人の将官は互いに知り合いで、手紙にはこう書かれていた。「親愛なる友へ。卒業予定者のベノワ・マンデルブロはアメリカに留学するにあたり出国ビザを必要としている。彼の軍歴はとんでもなくややこしく見える。現在はすべて落ち着いており、まもなく解決するはずである。このことを私は自分の責任においてビザ担当官にお知らせする」

私は証明つきの写しをもって、急いで空軍本部に戻った。「すばらしい。これさえあれば大丈夫だ。この件で生じた問題が故意ではなかったことは誰もが認めている。兵役期間を一八カ月に延長するという規則については、きちんと改めさせよう。われわれにはただちに君を除隊させる権限がある」

記録的な速さで私は空軍予備役中尉という下級将校になり、わずかな所持品をまとめてヴィクトール大通りへ足を踏み出した。行く手には、この一年で味わったのとはまったく違う困難が待っている。法律についてのアドバイスがもらえていれば、この一年間のロスはおそらく防げただろう。しかしこれが自分の成長に役立ったと、私は心から思っている。

第12章　クラシック音楽、声楽、オペラの虜に

音楽に傾倒しはじめたのは、カルヴァのルームメイト、イヴ・シャルパンティエが公開リハーサルに誘ってくれたのがきっかけだった。パリ音楽院管弦楽団（現在のパリ管弦楽団）は、団員のほとんどがオペラ座の演奏家で、日曜日にはシャンゼリゼ劇場に出演していた。土曜日の午前におこなわれるリハーサルは、低料金で一般に公開されていた。シャルパンティエは常連で、仲間を連れていくのが好きだった。カルヴァの制服を着ていくと尊敬のまなざしを浴びることができる、と彼は言った。

好奇心と人恋しさから、私は誘いに応じた。そして生涯にわたって夢中になった。二〇歳で初めて聴いたベートーベンの交響曲は、言葉にならない天啓をもたらした。二度めの演奏会では、偉大なブルーノ・ワルター（一八七六～一九六二）が交響曲第五番を指揮していたので、私はまさに上質な〝洗礼〟を受けることになった。それからほんの数週間後には、シャルパンティエがこう言い切った。君は最初はまったくの初心者だったのに、からからに乾いたスポンジが水を吸い込むように、聴いたものをすべて吸収している、と。まもなく私は、生まれてからずっと音楽を聴いてきた彼よりも多く

の知識と造詣を身につけた。

私をカルヴァの音楽室に案内してくれたのもシャルパンティエだ。そこには古い七八回転盤のレコードが大量に所蔵されていた。今では信じがたい話だが、レコードプレイヤーの針は管楽器のリードと同じ木材でできていた。木製の針は金属より軽いので、頻繁にかみそりの刃で削って、とがらせる必要があった。この針はレコードを直接こするので、すぐにだめになった。

シャルパンティエにはとても大きな恩義がある。私は彼と親友になれると思っていた。ところがある日、彼は黙って姿を消してしまった。音楽を愛していたことを除いて、私たちには共通点がほとんどなかったと思う。それどころか、彼はパリ市内に住んでいたのに、私は彼の家族に一度も会わなかった。

*

カルテクに到着した私は、広いラウンジでレコードをかける公開の〝音楽会〟が開かれているのを知った。ラウンジの隣りにはかなり広い調整室があって、スペースのほとんどを大きな箱状のもの——当時としては最高級のプロ用ハイファイ装置——が占め、棚は七八回転盤レコードの重みになんとか耐えていた。部屋は三人も入ればいっぱいになる。私がこの部屋にいるときは、たいていジョン・マッカーシー（のちにコンピューターサイエンスの創始者となった）と一緒だった。彼は歯に衣（きぬ）を着せぬ左翼の政治的過激派で、ヘンリー・ウォレス（訳注　一九三〇年代から四〇年代にアメリカの副大統領など政府の要職を務めた平和主義の政治家）を臆病者だと批判しながらも、一九四八年の選挙では彼が大統領になることを願っていた。しかし、やがて彼の人生は極右へ向かった。かけるレコードを決めるとき、ジョンと私は互いに妥協が必要だった。私はマーラーを無理やり聴かせられたが、そのことで彼に感謝している。

パサデナで、ピアニストのウラジーミル・ホロヴィッツ（一九〇三〜八九）の演奏を聴いたことがある。彼は演奏のあいだに長い〝休憩〟をとることで悪名が高いが、その休憩の直後に、広いホールがかなりがらがらになってしまった！　彼の技巧には驚かされたが、演奏を聴くときには私はそわそわと落ち着かない気分になった。

まだ無名だったロザリン・テューレック（一九一四〜二〇〇三）の演奏会のほうが、はるかに聴き応えがあった。〝聡明〟で深い解釈をする彼女は、バッハをピアノで弾いたのだが、驚くべき独創的な演奏だった。何年もあとで私は彼女と友人になり、このカルテクでの演奏会のことを話した。彼女はそのときのことを転換点として克明に記憶していた。カルテクの聴衆は彼女を変わり者ではなく先駆者として受け止めたのだが、そんなことは生まれて初めてだったそうだ。

声楽の魅力にまだ目覚めていなかったころ、私は偉大な歌姫ロッテ・レーマンの〝最終〟ツアーでその歌声を聴いた。シューベルトの『音楽に寄す』を歌っている最中に、声がかすれてしまった。彼女は歌うのをやめて詫びた。年配の客の多くは泣いていた。しかし私は率直に言うと、彼女がいかにも引退公演の歌姫らしくふるまっているだけではないかと思った。

＊

科学研究局で私の上官にあたる大佐のもとで秘書を務めるフランソワーズ・メールは、文書管理係としてもタイピストとしても決して完璧ではなかったが、教養があって音楽を愛好する上流階級の女性だった。音楽のために金を必要としていて、私とオペラ談義に興じるのが好きだった。私は室内楽ファンになっていたが、オペラについてはほとんど知識がなかった。カルテクにあった数少ないオペラのレコードの中には、戦前のグラインドボーン音楽祭でサー・トーマス・ビーチャムやフリッツ・ブッシュの指揮で上演されたモーツァルト作品の卓越した録音があった。モーツァルトの『ドン・ジョヴァンニ』で主役のドン・ジョヴァンニを演じるバスバリトンのジョン・ブラウンリーが特にすばらしいと私が言うと、それは私にセンスのある証拠だとフランソワーズが認めてくれた。言うまでもなくそれよりずっと前から、今は聞かれなくなったフランス式歌唱法の達人でテノール歌手のジョルジュ・ティルが歌う『カルメン』は気に入っていた。

オペラ歌手の歌声のすばらしさを味わえるだけの鋭敏な感性を身につけることが、優先事項の一つとなった。オペラを目玉とするザルツブルク音楽祭にならって新設されたエクサン・プロヴァンス音楽祭の会期中、私はなんとか会場近くの空軍基地に一週間だけ派遣してもらった。その次には、再開されてまもないザルツブルク音楽祭の会場の近くに一週間派遣してもらい、すばらしい公演を聴くことができた。派手に飾られた非常に狭い部屋で、ユーディ・メニューインが大勢の音楽学生のためにバッハの『無伴奏ヴァイオリンのためのシャコンヌ』を演奏した。ヴィルヘルム・フルトヴェングラーがバッハの『ブランデンブルク協奏曲』でウィーン・フィルハーモニー管弦楽団を率い、ピアノを演奏しながら指揮をし、独自の（風変わりな）カデンツァも披露した。若い女性が階段を駆け下り、

美しい口笛を吹きながら外に出ていった。有名なソプラノ歌手、イルムガルト・ゼーフリートだった。上の写真は、なによりも楽しく勉強になった一週間のザルツブルク滞在中に撮影したものである。軍隊にいてこんな経験ができるとは、まったく思いもよらなかった。それから私はウィーンに立ち寄ってオペラ座へ行き、『カルメン』を聴いた。偉大なソプラノ歌手ヒルデ・ギューデンが端役で出ていた。

私はオペラに心酔するようになった。真のオペラファンというのは、生涯最後の日まで最高の公演を覚えているものだ。私はたちまち歌唱全般についてうるさい専門家となった。あるとき、トゥールーズで開かれているすばらしいコンサートのもようがラジオから流れてきた。歌っているのはビクトリア・デ・ロス・アンヘレスという無名のソプラノ歌手だった。翌日にはパリで歌う予定だとアナウンサーが言ったので、私はサル・ガヴォーに駆けつけて一番安いチケットを買ったが、当日は一階の最高の席に座れた。なぜそんなことができたのか？　客が一〇人ほどしかいなかったからだ。ただし、その半分は名の知れたアーティストだった。数カ月後に彼女がシャンゼリゼ劇場で歌ったときには、会場は超満員になった。

古めかしく細長いパリ音楽院ホール（わが家から数ブロックのところにあった）は、決して売り切れにならなかった。私はよくそこに公演を聴きに行き、ほかにも未来の大物を何人か〝発見〟した。あるときは、やせぎす（！）の若きフルート奏者ジャン＝ピエール・ランパルが、空（から）っぽに近いホールですばらしい演奏をしていた。尊敬すべきジョルジュ・エネスク（ユーディ・メニューインが師事した伝説的指導者）の演奏を聴いたこともあるが、このときはホールが満員で、私はステージの脇に座ることになった。腰が曲がり関節炎を患（わずら）っていた彼は、ヴァイオリンを縦にぶら下げるようにして構えた。彼の伴奏をするのは無理だったかもしれない。実際、伴奏者については記憶がない。彼もバッハの『シャコンヌ』（!!）を演奏し、恍惚としたファンが声をそろえて泣いていた。それは当然だろう。

二〇世紀中葉のパリでは、音楽の主流を占める嗜好は大胆さから程遠かった。イーゴリ・ストラヴィンスキーは言うに及ばず、クロード・ドビュッシーやモーリス・ラヴェル（どちらもずいぶん前に亡くなっていた）さえ、奔放なモダニストだとまだ広く見なされていた。フランスの音楽界で、私と同世代のピエール・ブーレーズが体現することになる前衛（アヴァンギャルド）性がひどく嫌われていたのももっともに思える。

その後、私はもっと奇抜な新しい作品を好むようになり、作曲家のチャールズ・ウォリネンが友人であることを誇りに思い、二〇〇六年に亡くなった作曲家のリゲティ・ジェルジュと親しく付き合った。私たち三人を結びつけたのは、ある特別な成果――音楽にはフラクタル的な面があるという観察――だった。

第13章　大学院生およびフィリップス社員としての生活（一九五〇〜五一年）

一九五〇年、私は博士論文で扱うのによいテーマを求めて、パリ大学であまり若くない数学専攻の学生となった。パリ大学に入ったのは、今と違ってそのころカルヴァでは博士号を授与していなかったからだ。パリ大学は長い歴史を誇り、その歴史には輝かしい時代もたくさんあるが、当時は低迷していた。長年にわたって博士号の授与規定は変わらなかったが、その後まもなくもっと厳しくなった。履修科目にかかわる要件はごくわずかだったので、私は一九四七年の段階でそれらを難なく満たしていた。フランスの大学は、古くからの時代錯誤や硬直性を脱し、絶え間ない現代化へ押しやられようとしていた。この特殊な状況はどう見ても自由が利くので、私にはまさに好都合だった。

正教授が一学期間にわたって担当する科目がいくつかあり、それらはばらばらの専門的なテーマを扱っていた。また、さまざまな短期客員教授による〝輪講〟（最大一〇回の講義からなる）もおこなわれていた。博士号保持者の就職口は限られていたので、博士の供給過剰が懸念され、博士候補者（テザールと呼ばれる）の数は抑えられ、本格的な大学院への投資には意義が認められていなかった。

また、パリ大学の博士号にはいくつかの種類があった。かつてさまざまな政治的圧力によって、まったくわけのわからぬ称号の記載されたいろいろな学位記が求められたからだ。「パリ大学博士」と言えば聞こえはいいが、授与条件は教員の裁量にゆだねられていたので、法律上の価値はなかった。成績は芳しくないが手ぶらで帰国させたらフランスに敵意を抱くおそれのある留学生向けに設けられていたのだ。大学での就職の最終選考に残りたければ、価値があるのはドイツの大学教授資格(今ではフランスにもある)に似た「国家理学博士号」だけだった。

論文については、私はほとんど独力で執筆することになった。これは広くおこなわれていた乱暴な慣行だった。多くの博士候補者と教授はこのことを嘆いていたが、私にはその乱暴さがありがたかった。熱心な教師や賢明な指導者のもとでは、恩恵よりも害のほうがはるかにたくさん生じたかもしれない。同様に、そのあたりの指導体制がしっかりと確立しているアメリカの大学では、束縛されるのを好まない私はどうにもならなかったのではないだろうか。

ショレムの言葉のむちで生き方を改める

私がエコール・ノルマルを退学して以来、ショレムは私の態度がだんだん気に入らなくなった。私が二八歳のとき、テュール近くで命を救ってくれたあの田舎の家を訪ねてショレムと話していたら、彼が激しく怒りだしたことがある。それまでのおだやかな会話が、にわかにすさまじい言葉の攻撃に変わった。まるで昔の折檻のようだった。

「戦争の前、おまえみたいな学生を教えたことがある。なんでも読んでいて、新しい本や論文の話になったらいつでも議論できるように準備を万端に整えていた。そいつに、今度図書館で姿を見かけたら奨学金を打ち切って飢え死にさせてやると言ったら、やつは真剣に受け止めて、すぐさま立派な論文を書いてきた。……あいつが戦争中に死んだのは悲劇だ。

優秀な学生でも、しっかり訓練されたサルと変わらないやつがあまりにも多すぎる。教わったことはなんでも知っている――だが、それだけなのだ。おまえもこれからずっとそんなふうでいるなら、奴隷のような学者になるのがせいぜいだ……うちの一族にうじゃうじゃいるみたいな。おまえはもっとまともなことができるはずだ。なにかをなし遂げたいなら、ぐずぐずしていないで自分にできることを探すんだ。真剣に取り組め――今すぐに！」

ショレムの妻グラディスは思いやりに満ちた人で、たいてい夫の傍(かたわ)らにいた。彼女はショレムと同じ考えをもっとおだやかに言い直した。「論文のアイデアみたいなものはもうなにかあるでしょう？それを書き出して、考えてごらんなさい」

不思議なことに、この出来事が効いた。まさに私の世界観を覆(くつがえ)したのだ――少なくともしばらくは。私は利口ぶったインテリでいるのをやめて、博士論文のテーマを真剣に探しはじめた。

グラディスからは、すでに手元にあって論文のテーマになりそうなものについて考えるようにと諭(さと)され、ショレムは私に「しっかり訓練されたサル」への反発を抱かせた。ショレムと違って、私は丁々発止(ちょうちょうはっし)の知的なやりとりを楽しみ、ときには好んで知性をひけらかすこともある。しかしそれ以外の点ではショレムと同じように、インテリのゲームに我慢して付き合うのをきっぱりとやめた。

手の届きにくい図書館の書架に隠れた古くてかび臭い本をあさるといった、昔ながらの単純な研究方法から楽しさが得られることは否定しない。ショレムはすぐれた暗記力が創造力の妨げになると考えていたが、私の場合は妨げにならず、無駄に気を散らされることにもならなかった。そのうえ、私が実践するようになったケプラー的な研究方法は、参考文献や忘れ去られた資料をひもとくことによって頑丈に補強されるのだ。受動的にそれらを記憶に写し取るのではなく、知の世界における高い壁や広い溝を越えてそれらを互いに結びつけることが目的だ。私の記憶力は重要な財産となっている——今までのところは。

時代を先取りしすぎ、欠陥のある博士論文

〝折檻〟事件のおかげで、私はふだんよりもショレムの意見に耳を傾けるようになっていた。論文のテーマとして、ショレムはある理論を提案した。それは一九一〇年代に数学者のガストン・ジュリアとピエール・ファトゥが考案し、現在では「複素力学系」と呼ばれているもので、すでに本書で軽く触れている。私はがんばったがすぐに断念して、ショレムをひどく驚かせた。断念したのは、そのテーマが絶望的なほど「手も足も出ない」ものと思えたからであり、またおそらく私が若くて反抗的だったせいもあるだろう。ようやく複素力学系に取り組もうという気持ちになれたのは、三〇年に及ぶ熟考を経たあとだった。そして発見したのが、複素力学系の象徴として最もよく知られるようになる「マンデルブロ集合」である。

複素力学系を断念した私は、国家理学博士号をとるためにいささか風変わりな二部構成の論文を書いた。これはすぐにもっと格段にすぐれた研究に追い越された。しかしこの論文が私の人生の道すじを大きく決定したし、また間違いなく、いくつかの学問分野の道すじに変化をもたらすことになる研究も決定づけた。

論文の第一部では、ジョージ・キングズリー・ジップの提唱した語の普遍的ベキ分布を扱った。第二部では物理学に古くから存在する領域の根底に踏み込み、一般化された統計熱力学を扱った。語の出現頻度に関する私のモデルの一つは、きわめて奇妙なかたちで論文の第二部に依存していた。残念ながら、このように異分野を混ぜ合わせることは学界政治的にひどくいやがられていた。そしてさらに大きな問題は、物理学に関する私自身の考えがまだ大いに流動的だったことだ。実際、発表する準備が整うまでには、それから何年もかかった。一九五二年には、このような異分野の組み合わせは突飛だと見なされ、周囲の人たちからは、そんなやり方が無理のないものと認められるはずがないと、異口同音に警告された。それほどまでに、分野間の隔たりがあまりにも大きかった。そのうえ論文の第一部はまだ学問として存在しないテーマを提示するもので、私の最大の目標は言語学を数学的なものにすることではなく、ジップの法則を説明することだった。

なぜこれほど急いだのか？　ロンドンである会合に参加したとき、ＭＩＴでポスドクをやらないかと言われたのだ。この誘いに応じたいという気持ちに駆り立てられて、手元にあった材料をいっさいがっさい論文に詰め込んだ。指導はまったく受けなかったので、出来上がったものは荒削りで、スタイルもひどく不適切だった。

いくらかでも学生のことを思う教授なら、私のテーマを却下しただろう。しかし私には博士論文の指導教官がいなかった。大事なのは、大学への就職を目指す候補者たちの最終選考に私を加えられる力をもつ親切な人物を見つけて、論文審査委員長を頼むことだけだった。テーマがこれほど異色でなかったとしても、指導教官の選択肢は悲しいほど少なかった。パリ大学の理学部は教授が非常に少なかったからだ。博士論文は必ず印刷し、表題ページの隣りのページに分野を問わず教授全員の名を列挙することになっていた。ところがそのリストは拍子抜けするほど短いのだ！　さらに悪いことに、カルヴァとコレージュ・ド・フランスに在籍する数少ない教授たちは、博士論文を指導する資格が認められていなかった。

実際に指導教官につくことは、当時のパリではめずらしかった。ショレムも指導教官にはつかなかった。アダマールは論文審査会のあとで初めてショレムの博士論文を読み、それで彼の後ろ盾となった。ショレムは、アダマールが誰かから論文のテーマと指導を求められて激怒しているのを目撃したことがあると話していた。「とんでもない話だ。自分でテーマも見つけられないやつが、よくも博士号をとろうなどと考えられたものだな！」

誰かに論文テーマの報告書の執筆と審査委員会の選任を引き受けてもらわなくてはならない。ほかに適任者がいないので、確率論と数理物理学の現職教授に頼むことになった。審査委員長の威信は、偉大なアンリ・ポアンカレの時代が頂点だった。ポール・レヴィはそれにふさわしい実力があり、その任を切望していたが、パリ大学の教員たちはまずモーリス・フレシェ（一八七八〜一九七三）を選んだ。ところが彼は不適任だった。それから科学者としては小粒だが抜け目のない統計学者であり、副業として妻の鋳造工場の経営にもあたっていた、ジョルジュ・ダルモア（一八八八〜一九六〇）を選んだ。

ダルモアはもともと無愛想な人物で、私たちはいつも廊下で立ったまま話した。まわりにはほかにも順番待ちの学生がたくさんいた。博士論文を書く学生をもう一人余計に引き受けたところで大して時間がとられるわけではないし、よい教師だと思ってもらえる。私は当時オランダに本社のあるフィリップス社に籍を置いていたので、彼は私が当然そこで働きつづけると思ったのだろう。だから飛行機での移動中に私の論文をざっと見ただけだった。私が無価値な就職志願者リストに載るだけで、価値のある最終候補者リストには残らないだろうと、私にはなにも言わずあらかじめ決めつけていたのだ。

いずれにしても、こんな博士論文はどこに分類すればよいのか？　理学部には形式上の学科というものがなく、ダルモアの講座は数学と物理学にまたがっていた。私はどちらを選んでもよかったが、いずれにしても必ずなんらかの影響がついてくる。しかし私の窮状に関心をもってくれる人などおらず、とりわけショレムはまったくの無関心だった。

運よく、物理学者のアルフレッド・カストレル（一九〇二〜八四）に街でたまたま出くわした。彼はショレムの親友で、めずらしいほど気のいい人で、私は一二歳のときに彼と会ったことがある。彼はのちにノーベル賞をもらったとき、自分と同じ栄誉に値する生涯の共同研究者がいると公言した。メダルを分けることはできなかったが、賞金の半分をショレムに渡している。その後、『あるフランス系ヨーロッパ人によるドイツ語詩集』という意味のフランス語のタイトルをつけた本を出版した。

実際に彼はアルザス生まれで、特別な計らいでエコール・ノルマルに入学するまでドイツ語しか話さなかった。戦争中には決してヒトラーに屈服せず、ショレムのアパートに住んでそこを無事に守り、ショレムが戻るとすぐに出ていった。微妙なニュアンスを解し、二つの文化のあいだで軽やかに生きていた。相談するにはうってつけの相手だ。私たちは立ち話をした。私は論文の概要を述べ、自分の陥っている苦境を説明した。

彼は心配そうにため息をつき、まったく違う二つのテーマを結びつけるのは確かにまずいね、どちらも就職につながりそうにないならなおさらだ、と言った。熱力学は勢いを失っていて、もう就職口はなかった。計量言語学は学問分野としてまだ成立していなかった。私の論文を物理学に分類すれば、流行のテーマを扱った比較的たくさんの強力な論文と競うことになる。しかしカストレルは、運命が私の味方をしていることに気づいた。数学にすれば、大きなメリットが一つあるのだ。最近の博士論文はほとんどがあまりにも抽象的になりすぎていて、カストレルや仲間の物理学者たちはうんざりしていた。応用数学のポストが新たにいくつか設けられることになっていて、私が就職できる可能性は意外と高いかもしれない、とカストレルは言った。奇跡のような話だった。

このアドバイスは、目先の官僚的な駆け引きを考えたりするのに比べればずっと賢明だった。一九五〇年ごろの状況では、私が自分のさまざまな願望を折り合わせ、さらに物理学か数学のいずれかで生涯の業績を達成するには、数学ないし物理学という学問分野がカバーする範囲がかなり広いものでなければ、成功はおぼつかなかった。かつて「数学」のような用語の定義は幅が広く、じつは物理学というのは数学の一領域として誕生した。しかし一〇〇年ほど前に、物理学は数学や工学から分離した。つい最近になって物理学は再び拡張し、数学との区別が難しくなる方向へ、そして工学（ハードとソフトのいずれにしても）との区別が難しくなる方向へと、二つの方向に広がっている。たとえば近年では、数十年前なら物理学とは呼ばれそうもなかったような業績に対してもノーベル物理学賞が与えられている。しかしこの問題が私の人生に大きく影響した一九五〇年には、私の研究が広義の数学に属するとしたカストレルの見方は正しかった。

ダルモアもその考えに同意したが、審査委員会の主査が数学者である必要はないと判断した。意外にも、彼が選んだのはルイ・ド・ブロイ公爵（一八九二〜一九八七）だった。表向きの理由は、ド・ブロイが学際的な研究を堂々と称賛していたことと、単独行動に慣れてオープンな精神をもつ教授との関係が私の論文にプラスとなるだろうということだった。その二五年前、彼は量子論に対して重大な貢献をしていた。

当時のフランスでは、博士論文の表紙に必ず副論文のタイトルが記され、そのタイトルは一様に「教員による提案」となっていたが、そちらの論文は絶対に公表されなかった。この万能のタイトルをもった副論文が必要だったのは、大学院の貧弱な授業内容を補強してバランスをとるために義務づけられる、個人指導がおこなわれた、と示すためである。暗黙の慣行で、副論文のテーマは主論文からかけ離れたものにしなくてはいけない。たとえば第一（本物）の論文が大きく計算に傾いている場合、副論文に哲学的なテーマを選ぶことでバランスがとれる。

私の副論文は長く、計算を多用していた。数学者イヴォンヌ・ショケ＝ブリュア（一九二三〜）が当時発表したばかりの博士論文を扱ったのだが、その論文ではアルベルト・アインシュタインの発見した重力場方程式には解が存在するのか、そしてその解は唯一解なのかという重大な問いが論じられていた。物理学者はこの問題に関心を抱かなかったが、数学者には非常に難しく、それゆえ興味をそそられる問題だった。ブリュアは、初期条件として少なくとも魔法の階数7までよくふるまう導関数があれば十分だと証明することに成功していた。

博士論文の審査会で、私がこの証明について明快な報告をおこなっていたところ、不意にダルモアが口をはさんだ。「すばらしい発表だった。だが、副論文のテーマのどんなところが重要なのか、もっと具体的に説明してくれないか?」。副論文は、重力をテーマとして発表されたばかりの長大な論文についての報告だった。それはある長期的な研究計画における、悪くはないがまだ初期の、暫定的な段階のもので、計画はそれから大幅に進展することになっていた(そして実際に進展した)。私がこの場をなんとか切り抜けようと答えを探していると、ダルモアがすかさず話を引き継いだ。彼は体の向きを九〇度変えて、主査——ほかならぬド・ブロイだ——とまっすぐに向かい合った。そして、ダルモア自身が一九二〇年代に書いた、相対性理論に関する著作が参考になると言いだした。

この瞬間、ダルモアが私の論文テーマについて報告書を作成する仕事を引き受け、副論文のテーマを提案してくれた理由がはっきりと理解できた。彼は天文学者——彼の初期の専門分野——として科学アカデミーの会員に選ばれようと画策していたのだ。そのため、アカデミーの常任理事であるド・ブロイを相手に二〇分間も邪魔されずにしゃべることができるのは願ってもない機会だったというわけだ。その後まもなく、この作戦は成功を収めた。

博士論文審査委員会のメンバーで私の論文の内容を真剣に検討する人など、どうせ一人もいないと思っていた。その後、私自身も審査委員会にかかわるようになり、その経験から、私は自分の論文審査委員会に無理な仕事を押しつけていたことに気づいた。浅はかにもむやみに急いで論文を提出したことがプラスになるはずはなく、アメリカでポスドクの口が待っているという言い訳にもあまり説得力がなかった。仮に論文の書き方が完璧だったとしても、中心テーマが主流からかけ離れているという、カストレルに指摘された根本的な問題は変わらなかっただろう。この博士論文は一つの種子であり、じつは強大な木に育つ力を秘めていたのだが、当時は私自身さえそのことに気づいていなかった。

このいい加減な博士号を悔やんでいるか？

こんなふうにいい加減なやり方で取得した博士号ではあっても、それを後悔する気持ちはまったくない。やたらと熱心な指導教官のもとで、向こうの目論見どおりになるまで引き止められるより、さっさと博士号をもらうほうがいい。私の人生において、体制の中で束縛されない自由な要素が助けになったことは一度ならずあった。

皮肉なことに、一九五二年には大学教師の最終候補に残れなかったが、一九五六年までにそのことはどうでもよくなった。フランスで大学の学生数が爆発的に増えたので、あちこちで就職口が生じたのだ。日の当たらない場所でくすぶっていたような者さえ、ことごとく最終候補者リストに入った。ダルモアから電話があり（！）、ぜひとも仕事を頼みたいと言われた。なんと、いくつかの大学からリール大学を選ぶという贅沢が許された。パリに住むことができ、通勤には二時間しかかからない。

こうした遠い過去の出来事を語るときには、楽しい気分とつらい気持ちが必ずわいてくる。私は人生において、頼るべき前例のない重大な決断を何度もしてきたが、博士号にまつわる選択もその一つだ。重大な決断を下したどの場面でも、選択を誤ればまったく別の方向へ、ひょっとしたらきわめて不幸な方向へ、人生の道すじが変わる可能性があった。そのうえそうした重大な選択から生じる結果は、着実に大きくなっていった。その結果、二〇歳のときに目の前に広がっていたすばらしい展望は、ほとんど消え失せてしまった。そのあいだに私は多くの痛手を負い、少なからぬ冷遇を受けた。しかし振り返って考えると、責任はすべて私にあり、また手柄も私だけのものだった。なぜなら、私の冴えない博士論文こそ、のちに私がなし遂げたすべての成果の萌芽だったからだ。

私にとって幸いなことに、私の受けたフランスの教育は教室で一律におこなわれる指導を重視せず、自発的な人材の中から最良のものを選び出すことに重きを置いていた。一人で論文を書くのなら、特別な手はずを整えてもらう必要はない。悪い選択肢しかないとしたら、まとまりを欠いた環境か、こちらに無頓着な環境が一番ましだ。

私の博士論文審査委員会で主査を務めた、ド・ブロイがいい例だ。ド・ブロイ自身の博士論文は、量子力学を生み出した二つの起源の一つとなったものだが、これも助けを受けずに書かれた。審査会を通ってから五〇年も経ったころ、この論文がいったいなぜ受理されたのかという疑問が浮上した。偉大な物理学者ポール・ランジュヴァンはその論文を理解不能と判断したといううわさがあり、まだ存命だった委員の一人がそれは事実だと認めた。しかし論文を受理してもなにか実害があるとは思えなかった。なぜなら、ド・ブロイは兄モーリス・ド・ブロイ公爵の先例にならって、教職を目指すことはないはずだと思われたからだ。ところが彼はアインシュタインに論文を送り、あとはご存知のとおりである。

フィリップスのLEP研究所

博士課程の学生だったころ、フランス国立科学研究センター（CNRS）から大学院生奨学金をもらったとしても、それではまったく足りなかっただろう。そこで私は二重生活を選んだ。ようやく空軍の兵役を終えると、まずは惰性に従った。つまり、一九四七年にカルテクで航空学に進んだときと同じ考え方で、数学と飛行との接点にあるものを探したのだ。博士論文の指導教官を頼みたい人がONERA（アメリカのNASAに相当するフランスの国立航空宇宙研究所）にいたが、本人から自分がそのテーマを十分に理解していないので指導はできないと打ち明けられた。それでも私が関係当局に出向くと、面接官が私の能力に強い関心を示し、所長に紹介してくれた。所長は数日中に正式な採用承認を出すと約束したが、この人物はほかにも仕事があるうえに細かい点まですべてを自ら管理しており、明らかに忙しすぎた。通知の来ないまま数日が過ぎ、数週間が過ぎた。書類は所長の机に用意できていて、あとは署名を待つばかりだという連絡の電話がかかってきただけだった。国家機関に雇われることがどれほど厄介かという、父の持論がまたしても裏づけられたわけだ。父にとって、航空学の魅力は薄れつつあった。父はひそかに新聞を眺めて技術職の求人を探すようになった。

父がこれはと思った求人広告があったが、そこに住所は記載されていたが会社名が出ていなかった。父はこれが、オランダに本社のある多国籍エレクトロニクス企業のフィリップスがフランスに設けた非公開会社、フィリップスSAであることを突き止めた。もっと正確に言えば、新しい研究部門であるＬＥＰの求人だった。ＬＥＰといっても、すぐに思い浮かぶLaboratoire d'Électronique Philips（フィリップス・エレクトロニクス研究所）ではなく、Laboratoires d'Électronique et de Physique Appliquées（応用エレクトロニクス物理学研究所）だ。大規模な多国籍企業に入れば、航空学からエレクトロニクスにもスムーズに移行できると父は考えた。また、仮にどこかの国で革命が起きても別の子会社に異動させてくれるはずという考えもあった。

フィリップスは、英語が堪能なグランゼコールの卒業生で、スペクトル解析という技術に詳しい人材を求めていた。私はきわめて上位の成績でカルヴァを卒業し、名だたるカルテクに二年間在籍して優秀な成績を収めたうえに、二つの理由からスペクトルの知識があった。カルテクで友人が乱流の研究のためにスペクトルを実際に使用していたことと、ショレムからスペクトル理論の基本を「受け継いで」いたことだ。

この求人は双方にとって願ったりかなったりだった。数日のうちに、フィリップス・フランスの責任者であるオランダ人が、シャンゼリゼに程近い優美なモンテーニュ大通りから電話をかけてきた。すぐに署名と捺印の入った採用通知が届き、給料はＯＮＥＲＡで提示された額よりも高かった。

父の思惑とは違い、私がフィリップスに惹かれた最大の理由は、博士論文執筆との両立ができそうで、さらには論文のアイデアも得られそうだった点だ。一方、フィリップスがスペクトルにこれほど関心をもつのはなぜなのか？　会社側としては、私が基本的かつ差し迫った問題を解決してくれるのを期待していた。そのころテレビ産業は、不本意ながら猛然とカラーに移行する態勢を整えている最中で、それまでほとんど知られていなかった技術上の難題にぶつかっていた。白色光をプリズムに通すという問題だ。ニュートンは白色光を、赤から紫までのさまざまな色で構成される〝スペクトル〟へと分解してみせた。同様に、音もさまざまな周波数の純音に分解でき、最も単純な例では一つの基本波といくつかの調波に分解できる。したがって〝スペクトル〟解析と〝調波〟解析は互いに代替可能な用語となる。

この解析から、ＮＴＳＣ方式と呼ばれるカラーテレビ技術のアイデアが生まれた。これはアメリカ・ラジオ会社（ＲＣＡ）とゼネラル・エレクトリック（ＧＥ）の技術者が完成させたもので、名称は全米テレビジョン放送方式標準化委員会（ＮＴＳＣ）に由来する。もはや古びて時代遅れだが、タイプライターから生まれたＱＷＥＲＴＹ配列がパソコンのキーボードでも用いられているのと同じように、その技術は今でも用いられている。フィリップスのフランス子会社の技術者たちは、技術を学ぶにあたって支えとなる理論家を必要としていた。

ヨーロッパのいくつかの国で、もっとすぐれた方式が開発された。旧式になってしまったＮＴＳＣは、「決して同じ色にならない（Never the Same Color）」という意味だろうと揶揄（やゆ）されるようになった。従来の白黒受像機との互換性を確保するため、信号は実際には複雑な映像情報から成り立っていて、たとえば緑色の色信号を受信した場合、古いテレビなら黒色と判断されるが、カラーテレビなら緑色と判断されるようになっていた。緑色の色信号に加えて、それよりずっと微妙な赤色と青色の色信号も合わせることで、フルカラーの画像が実現できた。

フィリップスでは同僚たちが、白黒の撮像管（アイコノスコープ）よりすぐれたものをつくろうと、スーパーアイコノスコープと呼ばれるきわめて複雑な装置の設計と製作に挑んでいた。失敗に次ぐ失敗――そして成功。

成果が安定するとすぐに技術者たちは遠くの工場へ移り、装置の量産を始めた。

フィリップスで私が目標としたのは、高名な物理学者のヘンドリック・カシミール（一九〇九～二〇〇〇）だった。彼はアイントホーフェンにあるフィリップス研究所——名高いベル研究所に近い水準にあることは間違いない——で技術部長を務めていた。彼は科学、技術、経営、企業方針、国策のあいだをすばやく行き来し、なにを見ても即座に核心をつかむことができた。不定期に私たちのところへ視察に来ることがあったが、そのタイミングにはじつは意味があるとうわさされていた。アイントホーフェンは地方の企業城下町で、彼の世代の教養あるオランダ人はフランス語が堪能だったので、評判のよい新しい出し物（ショー）があれば必ず、カシミールは仕事と遊びを兼ねてパリに出てきたのだ。

フィリップスには、じつに意外な歴史があった。信じがたいことだが、創業者一族はなんとカール・マルクスの近縁の親戚だったのだ！　アイントホーフェンに皮革工場を保有していたので、会社を新設しても人件費が抑えられ、移転する必要もなかった。オランダは、一九〇〇年を過ぎるまで著作権に関する国際協定に署名しなかった国でもある。このことは、私が子どものころにパリで読んだ古いフランスの本からもわかった。特許権についても事情は同様だった。

のちにＭＩＴとプリンストン高等研究所でポスドクを終えたころには、フィリップスにいてももはや私にとってメリットがないことに気づいた。テレビ部門は研究から開発へと進んでいたのである。フィリップスに在籍した期間は短かったが、学んだことは少なくない。ある意味で、民間企業で働いたことがあとでこれよりずっと長くＩＢＭに勤めるための予行演習となったし、スペクトルを使った研究の経験は実際にとても役立った。

一九五一年、父の死

父からはたくさんのものをもらったが、フィリップスへ導いてくれたことが最後の贈り物となった。父や母が病気で寝込んだり医者にかかったりしたという記憶は一つもない。二人は、自分たちは運がいいのだと言っていた。そうでなければ、自分たちが乗り越えてきた数々の災難のいずれかでとっくに死んでしまったはずだからと。

それでも、がんからは逃れられなかった。最初に受けた腎臓の手術は成功し、数年間は元気でいられた。それから肺がんになった。父がもう手術はいやだと言ったので、医師は強力な放射線治療を勧めた。結果はすぐに出る――いずれにしても――とのことだった。私たちはあとで気づいたのだが、家にあったすべての事典で「がん」のページにしおりがはさまれていた。そのうえ毎日、同じ病気を患う(わずら)イギリス国王ジョージ六世の最新情報が新聞に詳しく記されていた。

私が初めて論文を発表したとき、父の容態は非常に悪化していたので、抜き刷りの完成が待ちきれず、論文の載った雑誌を図書館から借り出した。私の見せたものを父が完全に理解できたかどうかはわからない。まもなく父は亡くなった。

絶えざる貧困、絶望的な過労、苛酷な商用旅行――そして最後は病気――のせいで、両親は人をもてなすことなどほとんどできなかった。だから私たちは、父の葬儀に来る客もほとんどいないだろうと思っていた。ところが母と二人の息子のもとへ、ちょっとした群集ほどの人が集まった。ショレムは旅行中だったので、葬儀は彼が戻るのを待っておこなった。ショレムは葬儀のあとでうちに寄り、別れ際に「ではまた近いうちに（ア・ビアント・ドン）」と言った。ショレムはしょっちゅう旅に出ていたので、これがただのあいさつなのか、それとも「運命が許すなら」の意味がこめられているのか、私たちにはわからなかった。

意外にも、母は宗教的な葬儀にしたいと言い張った。戦争中にブリーヴにいたラビ――例の救いの天使を差し向けて私たちを守ってくれたのは彼に違いない――がちょうどパリに移っていて連絡がつき、葬儀を執（と）りおこなってくれることになった。死者を称える賛辞は感傷的ではなく、ありきたりでもなかった。父の人柄を語る事柄を驚くほどたくさん、とても温かい言葉で語り、自分は戦争の最中に子どものためなら自己を犠牲にすることもいとわないという親にはたくさん会ったが、父ほどの人には会ったことがないと述べた。

第14章　最初のケプラー的瞬間――語の出現頻度のジップ＝マンデルブロ分布（一九五一年）

「この抜き刷りをおまえにやろう。こんなばかばかしいものを気に入るのはおまえしかいないから」ショレム叔父を訪ねて帰り際に言われた言葉が、扉を一つ開くことになった。抜き刷りの中身は、一見すると偏狭でぱっとせず、さらに調べると重大な欠陥もあった。しかしその欠陥を修正する方法がわかると、あとは驚きの連続で、一時間後に私は生涯初のケプラー的瞬間を迎えるに至った。

歯車を組み合わせた複雑な装置に指が触れたと思ったら、そのとたんに全身が装置に引き込まれ、二度と離してもらえなくなったようなものだ。別の比喩で言えば、おとぎ語に登場する子どものようだった。短いひもを見つけて好奇心から引っ張ると、じつはそれがとても長いひもの端で、ひもはどんどん太くなり、想像を超えた不思議な光景が次々に目の前で繰り広げられる。そんな物語に登場する子どもだ。

そのひも、つまり抜き刷りが、研究生活における主要テーマのいくつかへ私を誘う（いざなう）ことになったのは、不思議だがほぼ必然でもあった。不均一、不均衡、ラフネス、そしてフラクタルという概念（および言葉）へ。この抜き刷りのテーマはほとんど研究しつくされていて、もはや大事なことはほとんど残っていないと感じることもしょっちゅうだった。しかしまったく思いがけない方向から、何度もよみがえってきたのだ。

運命の帰り道

ソルボンヌの近くで一日を過ごしたあと、帰りの地下鉄に乗る前にショレムのアパートに寄るのは大した遠回りではなかった。彼の書斎で雑談をするうちに、議論になることもしばしばだった。

私はいつも、帰りの地下鉄で過ごす長い時間に読むものがほしいとショレムに頼んでいたのだが、あるとき、それに対して返ってきたのが、この章の冒頭で引用した言葉だった。その日は、ハーヴァード大学の数学者でアメリカ数学会会長のジョゼフ・L・ウォルシュ（一八九五〜一九七三）から届いたばかりの抜き刷りを、ごみ箱から拾い出してくれた。一般向けの月刊誌《サイエンティフィック・アメリカン》に掲載された書評で、ジョージ・キングズリー・ジップ（一九〇二〜五〇）の『人間の行動と最小努力の原理』という本を好意的に取り上げていた。金持ちで学界の変わり者であるジップは、ハーヴァード大学で好きな科目を教えてよいユニヴァーシティ・レクチャラーの立場にあり、自分が考案して「統計人間生態学」と命名した分野の講義をおこなっていた。彼の研究テーマは、たいがいの想像を絶して風変わりだった。通常の文章において語が「頻出」と「まれ」のあいだでどのように分布しているかを実際に調べ、その膨大なデータを普遍的に成り立つかたちで要約したという、ばかばかしいほど単純な数式なのだ。

私は夢中になった。最初はひどく当惑し、それから全面的に疑いもしたが、やがてどうしようもないほど魅了され……現在に至っている。先ほど述べたとおり、ジップの式が厳密に正しいものではないということは一目でわかった。しかし地下鉄の道中は長く、ほかにすることもなかった。下車するころには、もっと普遍的に成り立つ式を考え出していて、早く実際のデータと照らし合わせたくてたまらなかった。まもなく私は、この奇妙な〝道〟に沿って歩いていってみよう——そして博士号をとるのだと決めた。その成果が現在ではジップ＝マンデルブロの法則と呼ばれている。

誰もが——とりわけショレムが、そして知り合ったばかりのマルセル＝ポール・〝マルコ〟・シュッツェンベルジェ（一九二〇〜九六）が——あきれ返った。みな、ジップを変人だと思ったのだ！語を数えるなどということはまともな数学ではなく、まともな科学でもなく、とにかくまっとうではないと思われていた。この分野の知識がいくらかある人でも関心を抱かなかった。こんな研究がちゃんとした職につながるはずはない、教授の職などありえない、と言われた。マルコはジップの著書を探し出して私に見せた。確かに全体としてはひどい代物だった。しかし本文を無視してグラフだけを信じれば、さまざまな分野が扱われていて非常に興味深かった。ウォルシュは語の出現頻度に関するジップの主張を認めたが、グラフは主張と矛盾していた。しかしそれらのグラフは、のちにジップ＝マンデルブロの式となるものを裏づけていた！

そこで私はプルタルコスの教えを「人の業績の一部を称賛するために、その人の主張するすべてを称賛する必要はない」と敷衍（ふえん）して、いぶかしむ友人たちへの返答とした。科学界で人の評価を定める中心人物らがジップを変人と見なしているという事実は、私の中の合理的な側面にとって彼を軽視すべき十分な根拠にはならなかった。また、大勢に加わるのを嫌う反抗的な側面にとっては、その事実はむしろプラスでさえあったかもしれない。

まもなく、ジップ゠マンデルブロの式が私の博士論文の一部となった。また、ジップの本に掲載されていた別のグラフが、その後の数年間に興味深い展開を見せた。それから私はジップを離れ、論理的必然性、純然たる偶然、あるいは臆面もないたわむれの導くままに進んだ。やがてすべてがフラクタルに行き着いた。

不均衡と不均一はあまねく存在する

ベストセラーリストに入った本は、いつまでリストに載りつづけるか？ たいていは数週間だが、なかには一〇〇週間、あるいはそれより長くとどまる本も少しはあるかもしれない。このように極端なばらつきが生じることは、出版業界では広く知られている。

インターネットの検索エンジンに誰かの名前を入力してみよう。なにもヒットしない場合もあるし、多くの場合は数件の情報がヒットするが、まれに何百万件もヒットすることがある。あるいは島の面積を考えてみよう。グリーンランドやマダガスカルのように広大な島がある一方で、ごく小さな島も無数に存在する。アメリカ各州の広さの不均衡はどうだろう？ フランスで革命によってほぼ同じ大きさの県に分割される前の各州や、スターリンが設計したソ連の各共和国、あるいは現在のロシアの各連邦構成主体では、面積の不均衡がさらに大きいが、これについてはどう考えたらよいだろう？

極端な不均衡は、自然界にも人工物にもよく見られるパターンだ。このような分布は「ロングテール」と呼ばれる。ロングテールの分布では、標準的な値というものは存在しない。ショートテールとロングテールの対比が、私の研究で中心的な役割を担うようになった。

ロングテールの分布はたいてい重大な意義をはらんでいるのだが、それまで長年にわたってこのテーマについて書かれてきた論文や書籍は、そういう意味では満足のいくものではなかった。私が幸運だったのは、語の出現頻度の分布から始めたことだった。これは重大な意義が一見どこにも認められないという点できわめて特殊であり、かつ格別に扱いやすい例だったのだ。

ちなみに一九五二年に初めてロングテールを扱ったときには、コンピューターは使わなかった。私がコンピューターを初めて目にしたのは一九五三年で、初めて使ったのはＩＢＭに入ったあとの一九五八年だった。

語の出現頻度に関するジップの普遍的べキ乗則

書かれた文章や口頭での発話では、「the」や「this」といった一部の語については出現頻度（総語数に占める割合）を明確に特定することができる。一方、めったに使われないので明確な頻度が特定できない語もある。ジップは次のような手順を用いた。文章を一つ選び、各語の出現度数を数える。そして各語に順位をつける。最も度数の多い語を一位、二番めに多い語を二位……とする。統計学者がこの方法を用いることはほとんどないが、やり方自体に問題があるわけではない。最後に各語の出現頻度を縦軸、順位を横軸としてグラフ化する。

グラフ上に、奇妙で読み取りにくい曲線が現れる。曲線は、出現頻度の最も高い語から最も低い語に向かってなだらかに下降するのではない。めまいがするほど急激にひとしきり下がったところで下降の角度がゆるみ、あとはきわめてゆるやかな下降を描きながら長い尾(ロングテール)となって伸びていく。スキーのジャンプ選手が空中に飛び出し、下方のなだらかな斜面に着地してから滑走するようすを横から見て、誇張して描けばこうなる。順位のつけ方の性質上、頻度は順位に対して逆相関となる。ジップはさらに、これよりはるかに強い主張をおこなった。頻度は順位の逆数のおよそ一〇分の一になるというのだ。そうだとすると、語の出現頻度と順位を掛けた積は約0・1となる。曲線はその大部分が座標軸と重なってしまい、ほとんど読み取ることができない。

このような曲線どうしを比較するには、順位と頻度それぞれの対数をとり、もっと読み取りやすい形で描き直すのが一番だ。対数という言葉はちょっと物々しく聞こえるかもしれないが、別に恐れることはない。0から9の数字を使った標準的な十進法を用いる場合、ある数の常用対数はその数の桁数とだいたい一致する。もう少し正確に言うと、十進数字の桁数より小さくなる(その差は最大で1)。つまり100から1000までの数の対数は2から3までの範囲となる。ジップの主張を受け入れて、各語の出現頻度を順位の逆数のちょうど一〇分の一として両対数グラフを描けば、傾きがマイナス1の下降直線(水平方向に1増加するごとに、垂直方向に1減少する)が出現する。

英語でもフランス語でもラテン語でも、言語による違いはない。非常に不思議なことだが、書き手の読み書き能力にも関係がない。これは物理学者がまもなく「普遍的関係」と呼ぶようになった現象の一例である。「スケーリング」というのもやはり物理学の概念で、フラクタルの根底にはこれが存在する。ジップは自分の得たデータ表をじっくりと検討し、データによく当てはまる曲線を描いてみて、これを表す式を考案した。ウォルシュはこの式を取り上げて、これを見れば誰でも驚くだろうと述べた。こうしたグラフを入念かつ批判的に調べるというやり方は一九〇〇年ごろから物理学で用いられるようになり、一九七〇年代から八〇年代にかけて復活した。私自身は一九五〇年代の初めごろから実践している。

残念ながら、ジップの仮説から生じる結論は、現実にはまったく成立しえないものとなる。たとえばこの仮説に従えば、文章をどれほど読み進めても、だいたい一〇語ごとに一回の割合で初出の語が出現することになる。しかし実際には、初出の語が出現する頻度は徐々に下がるはずだ。さらにまずい点がある。頻度というものの定義によれば、各語の占める割合を合計したら一〇〇パーセントにならなくてはいけないのに、ジップの式はこの数学上の絶対条件に反するのだ。単純な解決策として、「切り捨て」という手がある。初出語数が二万二〇〇〇（eの一〇乗）に達したら、それ以上は新しい語を計算に入れないことにするのだ。しかしこのような制約が、ジェイムズ・ジョイスにも読み書きのできない人にも一律に当てはまるはずがあろうか？　一九〇〇年ごろに物理学者が用いた仰々しい言葉を使えば、もとのジップの法則では「紫外発散」という「発散の困難」が生じてしまうので、彼の主張は数学的に見て墓穴を掘るものと言わざるをえない。

ジップの説を詳しく検討した者がことごとく、それをまったくばかげているとして退けたのは、このせいなのだろうか？　ジップの主張はすばらしく客観的であるように思われたが、じつは彼のグラフでは頻度と順位を掛けた積が0・1という普遍定数にならないという事実が隠されていた。この積は変動するのだ！　しかし正直に言うと、私もただちにこの点に着目したわけではない。議論の都合上、もとの式がある程度はデータを表現するものとなっていると認めたのを覚えている。そしていかなる「発散」も生じず、ジェイムズ・ジョイスや読み書きのできない人やその中間の人たちについて成り立つ、基本的な法則に還元しようとした。

どんな言語にも当てはまる――つまり普遍的である――ということは、ジップの法則が言語学の中核――すなわち文法――とは無関係であることを意味する。私の生涯で明白な天啓（ユーレカ）を得た瞬間というのは数えるほどしかないが、ジップの法則が情報理論と深く結びつき、それゆえ統計熱力学とも深く結びついているのではないかと気づいたのは、そんな瞬間の一つだった。そして私は生涯にわたってベキ分布の虜（とりこ）となった。こうした〝細部〟の詰めが甘かったのは、科学者や数学者としての教育を受けていないジップだけではない。ウォルシュもやはり気づかなかったのだ。いずれにしても、さまざまな概念の歴史に関する知識が、したたかな科学の探究者を生み出すのではない。私が幸運だったのは、私だけの特別な強みをもっていたことだ。私はそれなりの教育を受けた数理科学者として、ジップの法則を真剣に受け止めた最初の――そしてじつに長いあいだ唯一の――存在となった。

語の出現頻度におけるケプラー？

あの地下鉄で迎えた運命の時を、ケプラー的瞬間だったと考えるのはなぜか？　ケプラーにとっておもちゃの役割を最初に果たしたのは、楕円という、使い道がほとんど知られていない深遠な幾何学曲線だった。一九五〇年、私は言語の研究において当時としては深遠なアイデアに取り組んだ。そのアイデアとは統計熱力学であり、現在では物理学を支えるきわめて重要な柱の一つとなっている。

ジップ＝マンデルブロの式に登場する指数の主要な性質である「言説の温度」というのは、統計熱力学の発想から持ち込まれたものである。この指数によって、文章間や話者間の差異を測定することができる。個人の語彙の豊かさを数値で評価することもできる。温度が低ければ語彙が貧弱であり、温度が高ければ語彙が豊富ということだ。もとのジップの式はかなり正確な近似になってはいるが、誤解を招きやすい。ジョイスの『ユリシーズ』をジップが好んで用いたのは、これが大作であることに加えて、特殊な作品だという理由からでもあった。言説の温度は、博識の度合いを数値でとらえることによって、人を社会的な観点で評価するための強力な測定手段となりえた。

かくしてあの日、地下鉄の長い道中で、私は生涯で遭遇する数々のケプラー的瞬間の一つめを迎えたのだ。それからまもなく、私はジップの著書を調べた。著書に掲載されたデータ表を見ると、ジップ＝マンデルブロの式はもとの式よりはるかにすぐれていることが確かめられた。ただし問題が一つあった。出現頻度の高い語については明確な確率が存在するかもしれないが、頻度の低い語、とりわけ複数の著者が書いた作品や新聞記事をまとめたファイルなどに出てくる低頻度の語についてはどうだろう？　やがてさまざまな問題が見つかったが、それらは今でも解決できていない。

こうした出来事から、私は基本的な教訓を学んだ。現実に対する応用数学者のかかわり方は問題だらけということだ。さらにまずいことに、実験主義者は自分の観察した事柄を単純化することでなんらかの貢献をしようとするあまり、重要な事実をしばしばうっかり見落としてしまう。彼らのことは尊敬すべきではあるが、無条件に信用してはならない。

性急さが報われた事例？

奇跡的にも、ウォルシュがジップの本について書いた書評の抜き刷りが私の書類入れに残っていて、この回想録を書いている最中に見つかった。私はそれを読み直した。あのときは興奮のあまり、ざっと読んだだけで研究に突入してしまった。今の私にはそれがはっきりとわかる。ウォルシュの書評には次の言葉も記されていたが、当時の私はそれを見逃したか、あるいは忘れてしまったらしい。

力学の歴史と同様に今から新たに人間行動の科学が進化すると予言するのは性急だが、力学の歴史の教訓を無視するのは愚挙であろう。……ティコ・ブラーエは惑星の運動を数多く観察し……その成果を用いてケプラーが基本的な法則を定式化し……ニュートンが力学を創始した。……ティコ・ブラーエやケプラーやニュートンに続く者たちにとって、機は熟した！……厳密な科学的方法で……自然現象として……特殊な行動形態として……発話を調べるのは有益かもしれない。

私としたことがなんたることだ！ ウォルシュがケプラーの名を挙げているのを忘れていたとは。私が初めて迎えたケプラー的瞬間は、私の途方もない夢に不思議なほど似つかわしく、ロングテールにかかわるものだった。ウォルシュの言葉はすっかり忘れていたが、ケプラー的可能性に魅せられて、のちに私の研究の中心となる幾何学がそこに存在しなくても気にならなかったことは今でも覚えている。

早い段階から気がかりはあった。私の扱う例は重大な意義をはらんでいるようには見えないということだ。私が「語の出現頻度のケプラー」とか、のちにもっと一般的に「ロングテールの父」と呼ばれるようになることなど、誰にも予想できなかった。ロングテールは、五〇年前にはほぼ取り沙汰するに値しない変則にすぎないと見なされていたのに、二一世紀初頭には幅広い注目の的へと変化した。一見もっと〝価値〟のありそうな角度から取り組んでいたら、今の私はなかったに違いない。私の幸運は続いていたのだ。

今では質問が続々と寄せられる。コンピューターで検索すれば、ジップが好意的に評価され、数学に疎い人たちのあいだでも支持者を得たことがわかる。ジップのもとの式が意味をなさないということにウォルシュが気づいていたら、友人ジップは水を差されたことだろう。それにしても、少なくとも十分な数学的素養をもつ者のなかで、この書評に注目したのが私だけだったのはなぜなのだろう？

野放図な新参者から「ロングテールの父」へ

博士論文の主要テーマが見つかった。「語の出現頻度の意外な分布の背後に存在するきわめて単純な数学」だ。一九五二年一二月一九日、さいが投げられた。私の博士論文は、独立独歩の科学者——私の世界では絶滅したと思われていたタイプの科学者——になるというケプラー的な決意を声高に告げていた。比喩的に言えば、科学が高度に組織化された宗教教団のようなやり方をとり入れようと急いでいたときに、私は新参者でありながら隠遁者になろうとしていたのだ。一度そちらに進んだら二度と引き返せないと確信していたので、単純な数学や物理学への貢献を考えるのはやめた。まあ、結局は貢献することになったのだが——かなり晩年になってから、多大な貢献を。

考察は入念にしたが、それでも私の博士論文は〝学問的〟に平易で、書き方には不備があった。私の大きな目標にはほとんどそぐわないものだったが、私は急いでいたし、自分の力をさほど評価していなかった。絵に描いたような純然たる幸運によって、そしておそらく災いを転じて福となすという自ら身につけた能力のおかげもあって、私は十分な数学的素養をもつ者としてロングテールに真っ向から取り組む最初の——そして長いあいだ唯一の——人間となった。

やる気はあっても目算はなし

なにからなにまで自分の力でできるということが、とにかくうれしかった。ノルマルやカルヴァでの成績はまだ多くの人に知られていたが、私の博士論文が審査を通ったころにはもう、私がどんなテーマやキャリアを選ぼうと、パリでは誰も大して気にしないということがよくわかっていた。もちろん、両親やショレムをはじめとしてたくさんの人が、互いに相容れない方針を押しつけてきた。だから良かれ悪しかれ、私は自分の方針に従った。

やる気はあったが、目算はなにもなかった。これからどうしたらよいのか？　ショレムからは、前にはっきりと警告されていた。あわててカルテクへ行く前に、しばらく後ろ盾となってくれそうな指導教官とテーマのうまい組み合わせをパリで見つけるべきで、そうしなければ誰も私の職探しなど助けてはくれないと。私はどこの国でもいいから、正規の教職に就く機会はないものかと考えはじめていた。

幼少時にありとあらゆる困難に満ちた生活を送った反動で、このころの私は甘ったれた子どものようにふるまっていたのだろうか？　私は無償の保険を確保していた。まだ国立科学研究センター（CNRS）に籍があっただけでなく、博士号を取得したおかげで昇格もしていた。同年代のかなりの者がセンターにとどまり、ひそかによそでいろいろな活動をおこないながら、その報告は巧妙に怠っていた。だから、私の行動は甘えではなかった。ここそこそしたくなかった。ケプラー的な夢を実現するのに最高の場に身を置きたかった。夢が重荷になることもあるのだ。

結局のところ、政治的な駆け引きに疎いせいで痛い目に遭うことはなかったのである。数年後にはフランスの古くからある大学で学生が爆発的に増えたため、多数の終身雇用の職を新たに設ける必要が生じ、博士号の学位証書が大きな意味をもつようになったのだから。しかし一九五二年の時点ではまだ、そのような大学の膨張は遠い望みにすぎなかった。フランス語であわてて書いた博士論文と、正式にはまだ存在しない研究分野への傾倒だけでは不十分だろうということはわかっていた。ともあれ、仲間を見つけるにしても安定した仕事の根を張るにしても、かなりの尽力が必要だった。

幸い、短期の職ならたくさんあった。ただしほとんどはフランス国外の仕事だった。博士号を取得してからの五年間、私はまったく違うタイプの仕事をいくつか試し、じつにおもしろく変化に富んだ生活を送った。しかしカルテクにいたときと同じように、新しいことはあまりなし遂げられなかった。やがて、カルヴァ時代に教わったポール・レヴィとガストン・ジュリアからアイデアを得た。といっても、本人から直接ではなく研究を通じてだ。直接アドバイスされたなら、きっと従わなかったに違いない。

第15章　ＭＩＴでポスドクのグランドツアーが始まる（一九五三年）

Gaudeamus igitur, juvenes dum sumus ——「若いうちに楽しもう」という言葉を思い出した。私の場合、楽しみとは飲み騒ぐことではなかった。まず、きわめて型破りな博士論文を書いて、自分がどんな研究をしていきたいのか大胆に主張することを意味した。それよりあとには、中世のある慣習の現代版を意味した。その慣習とは、駆け出しの学者が数年間にわたって各地を旅して回る「大旅行（グランドツアー）」で、私は自分の同様の遍歴を「ポスドクのグランドツアー」と呼びたい。この時期には、自分の博士論文を献呈した、見習うべき二人の高貴な人物のそばで研究をした。その二人は最高レベルの数学者であり、私が肩を並べたいと思うようなケプラー的な夢を何度も実現していた。

一人は、マサチューセッツ州ケンブリッジにあるマサチューセッツ工科大学（ＭＩＴ）のノーバート・ウィーナー教授だ。彼の卓抜した著書『サイバネティックス——動物と機械における制御と通信』に、私は大いに感服していた。「サイバネティックス」というのはウィーナーがそのころ考え出したばかりの言葉で、この本のタイトルとなることで、この語が脳から電話交換機に至るまで幅広い対象を網羅するものと知らしめられたのだった。

もう一人は、ニュージャージー州プリンストンにあるプリンストン高等研究所（ＩＡＳ）のジョン・フォン・ノイマン教授だった。ＭＩＴのあと、私はこの研究所でフォン・ノイマンの指導を受けた最後のポスドクとなった。彼はオスカー・モルゲンシュテルンとの共著として『ゲームの理論と経済行動』を書いていた。どちらの本のタイトルにも、新たなフロンティアや新しいテーマ——あるいは少なくとも既存のテーマを斬新な組み合わせで結びつけたもの——が期待できた。

私の博士論文のタイトル『コミュニケーションのゲーム』は、二人への傾倒をいささか過剰に強調していた。私には彼らがまさにきら星のように感じられた。この二人だけが、私のケプラー的な夢がかなわぬ夢ではないということを示す生きた証拠だった。つまり、複数の学問領域にまたがるきわめて古く具象的な問題に対して、新しい数学的なアプローチを考えて発展させることは可能であると証明していたのだ。二人のなし遂げた業績のすばらしさに並ぶことなどとうてい考えていなかったが、この偉大な二人以外から指導を受けることも考えられなかった。

ＭＩＴのノーバート・ウィーナー

ノーバート・ウィーナー（一八九四〜一九六四）の卓越したケプラー的な業績は、ブラウン運動の数理的理論とサイバネティックス（この用語自体、およびこれをタイトルに用いた著書の双方）である。一七〇〇年ごろにアイザック・ニュートンは、プリズムが光をさまざまな色の要素に分解することに気づいていた。しかしこの現象に関する数理的理論が出されたのはずっとあとになってからで、それを発表したのがウィーナーだ。関連した業績として、ブラウン運動に関する理論も発表している。これは競争価格の変動を表す不適切なモデルとして、そして〝フラクタルの島〟を形成する、興味深い輪郭をもつ細かく入り組んだ線として、のちの私に強く影響した。初期の発想を語る彼自身の説明にはわくわくした。彼は顕微鏡で観察した花粉の運動に関心を抱き、この運動の謎を解明するにはルベーグ積分と呼ばれるものを用いなくてはならないと考えた。そのころルベーグ積分はまだ目新しく、深遠なおもちゃの典型だった。

私はウィーナーの信奉者として、彼が提起した専門的な問題をそれ以上展開しようとは決してしなかった。それを避けて別の新しい専門的問題を切り開くか、あるいはブラウン運動の領域を超えて新たな概念へと歩みを進めるほうがいいと思った。それでもウィーナーの研究は、私にとって導きの光でありつづけている。

彼は数学の天才であり、世に広く知られ確固たる地位を築いた人物だった。科学界の前衛派を率いる存在となった彼は、この集団が発展して、機械と生物における情報伝達と制御を研究対象として網羅するようになることを望んだ。この目標の一部さえ達成されないうちに、それを表す言葉としてギリシャ語の単語をもとに「サイバネティックス」という語をつくり出した。私は早くからこの言葉を耳にしていた。一九四七年にウィーナーがパリを訪れたとき、ショレムが彼を昼食に招き、そのときに私もショレムに言われて一緒にコーヒーを飲んだのだ。

ウィーナーは数学の中でショレムにきわめて近い分野の大家で、二人は共著論文も書いている。ショレムは自分より少しだけ年長の友人ウィーナーを尊敬していたが、自分とウィーナーの数学は何世紀も前に生じた具象的な背景の中で生まれたものだと認めていた。ショレムにとって科学からの新たな成果が数学に入り込んでくることは耐えがたく、常に心の奥底にいら立ちを覚えていた。

数学者は、時間とともに変化するものを指すのに「関数（ファンクション）」という言葉を用いることが多い。しかしウィーナーはそれよりも「ノイズ」という語を好んで使った。ショレムはこれが気に入らず、はっきりと言った。「その言葉遣いは、軍の顧問を務めた名残か？　それとも気取っているつもりか？」。私は、ウィーナーの深遠な数学は本物で、自然界の揺らぎを解明するという生涯の大目標の一部なのだと訴えた。ウィーナーは工学、生物学、社会科学まで「垣根を越えて」扱うことを望んでいたが、狭義の経済学には関心がなかった。

理想的な研究環境、ジェリー・ウィーズナーの電子工学研究所

ノーバート・ウィーナーのサイバネティックスに熱狂し……ユニークな科学を育成する電子工学研究所（ＲＬＥ）は、二〇年間にわたりほぼ理想的な研究環境を提供し、他の研究所の組織に対するモデルとなってきました。……［一九四六年には、］われわれは行く手に待つ興奮と知的快楽をほとんど想像できませんでした。実際、振り返ってみると、強力な人材とさらに強力なアイデアが世界中から人々を引きつけてきたという印象を覚えます。私の記憶はたいそう心地よくぼやけていますが、それは宇宙の自然発生的な創造を描く頭の中の映画と似ていなくもありません。

これは、MIT電子工学研究所の創立二五周年記念式典でジェリー・ウィーズナーが語った言葉だ。電子工学研究所はきわめて卓越した研究機関で、私は博士号を取得してからそこで学びつづけた。ジェローム・B・ウィーズナーは、電子工学研究所の所長として初めて会ったときにはウィーズナー教授だったが、それからウィーズナー博士になり、最後には忘れがたいウィーズナー学長としてMITでの経歴を終えた。私たちは彼をジェリーと呼んでいた。

先ほどの引用で、「世界中から」という言葉は核心をついている。最後のほうの「自然発生的な」も非常に重要だ。ジェリーを知る人なら誰でも、彼が「頭の中の映画」で自身を創造者ではなく促進者と見なしていると証言することだろう。実際、彼は創造というものが自然に起きる現象だと思わせることのできる稀有なリーダーだった。電子工学研究所は、古くからの学界の伝統を守って単独で研究する科学者たちと、MITの名高い戦時中の放射線研究所（レーダーの開発をしていた）の流れをくむもっと現代的な研究者集団を混成した、類（たぐい）まれな研究所だった。

このころが電子工学研究所の最盛期だった。ジェリーはウィーナーとはほぼ正反対だったが、名前が似ているので（とりわけ外国なまりを伴って口にされると紛らわしい）しばしば混乱を招いた――たいてい害はなかったが。

第二次世界大戦中の放射線研究所の所長としては、ジェリー・ウィーズナーは驚くほど若かった。彼自身は科学者として格別に秀でているわけではないが、ある特別な才覚をもっていた。全力を捧げる意志（科学者の価値はこれで大部分が決まる）の有無を見抜く鋭い眼力、高い地位に伴う義務（ノブレス・オブリージュ）に対する強い意識、そして誰とでも交わって物事を進める能力を併せもつ、稀有な人間だったのだ。彼は自己の権力強化に走ることなく、官僚的機構を表面には出さず、部下（完全に甘やかされた連中もたくさんいた）に対して最大の敬意をもって組織を動かす方法を知っていた。彼のそばにいると、私はいつも子どものような気分になったものだ。

キャリアの初期に、ジェリーは当時上院議員だったジョン・F・ケネディと親しくなった。ケネディが大統領に就任すると、ジェリーは彼の科学顧問に任命された。ジェリーは彼以前や彼以降に科学顧問を務めた誰よりも成果を上げ、目立つ活躍をしていた。MITに戻ると少しずつ昇進し、新左翼が隆盛を誇りMITが掛け値なしの危機にさらされていると思われた時期に学長となった。

ジェリーはたまたま一九五二年にロンドンで私の講演を聞き、その講演と、引き続いておこなわれた愉快な討論を気に入ってくれた。信じがたいだろうが、討論の相手は南太平洋におけるセックスの研究で名声を博した民族学者、マーガレット・ミード（一九〇一～七八）だった！　ミードが私の講演に来たという事実が、あの遠い時代のすばらしいオープンな空気を物語る。ジェリーはいつものやり方で、ほとんど事務手続きらしいこともしないで私をMITに呼んだ。当時彼は准教授で、ほかの一部の教員と同じように、広い部屋を仕切っただけの開放的なスペースに席をもっていた。このおかげで彼は同僚たちと親しかった。

電子工学研究所は、迷路のように入り組んだ二〇号館という大きな建物に入っていた。放射線研究所が時代の要請に応じて改築されてできた、木材とタールとアスベストを使った急ごしらえの簡素な建物だった。あらゆるものが古びており、私の椅子もくたびれてぐらついていた。しかしもともとは高級な品で、背には「リー・ダブリッジ」と書かれた名札がついていた。ダブリッジというのは放射線研究所の元所長で、私が留学していたころにカルテクの学長を務めていた人物だ。その椅子が残っているということは、湯水のごとく金を使う科学研究も、適切に管理できればそれは資金の無駄遣いではなく、真によい投資になることの証だった。

かつて二〇号館があった場所の北東側にイースト・ケンブリッジと呼ばれる地区があり、現在は高層の民間研究所や高級住宅が建ち並んでいる。私の住まいもここだ。当時は低層の工場とアパートが混在していた。そのため電子工学研究所が昔ながらのチョコレート工場の香りに包まれたり、腐肉を煮て真っ白な石鹸をつくる脂肪精製工場の悪臭に襲われたりすることもしょっちゅうだった。私はこうした状況を、創造のプロセスとは本質的に雑駁なもので、周囲の物理的な荒廃よりも志を欠いた秩序から悪影響をこうむるということを示す絶えざる証拠と受け止めた。

予想と証明のバランスをめぐる議論

クロード・シャノン(一九一六〜二〇〇一)は、戦時中におこなった研究(発表したのは一九四八年)によって情報理論を生み出し、電子工学研究所に知のバックボーンを与えた知的指導者だった。ノイズのない通信路に関する彼の研究は、私が博士論文で扱った語の出現頻度に関する理論の出発点となった。

しかしそれよりはるかに私が感銘を受けたのは、彼の「ノイズのある通信路の定理」だった。じつはそれは定理などではなく、見事な予想にすぎなかった。その様式には物議があるが、やがて私もきわめて積極的にその予想に加担するようになった。この定理の要点とは？　それは、ランダムにノイズの生じる通信路でも、望みどおりの高い精度でメッセージが伝送されるようにプログラムできるかもしれない、ということだ。

シャノンの予想が重大なものであることは明らかだったが、彼の証明は不完全だった。彼の研究が数年にわたって機密扱いされていたことに加えて、その後も明快で普遍性のある証明はなかなか出てこなかった。情報理論学者はこの状況にやや困惑していた。一方、数学者はシャノンの「ノイズのある通信路の定理」は証明されていないと言って軽蔑した。

のちにＭＩＴで客員教員を務めていたとき、私はこの定理の初の証明に一役買うことになる。アミエル・ファインスタインという物理学専攻の大学院生が会いに来たのだが、彼はすぐに博士号が取得できそうな電気工学の新しいテーマを探していた。彼の厚かましさに一瞬いら立ちを覚えた私は、シャノンの大胆な主張の証明でもしてみたらどうだと口走ってしまった。その問題について説明し、懸命に挑みながら無残にも敗れた人たちの名前をいくつか挙げて、まあがんばりたまえと言った。ところが彼はすぐに証明を携（たずさ）えてまた現れたのだ！　その証明は、様式としてはどう見ても純粋数学で、いかにも未熟な初心者が指導も受けずに書いたものだった。しかし調べてみると、正しいことがわかった。少しだけ手を加えたら、彼はそれで物理学の博士号をとってしまった。しかし彼はほとんど名を知られることのないまま、まもなく科学者の競争から脱落し、功績の大半はシャノンのものとなった。まあ、それがフェアというものだ。

ノーム・チョムスキーとラースロー・ティサ

電子工学研究所での一番の思い出は、産業志向のMITやほこりだらけの二〇号館で遭遇することなど思いもよらない領域にまつわるものだ。私は著名な人類学者のクロード・レヴィ＝ストロースとパリで一緒に研究をしたことがあり、彼が親友の言語学者ローマン・ヤーコブソンに私を紹介してくれた。それからハーヴァードの下級研究員ノーム・チョムスキーにも会い、言語学の将来に向けた彼のプロジェクトについて話を聞いた。一九五三年の時点では、それは従来の研究の主流から果てしなく離れた無謀な夢だった。私はほかの多くの人たちと同じく、チョムスキーの目指す新しい言語学が生き延びて発展できる安全な場所など見つかるのだろうか、どこで見つけられるのだろうかと疑問に思った。チョムスキーは幅広い政治問題について極端な姿勢をしばしば繰り返し表明しており、そのことが成功の可能性を押し下げていた。ジェリー・ウィーズナーの名誉のために言っておくが、言語学を研究する場所としてどこよりも意外なMITに言語学研究の拠点を設けたのはウィーズナーだ。チョムスキーはMITにとどまって、インスティテュート・プロフェッサー（訳注　MITで最高位の教授職）にまで昇りつめた。言語学者たちとたわむれる時間は私にとってかけがえのないもので、勉強にもなり、長く付き合うことになる友人との出会いもたくさんあった。ローマン・ヤーコブソンは、私がさらなるケプラー的なスリルを追うのをやめて、言語学に腰をすえて取り組むことを望んだ。しかし観察すればするほど、言語学がいずれチョムスキーに支配されるようになるということがはっきりとわかった。まもなく私はチョムスキーと彼の信奉者たちに、ある重大なことを理解させた。ジップの法則が言説のもつ重要な物理学的（熱力学的）側面を支える基盤であるのに対し、文法は言語の化学か代数学のようなものだと言ったのだ。予想どおり――ただし、称賛されることにつきものの毀誉褒貶をいくらか味わってから――私は言語学に失望し、そこから離れた。

自分より年上の相手との親交はなかなか長続きしないが、相手が極端に高齢の場合は別だ。物理学者ラースロー・ティィサ（一九〇七〜二〇〇九）との付き合いがふつうよりもずっと長く続いたのは、めったにない幸運だった。07／7／7（一九〇七年七月七日）に生まれた彼は、その次の07／7／7（二〇〇七年七月七日）に、今まさに一〇〇歳にならんとする人と話をする生涯唯一の機会を私に与えてくれた。

ティィサはやせて背が低く、穏やかな口調で話す控えめな人物だった。初めて会ったとき、彼は自分が大きな成果を生み出してきた著名な研究者だと言った。正確には、超低温ヘリウムの超流動と呼ばれる不思議な現象をほぼ解明したことによって名声に近づいたそうだ。ところがその研究には重大な誤りがあるから修正しなくてはならないということになり、かつての指導教官でスター物理学者のレフ・ランダウ（一九〇八〜六八）がその修正をやった、とすぐに言い足した。実際には、ティィサは間違いなど犯しておらず、当然受けるべき評価を受けることができなかった。彼はランダウのせいでひどい目に遭ったが、十分に長生きして、真実を明らかにすることができた。手柄をきちんと認めろなどと要求したりせず、この業績でランダウをある賞に推薦さえした。

ティィサと私は、一九五六年の夏にMITで情報理論のシンポジウムが開催されてから数年間、親しく付き合った。私がシンポジウムで発表した論文は、博士論文の後半から発展させた統計熱力学の公理を説明するものだった。先に渡しておいた原稿についてティィサにコメントを求めると、彼は盛大に称賛してくれて、ここでは自分のほうが私から学ぶべき立場にあると言い出したのだ！　年齢差を考えればそんなことはなかなか言えるものではなく、その言葉に心洗われる思いがした。

ティサはとにかく力になってくれる教授だった。私は彼の一〇〇歳の誕生日を祝う早めのイベントが企画できてうれしかった。広い部屋が人でいっぱいになっていた。遠くから駆けつけた人もいくらかいた。温かくひたすら愉快な空気が流れていた。彼は生涯ずっと、他人に対してむやみに騒いだり憤(いきどお)ったりすることがほとんどなく、友人や自分自身の喜びを大事にしていた。その思いは晩年まで続き、物理学という永遠の殿堂に堅固なレンガを少なくとも一つは加えた。解明されていない謎はたくさんあるが、多様性万歳だ——彼の言葉に私は心を強く動かされた。

豊かさが科学に与える影響

私にとって電子工学研究所があれほど魅力的だったのはなぜか？　ウィーナーの近くにいられたからという理由もあるが、最大の理由は電子工学研究所が先に述べたような場所であろうとする意気込みが感じられたからだ。パリでほとんど周囲から孤立していた私は、もっとオープンで変化に富む環境で暮らすことを願い、その環境の助けを借りて、博士論文と同じ方向に進みつづけるか、それとも方向転換するかを決めたいと思っていた。

私は、創意に富む科学と工学を育てる偉大なインキュベーターとして、電子工学研究所の価値を認めていた。そのため、自分の触れてきたそのあり方がいつまでも続くわけではないと知ったときにはがっかりした。もっとも、維持できない理由はいろいろあった。私の博士論文のテーマと同じく、電子工学研究所の一見完璧なタイミングは、卓越した長期的な計画によるものではなかった。科学のもつ良心的な力への信頼と多くの外的要因による期待の高まりのそろった、戦後の時代状況から生じていたのだ。電子工学研究所の精神の健全さは、情報通信産業の経済上の健全さに大きくかかっていた。技術が進歩するにつれて、インキュベーターが育てるべき対象はコンピューターへと変わり、それに伴ってインキュベーターの役割はＩＢＭ研究所のような別の組織に移った。

かつては外部からの圧力によって、大学の学科にはある程度の幅とまとまりが求められ、学科間に重なりが生じていた。しかし数学と物理学が突如として豊かになると――世の上げ潮がすべての船を持ち上げたころの話だ――この二つの学問分野はある種の〝民族浄化〟に走りはじめ、自らの範囲を制限して、きわめて純粋または根幹的なテーマのみを扱うようになった。

これに対してきわめて幸運な対照を明確に示したのが情報通信であり、のちにはコンピューターだった。これらは独自の展開を見せ、自らの役割をきわめて幅広く解釈した。残念ながら、かつて電子工学研究所で新旧のアカデミックな科学技術や自然科学が奇跡のように共存したことを覚えている人は、もはやごくわずかな年配者だけとなっている。

第16章　プリンストン――ジョン・フォン・ノイマンの最後のポスドク（一九五三〜五四年）

「黙ってはおれん！　こんなひどい講演は聞いたことがない。タイトルとちっとも関係がないばかりか、中身もまるで意味がないじゃないか！」

ここはプリンストン高等研究所だ。オットー・ノイゲバウアー（一八九九〜一九九〇）という著名な学者（バビロニア天文学を研究する歴史家として名をなした数学者）が、終わったばかりの私の講演について発言した。

私が口を開けたまま立ちすくんでいると、「原子爆弾の父」こと物理学者のJ・ロバート・オッペンハイマーがさっと立ち上がった。「私が答えてもいいですか、オットー。マンデルブロ博士が許可してくれるなら、いくつか言わせてもらいたい。講演の案内に書かれていたタイトルは仮のものだから、変更しなかったのは手落ちです。それでも、博士の研究について話を聞くことができたのはよかった。感心しました。ただし、彼の得た注目すべき成果がきちんと扱われていなかったような気もします。私の頭に残っている内容を整理してお話ししたい」

聴衆は身じろぎもしなかった。思いがけず、有名な〝オッピー・トーク〟が聞けることになったのだ。彼はどんなセミナーに出席しても、そのまま印刷できるほどの完璧な文をいくつか口頭で述べて、内容を要約することができる。そして講演者がせっかく達成した成果を聴衆に伝えそこねた場合、それを本人に――しばしば初めて完全に――気づかせるのだった。

オッペンハイマーが話を終えて腰をおろすと、今度は「コンピューターの父」こと数学者のジョン・フォン・ノイマンが立ち上がった。「マンデルブロ博士を一年間こちらに招いたのは私です。われわれはきわめて興味深いやりとりをしてきました。博士にお許しいただけるなら、オッピーが触れなかった点をいくつかかいつまんでお話ししたい」。身動きもできずにいる聴衆が、今度は〝ジョニー・トーク〟まで聞けることになった。こちらもオッピー・トークに劣らず説得力があるが、強いハンガリーなまりで語られる。会はどん底に沈んだような雰囲気から一転して、忘れがたいほどの盛り上がりへと変わり、大成功のうちに終わった。

これは私の見た悪夢だと思われるだろうか？　いや、夢ならよかったが、実際にあった出来事だ。MITを離れた私は、フォン・ノイマンにつく最後のポスドクとして、一九五三〜五四年度の一年間をプリンストン高等研究所で過ごしていた。先ほどの講演の話は、あるとき通勤電車でオッピーと話していた最中に出てきたものだった。

ジョン・フォン・ノイマン

ショレムやポール・レヴィなど、私のよく知る多くの純粋数学者は、よその分野には無関心だった。

ジョン・フォン・ノイマン（一九〇三〜五七）はさまざまな分野――いずれも人気のある分野だった――に携わり、どの分野でも優秀さが知られていた。いつもその時々で最も手ごわいと考えられている問題に狙いを定め、数理科学界に衝撃を与えていた。スピード、頭の柔らかさ、無類の力強さを発揮して問題を解決しては、たちまち称賛を浴びた。彼が望むのは数々の多様な探究に取り組むことだけであり、聖杯や金の羊毛にたとえられるような究極の知を意識的に探し求めようとはしないらしかった。最も純粋な数学の最も抽象的な基盤から、アメリカ大統領に進言する戦略上のアドバイスに至るまで、フォン・ノイマンは飽くなき好奇心に動かされ、自身の財力にも助けられ、想像力を自由に駆けめぐらせた。ある分野が勢いづいていると聞くと、すぐにその分野で競争力を備えた専門家となり、自分に解決できそうな重要な問題をいくつか見つけ出すのだった。

フォン・ノイマンは〝平穏〟な幼少期を送った。あのよき時代のハンガリーでは、ほかの人たちもそうだった。同胞のユージン・ウィグナー（一九〇二〜九五）やエドワード・テラー（一九〇八〜二〇〇三）もアメリカで高い名声を得て、フォン・ノイマンほど華々しくはないもののやはり抽象能力と応用への関心をきわめて多彩に結びつけた。一九一八年にハプスブルク家の統べるオーストリア＝ハンガリー二重帝国が崩壊すると、彼らの属する輝かしい文化も消え去り、ハンガリーはそれまでの国土の半分を失った。こうして、ハンガリーの発展は外的要因によって完全に妨げられた。フォン・ノイマンはまず一九二〇年代に、数理論理学、具体的には抽象的な集合論の分野で重要な博士論文を書いた。次に私もよく知っている、二つの偉大な業績をなし遂げた。彼はまず、量子力学の数学的基礎を整えた。彼の研究以前には、二つの方法が競合していた。それらは大きく異なるように見えるが、出てくる結果はまったく同じになる、ということを彼は示したのである。それから彼はゲーム理論を〝発明〟し、これによって経済学に一つの基盤をもたらした。そしてごく若いうちに別の研究へ進み、それによって純粋数学者として名をなした。

私と出会ったころには、すでに純粋数学から応用数学に移ってずいぶん経っていた。気象予測に関心を抱いた彼は、根底にある方程式を数値的に解くことができないかぎり、理論気象学は未熟な段階を脱することができないと確信していた。その方程式を解くために、それまでまったく試みられたことのないタイプの工学技術を先導し、世界初の電子計算機をゼロから〳〵つくるチームをきめ細かく監督した。

遺産があったおかげで屋根裏部屋で仕事をせずにすみ（比喩的にも事実としても）、命を守るために逃亡する必要もなかった（ただしクン・ベーラの共産党独裁がおこなわれた一〇〇日間だけは、彼の一家は賢明にも故郷のブダペストを離れた）。ヨーロッパでは教授になれそうにないと判断すると、ヒトラーが政権に就くよりもずっと前に祖国を離れ、プリンストンで教授になった。最初はプリンストン大学、その次にはあらゆる学術機関の中でもここほど望ましい環境はないと言える、プリンストン高等研究所の教授だった。また、コンサルタントとして高い報酬を得るようにもなった。

正直に言うと、私は彼の関心のあり方をさげすみ、彼が自発的に単独で行動する科学者のまさに対極である――互いに無関係な多数の対象に関心を抱くという点では、私たちは古いタイプに属する同類だったが――という事実についても軽蔑した。すでに述べたように、彼を引きつけるような〝勢い〟のある専門分野は優秀なライバルであふれていたが、彼は手ごわい専門家であってもあくまでもよそ者であり、もとからいる者たちを脅かすことはなかった。そのころの私は競争には関心がなかったが、多様性はなんとしても身につけたいと願っていた。彼を見ていると称賛と畏怖の念がわき、彼の探求の計り知れない幅広さに比肩したいという願望が私を満たした。私はまた、彼がどうやってあれだけのことをなし遂げているのか、そのヒントも手に入れたかった。

フォン・ノイマンが抱いた多様な関心の対象は、それぞれが別個に発展しつづけている。公式の生誕一〇〇周年の祝賀行事と呼ぶべき催しが母国ハンガリーで開かれた。自分の生まれた非常に小さな国が自らの生み出した息子たちの偉大さにいつまでも慰めを見出しているという点で、彼は幸運だった。祖国を離れて外国で名声を得たハンガリーの息子たちは、その経歴ゆえに他者と違っていることが許される（あるいはそれを楽しんでいる）のだ。

ウォレン・ウィーヴァーに一度ならず助けられる

私はもちろん博士論文をフォン・ノイマンに送っていた。彼から連絡があり、いつでもいいので会いに来てほしい、土曜日の午前でもかまわない、と言われた。私はＭＩＴにいたあいだに何日か休暇をとり、彼を訪ねていった。

彼は大学の教員にしては非常にきちんとした服装で、まるで銀行員のようだった。話を始めると、彼は私に一年間こっちに来られないかと言った。それはありがたいお話ですがいつからですか、と私は尋ねた。五月の下旬だったので、新年度の計画はすべて決まっているはずだと思った。ところが彼は、ニューヨークのロックフェラー財団に言えば、そんな問題はたやすく解決してくれると答えた。

そして今度の月曜日に、第二次世界大戦中の科学政策を動かした有力者の一人、ウォレン・ウィーヴァーに会うようにと言った。連絡を入れておくから、話はすぐにまとまるはずだ、ということだった。

ニューヨークの西四九丁目四九番地の四九階で、私は受付係に手で合図されてウィーヴァーの秘書のところへ行き、今度は秘書の合図でウィーヴァーのオフィスに入った。短時間だが非常に気持ちよく話をして退出する際に、私は応募用の書類をいただけませんかと言った。すると、書類などいらないと言われた。手はずはすべて整っているというのだ。人生の重大な転機で、これほどすんなり事が運んだことはほかにない。

長年にわたって、私は頻繁にウィーヴァーと会った。彼はいつも新しいプロジェクトを抱えて活気に満ちていた。あるとき、数理生物学という分野を確立させようと尽力していた彼は、私に先導役をやらせたいと考えて、資金をたっぷり出すからどうかともちかけてきた。しかし私には、ほかの活動をなげうってそちらに取り組むにはこの分野がまだ十分に成熟していないと感じられた。どうやらその考えは間違っていなかったらしい。

ウィーヴァーと最後に会ったのは一九六八年のことで、最初の出会いとはずいぶん違う状況だったが、やはり忘れがたい記憶となった。そのころすでに私はＩＢＭで働いていたが、新しい上司のせいで悩みに満ちた日々を送っていた。当時のＩＢＭは社員を絶対に解雇しない方針だったが、この上司にしてみれば、こちらがとにかくいやがりそうなプロジェクトに配置することで、私をたやすく追い出せたことだろう。

もうそろそろ限界ではないかと不安を覚えた私は、そのころスローン財団に移っていたウィーヴァーに会いに行った。彼は何年も前に〝ジョニー〟(当時は末期のがんだった)から、私を見守っているように頼まれたと打ち明けた。私の選んだ道が危険で助けが必要になるかもしれないということが、フォン・ノイマンにはわかっていたのだ。そこでウィーヴァーは、好きな大学に客員教授として赴任できるように二年間の研究費を出してくれると言った。その金は別のことに使ってもいいから、まずはIBMでのトラブルを解決するように、とも。

私が思いもよらない打ち明け話に驚いているのを見て、ウィーヴァーは重大な事実をもう一つ明かした。フォン・ノイマンは高等研究所で長らく不遇だったのだという。〝まともな〟の数学を捨ててコンピューターに転向したことで、彼は多くの数学者の怒りを買っていた。彼は軍事面についてはタカ派で知られていたが、数学者や物理学者はそれも嫌悪していた。ある意味で、純粋科学者たちの中で彼も純粋科学者でいるかぎり、「その世界の人間」を感心させることができた。しかし工学や政治に進出すると、彼らの寛容さは消えた。私が高等研究所にいた年に、彼はカリフォルニア大学ロサンゼルス校(UCLA)のポストを受諾していたそうだ。高等研究所より格は劣るが、ストレスも少ないだろうと思ったのだ。しかし彼はそれを確かめる前に亡くなってしまった。

私はウィーヴァーの申し出に気持ちが軽くなり、それ以上はなにも訊かなかった。二人のあいだで私の話がどうやって出てきたのだろう? ほかにどんな話が交わされたのだろう? まさに知らぬが花だった。

IBMで私の恐れていた嵐はまもなく消え去ったが、墓の奥からまったく尋常でない助けの手が差し伸べられるのを目にすることができたのは、その嵐のおかげだったと感謝している。フォン・ノイマンはあまり温かい人ではなかったが、（異端者どうしだからか？）私のことは理解してくれていた。

仕事帰りの電車でJ・ロバート・オッペンハイマーと乗り合わせる

ある日のこと、プリンストンからニューヨークへ向かう電車に乗っていたら、うれしいことにJ・ロバート・オッペンハイマーが隣りに座った。彼は新聞にざっと目を通してから私のほうを向き、「MITから新しく来た人じゃないか？　君の研究について聞かせてくれないか？」と言った。その研究というのは博士論文のことだった。私は大喜びで博士論文の概要を説明した。彼は即座に要点を理解した。物理学者のハンス・ベーテは、〝オッピー〟は「文を一つ聞いただけで問題全体を理解できることがよくある」と述べ、同じく物理学者のロバート・ウィルソンは「彼のいるところでは、私はいつもより聡明で、能弁で、情熱的で、先見力が冴え、詩的感性の高い自分になる」と述べていたが、確かにそれらの言葉は当たっていた。

社会科学の文脈で熱力学の役割を主張することに、私はためらいを覚えていた。ほかの物理学者から軽蔑されやすいからだ。しかしオッペンハイマーは逆に、驚きながら感心したようすでこう言った。「社会科学の問題に熱力学を応用しようと試みている人はいるが、ことごとく失敗している。しかし君は実際に成果を出しているじゃないか」

彼がとりわけ強い関心を示したのは、語の出現頻度に関するジップ＝マンデルブロの法則を説明するために、私が「言説の温度」という概念を持ち出したときだった。この基本的な指数は、通常は1より大きいが、ある特別な場合には1より小さくなる。熱学のアナロジーで表現すれば、これは温度が絶対零度より低くなりえるということだ！　物理学にはこれに相当する事実は存在しないと思っていた。ところが、オッピーが上ずった口調で話をさえぎった。「確かにこれまではなかった。だが、ハーヴァードのノーマン・ラムジーという物理学者を知っているかね？　彼がつい最近やった研究で扱った問題では、マイナスの温度が避けられないばかりかとても重要になるのだ」

最後にオッピーは、私に手伝ってほしいことがあると言った。「〝文系と女性〟向けの夜間の連続講演をやろうとしているのだが、ふさわしい講師がなかなか見つからない。初回をやってもらえないか？」。私は深く息を吸い込み、わかりましたと言った。

集中砲火の試練——講演と順調な立ち直り

オッピーの秘書が日程を決めてからの数日間、私は四苦八苦しながら講演の原稿を書いた。数式をいっさい用いず、はっきり発音できないおそれのある長い単語もまったく使わないようにした。

講演の当日、私は早めに会場へ行った。研究所の大物が何人か客席に加わるのを見て怖気づいた。やがてオッペンハイマーが入ってきた。

「いらっしゃる必要はありませんよ。すでにご存知の話ばかりですから！」

「そうとは限らない。それにとにかく見届けたいのだ」

今度はフォン・ノイマンが現れた。

「いらっしゃる必要はありませんよ。すでにご存知の話ばかりですから！」

「そうかもしれん。だが、おもしろい議論になるかもしれないじゃないか。それに私が司会をやるのだ」

講演のあいだ、客席に座る有名人たちが眠ったりいびきをかいたりするのを見て、私は恐怖に震えつづけた。苦行のような四五分が過ぎたところで、私は話を終えた。

フォン・ノイマンが立ち上がった。「なにかご質問かご意見は？」。友人が二人、律儀に感想を述べて質問をしてくれた。忌まわしい時間がようやく終わろうとしたとき、三人めが立ち上がった。オットー・ノイゲバウアーが攻撃を始めて、この章の冒頭で紹介した場面となった。会場中の眠気が吹き飛んだ。

その晩ずっと、うれしい気持ちがわき上がるのを感じながらも、ある問いが頭から離れなかった。オッピーとジョニーがいかにも楽しげに私を擁護してくれたのは、私に実力がありながら窮地に陥っていたために違いない。だが、理由はそれだけだろうか？　答えはすぐにわかった。世間の注目を集めている裁判でフォン・ノイマンがオッペンハイマーに不利な証言をして、その裁判の要旨が《ニューヨーク・タイムズ》紙に掲載されたのだ。二人ともその晩はどこかに出かけたい気分だったが、きわめて閑静なプリンストンでは私の講演以外にイベントらしきものはなかったというわけだ。

翌日、私はノイゲバウアーの研究室を訪ねた。彼はとても申し訳なさそうにしていた。

「昨日は言いすぎた。許してくれ」

「それどころか、お礼を言いに来たのです。あんなふうに言ってくださったからこそ、ベテラン上官二人がわざわざ私を擁護する気になったのですから」

とてもなごやかな雰囲気になり、彼はその驚くべき研究の一端を披露してくれた。ノイゲバウアーが研究で扱っている銘板は、同じ楔形文字を用いて、かつてメソポタミアで話された二つの系統の言語が混ぜこぜに表記されているのだという。すなわちセム語族のアッカド語と、語族不明のシュメール語である。したがって、どの銘板も二通りの意味で読み取れる可能性があって、どちらが適当なものかを見極めるのは至難の業なのだそうだ。

オッペンハイマーからあれほどよく扱ってもらえたのは、大変な恩寵だった。オッピーが在籍する研究所はおのずと、生きた理論物理学の中心となる。当時、理論物理学はきわめて活発な分野だった。そのため物理学の世界では競争が激しく、若手研究者のレベルもおそろしく高かった。一方、コンピューターはまだ誕生したばかりでまともに評価さえされず、フォン・ノイマンのプロジェクトに携わるスタッフはアカデミックな研究者と見なされることさえなかった。

有名人の集うパラダイス

宮殿や美術館や国家遺産などは数え切れぬほど訪れたことがあったが、優美さと気品に囲まれて生活や仕事ができる場というのは、プリンストン高等研究所が初めてだった。カルヴァはいわば兵舎だった。電子工学研究所の入っていた二〇号館はまるで老朽化を誇らんばかりだったし、MITの廊下は授業のあいだの休み時間になるとごった返していた。対照的に高等研究所は静謐な瞑想のオアシスのようなもので、電灯のスイッチさえ操作しても音が出ない。そんなものはそれまで見たことがなかった。

平日にいつも開かれるお茶の時間だけは別だった。アインシュタインやフォン・ノイマンのような大物を除いて、ほぼ全員が集まった。明らかに一つの時代が過ぎ去りつつあり、新しい時代が到来しようとしていた。そのため、大物たちと私たちのような下っ端とのあいだに〝中間〟がほとんど存在しなかった。このあとどんな道に進んでも、たいていは——私もしばらくそうだった——このときの高等研究所を超えることはなかった。そんなわけで、本来ならすばらしい経験となったはずのものに出会っても、多くの点でまったく楽しめなくなってしまった。

　高等研究所に在籍した期間は短かったが、そのあいだずっと私は大いに楽しく過ごした。一方でさまざまなテーマの研究にも打ち込み、多岐にわたる成果を得た。研究の成果はすべて、ブルックリン・ポリテクニック大学（訳注　現在はニューヨーク大学に統合されてポリテクニック・インスティテュートと呼ばれる）の主催する会で発表した。それらを出版するとき、理屈で考えても、あるいは将来のキャリアを考慮しても、いくつかの論文に分けて〝ばら売り〟すべきだっただろう。しかし私はすべてを長くて複雑な〝覚え書き（メモリーダンプ）〟一つにまとめた。その会のまったく無名な会報《プロシーディングズ》について聞いたことのある人はいないだろう。たとえば〝通常〟のやり方で、私のなし遂げていた発見を〝再発見〟するとしたら、どのくらい時間がかかるのか？　私が自分の名前を出さずに「シラードの不等式」と名づけた式があるが、符号理論における「マクミランの不等式」としてこれが実際に導き出されたのはそれから何年もあとだった。〝再発見〟されるまでに何十年もかかった式もある。うれしいことに、私のその論文で実行した長くてうんざりするような計算の一つが、はるかに幅広い興味を集める場で主役の座に躍り出ることによって、その意義を証明した。ただし、一九九五年になってからだが。

＊

私は高等研究所の院生だったヘンリー・P・マッキーンとの出会いから、生涯にわたって恩恵を受けた。彼はめざましいキャリアを築いた。彼の博士論文のテーマは、純粋数学の秘奥（ひおう）と言うべきものだった。その複雑さと難しさに当惑した私の頼みに応じて、彼はとても有益な指導をしてくれた。そこで教わったことが私の記憶に刻まれ、いわゆる「安定レヴィ過程がとる値のハウスドルフ＝ベシコヴィッチ次元」がフラクタル幾何学において不可欠な要素となった。そしてまさにそのおかげで、この次元がよく知られるようになった。

第17章　パリ（一九五四〜五五年）

通常ならポスドクは二年めも在籍できるが、フォン・ノイマンがプリンストンからワシントンに移ることになっていたので、私は籍を置いていられなくなった。三〇歳を目前に控え、そろそろ正規の仕事に就いてもいいと感じていた。ちょっと調べたかぎりでは、アメリカでは気に入るような仕事が見つからなかった。フランスにも教職の口はなかったが、きわめて有利な〝保険〟があった。

国立科学研究センターから支援を受ける

じつは先を見越して、国立科学研究センター（CNRS）の研究員のポストを手放さずにいたのだ。カルテクから戻ったあとは兵役に就いたので、無給休暇扱いとなった。兵役を終えてからフィリップスに就職したことは報告しなかったので、MITとプリンストン高等研究所に行っていたあいだも休暇は自動的に継続していた。

センターの所長に会うと、有給の仕事が確保されているばかりか、四つある階級のうち下から三番めの主任研究員に昇格させると言われた。国立科学研究センターは官僚主義的なことで知られ、私への正式な通知には歓迎の気配などまるでなく、文面のほとんどはありとあらゆる禁止行為を列挙していた。私とは対照的に、博士号を取得したばかりの者の中には有無を言わさず契約終了通知を渡される者もいた。ちなみにもっとあとでセンターに採用された者には私のときほど寛大な制度が適用されず、今ではさらに厳しい状況となっている。終身在職権はすぐに得られて身分はしっかり保証されていたが、昇進はあったとしてもきわめて遅く、退職するまでずっと最低の階級という人もいた。

私は研究准教授という階級だったが、これは教職に空きが出るまで変わらないと思われた。就職の可能性を広げるために、私は自ら志願して無償で講義をすることにした。〝本物〟の講義と誤解されることのないやり方を検討し、前から温めていた「研究グループ」という方式に決めたが、この命名は正しくなかった。実際には私が情報理論の講義をおこない、それを出版することになった。私は準備に奔走した。

このころフランスでは、ピエール・マンデス＝フランス首相（一九〇七～八二）のおかげで政治劇が世間を騒がせていた。私はのちに、彼の息子で数学者のミシェルから首相の名前の由来を聞いた。彼の話によると、メンデスという名のポルトガル系の先祖が、フランシアという若い女性と結婚した。二人は異端審問を逃れてボルドーへ移り、そこで「フランシア」が「フランス」に変わったそうだ。首相のニックネームPMFは、フランクリン・デラノ・ルーズヴェルトのFDRをそのまま真似たものだ。マンデス＝フランスは戦前に異例の若さで閣外大臣に就任し、戦争中は空軍パイロットとなり、それからロンドンのド・ゴール亡命政権で大臣を務めた。一九四四年にド・ゴールがフランス首相に就任してから一九五八年に再び首相となるまでのあいだにフランスの首相は次々に交代したが、その中でマンデス＝フランスは最も評価が高く、今でも最も人気がある。しかし彼は頑固な一匹狼で、才能を存分に発揮することができなかった。疲れを知らず、政敵からは執務机にいつもグラスと牛乳を用意していることをからかわれていた。フランスで牛乳？　そう、ノルマンディの彼の選挙区はワインではなく牛乳の産地だったのだ。それに加えて、彼は安価な酒の製造に対する規制も推進していた。

ふつうの状況なら、彼は決して首相になれなかっただろう。しかし、ヴェトナムの指導者ホー・チ・ミンがパリに来訪した際、カルヴァの代表が敬意を表して行進をしたという話を前にしたが、あれからまもなくきわめて異常な事態が生じたのだ。フランス政府は軽率にもヴェトナムとの戦争に突入した。戦況は劣悪で、マンデス＝フランスの危惧していた問題がことごとく現実となった。挙句(あげく)の果てに、戦争を始めた者たち——マンデス＝フランスを容赦なく批判した政敵たち——が、失態の始末を彼にやらせた。これは旧トルコ帝国と同じやり方だ。トルコ帝国では、領土の一部を放棄せざるをえなくなると、トルコ人ではなくギリシャ人を外務大臣に任命していたのだ。PMFは巧みな策略に助けられて問題を解決し、それからすぐさまチュニジアとモロッコのフランス保護領を放棄した。ここで彼は首相の座から降ろされ、政治情勢の流れが変わり、まもなくド・ゴールが政権に復帰した。

私に関係のある話としては、マンデス＝フランスはあらゆる機会に科学の地位を向上させようと努め、フランスで科学の地位が下がっていることを嘆いた。その結果、彼の声は広く聞き届けられた。イギリスやドイツよりも先にフランスで大学の入学者が手に負えないほどの勢いで急増し、それまできわめて狭かった大学教員の門戸が大きく開かれたのは、彼の発言のおかげかもしれない。程なくして、このことが私に重大な影響を与えることになった。

ポール・レヴィ

ポール・レヴィと知り合ったことが、一九五四〜五五年度に私がなし遂げた数少ない学問上の成果の一つだった。彼は正式な弟子をもたず、私も正式な師をもたなかったし、私が彼の真似をしたりあとを追ったりしようと思ったことも一度もない。しかし長いあいだ、確率論の多くは彼の研究に残る論理的ギャップを埋めることで成り立っており、彼の一族の中に、そして私の一族にも、間接的ではあるが実質的に彼を師とする者が何人かいた。

彼は自分の生活、思考、意見を詳細に書き残していた。それらをまとめた本は、自己の美化や卑下がいっさい試みられていないので十分に読む価値がある。その中でも最高の部分はまさにすばらしいの一語に尽きる。特に「前世紀の単なる生き残り」であることへの恐れと「ほかの誰とも違う」数学者であるという自覚が、心に響く言葉で記されている。彼の自己認識と同様の見方をする人はたくさんいた。たとえば、一九五四年にジョン・フォン・ノイマンがこう言っていたのを私は覚えている。「ほかの数学者たちのやり方はすべて理解しているつもりだが、レヴィはよその惑星からの来訪者のようだ。真理に到達する彼独自の秘密のやり方は、私を落ち着かない気持ちにさせる」

一九七一年にレヴィが亡くなったとき、私が働きかけてエコール・ポリテクニークで追悼式典を催してもらったが、参列者はごくわずかだった。しかし、一九八六年の生誕一〇〇周年のときは違った。このころにはもうレヴィの過ちや特異な性格は忘れ去られ、あるいは許されていて、純粋数学者たちの大々的な集まりが開かれた（ポリテクニークでは校舎の一つにレヴィの名が冠せられた）。私は会の直前に招待されたが、私の参加に対して強く反対する声があるとひそかに知らされ、とりわけうるさく反対する者たちとの接触を避けるようにと忠告された。私は残念な気持ちで、レヴィ自身が生きていたら招待されただろうか、招待されたら喜んだだろうかと考えた。私は喜べなかった。

レヴィはこの世で派手さとは最も無縁な人物だった。そんな彼の研究や姿勢が私をはじめ多くの科学者に大きな影響を与えたのはなぜなのだろうか。そこには、確率論の本質そのものにかかわる、おなじみだがいつ聞いても驚かされる話がある。

話の半分は、偉大な数理物理学者ユージン・ウィグナーが「自然科学における数学の不合理な有効性」と呼んだ謎の一部だ。これと対称をなす「数学における自然科学の不合理な有効性」という謎も忘れてはいけない。この二つの謎を合わせると、人間の思考は、昨今流行のニューエイジ的なかたちではなく非常に根本的なところで、それ自体の内部で（感情さえ合わさって）統一されているということが認められる。

ゲオルク・カントールは「数学の本質はその自由性にある」と述べた。しかし数学者は、解く楽しさを求めてどこからともなく問題を見つけてくるわけではない。反対に、偉大さの証（あかし）は既知の事柄の枠組みにおいて最も興味深い問題を見つけ出す力に存在する。「最も興味深い」というレッテルには必ず「数学において」とか「物理学において」といった限定を加えるレッテルが伴う。レヴィ自身の頭に浮かんだはずのない科学の問題に取り組もうとして新しい道具が必要となり、そこに彼の痕跡が現れるたびに、私は彼の〝数学的センス〟に対する称賛の思いを強くする。

一九六〇年ごろと比べて、今の時代はなんと対照的なのだろう！　あのころ、レヴィが提案した分布の安定性は専門家しかかえりみない、つまらない概念だと思われていた。ふつうの教科書ではせいぜい一ページしか割かれず、例外はボリス・グネジェンコとアンドレイ・コルモゴロフの書いた教科書だけだった。その教科書の英訳版では、レヴィの安定分布にまで拡張された中心極限定理について「これもいずれ多様に応用されるようになるだろう……たとえば、統計物理学の分野などで」と期待が表明されている。しかし、実際の応用について説明や言及がなされることはなかった――私の研究までは。

私はレヴィの短期講座に何度か参加し、そこで私の全人生に及ぶ影響を受けた。彼はカリスマ的な講師ではなく、弱々しく内向的な印象を与えた。受講者は少なく、私の記憶では（思い違いならよいのだが）私一人ということもしょっちゅうだった。毎週おこなわれる確率のセミナーでも、私はレヴィをじっくり観察した。一人の発表者がまず黒板に問題を書き、それからレヴィと向かい合い、答えを考えてくださいと言う。レヴィの答えは合っていた。しかし、それが当て推量でなかったかどうかは定かでない。伊藤清（訳注　京都大学名誉教授、二〇〇八年没）とヘンリー・P・マッキーンは「その業績によってわれわれを鼓舞し称賛の念をかき立ててきた」レヴィへという的を射た献辞を添えた共著を発表している。その本にはこんな言葉も書かれている。「この証明の難しい点は、［そのページに記された二つの方程式の］あいだの飛躍である。意味は明白だが、それを正当とする完全な根拠をつかむことができない」

アンドレイ・コルモゴロフ

私を指導してくれた人たちと同じ世代に属する偉人で博識家のアンドレイ・ニコラエヴィチ・コルモゴロフ（一九〇三〜八七）は、モスクワに在住していた。状況が許せば、彼もウィーナーやフォン・ノイマンと同じく私の知的成長に直接の影響を与えていただろう。しかし当時は鉄のカーテンが揺るがぬ障壁となって立ちはだかっていた。レヴィと同様、コルモゴロフも純粋数学の研究で有名だった。また、ロシア詩の構造など、現実世界のさまざまな側面についても考察していた。一九三〇年代には、遺伝学の研究で教科書に載るほどの成果を上げた。しかし、スターリンに重用されてロシアで遺伝学をぶち壊したいかさま学者として悪名高いトロフィム・ルイセンコを敵に回したため、冷遇されるようになった。それでも乱流に関する先駆的な論文で復活を遂げた。私はカルテクでその論文を読み、研究に直接的な影響を受けることになった。

コルモゴロフは政治的な駆け引きによって一九五八年の春をパリで過ごせることになり、誰もが喜ぶとともに驚いた。大勢が詰めかけた忘れがたいセミナーで、彼は教え子二人の研究成果の概要を説明した。その教え子とはウラジーミル・アーノルドとヤコフ・シナイで、どちらも後年に高い名声を得た。アーノルドの成果は、のちに私が長年にわたり携わることになった「次元の異なる対象の区別」という重要な問題において、明らかに助けとなった。ジュゼッペ・ペアノ（一八五八〜一九三二）が一八九〇年に初めて紹介した、正方形を充塡する曲線は、正方形内部のあらゆる点を一筆描きで網羅できることを示した。〝直観〟的には、一つの対象が同時に一次元と二次元という二つの次元をもつことはありえないと思われたため、一八九〇年の時点では、平面を充塡する曲線は怪物呼ばわりされた。この汚名は、フラクタル幾何学がその怪物を直観的に理解できる道具に変えるまで続いた。一九五八年にコルモゴロフが私たちに紹介したアーノルドの成果は、面として表される連続関数はどれも、線として表される関数一〇個を組み合わせて表現できることを示していた。どこかに落とし穴があるはずだ！　そのとおり！　この一〇個の関数というのは、特別なフラクタルでなくてはならないのだ。ただし、フラクタルという言葉が生まれたのはそれよりずっとあとだったが。

コルモゴロフは教科書を共同執筆しており、その教科書は一般に単なるおもちゃにすぎないと見なされていた地味な数学的対象を扱っていた。のちに私が「レヴィの安定確率分布」と名づけた現象である。その教科書に記されている現実世界への唯一の応用はきわめて特殊なもので、それ以上の展開には至っていなかった。それでも私はこのおもちゃを経済学において不可欠な道具に変えようとしていた。ただし、教科書に気になる一文があった。そこでコルモゴロフに会いに行った。私の結果を見せると彼は明らかに驚き、熱心に称賛した。それから私は、教科書に書かれている先行研究の出典を教えてほしいと言った。すると彼は話題を変えてしまった。先行研究は実在しないのではないかという疑念が確信に変わった。

ウィーナーは自らの研究の動機を吹聴するようなことはなかったが、自伝には記している。ジョン・フォン・ノイマンは、その時々で最も注目を集めているテーマを探していたらしい。では、コルモゴロフの研究の動機は何だったのか？　彼が一九六二年にマルセイユでおこなった乱流に関する講演は十分に練られたものではなかったし、その後もコルモゴロフの名にふさわしい、すぐれた論文を書くことはなかった。そこで、コルモゴロフと親しいロシア人が西側に来たとき、私は例の乱流に関する論文が書かれた動機について訊いてみた。しかしまたしても、答えは得られなかった。

数学の統一性という観点から、私は今でもこの問題が重要だと思っている。そしてこの問題に精通したもっと大胆な人が現れて、私たちに知識を授けてくれることを期待しつづけている。ロシアの小さな少数民族居住地出身の孤児だったコルモゴロフが、あれほどの称賛と尊敬を受けるに至った経緯についても、ぜひ知りたいと思う。

第18章　アリエットとの交際と結婚（一九五五年）

　私の人生で最も大切な女性となったのは、時系列でいうと最初は母だったが、その後はずっとアリエットだ。言うまでもない。出会いは一九五〇年一〇月。私が空軍から解放された直後だった。すぐに一緒になったわけではなく、結婚したのは知り合ってから五年後だ。そんなわけで、どのように数えたとしても五〇周年の記念日は過ぎている。あいまいさというのは、あらゆる重要な概念に共通する性質なのだ。

　すたれつつあった慣習に従って、私の父と母は、父自身がきちんと一家を養える状態で落ち着くまで結婚しなかった。私自身はなかなか身が落ち着かないことに強い気がかりを覚えたが、友人や弟が結婚するのを見ていると、自分はまだ待つべきだということがよくわかった。

　一九五四〜五五年度は、あまり研究活動をしていなかったので、アリエットとの交際に費やす時間はたっぷりあった。彼女はカルテク時代の同級生レオン・トリリングのいとこの子どもだった。一九五〇〜五一年度に研究旅行奨学金をもらえることになったレオンが、それをパリで使うことにして、借りられそうなアパートを探してほしいと私に頼んできた。頼みに応じてアパートを見つけると、引越しパーティーに招かれて、フランスで戦争を生き延びたという親戚たちと顔を合わせることになった。その中に彼のいとことその娘がいて、それがアリエット・カガンだった。一八歳のアリエットは高校を卒業したばかりで、そのころは法学生だったが、やがて専攻を生物学に変えた。私は彼女の兄弟にも会った。何十年もあとの話だが、彼女の兄はウルフ賞化学部門を受賞した。

トリリング家は、ワルシャワとヴィリニュスの中間に位置するポーランドの都市ビャウィストクの有力者だった。一族の言い伝えによると、ピョートル大帝（一六七二〜一七二五）が帝国の西洋化を目指してオランダからさまざまな分野の専門家を招聘（しょうへい）したときに、トリリング家の先祖もロシアに連れてこられたらしい。そんなわけで、第一ギルド商人であった一家は帝国内の好きなところに居住し、行きたいところへ行くことができた。ロシアの上流階級の常として、一家はフランス語が第一言語だった。一九三九年までに、アリエットの属する分家はフランスに移り、誰もがその地にすっかりなじんでいた。

結婚前、私は未来の妻に打ち明けた。自分にはとても口うるさい愛人がいるが、彼女と別れるつもりはないと。アリエットはかまわないと言った。その愛人というのは、じつは学問だった。それは今でも変わらない。どんなときでも、妻は並外れて協力的だった。私が自分の人生を——そして妻と子どもたちの人生を——賭けにさらすことを彼女が喜んで許してくれなければ、私の一風変わったキャリアは想像さえできなかっただろう。

交際中、夜のデートはたいてい音楽関係だった。結婚直後に観たオペラは、私たちの生涯で最も記憶に残るものとなった。モンテカルロ歌劇場で上演されたモーツァルト作の『ドン・ジョヴァンニ』だ。この劇場はパリのオペラ座を模したミニチュア版で、本家と同じくシャルル・ガルニエが設計していた。モナコ公国のレーニエ大公が有名な女優と結婚したとき、究極の祝賀公演をしなくてはいけないということで、著名人の顔や意匠を凝らした夜会服で劇場の前方の席が埋めつくされた。たまたま車で通りかかった私たちがふと思いついて訊いてみると、目立たぬようにおとなしくしていると約束するなら最後列に座らせてくれると言われた。料金は十分に安く、最後列といっても前から一三列めだから舞台まで十分に近い。当時の最高の歌手たちが歌い、小編成だが超一流のオーケストラが演奏する。極楽そのものだ！

至福の地、ラ・ボヴリーでの新婚生活

アリエットも私も、ジュネーヴを忘れることは絶対にないだろう。借家を探しに行ったとき、美しい言葉でつづられた新聞広告を見つけた。それはまさに、遠隔の郊外らしき場所にある家屋を賛美する一篇の詩だった。電話でサティニーへの行き方を問い合わせると、駅前で車をお待ちください、アルファロメオ１８００ですから必ずわかります、と言われた。すぐに小さな男の子を連れた男性が現れた。彼はマルボーと名乗り、連れてきた子どもは孫だと言った。私たちは彼の地所へ向かった。

至福の地ラ・ボヴリーでは、広大な敷地に領主の館だった建物があり、それが分割されて貸部屋になっている。ほかに〝農場〟があり、さらに車庫の上に設けられた簡素で小さな貸部屋もあった。この地所の歴史は一八世紀までさかのぼる（その名称から、かつてここで牛を飼っていたことが察せら

1955 年 4 月、婚約直後にアルプス山脈にて。

1955年11月5日、結婚式にて。

れる〔訳注　La Boverie に含まれる bov- は牛を意味する〕。地所の設計がいつまでも変わらないように、眺望を縁取るかたちでセコイアの木が植わっているのだとすぐに言われた。これは当時のヨーロッパでは斬新な手法だった。ジュネーヴの広大なグランジュ公園でも、同じ設計者がやはりセコイアを採用している。

通りの向こう側は日当たりのよい丘で、ぶどう畑が広がっていた。かつてそこは小麦畑とともにジュネーヴの司教らの所有地となっていたが、やがて彼らはカルヴァンに倒された。どちらの土地も司教の「mandement(マンドマン)（教書）」——英語の「command（命令）」と同じ語源に由来する教会用語——の支配下にあると言われていた。そのため、今でもこのあたりは「マンドマン地方」と呼ばれている。ペルレ・デュ・マンドマンというワインは、名前はいかにも高級そうだが、じつは東部の州で産出されるはるかに高級なスイスワインを薄めるためにもっぱら使われる安ワインだった。

賃貸契約書に署名をすると、新居がどれほどすばらしいところか婚約者に見せるといいと言って、マルボーは航空写真会社のパイロットが上空から撮影した航空写真をくれた。空からの眺めは地上で見るのと同じくすばらしかった。パリやジュネーヴの中心部で暮らすなら狭いアパートで我慢するしかないが、それと比べるとこちらの住まいのほうが絶対にいい。窓が裏通りに面した両親のアパートや、ピラネージの『牢獄』に描かれるような家とは大違いだった。

そこで二年間の新婚生活を送り、アリエットが長男のローランを産院から連れて帰ったのもその家だった。あの家のことを考えると、思い出があふれてくる。広い空き地は農家に貸して小麦を栽培させていた。畑の奥には本格的なサクランボ畑があり、すっぱくて小粒のものから丸々と大きく熟したものまでいろいろな実がとれて、料理が何皿も並ぶ盛大な晩餐のデザートとなった。
部屋からローヌ川の向こうを眺めるとすばらしい構図の風景が広がり、その南側にはサレーヴ山が堂々たる姿を見せていた。数少ない晴れ

た日には、アルプス山脈でモンブランの近くにそびえるエギーユ・デュ・ミディさえ見ることができた。領主の館から西に目をやると、ローヌ川がジュラ山脈を横切るあたりに位置するベルガルド村の向こうまでまっすぐ見渡せた。

カルヴァン主義のジュネーヴらしい落ち着いて控えめな様式のラ・ボヴリーで暮らした私たちは、その後の住まい選びにはいつもうるさくなった。新居を検討する際には、必ずどこかしら最初の住まいに匹敵する部分がなくては気がすまなかった。のちにニューヨークで住んだ家を即座に気に入ったのは、ジュネーヴの「私たちのオークの木」を思い起こさせるオークの木があったからだ。その後、次男のディディエが犬を飼いたがったときには、ブリンドルボクサー犬を見つけてやった。こげ茶の体で口のまわりは黒だった。堂々たる純血種の犬にはそれなりの名前が必要なので、ブルーノ・ボッカネグラ・ド・ラ・ボヴリーと名づけた。

最初に買った車はありふれたものだった。今や伝説的な二馬力（ドゥ・シュヴォー）区分のシトロエン2CVで、友人のマーク・カッツはこれを「自動車のプラトン的本質」と称していた。私はこれまでに数え切れないほど車を所有したが、その中で語るに値するのはこの車だけだ。キャンバス地のルーフを後方に巻き取ると、オープンカーになる。当時は車体の色が一種類しかなく、それが乾いた泥と同じ色だったので、どれほど汚れていても汚いと言われることがなかった。

「2CV」というと二頭の馬に相当するだけのわずかな出力を表していると思われそうだが（CVは「馬力」を意味する「cheval-vapeur」を表す）、それは違う。自動車が誕生するとすぐに、政府はエンジンの出力に応じた物品税を定めた。しかし馬力をめぐって議論やごまかしが起きた。そこで法律でエンジンの排気量と出力との関係を固定することにして、排気量四〇〇cc程度の〝ふつう〟のエンジンが二馬力（2CV）を出せたころの一般的な値に定めたのである。標準モデルは三七五ccだったが、私たちの買った〝高級〟モデルは四二五ccだった。それでも大排気量のオートバイには負けていたわけだが。

アンドレ・シトロエンは、教養が豊かで非常に洗練された大胆な発明家として、設計と宣伝の両方に携（たずさ）わっており、前輪駆動方式を大量生産向けに改良した。優秀な技術者たちがすべての部品をゼロから改めて設計し、必要とあらば重要な部品の一部さえ家庭の車庫でも同じものがつくれるようにした。完成した車は、このうえもなく奇抜なものだった。あるとき、私たちの車がアルプスの山中で不意に動かなくなってしまった。ボンネットを開けると、すすで覆われた正体不明の小さな部品があった。すすを除くと、レバー状の物体であることがわかった。なにかの役に立つかもしれないと思っていじってみると、じつは予備の燃料ポンプだった！　私たちは何度か車を停めて燃料を補給しながら、家に帰り着くことができた。それから私は昔の鍛冶場でやっている修理工場へ走った。工場の主人は、燃料ポンプの部品に設計上の問題があるが、交換用の品を注文して待つには及ばないと言った。大きな樽から鉄くずを取り出すと、機械で加工して代わりの部品をその場でつくってくれた。

第19章 ジュネーヴで、ジャン・ピアジェ、マーク・カッツ、ウィリー・フェラーとともに（一九五五〜五七年）

ＭＩＴとプリンストン高等研究所でのポスドクには、よくよく考えたうえで就いた。そのあとパリで研究員のポストに就いたのは、教職の空きを待つあいだの生活のためだった。これらの大旅行（グランドツアー）の時期と違って、一九五五年から五七年にかけてスイスのジュネーヴで経験した〝キャリア〟には計画性がまったくなかった。

ジャン・ピアジェ

一九五五年、パリ大学統計学研究所は、現在のピエール・エ・マリー・キュリー通りに面した狭いキャンパスの一角を占めるアンリ・ポアンカレ研究所の、いくつかの部屋に押し込められていた。あるとき私は事務的な用事でそこに行った。きびきびしているが高齢に見える紳士が勢いよく入ってきて、マンデルブロに会うにはいつどこに行けばいいかと秘書に尋ねた。あっけなく私に会えた彼は、ジャン・ピアジェ（一八九六〜一九八〇）と名乗った。児童心理学に合理性を持ち込む取り組みをなさっているそうですね、評判は聞いています、と私が告げると、彼は喜んだ。彼はジュネーヴ大学で長く教授を務めていたが、このころは週に一日だけパリ大学でも教えていて、夜行寝台列車で通ってきているとのことだった。

私たちは腰をおろして話を始めた。彼は、知識というものの本質は人が幼少期に知識を獲得する方法から推測することができるという考え方について説明した。これは彼がずっと研究してきたテーマで、彼はこれを「発生的認識論」と名づけていた。学際的な研究拠点を設立するためにロックフェラー財団から助成金を支給されており、適切な専従の数学者の助けさえ得られれば、計画はたちまち進展するはずだと考えていた。彼は研究実績から判断してオープンな精神のもち主と思われる人材を探していて、私の言語学の研究を見てこれはと思ったので、私にその数学者のポストを引き受けてほしいのだと言った。私は驚きに打たれた。ほんの数日前にアリエットと私は結婚しようと決めたばかりで、パリにいる双方の母親に近すぎず遠すぎもしないところに住みたいと考えていたが、それを実現する方法が見つからずにいたからだ。ピアジェからの突然の誘いは、絶妙なタイミングで思いがけず、しかもきわめてすっきりした解決策となった。〝交渉〟はすぐにまとまった。そう、私はジュネーヴ大学で准教授になれるが、彼にとってなによりも大事なのは、私が関係者全員の集まる毎週の会合と年末に開かれる大規模なシンポジウムで積極的に活動するとともに、研究所の成果をただちに発表することだった。

なんとも思い切った計画だが、この時期の私にはまさに天の恵みだった。ジュネーヴはパリに十分に近いから、フランスでの就職口にも目を配っていられる。どうやらピアジェはおもしろい人のようだし、社会科学者との共同研究というのもやりがいがありそうだ。それに就職の助けになるかもしれない。私は誘いに応じ、ピアジェは私の結婚パーティーに来てくれた。

晴れの日も雨の日も、ピアジェは丘の上に建つ自宅から研究室や教室へ、坂道を自転車で上り下りしていた。そのせいで顔には年齢が刻まれて見えたが、気持ちと実際の年齢は若かった。二〇歳のときにカタツムリの研究で博士号を取得し、そのおかげで動物学で用いられる科学的研究方法に通じていた。彼はすぐに別の分野へ移り、厳密な科学原理の適用範囲を人間の行動にまで拡げるという生涯の取り組みに着手した。

子どもの知能に関する彼の最初の著作は、彼自身の幼い子どもたちを対象とした観察をもとにして、二〇代前半に書かれていた。称賛に甘んじることなく、絶えず論文や報告書や本を書いていた。新年度が始まってまもないころ、私は彼から執筆中の本の原稿を見てほしいと言われ、一章分の草稿を渡された。私はおもしろいと思ったが、もっと詳しく説明してほしい文がいくつかあると言った。ピアジェは詫びて、言われたとおりにした。すぐに、わかりにくかった数行がわかりにくい数ページに変わった。まもなく知ったのだが、彼はそれまで「わかりにくいから説明してほしい」などと言われたことがなかったのだ。

発生的認識論国際センターを設立する以前から、ピアジェはすでに世界的な名声を得ていたが、その一方で世間を完全に遮断してごく質素な生活を送っていた。彼がかかわる相手は、教育学専攻の学生――彼を畏怖し、課程修了証書をさっさと手に入れたがっている学生――か、あえて彼に反論などしない凝り固まった学校教師がほとんどだった。

ピアジェはとらえがたい言動や間違った言動を示すことはあったが、人をだましたりはせず、私はいつも彼に天才の要素を感じていた。彼は一九五〇年代まで極端に孤立した状況にあったので、科学者としての才能を切磋琢磨する機会がなかった。彼の目指すものは果てしなく大きく、私がジョン・フォン・ノイマンから学んだ深遠な真理——科学者は簡単すぎず難しすぎもしない問題を見つけ出すことによって存在感を示すのだ——は、ピアジェには無縁のものだった。科学は壮大な思考を称賛することに長けてはいるが、壮大すぎては元も子もない。私はがんばったが、奇跡を起こすことはできなかった。

心理学の世界のケプラーたらんとするピアジェの志には感心したが、私の助けがあれば一年か二年で十分だとする彼の見込みには感心できなかった。研究所は長年にわたって存続し、聞くところによると私の後任者たちは私よりもよい結果を出したらしい。

マーク・カッツ

類まれな幸運に恵まれて、ジュネーヴでの仕事には余得があった。客員スタッフのうち二人がたまたま鉄のカーテンの西側に出てきて最も活躍している確率論学者で、彼らと深く交わるようになったのだ。一九五五～五六年度にはコーネル大学の数学者マーク・カッツ（一九一四～八四）が専従していた。彼にはもともと人間関係のしがらみがなかったので、私たちが親しくなるのを妨げる障害はなかった。一九五六～五七年度の客員スタッフはウィリー・フェラーとジョゼフ・ドゥーブ（一九一〇～二〇〇四）だったが、ドゥーブとはあまり付き合いがなかった。

マーク・カッツは頭の回転が速く、いつも座の中心人物だった。話し手としての才能は一般的な数学者の水準をはるかに超えており、数学と自然科学との調和を推進しようとたゆみなく尽力していた。

カッツ自身の物腰や好き嫌いは、彼の書く論文の味気なさとはまったく別物だった。彼は自分の師で心の父でもあったフーゴ・シュタインハウス（一八八七～一九七二）から強い影響を受けていた。シュタインハウスは、一九〇〇年ごろに当時の知の主要な中心地だったウィーンで教育を受けた数学者である。カッツの究極の目標は、アダマールがなし遂げ、ショレムが軽蔑し、私が達成したいと思っていたこと、すなわち数学と自然科学を調和のとれたかたちで融合することから、さほど隔たってはいなかった。

しかしポーランドでは生命の危険にさらされていたので、当時の最優先事項はそこから脱出する方法を見つけることだった。一九三七年には特別研究員としてコーネル大学に行かれるという話が出たが、実現しなかった。彼はひどく落胆したが、運命は彼の味方だった。のちに彼は耳を傾けてくれる人がいれば必ず得意げにその話をしていた。そのまま順調に留学していたら、一九三八年にポーランドへ帰国したはずだった。そしておそらく戦争で死んでいただろう。

特別研究員の話が一九三八年にはまとまったが、コーネルからの手紙は強硬だった。いかなる事情でも、留学期間の延長はできないと言ってきたのだ。すでに彼は壁にぶつかっていたので、どんなことでもする覚悟を決めた。コーネルに行くと、そこで好まれている伝統的な数学の内容や様式を観察した。そしてシュタインハウスから受け継いだオープンな姿勢を抑えて、しばらくはひたすら周囲のやり方に従った。大恐慌の時代には、変節を余儀なくされるのはごく当たり前のことだった――私が父の実例を見て知っていたように。

私たちは二人とも動乱の子ども時代を送ったが、そこで受けた影響はまったく異なっていた。彼は、秩序は尊重すべしという強い念と、無秩序への恐怖を身につけた。あるとき、講義に出たあとで私たちが雑談をしていたら、別の出席者が歩み寄ってきて、異端者が二人そろっていると言っておもしろがった。カッツはいつもの笑みを浮かべてこう応じた。「ベノワは本物の異端者だが、私はまったく違う。知性をもってふるまおうとする筋金入りの保守主義者だ」

何年も経ってから、彼は私の人生に影響を与えた。互いに関連性がないように見える論文をこれ以上書くのはやめて、本を書けと強く言ってきたのだ。私はそれに従い、一九七五年にフランス語で最初の本を出した。彼は一九七七年の英語版について好意的な書評を書いてくれた。しかし私には個人的に、私がばかげたことの奔流をせきとめている水門を開きはしないか心配だと告げてきた。私も同じ不安を抱いていたが、そこから目をそむけるわけにはいかなかった。

ウィリアム・フェラー

数学者のウィリアム・フェラー（一九〇六〜七〇）に初めて会ったのはパリで、次に会ったのは一九五三〜五四年度のプリンストン、その次が一九五六〜五七年度のジュネーヴで、それからあとも彼がＩＢＭの顧問を務めていたあいだに何度も会うことになった。彼についてはここでいくらか語るべきだろう。それは彼が私にとって手本にしたくなるような人物だったからではなく――手本にはまったくならなかった――手本にするはめになりかねなかった人物だったからだ。

まずはジョゼフ・ドゥーブによるフェラーへの賛辞を引用したい。

フェラーを直接知っていた者は、彼の情熱、人生と対峙するときの喜び、そして人生やその不条理――とりわけ数学や数学者にかかわる不条理――を描く尽きせぬエピソードを語るときの興奮ぶり、こういったものをなによりもよく覚えている。彼の講義を聞くことは、ほかでは得られない経験だった。なぜなら、彼ほど激しく興奮しながら講義のできる人はほかにいないからだ。

フェラーはゲッティンゲン大学の神童で、二〇歳のときに博士号を取得した。父方の祖父がユダヤ人だったので、彼はドイツを離れざるをえず、大恐慌の時期にストックホルム大学のハラルド・クラメール（一八九三〜一九八五）のもとへ行った。クラメールは純粋数学を愛していたが、保険数理士（アクチュアリー）としてスウェーデンの保険業界に対する厳しい規制のおかげで資金を得ていたので、金の出所（でどころ）を満足させる必要があった。フェラーも同様だった。

スウェーデンで、それからのちにはマーク・カッツと同じコーネル大学で、フェラーは確率論のすぐれた指導者となった。彼の書いたすばらしい教科書は、数学が自然科学において真に有用だと信じる多くの科学者に愛された。しかし驚くべきことにフェラーは変節し、この信頼を愚弄した。彼は公表されたインタビューで、数学的誤差の分布を示すものとしてよく知られる鐘形曲線が現実のなにかを表すという考えは欺瞞だと述べている。鐘形曲線が柱となって、卓越した理論と疑う余地のない実践を支えている「熱雑音」と呼ばれる領域においてさえ、鐘形曲線がなんらかの役割を果たすという見方を否定した。

確率が彼のキャリアを救い、富をもたらしたにもかかわらず、彼にとって確率は心からの愛を捧げる対象ではなかった。コーネル大学を去って、そのころ黄金時代を迎えていたプリンストン大学に移ることでもっと純粋な数学に戻れるまでの、ほんの一時しのぎにすぎなかったのだ。

私は一九六二年に綿花などの商品価格に関する先駆的な研究をおこない、それが私にとって初めてのケプラー的な大成功となった。しかしすぐにそれは恐るべきものと見なされて、よそへ追い払われてしまった。誹謗する人の中にフェラーがいた。私が価格に関する初期の論文を提出したとき、IBMは彼に意見を求めた。彼はある専門的な観点については称賛して私を持ち上げたが、私のやっていることは現実世界となんら関係がないと言い切った。この言葉にIBMの私の上司は大いに落胆した。私は自分の立場を守るために、鐘形曲線と熱雑音に関するフェラーの悪評高い論文を上司に見せるしかなかった。

私は綿花価格の研究に続いて、今度はナイル川の水位の変動に関する研究を発表した。聡明なハロルド・エドウィン・ハースト（一八八〇〜一九七八）が、誰の目にも深遠な謎と映る相関を発見していた。フェラーはある論文でハーストの功績を認めながら、すぐさまそれと関連しているが自分の手に負える別のテーマを扱った。それは新しい数学につながりはしたが、テーマ自体は明らかに以前から存在したものだった。一方、ハーストのテーマは斬新だった。

過去のデータに見出された謎をハースト＝マンデルブロの理論で解決できたとき、私はフェラーに、IBMに来ることがあればついでに私の部屋へ寄ってほしいと言った。率直に言うと、私は彼をはめたのだ。彼はまず、ハーストの謎は自分が論文で提案した方法で解けるという見解を改めて語った。私は意を決して、あなたはこの謎など大したものじゃないと思っているのでしょうと言った。彼は笑いながらそれを認めた。私はここで初めて、自分の考えた解とその帰結――理論上のこともさりながら、俗っぽい世界の事柄も――を明かした。彼はこちらの真意を悟り、彼にしてはめずらしくおとなしくなった。彼が私を受け入れることはなかったが、少なくとも邪魔はしなくなった。

第20章　ぱっとせず落ち着きのない異端者が、浅い根を引き抜く（一九五七〜五八年）

一九五七年の夏には、大旅行(グランドツアー)の修業時代が終わりを迎える予定だった。ＭＩＴのあるケンブリッジ、高等研究所のあるプリンストン、そしてジュネーヴ。これらの場所でのポスドク経験には、人間としても研究者としても私の成長にとって間違いなく重大な意義があった。しかし残念ながら、一九五七年までのさまざまな挑戦は、年を経ても色あせることのないケプラー的な夢を大きく前進させるところまでは行かなかった。一九五七〜五八年度が始まるとともに、私はリールとパリでフランスの大学教師として〝まともな〟仕事を始めることになっていた。

一九五七年の秋にジュネーヴからパリへ戻った私は、パリが解放された直後の一九四四年の秋に思いを馳せずにはいられなかった。あのころ準備期間がひどく短かったにもかかわらず、私は狭き門のエコール・ノルマル・シュペリウールとエコール・ポリテクニークの厳しい入学試験での栄冠に向かって進んでいた。あの年、学業成績ではピカ一だったのだ。感心したショレム叔父は、私を純粋数学の世界へ引き込もうと手を尽くしていた。

うれしい驚きが続々と

一九五七〜五八年度には、私が完全にあきらめていた展開が現実となった。リール大学で終身在職権の確保された教職に就き、それに加えてカルヴァでもうまみのある兼任の職を得た。パリにはほかにも魅力的な展望がいろいろあった。博士号を取得した一九五二年にはフランスの大学にポストの空きがほとんどなかったので、大学教員の最終選考まで進めなかった。しかし一九五六年には大学の入学者数が急増し、教員の需要がにわかにふくれ上がっていたのである。

深刻な人材不足に見舞われて、私の名目上の指導教官だったジョルジュ・ダルモアが私のことを思い出した。ジュネーヴまで電話をかけてきて、戻って空きを埋めてほしいと言うのだ。私はすでにその年については仕事が決まっていたが、一九五七年には終身在職権がすぐに得られる数学准教授になるという話を喜んで受け入れた。勤務先にはリール大学を選んだ。ここならパリの家から北行きの電車で二時間しかかからない。一〇年前に卒業したエコール・ポリテクニークからも、短期契約で終身在職権のない数理解析学准教授として〝母校〟へ戻らないかと声がかかった。というより、実際には懇願された！

こうして、アリエットの夫であり、幼いローランの父であり、美しいモンスーリ公園に程近いパリのきわめて快適なアパートの新たな所有者である私が、今度は大学の教員にもなったのだった。国庫から半給を二つもらうというやり方は、恵まれているがめずらしくはなかった。リールでは、週の半ばの連続した二日間に授業がだいたいまとめられたので、ホテルに一泊するだけですんだ。

リールでの勤務

表向きは、国はすべての公務員に住居を提供する義務があるということになっていたが、私に与えられたのはリール遠郊のみすぼらしい労働者住宅だった。私はそれを一目見て、自前でなんとかしようと決めた。どうせアリエットと私はパリでまた暮らすつもりだった。パリにはもともと魅力があるうえに、幼い孫の面倒を見たがる祖母が二人いたこともあって、パリに戻りたい気持ちが強まっていた。だからこそ、最も都合のよい地方大学としてリール大学を選んだのだ。

私たちは、ラテン区の南側に居を構えた。パリ北駅へ向かう道はすべて、市中心部の古いレ・アール地区を通っていた。しかし現在と比べればパリの車の流れはまるで甘美な夢の中にいるようなもので、私は頼りになるシトロエン2CVを駅から歩いてすぐの路上にいつでも無料で駐車できた。

つまり私は、リールでは人付き合いをほとんどしない非常勤の遠征教授（ターボプロフ）になろうとしていたのだ。そのような教員は地元で生活する教員から歓迎されず、不在がちで学生との接触が少なくなると批判された。

一度だけだが多額の厚生手当を受け取り、あとは一方の給料を天引きでアパートの無利息ローンの返済に充（あ）てた。そのため、フランスで安定した職が確保できたことに加えて、経済状態も満足のいくものとなった。そのうえ、ダルモアの退職が近づいていた。人事の椅子とりゲームによって、パリ大学で若手のポストに空きが出そうだった。候補者はわずかで、ありがたいことに私が選ばれてリールへの通勤から解放される可能性が高そうだった。

しかも、これだけではなかった！　ある著名な歴史学者のおかげで、まったく考えてもいなかったすばらしい〝わき道〟がすぐにもう一つ開いたのだ。その歴史学者フェルナン・ブローデル（一九〇二～八五）は、第二次世界大戦中に捕虜となったときの記憶をもとにした大迫力の傑作『地中海』（浜名優美訳、藤原書店）で最もよく知られていた。地中海地域全体とさらにそれを越えた領土まで支配しようとしたトルコをスペインが阻止した一五七一年のレパントの海戦を描くブローデルの文章を読み、私は心を奪われたものだ。ブローデルが創始した歴史学者の一門であるアナール学派は、学界で多大な影響力をもち、そのころは計量歴史学の波がいずれ到来すると考えていた。彼らは言語学におけるジップ＝マンデルブロの法則や、ジュネーヴの心理学者ジャン・ピアジェのもとで私の果たした役割に対して過度に肩入れした解釈をしていた。そしてパリのリュクサンブール公園の西側で野心的な研究グループを創設しようと私を招いた。

　こうして一九五七年の秋には、私はリール大学で新米の准教授になっていた。私は強い影響力をもつフランスの純粋数学界を一九四五年に拒絶し、もはやこの学界からはあまり気にも留められなくなっていた。不満を抱いて胸に一物を秘めた公務員としてのキャリアも十分に快適だっただろう。しかし私は安寧（あんねい）を目指していたわけではない。だからそんな生き方は考えるだけでぞっとした。

輝きが消え失せ、計画が変わる

　しかし、秋に訪れたうれしい驚きはすぐに輝きを失い、私はきわめて落ち着かない気分で一九五七年の終わりを迎えた。フランスの大学での仕事と、まだ燃えさかっている奔放な志（こころざし）や夢とを両立させることはできなかったのだ。

一九五八年までに逆境を生き抜く〝古参兵〟となっていた私にとって、フランスかアメリカの大学で知的満足の得られるキャリアに就ける見込みは厳しかった。大学でも教育というのはきつい仕事なので、もっと若いうちに始めるべきだったことは言うまでもない。そのうえ五月にはシャルル・ド・ゴールの政権復帰によって、政治的にもにわかに暗雲が重く垂れ込めた。彼がフランスの大学に財源を供給し、それから体制という自滅的な装置に大学をゆだね、一九六八年五月の暴動のさなかにド・ゴール将軍の支配を揺るがせた事件（訳注　学生の大学近代化の要求に端を発する五月革命のこと）でその体制が炎上することなど、誰にも予想できなかった。

私は痛みを最小限に抑えて逃げ出すことができた。その年はそれまでと違う過ごし方をして、夏の休暇中にアメリカのＩＢＭ研究所で働いた。人生の中盤に訪れた危機によって、フランスの大学での盤石（ばんじゃく）な終身在職権を放棄して、アメリカで未知の仕事に就くことになった。このポストには長くいられるのか？　多くの点で、タイミングは完璧だった。そして私のキャリアは、自分の抱いていたどれほど無謀な夢も及ばないかたちで開花した。私はリスクに満ちた道を選んだのではなかったか？　確かに選んだはずだ。それどころか、私はリスクが大きくふくれ上がるのを止めようともしなかった。既存の科学者の群れには加わらずに自分の道を進み、どんな分野や体制にも属さないテーマの探究を続けた。

一九五八年七月二〇日、自分が何をしようとしているのか知らぬまま、決して取り消せない賭けに出た。ニューヨークのＩＢＭでのサマージョブが、私の修業時代に幕を下ろした。

第3部　人生の実り多き第三段階

　これからの数章では、ＩＢＭに勤めていた三五年間（と数日）と、それに一部重なってイェール大学の教授だった一七年間のハイライトを描く。私の記憶の中で、この時期は黄金時代の輝きを放っている――ＩＢＭにとって、私にとって、そして科学にとって。さらに声を大にして言わせてもらえば、人間の精神の黄金時代でもあった。人間を人間たらしめるのは、語る力、そして革新する力だ。

　一見すると互いに異質で、いかなる一般的なパターンにも従わず、多くの人に奇妙だと思われ、しばしばいやがられる、そんなテーマに私は満足感を見出した。私の知るかぎり、私の過ごしたＩＢＭに代わることができそうな研究所は一つもない。

第21章　ＩＢＭ研究所で科学の黄金時代を過ごす（一九五八〜九三年）

一九五八年六月二〇日。私は夏のあいだだけＩＢＭ研究所で働くことになっていて、この日はその初日となるはずだった。研究所はニューヨーク市から北へ一時間ほどのヨークタウン・ハイツにあった。アリエットとまだ赤ん坊だったローランと私は、飛行機でパリからニューヨークに渡った。私たち三人とほんの数個のスーツケースは、タクシーに難なく収まった。時差のせいでその日はとても長く、私たちは疲れきっていた。とはいえ、ほぼ当たり前の平凡な一日だった。しかしその印象は、じつは間違っていた。

サマージョブが生涯の仕事に

偶然のめぐり合わせで、一九五八年の夏のあいだだけＩＢＭで働くことになった。しかし到着してからほんの数週間で気が変わり、ずっとそこで働こうと決めた。一九九三年に退職するまで、ＩＢＭと私の正式な関係は、この会社が科学の基礎研究に力を入れていた三五年近い年月と重なって続いた。

私がＩＢＭで働きつづけたのは収入のためではなく、なにかひと言で言えない理由があったわけでもない。ひとえに必然性ゆえだ——ＩＢＭの初代リサーチディレクター、エマヌエル・ピオレ（一九〇八～二〇〇〇）が招集したスタッフ会議のあと、私はそう解釈した。

マニー（エマヌエル）は会議の冒頭でこう告げた。「社員のあいだに強い不安があるといううわさを聞いている。君たちの多くは、なぜ自分が採用されたのかと疑問に思っているようだね。そして周囲の状況がいつも落ち着かないことを心配している。管理体制はいつ固まるのか、そしてわれわれが真に君たちにやらせたいことをいつ教えてもらえるのか、気になっているのだろう？　しかしじつのところ、秘密などなにもないのだ」

彼の話を聞いているうちに、私は自分の置かれた状況に関する判断が間違っていなかったと確信できた。

「君たちはほとんどが博士号をとったばかりで、かつての指導教官と張り合って自分の博士論文に注釈を加えることが最高の使命だと思っている。しかしすぐにわかるだろうが、日常的に科学の基礎研究をするのはとても難しく、たいていの場合は報われない仕事なのだ。職場では自分のやりたいことをする時間などとうてい足りず、土曜日の朝に子どもを野球に連れていかないで一人で研究室に行ったりすれば妻に文句を言われる。家に仕事を持ち帰ったりせず、いい給料をもらって奥さんを喜ばせたい人は、申し出てほしい。ニューヨーク州の北部にはＩＢＭの開発（ディベロップメント）系の研究所がいろいろあって、そっちは成長させなくてはだめだから、スタッフの質をほぼ全面的に上げる必要がある。たくさんの上等な仕事が人材を待っている。

だが、君たちは基礎研究がやりたくてたまらないかもしれない。それはけっこう。すばらしい。わが研究所にはおもしろくてやりがいの大きな仕事はいくらでもあるから、好きなのを選べばいい。君たちの中には、偉大な科学者になることを夢見ている者もいるかもしれない。すばらしい！　研究所では、何人かの偉大な科学者にやりたいことをやらせるくらいのことは簡単にできる」

この言葉を聞いたときの強烈な興奮と安堵感は、今でも心に残っている。あのころの私は賭けに出たい気分だったので、ＩＢＭが一向に落ち着かないことは私にとってむしろ大きな魅力だった。私が最も嫌ったのは、フランスで経験したような秩序だった。よかれ悪しかれ、私は自分の夢に思いきり尻を叩かれた気がした。そこでＩＢＭに賭けることにした。ＩＢＭも私に賭けた。どちらも賭けに勝ち、その勝利は互いに結びついていた。

マニー・ピオレの言葉が私を説き伏せ、私はアリエットを説き伏せた。ＩＢＭで仕事を続けるのが一番だ、たぶん一年かそのくらい……。しかしすぐにはっきりしたのだが、じつはそれが無期限となった。

＊

マニーがスタッフ会議で語った言葉を思い出す。「基礎研究をするのはとても難しく、たいていの場合は報われない仕事なのだ。……自分のやりたいことをする時間などとうてい足りず、土曜日の朝に子どもを野球に連れていかないで一人で研究室に行ったりすれば……」。私の場合、この言葉が現実となった。医師が唱えるヒポクラテスの誓いに「第一に、害を与えないこと」という一節がある。科学者にもこれを適用すべきだと強く思う。自らに使命を課しながらそれを達成しない父親は、父親

として不完全であり、家族をめちゃくちゃにするおそれがある。私の場合はアリエットが見張っていてくれたので、この誓いを守ることができたのだと思う。まあ、その話はこのくらいにしておこう。

アメリカに落ち着く

こちらに腰をすえると決めたので、住む場所を確保する必要があった。住まいを探すアリエットと私の念頭にあったのは、ジュネーヴの近くで二年間の新婚生活を送った、あのすばらしいラ・ボヴリーだ。私たちは幸運の女神に助けられ、不思議なほどラ・ボヴリーと似た住まいで四年間、暮らすことができた。デイヴィッド・スウォープ（訳注　ニューヨーク州南東部のウェストチェスター郡の大地主）の地所に建つ車庫の二階だった。ここで次男のディディエが生まれた。

最初の住まいはローヌ川の南側に広がる眺望で優美に飾られていたが、今度の住まいで暮らしはじめたときには、そのような眺めが見られなくて残念だった。ところがまたもや運命が味方をしてくれた。感謝祭の前夜に猛烈な嵐が吹き荒れ、驚いたことに翌朝になると巨大な木々が根こそぎ倒れ、見

事な景色が開けていたのだ。ハドソン川の下流方向へタッパンジー橋まで南向きの風景が広がり、晴れた日にはマンハッタンまで見渡せた！

スウォープの地所の次に、今度はチャパクア（訳注　ウェストチェスター郡北部の高級住宅地）に一戸建ての家を買った。暮らしてみると落ち着いた雰囲気が決め手となり、そこには五年間住んだ。見込みどおりで、幼い息子たちに理想的な環境だった。上の写真では、チャパクアの家の居間で私がディディエとローランにはさまれている。

その後の三五年間の住まいも、ラ・ボヴリーやスウォープの地所に匹敵するものだった。ウェストチェスター郡南部のスカースデールに建つ、素敵な古い大邸宅で、買い物には五分で行かれるが、周囲から完全に孤立していて伝統的な日本家屋を思わせる趣があった。ただし日本家屋よりずっと大きい。道路から目立たない入り口を入るとすぐに道が急角度で曲がり、安らかな胎内を思わせる奥まった区画にたどり着く。おそらく農地にはまったく不向きな岩肌の露出した土地が盛り上がり、道はその頂き付近で樹齢を重ねたオークの木立の中へ消える。家屋に最も近いところに立つオークの木は、白人がこの地の岸辺に到着したころからそこにあったとしてもおかしくなかった。

家はどこもかしこも複雑なつくりになっていた。私はそこに惹かれたが、"ふつう"の買い手は敬遠したので、私たちでも買うことができた。一八四〇年から一九四〇年にかけて数回に分けて建てられていたので、一階の部屋は天井の高さが不ぞろいで、二階の床は段差だらけで危険だった。私たちが入居したときにはどの窓も正確な長方形ではなくゆがんでいたが、そのことは修繕が必要となるたびに明らかになった。改修費用の見積もりを引き受けてくれる業者はいなかった。しかしひょんなことから、ロバート・ロビラードという気の合う人物と出会った。彼は学校の教師で、あらゆる工具の使い方を知っていた。荷馬車に乗ってアメリカ征服への道を進む姿が想像できるタイプの男だ。彼は副収入を必要としていて、さらに知的挑戦も求めていたので、長年にわたってその古い家の簡単な不具合くらいなら私たち二人で修理した。

こんなわけで、一九五八年六月二〇日という日付は、人生の中間点として私の心に刻み込まれた。この日付は無数の書類に記されているので、忘れることはないだろう。一九三六年にワルシャワからパリへ移ったことに次いで、今回の転居は私の人生で第二の重大な転機となった。

最初のときと違って、今回の転機は生活を全面的に変えるような変化には至らなかった。というのは、私たちは今でも家ではフランス語を話しているからだ。それに、私が戦争を生き延びるのを助け、私を受け入れ、文化を差し出し、私を自由な人間にしてくれた国を忘れることなどできるはずがない。アメリカに移ったことはまったく後悔していない。しかし最近はフランスに行くと、はるか昔の遠い場所から訪れた旅人のような気分をだんだん強く感じるようになってきた。時が流れ友人たちが亡くなっていくなかで、その気持ちはおのずと強まっている。

エマヌエル・ピオレ

リトアニア生まれのマニー・ピオレは、大恐慌がアメリカを襲ったころに博士号を取得した。厳しい時代を乗り越え、戦争が始まってにわかに科学者が必要とされるようになると、彼はワシントンＤＣに行った。海軍を直接的に利するテーマをはるかに超えた科学研究を支援するための政策として、国立科学財団（ＮＳＦ）、国立衛生研究所（ＮＩＨ）、海軍研究局（ＯＮＲ）を結びつけた三本柱の体制を構築する際に、彼は重要な役割を担った。それからまもなく、彼はＩＢＭのリサーチディレクターとなり、トーマス・Ｊ・ワトソン研究所を創設した。

つまりこの非凡な人物は、アメリカの主要な科学研究資金提供機関のいくつかの誕生にかかわっていたということだ。科学者として格別に秀でていたわけではなく、革新的な技術者でもなかったが、敏腕なやり手であり、高い身分に伴う義務（ノブレス・オブリージュ）を理解していた。彼の築いた体制は完璧には程遠かったが、際立った長所が一つあった。各機関が異なる基準を採用していたのだ。ＩＢＭ研究所も独自の方針をとった。

その後、ＩＢＭと海軍研究局は基礎研究をやめた。学術研究への支援は大半が国立科学財団と国立衛生研究所を通じたものとなっており、資金の提供先を選定する際には誰に対しても同じ基準が適用される。いつも私が国立科学財団から冷遇されてきた理由が、これで説明できるかもしれない。ほぼ確実に、私の申請する研究テーマは理解不能だとか迷惑だとか、あるいはもっとひどいものと見なされたのだった。

ラルフ・Ｅ・ゴモリー

一九五八年の時点では、ＩＢＭの研究スタッフは大半が非常に若かった。私がひっそりとメンバーに加わった直後、私より五歳年下の新人、ラルフ・Ｅ・ゴモリーが鳴り物入りで登場した。私にとって、彼はあらゆる点で最も重要なＩＢＭ社員だった。

彼も純粋数学の古典的な領域でプリンストン大学から博士号を授与されていたが、その領域がもはや成熟しすぎていると言って、すぐにそこから離れた。それから線形計画問題で非整数解ではなく整数解を出すアルゴリズムを見つけて、応用数学の有名な問題を解いた。実際の応用では整数解が必要とされる場合が多いので、この問題を解決したことでラルフの名は非常によく知られるようになった。ＩＢＭに入社してからも、彼はいくつかの画期的な業績を達成した。

彼が入社してすぐに私たちは知り合った。私の長男の入った保育所を運営しているのが彼の妻だったのだ。私たちは友人として親しく付き合うようになり、私は彼の部署に移った。彼は数理科学ディレクターに任命され、次にリサーチディレクターを務めてから、ＩＢＭ本社に移った。ＩＢＭを退職してからは、スローン財団の会長を何年間も務めた。

ＩＢＭで私の直属またはそれに近い関係の上司を最も長く務めたのは、ラルフだったと思う。もちろん彼はどんどん多忙になったので、実際に会う機会は減っていった。それでも、幸運の女神の次に私が最大の恩義を負っているのがラルフであることは間違いない。ＩＢＭのフェローになれたのは彼のおかげだし、さらに大事なのは横道にそれたり深入りしたりする自由を認めてもらえたことだ。これがなければ、私の挑んだ賭けは続かず、実を結ぶこともなかっただろう。

神話的な黄金時代と現実の黄金時代

科学研究におけるＩＢＭの黄金時代は、私自身のようやく到来した三五年間の黄金期と重なっていた。ＩＢＭの黄金時代は私がＩＢＭに入ったころに始まり、スタッフの半数が退職を求められて残りの半数が現実に目を向けることを求められるようになったときに終わった。私は一九五八年に偶然ここへたどり着いてから、もっと私に合う場所もなかったのでそこで働きつづけ、たちまち成果を上げた。どちらの側にとっても、この賭けは大成功だった。三年も経たないうちに私は二つの大発見をなし遂げた。まるで宝くじで二回続けて大当たりしたようなものだ！　二つの発見のそれぞれが、私自身の知識がほぼ皆無な分野での客員教授の職につながった。一つめは経済学（のちにファイナンスと呼ばれるようになる）で、その次はノイズのゆらぎという分野だった。

〝地に足の着いた〟同僚たちにアドバイスを与える仕事は変化に富んでいて、たいていは楽しかった。多くの場合、私は一時的な支援をするだけだった。しかし忘れられない例が一つある。同僚で友人でもあるジェイ・M・バーガーから、電話回線に目立たないがわずらわしいノイズが生じるので力を貸してほしいと頼まれた。私たちはこの問題を解決することができ、そのおかげでIBMは失敗に終わったはずの開発に多額の投資をしないですんだ。また、私はこの一件がなければ見過ごしていたに違いない研究テーマへと導かれることにもなった。

これ以外で、既存の多様な学問やラフネスを扱う新しい学問への私の取り組みに対して、アドバイザーの仕事が妨げとなることはほとんどなかった。IBMが足場を与えてくれたおかげで、さまざまなことが可能になった。IBMは、ハーヴァードやイェールで教えるという重大な決断や、現実社会のいろいろな取り計らいも許してくれた。〝知〟と〝組織化された科学〟という互いに重ならない二つの領域を私がたやすく行き来できたのも、やはりIBMのおかげだ。

それなら、IBMで過ごした年月は地上の楽園だったのか？　もちろんそんなことはない！　IBMが科学分野の最強企業として全盛を誇っていた時期にも、日常生活では回避可能なマイナスの問題にたくさん遭遇した。それは当然だ。しかし驚くべきことに、差し引きすれば全体としては大きなプラスとなった。金（きん）を丈夫にするには、ほかの金属と混ぜて合金にする必要がある。一方、有用な合金も、あわててつくれば有害な成分が混ざってしまうかもしれない。無益な愚かさ、さまざまな階層にいる劣悪な人間など、いやな要素は常に存在した。IBMの黄金時代は決して楽園ではなかった。それでも私は個人の自由に価値を見出していた。無限の価値とまではいかなくとも、きわめて貴重なものだと常に感じていた。私は代償を払って見返りを手に入れた。フェアな取引をしたまでだ。

ＩＢＭに招かれたいきさつ

私独自の人生の基準で言えば、ＩＢＭに至るまでの因果の連鎖は短く、妙な曲折もなかった。ポスドクとしてプリンストン高等研究所にいたとき、研究所のカフェテリアでマンフレッド・コッヘン（一九二八～八四）に出会った。私より年下で、経歴や志向は私と似ていた。ＩＢＭの新しい研究部門（リサーチ）が猛然と人材を集めて積極的な宣伝活動を展開していたころ、彼はＩＢＭに入社した。私がニューヨーク州北部のコーネル大学で一九五七年の夏を過ごす予定だと聞いた〝フレッド〟は、私をＩＢＭの臨時社屋に連れていった。表向きは講演を聞かせるためということだったが、じつは面接と勧誘を同時におこなうのが目的だった。

彼の上司の物理学者マイケル・ワタナベ（一九一〇～九三）は、パリ大学で博士号を取得したときの主査がルイ・ド・ブロイだったという。さらにその上の上司にあたるナサニエル・ロチェスター（一九一九～二〇〇一）はＩＢＭ生え抜きの技術者で、フォン・ノイマンの先駆的なプリンストン計算機にほぼそっくりな複製をつくったことで評価を得ていた。機械翻訳プロジェクト（きわめて未熟だったが手厚い支援を受けていた）のためにスタッフが必要で、私は言語学の研究で名が知られていながら手の空いている数少ない人材だと思われていた。私はリールでとてもよい仕事が待っていることと、そして関心の対象が変わったことを説明した。向こうはあらゆる分野で優秀な人材が必要なのだと言い、それなら一九五八年から毎年、夏のあいだだけ勤務するということでどうかと妥協案を出してきた。

ＩＢＭ社員であることを受け入れる

一九五八年には、きわめて田舎風で家族主義的な人間関係を築いているという、かつては入念に仕立て上げた古くからの評判がＩＢＭの重荷になっていた。社歌があり、白いシャツにきちんとしたネクタイの着用義務などもあった。ところが突如として、それまでとはまったく異質な専門職の人材採用に乗り出したのだ。本章の初めのほうで引用したピオレの言葉からわかるように、研究部門はニューヨーク州北部に置かれた開発部門の採用事務所のように感じられることも少なくなかった。かつてＩＢＭが採用するのは小さな大学や職業専門学校の卒業生がほとんどだった。工学分野の有力校から新たに人材を大量に採用しだすと、日ごとに途方もない変化が生じるようになった。

ＩＢＭの永住の地が建設されているあいだ、スタッフはいくつかの仮住まいに分散していた。ヨークタウン・ハイツという村にある施設が最も大きかった。私が配属されたのは、それよりずっと小さなラム・エステートというところだった。ハドソン川を見下ろす信じがたいほど美しい敷地に、チューダー様式の建物が点在していた。

重大な事件を自ら体験した人や、歴史書をたくさん読破した人なら、当時のＩＢＭの雰囲気から革命と帝国の時代のフランスに見られた一面を連想したはずだ。旧体制（アンシャン・レジーム）の上流階級はほとんどが国外に逃れたか地方の地所に身を寄せていたので、登用できる有望な人材がほとんど残っていなかった。そこで選考規程を変えるしかなく、人材登用に関するさまざまな古い制限が緩和された。

言うなれば、ラザール・カルノーが格好の例だ。彼はフランスの指導者だったが、彼の重要性はしばしば過小評価されている。彼は革命前に訓練を受けた技術将校だったが、能力を十分に発揮できる場がなかったので、早々と退職させられることを恐れていた。革命が勃発すると、彼は軍の編成を任された。国外へ脱出せずに残っている日和見主義者や、平時には反体制主義や非貴族または少数民族の出自といった顕著な〝欠点〟ゆえに候補から外れたような者たちから、人材を選ぶしかなかった。革命が成功したのは、カルノーがコルシカ島出身のナポレオン・ボナパルトのような人材を採用したおかげだ。

さまざまな事情から、ＩＢＭはこれと似た状況にあった。ＭＩＴ、ベル研究所、ゼネラル・エレクトリックといったライバルは、ソ連のスプートニクに対抗するために資金が潤沢に注ぎ込まれ、非の打ちどころのない資格をもつあらゆる人材をいくらでも雇ったり国外から招いたりすることができた。ＩＢＭ研究所がユニークな実験――必ずしも計画に欠点がなかったわけではないが、歴史的にきわめて有意義な実験――となったのはなぜなのか？　答えの一つは、採用規定がゆるかったので、よその研究所との奪い合いにはならないような人材がたくさん入ってきたことだ。〝奇人〟や〝風来坊〟、そしてなにかの過失か指導教官との対立などで一流の経歴に傷のついた科学者などがいた。

たとえばジョン・バッカス（一九二四～二〇〇七）。彼は大学を転々とし、どこにも長く在籍しなかったので、おそらく指導教官には一度もついていない。あるとき彼はＩＢＭの覇権に莫大な貢献をした。初期のコンピューターを使うのはとにかく難しく、時間もかかった。どんな問題も手作業で分解して、愚鈍なマシンにあらかじめプログラムされている多数のきわめて厳密な命令に変える必要がある。ジョンは少人数のチームとともに淡々と期限よりも早く、ＦＯＲＴＲＡＮ（「数式翻訳装置」を意味する「formula translator」に由来する名称）という〝高水準〟のプログラミング言語を開発した。これは決して芸術作品のようなものではなく、称賛されることもなかったが、紛れもない長所が一つあった。実際に「存在する」ということだ。それ以前のアセンブリ言語と比べれば、FORTRANは至福の境地だった。ジョンがライバル関係にあるよその研究所で働かなかったことは、IBMにとって幸運だったと言える。

たとえばジョン・コック（一九二五～二〇〇二）。彼は話し方も容貌も、下手な映画が描くノースカロライナ州選出の富裕な上院議員を思わせた（訳注　ノースカロライナ州は一般に南部の田舎のイメージがある）。コンピューターのすべてを理解するごくわずかな人間の中で、彼は間違いなくシーモア・クレイ（訳注　スーパーコンピューターの設計者で、クレイ・リサーチの創立者）に次ぐ位置にいた。なんといっても、コックはRISCコンピューター・アーキテクチャーという非常に重要な手法を考案したのだ。

そしてゲルト・ビーニッヒ（存命中）。学業成績には問題もあったが、「ずしりと重いスイスパンの生地さえ持ち上げる」ことのできるような、屈強な精神のもち主として、IBMチューリッヒ研究所のアレックス・ミューラーの心をとらえた。ビーニッヒは原子の観察ができる顕微鏡を発明し、IBMにライセンス料の収入をもたらすとともに、ナノ科学を生み出した。彼はこの功績でノーベル物理学賞を受賞している。

まさにその翌年、今度はミューラーがあとに続いた。高温超伝導の発見でノーベル賞をとったのだ。この発見が「物理学のウッドストック」のきっかけとなった（訳注　一九八七年三月にアメリカ物理学会が開催した高温超伝導に関するシンポジウムで深夜まで異様な熱気が続いたようすを、ジャーナリズムが音楽フェスティバルの「ウッドストック」にたとえてこう称した）。

変わり者の多くはやがて落ち着くか去るかのどちらかだったが、驚くべきことに何十人かは変わり者のままとどまりつづけた。初期の経歴に欠陥や不足や逸脱があってもそんなことは忘れ去られ、彼らは自らの貢献によって学界に地位を確立し、五つのノーベル賞をはじめとして数え切れないほどの賞を獲得した。

この行きあたりばったりの実験はなにかを証明したのか？　私は昔から試験の成績順位に敬意を払ってこなかったが、ＩＢＭの実験によってその姿勢の正当性が裏づけられた。このことを指摘すれば、試験でよい成績をとる人を私がねたんでいるだけだ（あるいは私を育ててくれた人に恩をあだで返している）と非難されることはなくなるだろう。

セキュリティ意識が普及する前のプログラミング

何年間も、研究部門にはコンピューターがなかった。一日に数時間だけ、ニューヨーク州ポキープシーにあるのを一台借りることができた。プログラムをコンピューターカードにパンチして、数時間の道のりをステーションワゴンで往復輸送した。おそろしく面倒なやり方をしていたが、それでもちゃんと機能していた。午前中にポキープシーにカードの束を送ると、夕方に戻ってくる。たいていは、プログラミングに重大なエラーがあるので要修正というメッセージがついている。そこで翌日にそれを送り返す、という作業が続くのだった。

ある同僚は、このプロセスに信じがたいほどの時間を費やしていた。バビロニア人の天空モデルに従って星座表を計算するために、ブライアント・タッカーマンは必死に作業をしていた。いったい何を急いでいるのかと、不遜にも私は思った。この計算はすでに何千年も前から機会を待ってきたのだから、まもなくこちらの研究所に設置される予定のもっと高速なコンピューターを待っても大差ないはずだ。ブライアントは自分のやり方にこだわり、膨大な資料を作成した。最後にたくさんの秘書がコンピューターの出力データを印刷に適した形式に打ち直し、巨大な本となったものがアメリカ哲学会から出版された。この本はほとんど売れず、利用されることもなかったのではないかと思う。といっても、私の言葉は決して批判を意図しているのではない。野獣を最初に手なずけた同僚たちの粘り強さに、私はただ驚嘆するばかりだった。

ブライアントは、ヨークタウンでパスワードが導入されたときの笑い話にも登場する。そう、コンピューターを使うのにパスワードが不要だった時代があったのだ！　私の長男が教わっていた数学の先生がプログラミングを自分で勉強していて、生徒たちにもその手ほどきをした。しかしあるプログラムが動かなかったので、彼は専門家に相談してほしいと私の息子に頼んできた。つまり私を頼ってきたのだ！　ブライアントに助けを求めると、彼は私のアカウントを入力してすぐさまプログラムを書き上げ、息子と先生に渡せるように、レターサイズの用紙一枚に印刷した。

数カ月後、廊下で計算センターの管理者に呼び止められた。「驚いたよ。研究部門でコンピューターを使える時間はたっぷりあるのに、君一人で半分くらい使っているじゃないか。君はかなりの理論派だと思っていたが」「こちらこそびっくりですよ。もう何週間も前に、自分でプログラミングするのはやめましたから」「じゃあ、どうしてこんなに利用時間が長いんだ？」。調べてみると、周辺のウェストチェスター郡一帯で高校生たちがちょっとしたプログラムを大量に走らせており、すべて私がやったことにされているという事実が判明した。少なくとも一人の目ざとい生徒か教師が、私の名前を打ち込むだけで当時としては最高性能のコンピューターにアクセスでき、しかも料金はかからないということに気づいたのだ。

そこで、計算センターのスタッフはパスワードを交付することになった。だから私は、このような方針変更としてセキュリティ管理が導入された発端に居合わせたのだと自慢できる――「自慢」という言葉が適切かどうかは定かでないが。もちろんこの事件とは無関係にパスワードはいろいろなところで生まれたに違いなく、ＩＢＭ研究所でもどうせすぐに生まれていたはずだ。

ＩＢＭが参入する前のコンピューターグラフィックス

私の著作――それからフラクタルアート――がどうやら万人に知れわたっても、私のすぐれた眼力が称賛されることはほとんどなかった。それどころか、ただＩＢＭに在籍しているというだけで、競争するうえで不当に有利な恩恵にあずかる幸運な受け身の人間だと思われていた。

実際のところ、私はそんな立場にあったわけではない。市販用のグラフィックスをつくっている研究所はたくさんあったが、私が入社した一九五八年にＩＢＭではグラフィックスを製造しておらず、自社以外の装置を入手するのはとりあえず自作するよりも難しかった。そこでコンピューター計算のパイオニアという予期せぬ立場にまもなくまつり上げられることになる私は、自分ではまったくコンピューターに触れず、常にプログラマーやアシスタントに指示を出して、休むことなく尽力することを余儀なくされた。

要するに、FORTRANが利用できるようになってもまだ、コンピューターグラフィックスが利用できるようにはなかなかならなかったわけだ。それでも一九六〇年代の終盤には、私はごく簡単なものを使って人工のフラクタル島の海岸線を初めて描くことに成功した。私たちのつくったプログラムは、島の起伏全体をシミュレートした。その〝偽物〟の起伏そのものを視覚化することはできなかったが、海岸線を視覚化することはできた。六四×六四ピクセルの格子を使い、まず海面のすぐ上か下に位置するピクセルとそれに隣接するピクセルをすべて空白にする。この空白のピクセルによって、近似の海岸線が定まる。出力装置としてふつうのタイプライターを使い、M、W、Oといった文字を印字することで海岸線上の点を表すというやり方をした。こうして印刷された出力データをコピーして、今度はフェルトペンで島の内側を黒く塗りつぶす（上図）。

涙ぐましいプロセスだった。M、W、Oをタイプするのに必要な〝ソフトウェア〟が適切に書けなかったからだ。また、バッファーメモリーの容量もきわめて小さかった。六四バイトまで印刷するとプログラムが停止してしまい、手で「リターン」と入力するとまた動きだした。私は絶望的な気分で、出力データを得るのに必要なかぎり何度でもこの言葉をタイプしてくれとアシスタントに頼んだ。私が一日の仕事を終えて帰宅したあとも、アシスタントは居残った。そして翌朝には、必要な出力データが私を待っているのだった。

このあと初期の装置の一つとして、カルコンプという会社の既製品を使った。これは紙とペンからなり、ドラムに巻きつけた紙が回転するのと同時に、ドラムの回転軸方向にのみ移動できるペンが紙面に対して離れたり接したりする。ペンとドラムの動きを連動させるプログラムが用意されていたが、もどかしいほど時間がかかり、描けるパターンは限られていた。私たちは、本来の仕様をはるかに超えた用途でこの装置を強引に使っていたのだ。

一九七〇年ごろにようやく、グラフィックス装置は機械的なものから電子的なものに変わった。そのおかげで、大型汎用コンピューターで計算した図をきわめて不安定な専用コンピューターに送り、ふつうのテレビ画面と同じような実験室用ブラウン管上でチェックすることができるようになった。特別な装置をつけると、ポラロイドカメラで画面を撮影することもできた。この方法で撮影して最初に発表した画像が、最も初期のフラクタルによる山の起伏だった（次ページ上）。

その次のグラフィックスシステムIblgraphは、偶然の発見から生まれた。一九七〇年代の初めにＩＢＭがコンピューター利用植字への進出を目指したがうまくいかないので中止し、何人かの同僚と私がそれを白黒から六四階調のグレーに変えたときのことだ（次ページ下）。

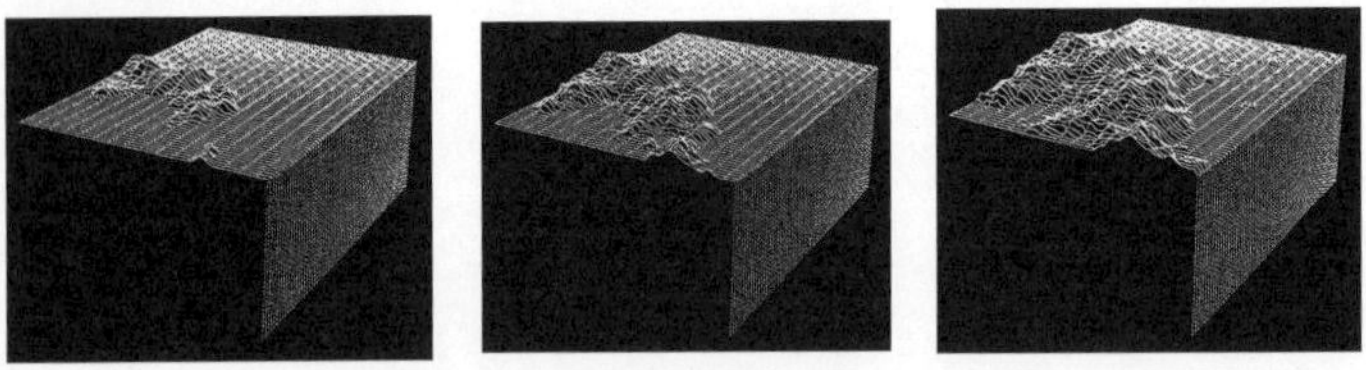

ヨークタウンの地理的な孤立を埋め合わせるために――そして私たちの存在が世間から忘れられないように――講演や娯楽や教育を提供する人たちが頻繁に招かれていた。目をみはるような鮮烈なイメージを世に呈示することはまだできず、私はカラーグラフィックスを使いたくてたまらなかったが、すぐ上の上司たちに却下された。IBMではそういう事業をやっていなかったし、ライバル社の製品を購入するのは難しかった。

一九七六年のある日、開発部門にいる一人の同僚のために外部の業者が私たちの憧れのカラーグラフィックス装置を納入したといううわさが伝わってきた。私はすぐさまこの同僚に電話をかけ、直接話をするためにそちらへ向かった。「僕たちにもこの装置を使わせてもらえないかな？　使える

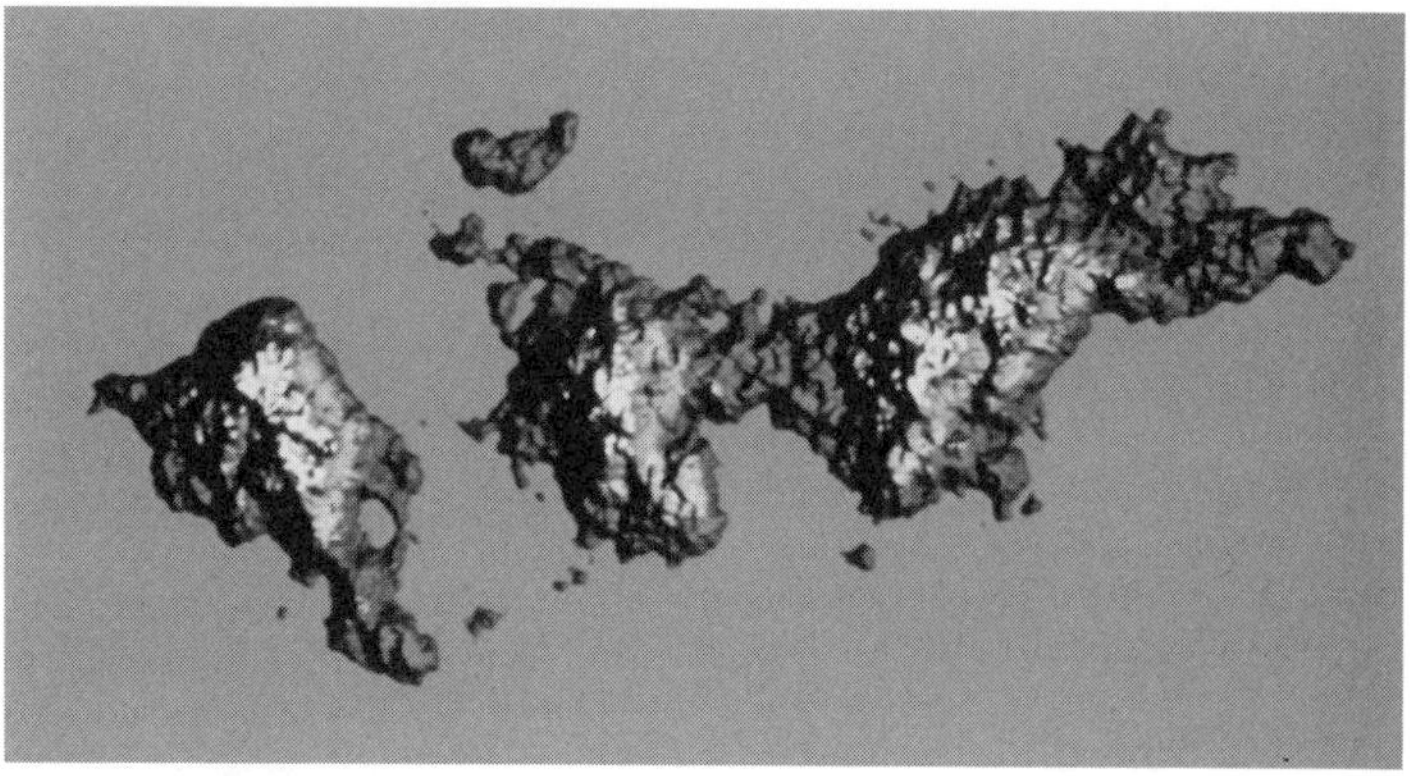

としたら、いつ、どのくらいの頻度で?」「もちろんいいよ、喜んで。ただし言っておくけど、ソフトウェアが一つもないんだ。システムプログラマーの費用は払えるけど、人を確保するのに半年かかる。ソフトウェアをつくるのにさらに半年かかりそうなんだ。だから一年後にまた来てくれ」「おいおい、それはないよ。僕たちはちょっと急いでいるんだから。君の研究室のキーコードを教えてもらって、今度の週末に来てはだめかな? 装置のことを知りたいんだ」「いいよ、もちろん」。こんなわけで、金曜日の帰りがけに彼は私のごく親しい同僚リチャード・ヴォスにコードを教えていった。リチャードはただちに作業にかかり、どうやら一睡もしなかったらしい。月曜日の朝にはソフトウェアが完成していた。一年も待たされるはずだったのが、週末一回で片づいてしまったのだ!（上図）

なぜ海岸線を研究するのか? 海岸線を選んだ最初の理由は、研究の受け入れを妨げるような永続的な利害を海岸線に対してもつ人などいないからだったが、もう一つ別の理由もあった。父が地図マニアで、私も読み書きができないうちから父に教わって地図が読めるようになっていたのだ。フラクタルの性質の中でとりわけ驚くべき点として、これを使えば自然の事物が模倣できるということがある。最初にざっくりと立てた、海岸線を描こうというアイデアに続き、今度は単純な数式でランダムな海岸線を描けないか、さらにはランダムな地形を描けないかと考えた。コンピューターグラフィックスがなければ、それは困難きわまる作業となっただろう。

研究を大学でおこなうなら、カラーグラフィックス装置はその費用を出すプロジェクトを通じて国立科学財団の所有物となっただろう。したがって、使用は厳しく制限されたはずだ。しかしヨークタウンではすべての装置がＩＢＭのものであり、必要に応じて各プロジェクトに割り当てられていた。このようなやり方には、一定の制約の範囲内で正当な理由があれば、誰でも装置を利用することができるというメリットがあった。ただし、その装置が十分に親しい友人に割り当てられていればの話だが。

＊

一九五八年にＩＢＭに入社するとともに、私はかつてのライフスタイルを当時よりもはるかに大きなスケールで再開した。フィリップスがパリに設けていた小さな研究所が巨大なＩＢＭ研究所に変わり、気楽な大学院生の日々が研究者としての放浪生活に変わった。互いに大きく異なるさまざまな分野で客員教授を次々に務め、一見すると異質な研究分野を〝横断〟することになったのだ。最初のうちは、分野どうしが衝突して、ひどい結果が生じるかと思われた。しかし実際には、衝突などまったく起こらなかった。私の取り組んでいるものが、将来の〝自然界のフラクタル幾何学〟を築く礎石になるのだということがまもなく明らかになった。

第22章　ハーヴァードにて――ファイナンス分野の扇動的な新参者が革命的な展開を推し進める（一九六二～六三年）

自分が相場価格のふるまいにかかわることがあろうとはまったく思ってもみなかったが、それが私の研究生活の日常になった。このまったく新たな展開をきっかけに、互いに無関係なように思われるさまざまな分野に散らばった、さまざまな研究に手を染めるようになった。やがて私はランダムさの示す、まったく異なる二つの状態、すなわち「マイルド」な状態と「ワイルド」な状態、さらに「スロー」なる状態という、明確な区別を提唱するに至った。

数年間は、ＩＢＭが成長を重視していたことや、研究部門の組織が頻繁に再編されていたこともあり、私は注目されるようなことをほとんどしなかった。ＩＢＭでやった最初の大きな研究を、一九六二年三月二六日付の長い報告書『研究ノートＮＣ８７』としてまとめた。自分の発見が、一般に受け入れられている標準的な投機理論に破壊的な影響を及ぼすであろうことは、はっきりと理解していた。私は報告書の作成におおわらわとなった。ところが秘書に手伝ってもらおうとしても、私の優先順位は低かった。プロにタイプしてもらうのを待っていられず、小さなタイプライターを使って自分で打

つことにした。しかも二本指で！　報告書が完成すると、タイピングがお粗末であることは見逃され、内容に対する反応は――学界の基準では――電光石火で強烈だった。

やがて、ハーヴァード大学で経済学を教えてほしいという手紙が届いた。私は手紙を握りしめて、上司のラルフ・ゴモリーのもとへ走った。彼はとても喜び、彼の上司で当時のＩＢＭ数理科学ディレクター、ハーマン・ゴールドスタイン（一九一三～二〇〇四）のところに私を行かせた。ゴールドスタインにはプリンストン高等研究所で会っていた。彼がフォン・ノイマンの右腕だったころのことだ。私はＩＢＭでまだあまり偉くなかったので、プリンストン以来、実質的なやりとりは今回が初めてだった。

「何の用かな？」「大学で教えるために、一年間休職させていただきたいのですが」「知ってのとおり、この部門では教職への支援に力を入れている。喜んで許可しよう。それから、ＩＢＭと大学の給料の差額はうちで補填するから心配しなくていい」「ところで言いそびれましたが、教えるのは経済学なのです」「それはそれは！　統計学か応用数学かと思ったが、まあいい。しかしもっと大事なことをまだ聞いていないぞ。どこの大学だ？」「失礼しました。最初に言うべきだったのに。ハーヴァードです。今いただいているよりも高い給料を言ってきています」。ここで彼は激しく動揺し、薬入れに手を伸ばした。

ハーヴァードに招かれ、IBMで注目される

ＩＢＭでの身分というものが測定可能だったなら、私は〝眼中になし〟から〝要注目〟へ一気に跳ね上がり、そこにとどまったということになるだろう。これに伴って給料も標準よりかなり下から少し上まで上がったが、この飛躍にはそんなことよりもずっと大事な意味があった。

ＩＢＭでは、休職がすでに制度として確立していた。ＩＢＭは教職のために休暇を認めていたが、これは当時としては画期的だった部外者は民間企業の研究所が創設されては消えていくのをいったいどうなることかと見守り、私のポストについてもいつまで確保しておいてもらえるのかとしばしば疑問を抱いていた。私自身も同じ疑問を抱いたが、急成長中の巨大なコンピューター会社が最先端の研究を是が非でも必要としているということなのだろうと考えた。

ＩＢＭは大学のように身分の終身保障をしてくれはしないという事実を、私はしばらく考えずにいた。しかし、自転車で転ばないためには十分な速度で走る必要があるということは、一瞬たりとも忘れなかった。気どった言い方をすれば、私は身分保障が与えてくれたはずの静的安定と、ＩＢＭや外

部世界で起きる変化に絶えず影響される思いがけない一時的な動的安定とを見誤りはしなかったということだ。

ハーマン・ゴールドスタインにハーヴァードからの初めての〝招き〟について知らせた日から、しだいに明確になっていったことが二つある。社外のいくつかの一流研究機関から声がかかったことによって社内で私の立場が強くなったことと、社外の人からもてはやされるのが当たり前だなどと考えてはいけないということだ。私は「自分たちの研究において自分は最近どんな貢献をしたか?」という問いを強く意識するようになった。革新者としての経歴は、新たなめざましい業績で絶えず強化する必要があった。学界の一角を訪れるたびに、IBMにいるだけでは得られず、学界でもその一角以外では手に入らないような、収穫もいろいろあった。それでもIBMで〝革新のかまど〟の火を燃やすのが一番だった。

そんなわけで、IBM、ハーヴァードのあるケンブリッジ、そしてそれ以外の場所で、かわるがわる時を過ごすようになった。少しずつ秩序が生まれ、ばらばらだった研究が、一つの総体――すなわちラフネスのフラクタル幾何学――を構成するさまざまな側面へと変わった。これによって、社会的にはぱっとせずとも知的な面では高ポイントな結果が生じるとは、前もって知る由もなかった。

価格変動を研究するようになったわけ

ここでいったん立ち止まり、自分がまったくの門外漢だった、「価格変動」というテーマに私が関心を抱くようになった経緯を説明させてほしい。発端は、私が以前やっていた、あるきわめて古いテーマに関する研究に存在する。そのテーマというのは個人所得の分布の法則で、一八九〇年代にヴィルフレド・パレート（一八四八～一九二三）が発見したものだ。この法則に——そして私の研究に——興味をもった経済学者が何人かいて、私はヘンドリック・S・ハウタッカー（一九二四～二〇〇八）が主催するハーヴァードのセミナーで講演をしてほしいと頼まれた。

〝ハンク〟の研究室に足を踏み入れた瞬間、驚きに見舞われ、おかげでその日は生涯有数の心に残る日となった。研究室の黒板に妙な図が描かれていたのだが、それは私が講演のときに描く予定の図とほとんど同じように見えたのだ！　私が個人所得について発見したばかりの事柄が、もうこんなところに描かれているのはいったいなぜですか、と私はすぐさま尋ねた。「何のお話だか、さっぱりわかりませんが。この図は綿花の価格を表しているのですよ」。ハウタッカーは私が来るまで学生と話をしていて、黒板に描いた図をまだ消していなかったのだ。

社会全体における所得や財産の分布が、綿花価格の変動となぜ関係するのか？　この二つがなぜ同じ凹凸のパターンを示すのか？　このことは、経済学の二つの側面を結びつけるもっと深い関係——チャートの背後にひそむ不思議な真実——の存在を示しているのか？　そのころまでに、ファイナンス分野の主流派の著述家は、価格の変動はコイン投げと同じようなものだという古い理論を再発見していた。彼らはその理論の裏づけとなる証拠を探していたが、信頼できる実際の記録はなかなか見つからなかった。ただし綿花は例外だった。

一世紀以上にわたってニューヨーク綿花取引所は、綿花という重要な商品が旧南部のプランテーションから工業の盛んな北部の薄暗い工場に運び込まれるまでの価格の日次記録を義務づけてきた。ほとんどの州間取引が一つの取引所に集約されていたので、それこそ経済学者にとって夢のようなものとなったはずだが、ハウタッカーと学生にとっては悪夢だった。価格の大幅な上昇と下落があまりにも多すぎる。そのうえ価格の変動性（ボラティリティ）（訳注　市場価格などの変動の激しさを示す指数）が時間とともに絶えず変化していた。価格が安定している年もあれば、乱高下する年もある。「われわれはこれらの綿花価格の意味を理解しようとあらゆる手を尽くしてきましたが、すべてが変化し、変わらないものなど一つもありません。最悪の無秩序状態です」。一九〇〇年に初めて提案された従来の統計モデルは、毎日の価格変動は前日の価格変動から独立しており、鐘形曲線から予想される軽度（マイルド）にランダムなパターンに従うと想定されているが、どうやっても綿花価格のデータをこのモデルにフィットさせることができないという。

ただちに取引が成立した。私がなんとかならないか調べてみたいと言うとハウタッカーは同意し、データの記録されたコンピューターパンチカードの入った段ボール箱をいくつも渡してくれた。「幸運を祈ります。データの意味がわかったら教えてください」

ＩＢＭに戻ると、記録を分析するために計算センターがプログラマーを一人配置してくれた。じつは所得の分布のときもそうしていた。大幅な価格上昇が何回あり、小幅な上昇は何回起きているか？　私は優先順位が低いので、コンピューターの順番が回ってくるまでに時間がかかる。そこで電車に乗ってマンハッタンに出た。全米経済研究所が当時はそこにあったのだ。研究所の図書館に行くと、相場データの表をびっしり載せたたくさんの本がほこりをかぶっていた。コンピューター時代以前の宝の山だ。私はその後、ワシントンＤＣの農務省からも記録を入手した。手に入るあらゆるデータをかき集め、一世紀分以上に及ぶ日次、週次、月次、年次の綿花価格の事典をつくり上げた。

コンピューターのおかげで、驚くべき事実が判明した。ハウタッカーの見解が裏づけられ、連続する二日間の価格変動、あるいは連続する週や月や年の価格変動は、一九〇〇年のモデルが想定したのとは違う動きを見せていたのだ。変動のふるまいは、とにかく行儀が悪かった。データセットに価格変動を一つ加えるたびに、価格分布に関する推定は変化した。価格の変動性（ボラティリティ）がすっきりと一つの数字に落ち着くということは決してなく、不規則に揺れ動いた。データ自体の質に疑う余地がないことを考えると、この結果は思いがけなかった。そのうえ、大幅な価格変動が多すぎて、変動の分布は鐘形曲線に合致しなかった。

価格変動をめぐる二つの図式

株式取引所、証券取引所、商品取引所などと呼ばれる組織化された市場で、価格はどのように変動するのか？

何世紀ものあいだ、これらの市場は系統的な数理モデルの恩恵など受けずに栄えてきた。一九〇〇年にこの種のモデルを初めて提案したのは、フランス数学界のアウトサイダー、ルイ・バシュリエ（一八七〇～一九四六）だった。このモデルは驚くほど早い時期に、時代を大きく先取りして発表されており、まさしく奇妙なものだった。これが相場モデルの標準となり、ハウタッカーが綿花価格に適用していたのもこれである。相場を表すものとしては高度だったが、データによる裏づけはまったくされていない。当初はほとんど注目されなかったが、やがて二つの出来事によって復活した。理論の面では、一九二〇年ごろにブラウン運動と呼ばれる重要な現象のモデルとしてノーバート・ウィーナーによって再発見され、一九三〇年代から四〇年代にかけてさらに発展した。即物的な面では、一九六〇年代にコンピューターが誕生したことによって、データと理論の両方の検討が可能になった。

コンピューターのおかげで、私は一九六二年に大急ぎで完成させた報告書でバシュリエのモデルの欠陥を指摘し、数式を使わずに表現できる理論を対論として提出することができた。これはまさに私の途方もないケプラー的な夢にふさわしいものだった。また、一九六三年にはこの研究に関する初の論文「ある投機価格の変動」を書くに至り、この論文は経済学の文献として頻繁に引用されるものとなっている。一九〇〇年の理論では、価格の大幅な変動は無視してよい――数学的な概念としては「価格は連続的に変動する」――とされ、また価格変動は好況時でも不況時でも同じ規則に従うと想定されていた。ところがこの理論を否定する十分な裏づけのある証拠がたくさん出てきたので、その場しのぎの〝修正〟がしばしば大量に必要となった。私が一九六二年に出した対論では、価格の変動が不連続となる可能性を考慮した。一九六五年と七三年にはこれを拡張し、好況と不況の時期が交互に生じる可能性も考慮に入れられるようにした。

価格チャートというものは、どれを見ても互いに似ている。確かに、上昇を示すものもあれば下落を示すものもある。しかし、日次、月次、年次のどのレベルでも、全体的な形状に大きな違いはない。日付と価格の目盛りを消してしまえば、どれがどれだか区別がつかなくなる。そしてどれも等しくくねくね動いている。「くねくね動く」というのは科学的な用語とは言いがたく、何年もあとで私がフラクタル幾何学をつくり上げるまで、こうしたあいまいな概念をうまく定量化できる方法は存在しなかった。しかしこれこそまさに、今の私たちが綿花のデータに見出せるもの、すなわちフラクタルのパターンだ。スケールアップしてもスケールダウンしても見た目が変わらないという、フラクタルに特有の性質がここでは、たとえばカリフラワーの小房といった〝形状〟に生じているのではなく、〝価格の変動〟という別のタイプのパターンに生じている。ファイナンスの中核はまさにフラクタルなのだ。これで話はもとに戻る。ハウタッカーの綿花価格のグラフと私の描いた所得分布のグラフが似ていたのは偶然ではない。数学的に同じ性質を備えていたのだ。

残念なことに、一九六三年にバシェリエを粉砕できたはずの入念な検証は、失敗に終わった。経済学の専門家たちが、私の研究はあまりにも複雑で、あまりにも新奇だと判断したのだ。私の研究を受け容れることは従来の見解から脱却することにほかならず、話はそれではすまないのだが、そのような脱却を実際に進展させたり納得させたりするのは難しかった。専門家たちにとっては、延々と〝修正〟を続けるほうがずっと簡単だと思われた。そこで私はどうしたか？　私はまったく別の〝優先的な関心対象〟に移り、価格変動にはときおり立ち返るだけとなった。私が疑義を訴えた一九〇〇年の市場理論は今でも生きながらえ、多くの若い数学者や科学者を引きつけ、そのせいで彼らを輩出したもとの分野が枯渇する結果となっている。

そして二〇〇八年、私の予想よりやや遅れたかもしれないが、市場は当然のなりゆきに至った。破綻したのだ。

ケプラー対プトレマイオス

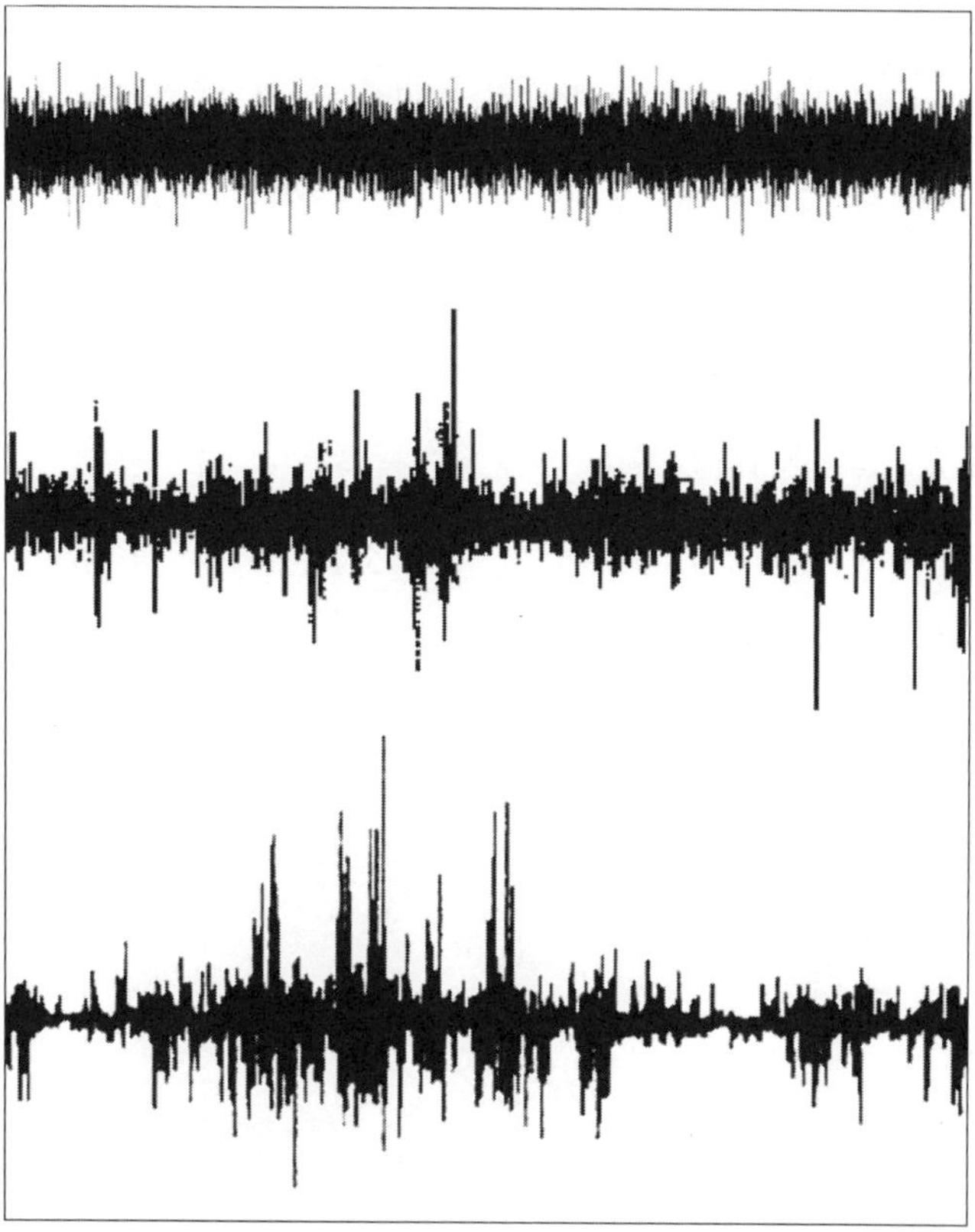

価格変動モデルとして、バシュリエの一九〇〇年のモデルと私の一九六三年のモデルは最初に発表された二つであり、これから語るいくつかの出来事をめぐる中核的な存在だ。価格変動というテーマは、永遠にこの二つのモデルの対比という観点から提示される運命にあるのだろうか？　残念ながらそうらしい。ここで科学におけるある重大な出来事と比較しながら、その理由を説明したい。その出来事とは、惑星運動に関する古代人の間違ったモデルが、ケプラーの発見した楕円軌道で置き換えられたことである。プトレマイオスのモデルでは、惑星が円軌道を描いて地球のまわりを周回しているとされた。しかし、変則（アノマリー）が観測されてモデルの修正を余儀なくされることがたびたびあった。プトレマイオスの考え方は一七世紀まで広く支持されたが、そこにケプラーが登場して、惑星が楕円軌道を描いて太陽のまわりを回っていることを証明した。

バシュリエは、価格変動は古くからおなじみの「ガウス曲線」と呼ばれる度数分布曲線に従うと考えていた。この曲線には、標準からの大きな逸脱が生じる確率はきわめて低いのでそのような逸脱は問題にしなくてよい、という重要な性質がある。前ページの価格変動チャートでは、一番上のチャートがバシュリエのモデルで、たいていの変動は小さいということを示している。二番めのチャートはＩＢＭの株価変動を表す本物の価格チャートだ。外れ値（はずれち）がいくつかあり、バシュリエのモデルよりもはるかに大きな変動も見られる。一番下のチャートは私がコンピューターで生成したマルチフラクタルモデルによるものであり、このモデルが実際の相場価格の変動データに近いことがわかる。

私はデータに知的な基盤を与えた。その基盤とは、当時の現実主義的な人たちには——まあ無理もないことながら——ほとんど知られていなかった、一つの概念である。じつのところ、私はポール・

レヴィの指導によって、彼が「安定」と呼び私が「レヴィ安定」と呼ぶのを好む興味深い現象を熟知していた。そのおかげで、このふるまいを価格変動の特徴の一つとして見出すことができたのだ。IBMに勤めていた私は計算センターを利用することができたので、そこで苦心しながらもレヴィの安定分布を初めて実際に計算で明らかにすることに成功した。

綿花の場合、小細工などしなくても驚くほど安定分布に合致していた。ファイナンス分野における私の最初の研究は、互いに大きく隔たる二つの知の領域を結びつけていた。驚いたことに、安定分布はデータのあらゆる細部で成り立っていた。とりわけ、過去の検討では見逃されていた〝分布の対称性〟でよく成り立っていた。

統計データを大量に加えると、最大値さえ全体との比較で相対的に都合よく無視できるようになる、としばしば主張される。しかし、実際にはその逆の現象が起きることが以前から知られていた――ただし、現実的な統計家の関与が不要なケースに限るが。私に対して声高に異議を唱えるある人物が、そのようなケースは「不適切」だとしきりに訴えていた。しかしこの先入観のせいで、その人物は方向を誤ってしまった。じつは、そうしたケースは専門家によく知られていたが、統計学とは無関係な純粋数学に属するものと思われていたのだ。それらを極度に現実的な〝ファイナンス〟という分野に持ち込むことによって、私は偶然のランダム性が示す〝マイルド〟な状態と〝ワイルド〟な状態とのあいだに確固たる区別を設け、この二つをきちんと区別すべきと主張した。私の知るかぎり、価格に関する過去の研究はいずれもこの〝ワイルド〟な状態を想定せず、理論にとって〝適切〟な――したがって〝マイルド〟なのも至極（しごく）当然な――ランダム性に現実が支配されているのだとすっかり信じ込んでいた。

ワイルド、マイルド、スローという、偶然が示す三つの状態は、物質の三態にたとえることができる。固体と気体のあいだには、液体というものがあるのではなかったか？　そのとおり。私の考えでは、偶然についても同じことが言え、液体に対応するのが〝スロー〟なランダム性である。そして液体を研究するのは、ほかと比べておそろしくややこしいのだ。

皮肉な賛辞？

投機価格理論の分野で、［一九〇〇年の］バシュリエの最初の論文以来、マンデルブロの仮説が最も革命的な展開であることはほぼ疑う余地がない。［マンデルブロの］論文は、ほぼ間違いなくわれわれのほとんどが今までカーペットの下に隠さざるをえなかった不愉快な経験的観察をしっかりと直視させる。彼は覚悟と熱意をもって、自身の主張の肝要な部分をなすものとして、経済の世界に関して経済学者がこれまでに支持してきた見解よりも複雑ではるかに不穏な見解の裏づけとなる証拠を整理した。……かつてのウィンストン・チャーチル首相と同様に、マンデルブロがわれわれに約束するのはユートピアではなく、血と汗と労苦と涙なのだ。［マンデルブロが］正しいなら、われわれの統計学的手法や過去の経済学研究はほとんどが無意味ということになる……。

数世紀に及ぶ取り組みを灰の山にしてしまう前に、われわれの取り組みがすべて本当に無益であることを示す確証がぜひともほしいものだ。

気のない称賛と陰険な攻撃の混ざったこの言葉は、経済学者ポール・H・クートナー（一九三〇～七八）の文章から引用したものだ。私がこれを初めて読んだのは、一九六二年一二月だった。内容的には、この攻撃に応じるのは簡単だった。しかし政治的には、この種の主張に接すると、一九〇〇年のバシュリエの理論に対する経営経済学者の無条件な信奉はあまりにも確固たる根を張っているので、打ち負かすのは無理だと考えざるをえなかった。そこで私はただ身をかわした。私がどんな言動を示そうとも、それに対して激しい批判が起きるのは必至だった。フランスの大学を離れてアメリカの民間企業の研究所に移るという大きな賭けに出たことは、私が物議をかもす腹をくくったことの証（あかし）だった。しかし当時の私には〝ミスター・ノー〟になる余裕などまるでなかった。そこで私は歯を食いしばって進みつづけた。それからまもなく、ファイナンスほど政治的ではない「流体における乱流」という問題に取り組み、さらにそれを一般に「気象」と呼ばれるもっとスケールの大きな問題へと拡張することになった。

ファイナンスの主流派説は、バシュリエの主要モデルにおける二つの重要な仮定にもとづいている。「価格変動は統計学的に互いに独立である」と「価格変動は正規分布する」というものだ。一九六〇年代に私が強く主張し、今では多くの経済学者も認めているとおり、実際のデータはこれらの仮定が間違っていることを示している。第一に、価格変動は互いに独立ではない。過去数十年間にまず私がおこない、それからほかの人もおこなった研究からわかるように、多くの場合、市場価格の動きには

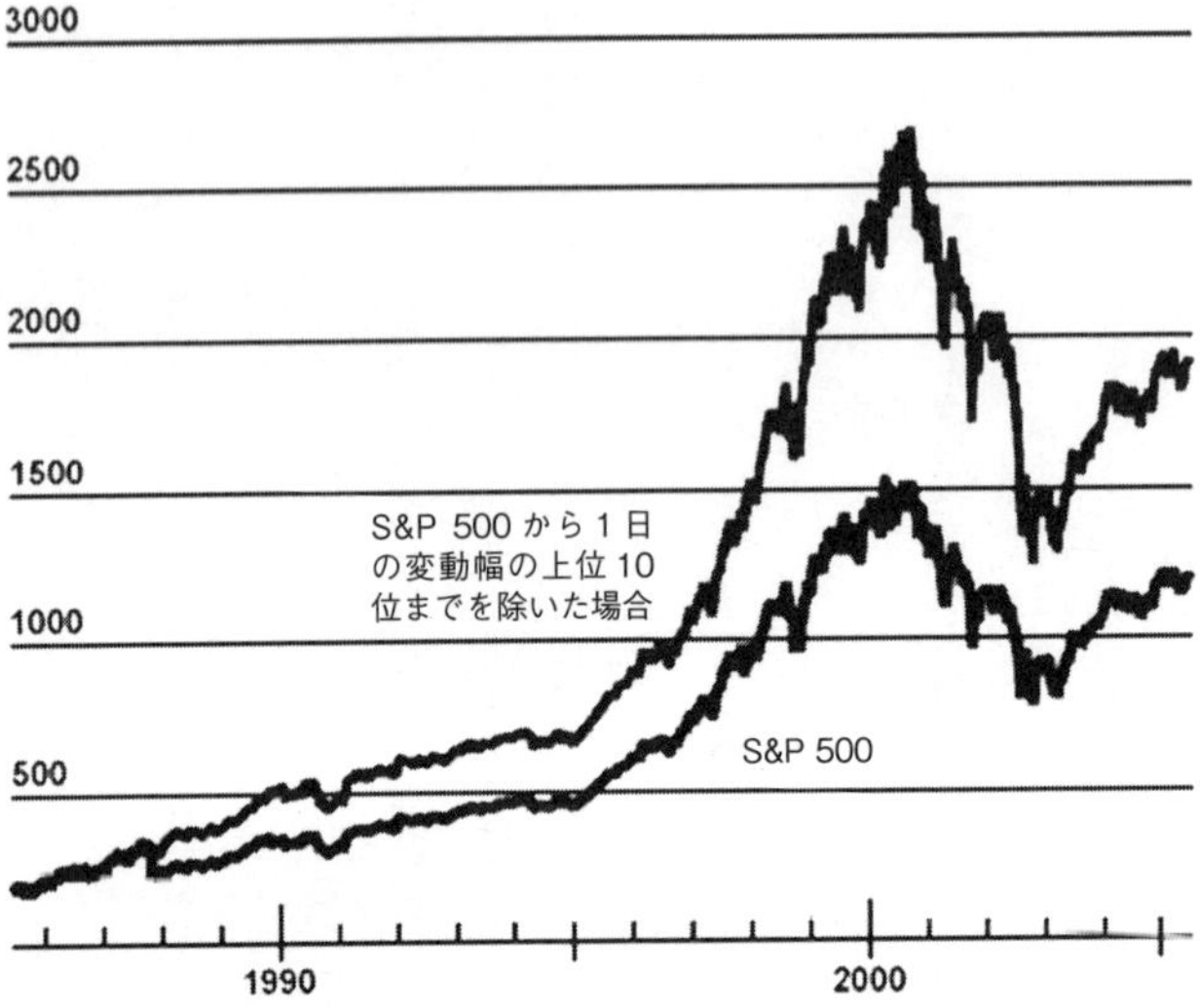

「記憶」と呼べるものがある。今日(きょう)、価格が大幅な上昇か下落を示したなら、翌日も同様に急激な変動の起きる確率はいくらか高くなる。経済学者が好むような、行儀のよい予測可能なパターンを示すことはない。つまり、教科書が標準的な景気循環をなぞるときのような急騰から急落への周期的な上下動の連続などにはならない。その後の私の研究が示したとおり、価格変動が示すのはもっと複雑で長期的な記憶であり、フラクタルの概念を用いてはじめて分析できるものだ。第二に、価格変動の分布は〝正規〟分布にはならない。一日、一時間、一カ月の幅で変動を測定する場合、従来の理論によれば変動の大半は非常に小さく、大きな変動――これを図示するのに通常使われる標準的な鐘形曲線における〝外れ値〟――が見られるのはまれということになっ

ている。しかし実際には、大幅な変動は標準理論が想定するよりもずっと頻繁に生じる。価格の暴落や急騰の起きる日は、思ったよりも多いのだ。

不愉快なデータをすべてカーペットの下に隠す前に、クートナーは自分がどれほど大量の情報を破壊しようとしているかを考えるべきだった。一九六〇年代にそれを確かめるのは難しかったが、今ならごく簡単にできる。実際の価格指数のグラフを描き、それからクートナーがx日間に起きた価格下落の大きいほうからx番めまでを「カーペットの下に隠す」作業をした場合、各瞬間に何が起きるか調べてほしい。価格指数はおよそ二倍になる。言い換えれば、クートナーが切り捨てたほんの数回の最大下落が、切り捨てずに残した多数の下落と同等の重要性をもつということだ。前ページの図はそのことを鮮明に示している。下の折れ線は一九九〇年から二〇〇五年にかけて実際に記録された毎日のS&P500種株価指数を示し、上の折れ線は同じデータから一日の価格変動幅の大きいものを上位一〇番めまで除いたものである。

バシュリエが犯した二つめの重大な過ちはさらに深刻で、正すには何年もかかった。以前から、価格変動に関心のある人なら誰でも景気周期のことは知っていた。私が一九六二年から六三年にかけておこなった分析では、価格変動性が低い局面と高い局面を混ぜ合わせた。モデルをもっと現実に即したものとするには、データをもっと深く掘り下げなくてはならない。ある一般的な解決策では、景気周期の概念をとり入れ、一回の周期に生じるさまざまな局面はそれぞれ別個の規則に従うと想定している。残念ながら、周期のタイミングはいつも不可解で当てにならず、しかも実際に起きてから把握できるまでに長い時間がかかる。

初めのうち、バシュリエに異議を申し立てたのは私の研究だけであり、その後も数十年にわたっておおむね私だけが異議を展開しつづけた。やがて私は、相場価格の変動が私のフラクタル幾何学研究から導き出されたモデルで説明可能だと主張できるようになった。価格変動のデータを見ても、週、日、時のうちどのレベルの変動かを見分けることはできない。この性質から、価格チャートが自己アフィンなフラクタル曲線であると定義され、強力な数理解析ツールがいろいろと利用できるようになる。フラクタル、あるいはのちにそれを精緻化したマルチフラクタルは、将来を確実に予測することはできない。しかし観察だけに頼るよりも現実的な市場リスクの展望を描くことができる。やがて、なによりも意外な組み合わせだが、私はこの研究を以前に考案した「語の出現頻度の理論」と結びつけた。これによって、私はラフネスのフラクタル幾何学に到達した。

私の一九六三年のモデルは常に成り立つか？

私のモデルは常に成り立つわけではない。私は初めて出版した価格変動に関する論文「ある投機価格の変動」において、この問題がまだ決着していない領域を指摘することによって、タイトルにも用いた「ある」という言葉の意味を明確に示した。やがて私は価格について講演してほしいとよく頼まれるようになった。私の主たる関心が流体における層流域と乱流域の交代性にあったころ、講演の中で価格に関する信頼できる古いスライドを見せていたところ、不意に、乱流の「間欠性」と呼ばれる性質と価格との不思議な類似に気づいた。かつて銀行家のジョン・ピアポント・モルガン（一八三七～一九一三）が、市場は天気と同じくらい気まぐれだと言ったそうなので、私の発見はまったく新しい考えではなかったのかもしれない。私は講演を続けながら、心の中でこう言った。「おまえはなんて愚かだったのだ。今日はこの思いつきには触れず、調べられるときに必ず調べろ」。そして機会が来たときに、私はそうした。

ファイナンスの院生指導はシカゴでの就職につながるか？

シカゴ大学経営大学院の学生、ユージン・F・ファーマが何度も訪ねてきた。それより重大な出来事として、私はシカゴで彼の指導教官を務めるマートン・ミラー（一九二三～二〇〇〇）と知り合った。ミラーは経営大学院で私を採用すべきだと同僚たちを説得し、手始めに私をシカゴに招いた。アリエットも一緒だった。あたり一面に雪が分厚く積もっていたが、私の講演は大盛況で、講演後には大学院長のジョージ・シュルツが盛大なパーティーを開いてくれた。

誘いの話がすでにまとまっているのは明らかで、シカゴ側としてはただ自分たちが買おうとしているものを見たいだけだった。しかしアメリカの大学を相手にした経験がまったく足りなかった私は、例によって愚かな大失策をしてしまった。誘いの文書というのは必ず、よそで有利な条件を引き出すための〝取引〟に使える。たとえばＩＢＭで、シカゴ大学で、あるいはほかのどこかで。ところが私には入れ知恵をしてくれる人がいなかった。シュルツと話すうちに、向こうが私について知っているのはＩＢＭで書いた報告書だけだということがわかった。私の経歴を調べてもいなかった。だから、私がファイナンス分野の先駆者として最近認められるようになったこと以外に、関心の対象が多岐にわたることを知らなかった。この重大な岐路に立ち、私はうかつにも事実を伝えた。シュルツは非常に前向きな姿勢を示し、一人分の給料で教授を何人も雇うのと同じだから、むしろ好都合だと言った。

ボストンに戻ると、電話が鳴った。ジョージ・シュルツからだった。すばらしい講演をありがとうなどとあれこれ話してから、ようやく本題に入った。誘いを撤回するという。なんですって？　給料を分担してもらえないかといくつかの学部に掛け合ったが、答えはすべてノーだったそうだ。誰も私のことを知ってさえいなかった。複数の学問領域にまたがりたがる私の志向が彼にとって問題となり、私にとって命取りとなった。私の関心が経済学へ向かったときと同じように、また不意にさっさと経済学から離れていくのではないかと彼は不安を抱いたらしい。そしてそんなリスクは避けたいと思ったのだ。

彼は自分の駆け引きの手腕が足りなかったことに落胆していた。私を慰めるつもりで、経済学における私の見解は、シカゴ大学で十分に講じられるだろうとも言った。なぜならユージン・ファーマがそこの教員になるというのだ。

なんとも皮肉な話だ。このファーマというのは、一九六四年に「マンデルブロの安定パレート仮説の検証」という副題のついた論文を提出した人物だったのだ。彼は、続けざまに起こる価格変動は統計学的に互いに独立であると考えていた。私は自分が一度たりとも価格変動の独立性など主張していないこと、そして彼が検証しているのは私のよりもずっと弱い仮説――バシュリエの一九〇〇年の博士論文で初めて詳述されて「マルチンゲール仮説」という名で知られるようになった仮説――であることを彼に説明して納得させるはめになった。ファーマは誤りを認めてそれまでの主張を訂正し、あやしげな「マルチンゲール」という名称を「効率的市場」に変えて、その唱道者としてキャリアを築いた。この仮説は実際に扱いやすく、第一近似や例証として役立つ場合もあった。しかし詳しく調べると、正当性を立証することができなかった。この仮説の先鋒だったからといって、ファーマは批判も称賛も受けるべきではない。

私の先例にならって、彼もいくつかのすぐれた博士論文を指導した。それから彼は古巣に戻り、最も厳密なバシュリエの正統派説に反発する仲間を率いる一人として、めざましいキャリアを築いた。新たな語彙を用いてうまく〝適応〟したのだ。シカゴ大学が私を招くのをさっさとやめたのも当然だ。

シュルツと私は、アメリカ在住のレジオン・ドヌール勲章保有者の集まりで再会した。彼はこの一件を覚えてはいたが、円満に終わったものと思っていた。といっても、おそらく外交家が本心を隠して如才なくふるまっていただけだろうが。シュルツはシカゴ大学を離れてからカリフォルニアで大手建設会社ベクテルの経営に乗り出した。ニクソン政権の行政管理予算局局長、労働長官、財務長官も歴任した。のちにはレーガン大統領の国務長官として、世界を舞台に外交手腕を振るった。

第23章　フラクタルへ向かう——経済学、工学、数学、物理学によって、IBM、ハーヴァード、MIT、イェールを経て（一九六三〜六四年）

そう、確かに私は注意された。この章のタイトルは意味をなしているとは思えないが、こんなタイトルのどこが現実を反映しているのかと。しかし驚くなかれ、これで私の人生のこの時期がおよそ表せるのだ。私はこれから講演を始めようというとき、司会者がお決まりのパターンで私のことを紹介し、いったいどのようにしたらあなたのような人間ができあがるのかと言って締めくくるのを何度となく耳にした。実際、この章題はおおまかな概略にすぎない。私はこれら以外にも互いに大きく異なるたくさんの分野に足を踏み入れてきたが、私にとってなによりも重要な性質はすべての分野に共通していた。その性質とはラフネスである。

私が「工学」という無骨な言い方を用い、もっと気取った「応用科学」という呼び方をしないのはなぜか？　短い言葉のほうがいいから、という理由もある。しかし大きな理由は、伝えるべきことをきちんと伝えたいからだ。私が研究してきた現象はとらえにくく、純粋科学か応用科学かを問わず、これをカバーするまともな定量的科学はまだ存在しない。遠い昔のことを思い起こしてほしい。流体力学という応用科学が生まれるよりもずっと前から水車場は存在していた。熱機関が誕生したのは応用熱学よりも早かった。株取引が始まったときには取引理論などまだ一つもなかった。同様に、私のファイナンス研究が〝当てはまる〟理論は存在しなかった。私が目指したのはもっと現実的――つまりもっと限定的――だが本質的なことだった。既知の事実について常にもっと忠実な説明を提示し、それによって金融工学をぶざまで有害な状態から救い出したいと私は思っていた。この章で語る展開についても同様で、既存の科学の体系は役に立たなかった。

今述べたことは、私が工学のさまざまな問題に踏み込むことを恐れなかった理由の説明にもなっている。応用科学をいろいろマスターしようとしても、それは無理な夢だろう。とりわけ私のような部外者にとっては無理であり、そのプロセスをあわてて追うのは賢明ではない。

私はＩＢＭでの静穏な生活と並行して、複雑な生活も送っていた。「ある場所から別の場所へ」あるいは「ある分野から別の分野へ」さまよう教師または研究者としての生活だ。私の生涯で最も実りの多い時期が訪れたのは晩年になってからだったので、私はそれまで絶えず焦りに駆られ、のんびり過ごすことはほとんどできなかった。晩年に至るまで、私の歩む道は荒れ果て、手に負えないように思われた。今振り返れば、その道は必然だったと思われる。なにかを発見するまでの途上では必ず――時間がかかってもいずれは――私は心が浮き立つようなすばらしい驚きを経験した。

私がＩＢＭに入ったとき、まだ受け入れ態勢が整っていなかったなら、あるいは逆にあまりにもしっかりと組織が確立していたなら、私はフランスの大学に戻っていたかもしれない。同僚の中で、真に類(たぐい)まれな予期せぬ偶然の出会いという幸運に、私ほど恵まれた者はなかなかいなかった。さまざまな分野にまたがって実験しようとする人間と、そんな人間の判断を信頼しようとする会社が出会うという、幸運な偶然が起きたのだ。重要なのは、この出会いがなければあまりにも長くあまりにも広範囲に及んだであろう放浪の年月から学んだことがすべて、記憶が背負い込んだ雑多な重荷から、研究においてきわめて貴重な財産へとしだいに変わっていった、ということだ。

私はこの章のタイトルで挙げた四つの研究分野に携（たずさ）わった。経済学、工学、数学、物理学である。それに加えて、芸術におけるフラクタルにもかかわった。最初の三つはハーヴァードで客員教授として教えた学科である。この三つの中で、私が特に大きな影響を与えたのは経済学と数学だ。物理学——残念ながら私の影響が最も及ばなかったのがこれだと思う——は、私の研究に最も気前よく報いてくれた。これら以外の研究が影響を与えた相手は、比較的小さな集団だった。私の研究に絶えず存在してきた深遠な統一性がしだいに姿を現し、それから存在感を増し、私の指針となった。

私はさまざまな分野で研究をしてきたが、そのいずれにも全面的に属することはなかったので、自分のことをよそ者（アウトライアー）だと思っている。「外れ値（アウトライアー）」という言葉には統計学用語として確立された専門的な意味があるが、それは別にかまわない。外れ値とは、外部からの偶発的な影響を受けた可能性が考えられる程度に、観察結果が標準から大きく離れている場合の値を指す。典型的な例としては、観測所に住む猫のせいで天文観測に影響が生じる場合などがある。そう、猫が観測所の床を歩いたときに望遠鏡がかすかに振動し、そのせいで天体の軌道の計算に誤差が生じることがあるのだ。二世紀にわたって、経済学者と統計学者はこの猫のような影響を排除しながら実際のデータを守るのに適した方法を模索してきた。反対に、私はいわゆる外れ値こそファイナンスの本質だということに気づいた。実際、標準からかけ離れた値こそ根底にある現象を解き明かす鍵だという考えが、私の研究全体を貫いている。私は多くの分野で標準から遠く離れた場所に身を置きつづけた。だから、その意味で私自身も外れ値なのだ。

水文学——聖書のヨセフ、ハースト、そして私

「今から七年間、エジプトの国全体に大豊作が訪れます。しかし、その後に七年間、飢饉が続き……」（新共同訳聖書より）という言葉が聖書に記されている。この、創世記第四一章第二九～三〇節には、ファラオの夢の話が書かれている。ファラオが夢を見て、その夢の意味を高位の家臣でヤコブの息子であるヨセフが解釈し、凶作の年に備えて穀物を十分に蓄えたおかげでエジプトを飢饉から守ることができたという話だ。

不屈の精神をもつ独学の博学者で、のちにオックスフォード大学を卒業した水文学者のハロルド・エドウィン・ハースト（一八八〇～一九七八）は、この夢を水量の変わりやすさというナイル川の悪名高い性質を反映したものと考えている。「アブ・ニル（ナイル川の父）」と呼ばれるハーストは、ナイル川流域の専門家となり、アスワンハイダムの必要性を熱心に訴えた。ヨセフの解釈の〝痕跡〟を求めて、何年もかけて最近のデータを調べた。注目を集める一方で多額の費用を要する可能性もあるテーマなので、多数の専門家が招集された。一九五一年、ハーストは自らの調査結果にもとづいて、最良のダムを設計するための解決策として、洪水に関する一つの公式を提案した。専門家たちは、まともな教育を受けていない者が考えた公式など通用するはずがないと口々に述べた。

ハーストは自分の発見の意義を理解していなかったが、彼の考えた公式は実際に通用し、予想外に広範な影響をもたらしている。私は一九六五年に発表した論文でこのことを示した。科学者にとってこれが意味するのは、ナイル川の流量について言えば、データのあいだに相関の認められる期間は無限大であるのに対し、ライン川ではこれが有限で、しかも短いということだ。（純粋）科学の参考文献として聖書が引用されるとは、なんと愉快なことだろう！　しかし実際問題として、ハーストの発見はどれほどの影響をもたらしたのだろうか？　私の聞いたところでは、アスワンダムの技師たちはハーストに従ったのではなく、冷戦に伴う国際政治の要請に従っていたとのことだ。

私は河川（かせん）の研究によって、二種類のフラクタルの区別にたどり着いた。フラクタルには、自己相似（海岸線のように、どの方向についても同じ割合で縮尺される図形）と自己アフィン（乱流のように、方向によって縮尺の割合が異なる図形）の二種類があるのだ。

ハーストの公式が説明できたとき、私は新たなケプラー的瞬間を迎えた。これを発表してから、私は数学者のジョン・W・ヴァン・ネスとともに数学的な面の探究の乗り出した。その後、今度は水文学者のジェイムズ・R・ウォリスとともに多数の論文を書いた。ＩＢＭ研究所は、私たち二人を引き合わせたことを得意がっていた。中国には巨大なダムがたくさんあるらしい。それらはハースト＝マンデルブロ方式なのだろうか。

銀河の分布

空には天の川銀河と同じような〝もの〟がたくさん存在するという考え方は驚くほど新しく、私が生まれたころに出てきたものである。銀河団（クラスター）についても同様だ。しかし信じがたいことだが、証拠が得られるよりもずっと前から、銀河や銀河団の概念は何度も生まれては忘れ去られてきた。また、はるかかなたで輝く天体は宇宙空間内で均等に分布しているとする当然の想定に検討が加えられ、この想定が「空は一様にどこまでも明るく輝くはずなのに、実際には夜空が暗いのはなぜか」という、厄介な「オルバースのパラドックス」につながることが示された。このパラドックスを回避する考え方を、天体物理学者で科学ジャーナリストのエドマン・フルニエ・ダルブが発案し、天文学者のカール・シャーリエがそれを発展させた。しかしほかの天文学者は本気で取り合わなかった。その主な理由は、（1）その見方では宇宙に明確な〝クラスター〟が存在する必要があること、（2）相対性理論によれば明確な宇宙全体の質量密度が決まるはずであること、にあった。なにかの折に私はこの謎めいた話を知り、フルニエ・ダルブのモデルが初歩的なフラクタルだと即座に見抜き、もっと高度なモデルをまず一つ提案し、それからさらにもう一つ提案した。

私は銀河団に関する初めての論文の草稿に、銀河団の形成は幻想だと示唆するタイトルをつけた。ありていに言えば、人間の目でデータを自然に解釈すれば銀河団が形成されているように思われるが、それは必ずしも目の前の問題自体に備わる性質ではないということだ。「あなたの言っていることが正しく理解できているか教えていただきたい。われわれ天文学者は、銀河団というのは当然あちらに実在するものと思っていますが」と言って、ある人が空を（正しくは天井を）指差した。「あなたの考えでは、ここにあるのではないかということですね」と言って、今度はこめかみを指差した。「それで合っていますか?」

一九九〇年ごろ、私はチロルのリゾートで宇宙の大規模構造に関する会議を主催していた。そこで先の質問を受けた。質問者は私の知らない人物で、その後また会うこともなかった。私はとてもいい気分だった。私の考えた銀河の間欠性のフラクタルモデル――〝フラクタル〟について小論を書くたびに粘り強く説明してきたモデル――の重要な一面に対して、ようやくそれなりに真剣に耳を傾けてもらえたのだ。

面倒を起こすやつめと、私は聴衆からいまいましく思われていたかもしれない。静穏だった天文学の一角に新しい道具を持ち込んで疑念の種(たね)をまき、新たな問題を生み出していたからだ。かつて観測者は、自分の見たものを当然の事実ととらえていた。私に言わせれば、銀河が銀河団を形成してさらにそれが超銀河団を形成するというのは、プトレマイオスの古典的な惑星運動モデルの新たなすばらしい使い方だ。すべてをある分野の基本原理に〝還元〟することが仕事である〝還元主義者〟という理論家にとっては、銀河が銀河団を形成する理由を説明し、それとともに銀河団の大きさを予測することが務めとなる。

プトレマイオスに代わる私のモデルは、はるかに倹約的で、いかにもケプラー的だ。私は銀河の分布がフラクタルだと主張する。大事なのは、あるフラクタルではクラスターが構造に内包されていて完全に実在し、別のフラクタルではクラスターが構造には内包されていなくても心の目で見ることはできる、ということだ。フラクタル性と階層性には奇妙な一致が見られる。次ページの図は銀河の画像である。左図はカリフォルニア大学サンディエゴ校の天体物理学・宇宙科学センターの観測した本物の銀河団、右図はコンピューターで作成した銀河のフラクタルモデルである。

分析をおこなった私は、宇宙ではある特定の奥行きまでは銀河が均等ではなくフラクタルな分布をとり、そのような分布の銀河を構成するのは簡単だと結論した。一行の半分程度の数式一つで、このような銀河団の集合体、すなわち超銀河団を構成することができた。つまり、私のモデルは現実の圧倒的な複雑さを自動的に一つの基本原理――科学の中核にあって、ごく単純な規則を使って現実の複雑さを再現しようとする原理――に還元したのだ。

電話で幸運の女神を助ける

綿花価格の研究が、黒板に描かれていた謎めいた図から始まったのを覚えているだろうか？　データ伝送用の電話回線でわずらわしいノイズが生じるのをなんとかしてほしいと頼まれたとき、またしても幸運の女神が力を貸してくれて、私は〝なんでも屋〟として成功するお気に入りのやり方を見つけることができた。

不思議なのは、私が何度も偶然に助けられてきたことだ。ルイ・パストゥールは、偶然は準備の整った人に味方すると言ったそうだ。私は自分が数々の幸運に恵まれてきたのは、絶えず注意を払っているからだと思う。おもしろいものを見かければ、決してためらわずに質問する。たいていの人は、消し忘れた黒板など気にも留めず、ごみ箱から拾い出した論文の抜き刷りを読めとショレムに言われても読まなかっただろう。

一九五一年の例の抜き刷りと、黒板に描かれていたあの図は、どちらも今では「ロングテール」や「ファットテール」の分布と呼ばれているものの例だ。これらの出来事によって、私はきちんと教育を受けた数学者として初めて、これらのテールについて真剣に考えることになった。その結果、私は「ロングテールの父」とも呼ばれるようになった。ロングであれファットであれ、これらのテールはフラクタル・ファミリーに不可欠なメンバーである。したがって、私がその後「フラクタルの父」と呼ばれるようになったのも、完全に筋が通っている。

一九六二年の春、私がハーヴァードに行くと知ったIBMの友人たちから、セミナーをやってくれとせがまれた。私のような者が「こんなに上等な仕事」（友人たちの言葉）をいったいどうやって獲得したのか説明しろということだ。私は要望に応え、彼らの貯蓄の運用を助けることはできないということをわからせた。そして、自分が奇跡を起こせる人間、そしてIBMでの彼らの仕事を助けられるかもしれない人間という、誇らしいが重荷でもある立場にいることに気づいた。友人たちからの質問のほとんどはその場かぎりのものだったが、一つだけおもしろそうなのがあった。しかしそれは大きな賭けだった。そのころ、コンピューターを電話回線に接続するのは予想していたより難しいということがわかってきた。IBMでの友人ジェイ・M・バーガーが、そうした回線で生じるエラーの分布にかかわる問題を担当していた。彼とアシスタントたちは、エラーが特定のクラスターを形成する理由を解明するよう求められていた。教科書に書かれている「平均の法則」はどれも通用しないようだった。そこで私は、ユリウス・カエサルの言葉をもじれば「来た、見た、たちまち夢中になった」。またもや私はある世界の問題と遠く離れた別の世界の道具を結びつけた。最初の重大なケプラー的瞬間から一年も経たないうちに、また重大なケプラー的瞬間を迎えたのだった。

バーガーのグループが提出した報告に、上司たちは満足した。電話回線上のエラーのクラスター形成について私とバーガーが共同執筆した論文は、あたかもティーポットの中の嵐のごとく、かかわる人は少ないがとても重要な分野に大きな衝撃を与えた。専門家は論文の意義を理解し、私の著作はすぐに標準的な文献となった。私はこの分野の専門技術の中核であるベル研究所に招かれた。そのうちベル研究所から論文が送られてこなくなり、私も向こうに質問するのをやめた。それでも種(たね)はまかれたのだった。

ガリレオは科学知識に数々の貢献をしたが、その中で数式をまったく必要としない重要なものがある。彼の生きた世界では、天空は秩序に従っているが、地上の万物は無秩序だと信じられていた。しかしガリレオは、月面にも秩序を乱すものがたくさんあることに気づいた。クレーターである。彼はまた、石が重力に引きつけられて落下するのを見て、地上にも秩序が存在することに気づいた。この意味で、ジョージ・キングズリー・ジップ（私の博士論文の話をしたときに登場した人物）は断固として前ガリレオ的だった。物理科学ではランダム性というのは「正規分布」「ガウス分布」「鐘形曲線」と呼ばれる分布に従い、語の出現頻度や個人所得といった社会科学の領域では分布はいわゆる「双曲的(ハイパボリック)」なものになる、と彼は考えていたのだ。

＊

一九六二〜六三年度、私にとってファイナンスは時間つぶしどころではなかった。毎週、経済学の講義以外にも、田舎のＩＢＭ研究所では得られないアカデミックな経験を重ねていった。頼まれなくても、私は臆面もなくハーヴァードやＭＩＴなどあちこちのセミナーで講演を買って出た。また、無数のテーマについて数えきれないほどのセミナーに参加した。仕事に明け暮れるＩＢＭの友人たちには夢見ることしかできないような、ある種の生涯学習を実践していたのだ。私の講演の内容はＩＢＭで用意したもので、続けて改良した三つの相場価格モデルのうち最初のもの（パレート＝レヴィ＝マンデルブロ・モデル）にかかわっていた。創造的な面としては、水文学の新しい研究や相場価格の二つめのモデル（ヘルダー＝ハースト＝マンデルブロ・モデル）のきっかけとなった新しい情報を扱った。ハーヴァードで数年間にわたって応用科学に携わることができたのはヘルダー＝ハースト＝マンデルブロ・モデルによる直接の結果だったが、すぐにまた別の新たな情報が加わり、それによって乱流の研究と三つめの相場モデルに至った。

この年の休む間もないあわただしい活動が、私の生涯にわたって信じがたいほど強い影響を残した。びっしりと詰まったスケジュールのおかげで、シカゴ大学で自ら招いた傷もすぐに癒えはじめた。

経済学が専門ではない人たちを相手に、価格変動をテーマとしたいつもの講演をしたとき、私が話を終えると聴衆の一人（私にとって大事な恩人だ）が話しかけてきた。私の話を聞いて、河川の流量の変動性について前に聞いた話とどことなく似ている点がいくつかあるように感じたという。私は気分が激しく高揚した。これは電話回線のエラーに関するバーガー＝マンデルブロ論文を発表したのと同じころだった。また、経済学を通じて油田も気になっていた。そんなわけで、所得分布に関するパレートの法則と価格に関する私の研究に加えて、物理的世界におけるスケーリングの例二つも扱わなくてはいけないことを理解していた。河川の流量は、それまでの例とはまったく異質の第三の例となりそうだったので、私は急いでハーヴァード大学の水文学者ハロルド・トーマスを訪ねた。彼は水文学者ハロルド・Ｅ・ハーストの研究を教えてくれた。ハーストの謎を解くことは私の力量を試すことになったが、ほとんど時間はかからなかった。

ハーヴァードの応用科学部にさらわれる

これからお話しする重大なエピソードにかかわった人たちとは連絡が途絶えてしまったので、その後に起きたことについては記憶が薄れている。まず、翌年もハーヴァードで私の発見についていくつか講義をしてほしいと言われたが、気乗りがしなかった。それから、応用科学部の学部長を務める物理学者に引き合わされた。彼から一九六四～六五年度にまたハーヴァードで教えるのはどうかと言われたが、一度ＩＢＭに戻ってからまたハーヴァードのあるケンブリッジに移るとすると、悪夢のような引越し作業が必要となるので、アリエットがいやがった。

別のかたちで話がまとまった。一九六三～六四年度にはハーヴァードに残るが、経済学部から少し北の応用科学部に移ることになったのだ。同じ大学でも、ほんの少し移動するだけで環境が変わった。経済学部では、事務用品を求めると主任のオフィスから着任時に必要な物品一式が支給され、私専用のレターヘッドのついた便箋も必要でしょうと言われた。一方、応用科学部にはＩＢＭと同じような専用の事務用品室があり、ほしいものを勝手に持っていくようになっていた。経済学部の私の研究室には専用電話があった。応用科学部では一本の電話回線を三人か四人の専任教授と共有したが、その中にはノーベル賞受賞者もいた。電話を平然と独り占めするよそ者が加わったせいで、専任教授たちは共有の電話を一つ増やすはめになった。

私はＭＩＴの著名な物理学者、ヴィクター・ワイスコップの家を借りた。彼はＣＥＲＮ（欧州原子核共同研究機関）の指揮を執るために、休暇をとってジュネーヴに行っていたのだ。屋根裏には『タンタン』などのフランスの漫画本が山積みになっていた。アリエットは幼いローランにそれを読み聞かせて、あとは一人で読みなさいと言った。ローランは言われたとおりにして、そのおかげでフランス語が読めるようになった。のちに弟のディディエも同じやり方をした。

ワイスコップは魅力的で教養に満ちた人物だった。彼の祖国オーストリアのアルプバッハで最後に会ったとき、彼は八四歳だった。祭りが開かれていて、休暇中の旅行客を相手に私が数学の講演をおこない、それからワイスコップが物理学の講演をおこなった。討論に入ると、私は自分の講演が自分の扱う分野に関する特殊な見方を示すのに対し、ワイスコップの講演は物理学に関する一般的なものになっていると指摘した。昼食の席で、彼は自伝を書き上げるのが大変だとこぼし、あまり早いうちから自伝を書かないほうがいい、まだ科学の研究ができるうちは絶対にやめておいたほうがいい、と私に言った。私はそうすると約束した。今となっては、長く待ちすぎて手遅れになっていないことを願うばかりだ。

ハーヴァードの応用科学部での授業

学部長と個人的に話していたとき、水文学に存続するハーストの難問について一学期の授業をやるという話が出た。ところが発表された科目名は「応用数学に関するテーマ」という毎年使い回しているもので、そこに一九六三年度の秋学期は私が講師を務めるということが加えられていた。

初日は一九六二年度の秋と同じく華々しかった。ものすごくたくさんの受講者が集まった。学部長が私を招くのにあれほど乗り気だった理由がはっきりとわかった。この学部は開講科目がきわめて少なかったのだ。

もう一つ、びっくりすることがあった。水文学を専門とする受講者が一人もいなかったのだ。そこで私は、このクラスで得た発見を自分の功績として主張する短報をフランス語で書いたが、結局何年間も発展させずにそのままにしてしまった。あれほど大人数のクラスが集まったのは、私がバーガーと共同執筆した電話回線のエラーに関する論文のせいだった。また、ハーヴァードで開講されている数少ない電気工学の科目をすべて履修してしまったという学生もいた。ポスドクや上級研究員もたくさんいた。

電話回線のエラーに関する手持ちの材料だけでは、一学期もたせるには少し足りなかった。しかし、優秀な兵士（あるいは優秀な役者でもなんでもいいが）は「できない」とは言わないものだ。そこで私は講義のときに、前回の講義以降の進展――じつは講義当日の午前中に進展させることも少なくなかった――を報告することが多かった。綱渡りのようなやり方だったが、非常にうまくいった。一度だけ、始業の数分前にこそこそと教室に入り、「不測の事情により本日は休講」と黒板に書くしかない事態に陥った。またあるときには講義の冒頭で、先週の二回の講義については忘れてほしいと言った。週末のあいだに考えた別のやり方を一〇分間で説明するほうが簡単だし、もっと先まで踏み込むこともできたからだ。

受講者の中に海軍将校がいた。彼はハーヴァードへの派遣を早めに切り上げて、数カ月後に潜水艦に乗務することになった。規定を満たすには単位があと一つ必要だったが、開講されている科目でよさそうなものはすべて履修していた。彼は私のところに来て、私の講義についてなんの準備もできていないが、寛大な特例として受講させてもらえないかと言った。私は許可し、客員講師は誰も落第させないことになっているのだと言って安心させた。

あとで学期末レポートを提出しに来た彼は、一言よろしいですかと言った。「いいよ」「先生、前にも申しましたとおり、私は先生の講義についてまったく不勉強で、レポートも全然よいものが書けませんでした――でも、それはかまいません。どんな成績をいただいても、私の経歴に影響することはありません。私がお伝えしたかったのは、先生のクラスでとても大切なことを学んだということです。科学は人間によってつくり出されるものだと、私は教わってきました。しかしどの講義でも、科学は騒々しい機械から生まれているように感じられました。ようやく先生のクラスで、科学が生み出されるところを自分の目で見ることができました。ありがとうございました、先生。すばらしい経験でした。ではお元気で、先生」。これだけ言うと、彼は靴のかかとを鳴らして私の人生から去っていった。

激しく胸を打たれ、今のが演技ではないと確信した私は、ショレム叔父が「口あたりのいい講師」を心から嫌っていたことを思い出した。その手の講師はすべてを一点の曇りもなく明快であるように感じさせるが、学生が夜になって講義のノートを見直してみると、細かい点が飛ばされていて、それがないとすべてがめちゃくちゃになってしまうことに気づかされるのだ。ショレムが好み、自ら実践していたのは、まったく別の教え方だった。ボリシェヴィキ革命後の内戦中に彼自身がハリコフでフランスの数理解析を教わった、セルゲイ・ベルンシュテインのやり方である。ベルンシュテインは絶えず自分の考えを修正していて、自分の教えている内容を考え直しているか、あるいは少なくともその場で初めて完全に理解しているかのようだった。ショレムはよくこう言っていた。「彼は教えながら、痛みをこらえて自分の体から数学をむしり取っているようだった」

私にとって一九六三〜六四年度は、社会科学から物理科学に戻る年となった。ごく一部の専門家が知るだけで誰も理解していない——それゆえ「変則（アノマリー）」と呼ばれたり、それ以外にも意味のないいろいろな名前で呼ばれたりする——ささやかな問題に導かれて、私は「乱流の間欠性」という重要な科学的テーマの中心に行き着いたのだ。

ハーヴァードに常勤職はない

友人たちは、ハーヴァードがシカゴ大学のときよりも幅広い応用科学の分野で常勤のポストを私に当然与えるものだと思っていたらしい。アリエットと私もそうなればいいと浅はかな期待を抱いた。うわさが広まっては消えた。問い合わせてみると、確かに検討はされたが、友人たちがあまりにも楽観的で十分にあと押ししてくれなかったことがわかった。私の採用に反対しそうな一人が、流体力学の高名な権威、ジョージ・キャリアー（一九一八〜二〇〇二）だった。私が乱流に関する初期のマルチフラクタル的記述について説明したとき、彼はそんなやり方が主流になったら自分は乱流の研究への関心を失うだろうと言った。

つまるところ、シカゴでは私の関心対象と業績の範囲がとんでもなく広いと思われ、ハーヴァードではとんでもなく狭いと思われたのだ！　残念ながら、それらの見方が全面的に理不尽というわけではないということは、私も認めないわけにはいかなかった。私はシカゴの具体的な要求を満たさず、ほかのさまざまな学問分野に進もうとしていたのだ。

ヴォルテールの小説『カンディード』で、いつも楽天的なパングロス博士が、存在しうる最良の世界ではすべてが最良の結果に至ると訴える。私がそれからの一〇年間でフラクタル幾何学を思いついて発展させる運命に至ったことから、パングロスならシカゴもハーヴァードも私のいるべき場ではなかったのだと言うかもしれない。この言い古された議論では、拷問さえも徳を高める手段として称揚されるのだ。ハーヴァードが判断したとおり、私が刈り取ろうとしていた畑自体は比較的狭いものだった。ハーヴァードが予想しなかったのは、その畑がいたるところに存在し、きわめて目につきやすく、広範に影響を及ぼすものになるということだった。

一九六四年以降、私はIBMが自分にふさわしい場所なのかと思い悩むのをやめて、腰をすえて研究に励んだ。一九六〇年代の驚異の一〇年になし遂げたことは、一九七九〜八〇年度にハーヴァードでの驚異の一年に頂点を極めることとなる。

MITの数少ないインスティテュート・レクチャラー

ハーヴァードでの仕事はなくなった。しかし前にも述べたように、アリエットと私はハーヴァードのあるケンブリッジでの生活に魅了されていた。今思えば、そこに住みつづけるという選択肢はベストではなかったが、そのときの私たちはとにかくそこを離れたくないと思った。そこで、昔からハーヴァードに拒絶された多くの者たちが歩んできたMITへの短い道のりを私も歩き、ジェローム・ウィーズナーとの旧交を再開した。ジェリーはジョン・F・ケネディ大統領とともに歩み、彼の科学顧問として高い評価を得て、リンドン・ジョンソン大統領のもとでもしばらくその職を続けた。それからMITに戻り、このころには理学部の学部長を務めていた。

彼はすぐに、私がMITのインスティテュート・プロフェッサーになれるように手配してくれた。私の古い友人で、ジェリーの後任として電気工学科の主任を務めていたピーター・エライアス（一九二三〜二〇〇一）が事務手続きの面倒を見てくれた。こんなことができたのは、ジェリーにそれだけの手腕があったからであり、また彼が組織の柔軟性を維持していたおかげでもある。当初、インスティテュート・プロフェッサーというポストは多くの分野にまたがる研究者のために設けられていた。しかしやがて理事経験者に与えられるか、あるいは伝統的な学科で最上級の教授職と位置づけられるようになった。

ジェリーはゴリ押しとは無縁なタイプだった。「ポストのオファーはあるが、受けないほうがいい。ケネディ大統領はボストン出身で根っからのケンブリッジ派だったから、ジョンソン大統領は対抗して全面的にアンチ・ケンブリッジ派だ。みんな資金の調達で大きなトラブルが起きるのを恐れている。君をこの大学に迎えたがっている学科はいくつかあるが、どこも自分のところで給料を払うのはいやがっている。このままでは、君はしっかりした強力な支持者のいない唯一のインスティテュート・プロフェッサーになってしまう。そうすると、君については資金の確保がどんどん難しくなっていく。科学研究への資金の確保は全般的に厳しくなってきている。私を信じてほしい。君みたいな人にとって、MITは全然ふさわしい場所じゃない。ぴったりなのはIBMだ。マニー・ピオレは君のような人を求めているし、どこの大学よりもずっと自由に行動させてくれる。だから私のオファーを受けないほうがいい」。私はなんとか未練の気持ちを抑えて、ジェリーのアドバイスに従った。

次にジェリーは、すばらしい前例を思い出した。MITには客員インスティテュート・プロフェッサーというのがいたのだ。科学者のアーサー・カントロウィッツ（一九一三〜二〇〇八）と、そのころ発明家、科学者、そして世界有数の金持ちとして名声の絶頂にあったポラロイド社の創業者、エドウィン・H・ランド（一九〇九〜九一）だ。どちらもMIT構内に研究室はもたず、任期は決まっていなかった。

すばらしい話だって？　いや、うますぎる話だった。この可能性は、情報を知りつくした上層部のミスター・ノーにつぶされた。この人物は、ランドやカントロウィッツにその肩書きを与えたせいで活動家の団体から激しく攻撃されたことを指摘した。活動家団体のメンバーには、アリエットのいとこのレオン・トリリングも入っていた。すでに客員インスティテュート・プロフェッサーの地位にある人は、その肩書きをもちつづけることが認められたが、新規にこの肩書きをもらうのは無理だった。

最後の一手で、私たちはその栄誉ある称号より格下の、客員インスティテュート・レクチャラーなる肩書きをつくることにした。ＩＢＭは喜んで同意し、この妥協は長年にわたってすばらしく有意義な措置となった。私はほぼ定期的に一週間の出張に出かけ、ＭＩＴやボストン地域にある別の場所でめまぐるしいほど多様な人たちのもとへ出向いた。おおむね偶然の出会い――ハウタッカーと出会ったときのような例も少なくなかった――が絶え間なく続き、新しい考え方や方向性をたっぷり与えてくれた。それからＩＢＭ研究所に戻って、それらをただちに検討することができた。

要するに、シカゴ大学、ハーヴァード大学、ＭＩＴは、私を招聘（しょうへい）しようとすることで私に敬意を表したが、結局どこも私を受け入れなかった。私を最も丁重に扱ったのは気骨のあるＭＩＴで、その次が横柄なシカゴ大学だった。

私がコネづくりよりも研究を好み、駆け引きなどまるでできないタイプであることも、各大学の下した結論の一因となった。しかし大学と私とのあいだでたびたび見られた相性の悪さは本物だった。私には、自分のやっていることを明示するキャッチフレーズ的なものが一つもなかった。私がついに必要性を認めて「フラクタル」という言葉をつくり出すまでに、それから一〇年かかった。私とは違って、友人で言語学者のノーム・チョムスキーがMITで順調にキャリアを築くことができたのは、魅力的で説得力のある旗印（訳注　チョムスキーは「生成文法」理論を提唱して言語学に大きく貢献している）と、ともに歩んで支援を見つけてくれる才気あふれる友人たちのおかげだった。

選択肢が十分に得られないことは悔しかった。しかしIBMに戻ってからたくさんの業績を上げ、その多くがすぐになんらかの影響をもたらしたことには、まったく疑う余地がない。

幸運の女神が乱流のゴタゴタに背を向ける

ホメロスは叙事詩『オデュッセイア』で、オデュッセウスがトロイアから故郷イタケーへ凱旋するまでの長い漂泊のあいだに遭遇した障害――そして怪物スキュラの岩からカリュブディスの岩に至るあらゆる場所で遭遇した障害――を描いている。今日（こんにち）なら、これらの航路はまったく恐れるに値しないだろう。しかしオデュッセウスの時代の船は、長い船旅で出会う予測不可能な荒れ狂う天候と闘えるようにはできていなかった。乱流の問題は非常に手ごわく、ほんの少しでも前進すれば自慢できる。ハーヴァードにヴァンクーヴァーから乱流の専門家、ロバート・スチュワートが客員研究員として来ていた。彼はセミナーで、退役した潜水艦が残した記録を分析してみせた。この潜水艦がヴァンクーヴァーの近海でゆっくりと航行しながらデータを集めるのを、彼は観察していた。空間と時間の両面で、潜水艦が通過すると海中で乱流が絶えず生じては消えることがわかった。いわゆる〝間欠性〟を示していたのだ。セミナーでスチュワートが話しているあいだ、最前列に陣取った私は満面の笑みを浮かべ、すばらしい贈り物が到来したことを喜んでいた。そのころ私は、ジェイ・バーガーと共同執筆した一九六三年の論文に続く次の段階として、ノイズのある通信路の研究をしていたが、これが不思議なほどスチュワートのデータに合致し、同じ手法を適用することができた。技師の頭痛の種（たね）と手に負えない数学の謎と言われるものを結びつけた私の離れ業（わざ）は、まぐれ当たりではなかったのだ！

　長年にわたって、乱流の謎を少しでも解明しようと努めることが、自分に苦行を課す際のお気に入りの手段の一つだった。私はそれまで知らなかった専門家たちを知るようになったが、やがて彼らのあとを追うのはやめた。私は自分の論文をまとめて、このテーマに関する本を出すに至った。

　一九六四年にＩＢＭに戻ったとき、あることに気づいた。プリンストンでヘンリー・マッキーンからまず教わり、あとでポール・レヴィからも教わったハウスドルフ次元を、秘奥（ひおう）から現実へ移すことができそうだと思ったのだ。価格の分野では、変動性（ボラティリティ）の度合いがハウスドルフ次元になっていた。乱流では、ラフネスの程度がやはりハウスドルフ次元だった。

　私は乱流の間欠性を扱うマルチフラクタルモデルを考案した。これはその後、相場価格の変動を理解するためにも必須であることが明らかになっている。価格の全体的なふるまいといった定性的な特性だけでなく、多くの定量的な特性も、マルチフラクタルを使えばごく簡単に推測できる。

　ハーヴァードで二年を過ごしたあと、ＩＢＭ本社は私を今度はコーネル大学のポストに就かせたがっていた。気持ちは動いたが、コーネルはニューヨーク州北部のイサカにある。アリエットと私は何度もそこに行ったことがあったが、人付き合いが途絶えるのが心配だったので、ヨークタウンへ戻ることにした。

この決断は正解だった。ハーヴァードよりずっとオープンで〝アカデミック〟なコミュニティーで、同僚と古いタイプの仲間関係をもてる喜びが再び味わえると思ったら、気持ちが温かくなった。カフェテリアは近くにライバル店があるわけでもないので、家から持参した昼食をそこで食べることもできた。私がとりわけ気に入っていたのは、〝物理学者のテーブル〟と呼ばれる席で交わされる多様な会話だった。もちろん誰でもそこに加わることができる。〝数学者のテーブル〟はもっと小さく、もっと互いに似た者どうしが集まり、交わされる会話ははるかに穏やかだった。物理学者と仲間たちはニュースについても話したが、話題の中心は地方や国の政治よりも、科学と科学者、それに音楽や歴史であることのほうが多かった。そして率直に言って、私の話に対してこれほど多様で理解力のある聞き手はよそでは見つからなかった。

第24章　ＩＢＭを拠点として、場所や分野を渡り歩く（一九六四〜七九年）

ハーヴァードに初めて行ったときから『フラクタル幾何学』（邦訳は広中平祐監訳、ちくま学芸文庫など）を出版するまでの時期は、私の人生の中盤として際立っている。この輝かしい時期が始まったのはかなりの年齢になってからだったので、私はいつもひどく焦っていた。そして、自分でも正気の沙汰ではないとかそんなことはできっこないと思えるくらい、多様な方向へ進むことになった。

確固たる研究計画があったのか？　そんなものは頭の中にあるだけで、しかもほとんどは必要とあらば即座に消去したり入れ替えたり変更したりできるようなものだった。きっとほかの人なら耐えられないくらい、私はなにかぜひともやりたいと思うことがあっても、めったに実行できなかった。代わりに、私の考えるもののような、科学的アイデアの市場なるものがあって、私のやっていることがたまたまそこで非常に望ましいとされるものだったとか、あるいは、非常に大きな組織のどこかでなにか特別な資源が利用できるようになったときに、どうやらそれを最も簡単に取り入れられることをやっていたのが私だったということがあったのだ。

私にとって――そして科学にとって――なによりも幸運だったのは、一九七五年に物理学者のリチャード・ヴォスがＩＢＭに入ったことだ。バークリーで博士号を取得したばかりの彼がＩＢＭに来たのはひとえに私が来てくれと言ったからであり、彼は私にとって不可欠な協力者、かつ親しい友人となった。きわめて幅広い関心をもち、自由で創造性に富む人物で、真のコンピューターの達人だった。ほかにも特別な才能をもつ仲間が、やって来ては去っていった。たいていは一年か二年ほどいてくれた。

イェール大学で応用数学のトランブル講義の講師と客員教授を務める

パリでフィリップスに勤めながら博士論文を書いていたころ、レナード・〝ジミー〟・サヴェッジ（一九一七～七一）という統計学者が研究休暇でパリに来ていた。マーシャル・ストーンが絶大な力をもって君臨した〝ストーン時代〟に彼はシカゴ大学にいた。それからミシガン大学に移り、さらにイェールへ移った。私は彼の不屈の精神（彼はほとんど目が見えなかった）と広い学識を心から尊敬していた。たとえば、一九〇〇年にバシュリエが書いた博士論文に対して、アメリカで学界の注目を喚起したのは彼だった。しかし、彼と私のあいだで実際の関心対象はほとんど重なっていなかった。親しくなることもなかったが連絡は保ち、私はかなり頻繁にイェール大学を訪れていたので、そのときには会っていた。

ハーヴァードの旧ローレンス理学校（訳注　工学・応用科学部の前身）に相当するものとして（あちらほど厚遇されていないが）、イェールにはシェフィールド理学校があった。その校舎の一棟が数学科に割り当てられ、それ以外の学科はしょっちゅう改組されていた。そこでポストが空いたので、私にどうかとサヴェッジが言ってきた。そこで私は試用に臨んだ。一九七〇年の春学期はトランブル講義（訳注　コネティカット植民地総督および初代州知事のジョナサン・トランブルの名を冠した単発の講義）を三つ詰め込んで始まり、それから現実世界における〝変則（アノマリー）〟に関する私のさまざまなモデルを扱う短期の講義（セミナーと呼ばれていた）をやった。たくさんの受講者が集まり、こんな授業は初めてだという声も一部の受講者から聞かれた。しかし採用の声はかからなかった。いずれにしても、私は関心を失っていた。

イェールは全体に落ち着いた雰囲気なので――ＭＩＴでひっきりなしにいろいろな出来事が起きているのとは対照的だ――私はうかつにも、イェールというのは大したことをやっていない大学だという印象を抱いてしまった。その見方はあとで変わったが、それは一七年経ってからだった。

パリにて――忘れられない講演

一九七三年一月一六日、私はパリのコレージュ・ド・フランスで講演をした。出席した人にとっては、決して忘れられないものとなった。これはきわめて特別な出来事だった。なぜならショレムがこの教授だったあいだ、身内びいきとそしられるのを恐れること尋常ではなく、極端で理不尽なほどだったからだ。ショレムが退職してようやく、彼の元同僚たちは私を招く計画について考えられるようになった。実行に移すのは速かった。

私が講演したのは、土曜日の午前に二人のベテラン教授が開（ひら）いていた学際的なセミナーだった。企画者の一人である数理物理学教授のアンドレ・リシュネロヴィチ（一九一五〜九八）は、幅広い好奇心、センスのよさ、政治的手腕で知られていた。私の博士論文審査委員会に加わる予定だったが、病気のためにかなわなかった。もう一人のフランソワ・ペルー（一九〇三〜八七）は経済学の教授だった。掲示板に貼り出すための案内を準備していたとき、ＩＢＭ勤務では体裁が悪い、どんなところでもいいから学術機関に所属していることにしたほうがはるかにいい、とペルーに言われた。ハーヴァードの経済学部なら文句なしだっただろうが、そこはもう辞めていた。名目だけで無給でも、全米経済研究所なら所属先として十分だということになった。

セミナーの準備は大変な仕事だった。過去の業績をすべてまとめて一時間に収めなくてはならない。この作業をきっかけとして、私は一九七五年の著書を書きはじめたのだった。パリの著名人に招待状が送られ、また口コミでも知らせが広まった。その結果、会場とした中くらいの広さの講堂が超満員になった。講演自体はかなり概括的な内容で、それまでに取り組んできたテーマを要約したようなものだった。しかし講演後の討論では、きわめて的を射た質問が幅広く出された。私はすべての質問に簡潔だが厳密な答えを返した。専門性の高い五分間の発表を一〇本ほどやったようなものだ。私はパリに〝戻った〟つもりだったが、会が進むにつれて、じつはパリの学界の第一線に〝デビュー〟を果たしたことがはっきりしてきた。つまり、めったにないような一大イベントだったのだ。中庭に場を移してからも議論は続いた。ある友人は、あくまでも科学の講演でありながら同時にこれほどあからさまに自伝的なものは聞いたことがないと言った。

数日後、講演に来て発言もしたピエール・マッセ（一八九八〜一九八七）の寄稿した長いコラムが主要日刊紙《フィガロ》に掲載された。講演の際、ほかの人が私を彼に紹介してくれた。彼はシャルル・ド・ゴール政権の経済企画長官として名を知られていた。その前はフランス電力公社の総裁を務め、若いころにはフランス国内でダムに適したすべての川に水力発電ダムを建設した優秀な技師の一人だった。彼に認められたことが、これから語るエピソードの発端となったのかもしれない。

コレージュ・ド・フランスを目指す競争に加わらないと決める

疑問が生じた。パリに戻るのはいい考えか？　無理はないか？　答えは徐々にはっきりしたが、簡単に言えばノーだった。

この決断は、アンドレ・リシュネロヴィチからのまったく予期せぬ電話ですぐに試されることになった。「コレージュで君のやった講演はすごく印象がよかったし、その印象はずっと続いている。フランソワ・ペルーが退職して、そのポストが空いた。候補者はたくさんいるのだが、いずれもぱっとしない。われわれの中で、君を推す者が何人かいる。君がぜひやりたいと言えば選ばれるはずだ」

熱心な称賛に確実な保証。コレージュ・ド・フランスの人事選考では、専門分野外で活躍している者は支持されることもあるが予想外の反発を受けることもある。ショレムからそう聞いていた。私には大きな業績が二つしかなく、どちらもきわめて専門性が高く、まだ十分に展開できていなかった。現在の私の業績全体と比べれば、ほんの一部にすぎなかった。しかし驚いたことに、これだけでも支持を得るのに十分で、最高のかたちで古巣に戻れるまたとないすばらしい機会が得られると言われた。

思えば遠くへ来たものだ。はるか昔、一九四四〜四五年度の入学試験で私の示した可能性がパリではまだ忘れられておらず、その可能性を現実にするチャンスが与えられようとしている。

リシュネロヴィチは続けた。「コレージュ・ド・フランスは〝スペインの宿屋〟だから覚悟してくれ」。この言い古された揶揄(やゆ)は、スペインでは宿屋に泊まるとき客が自分の食べ物と寝具を持参しなくてはならないという意味だ。「君を支持するグループをまとめるには、時間と手間が相当かかるかもしれない。考えてから電話をくれ」

ローマ征服を目指してルビコン川を渡る前のユリウス・カエサルのような気分だった。一九五八年に私をフランスから追い出した組織の力は依然として揺るぎなく存在し、打ち負かすことはできない。しかし私のほうも、以前と比べてはるかに強い立場で戻ることになる。組織の力に対して距離を置くのに十分かもしれない。そのうえコレージュ・ド・フランスは、よその学術機関にはないがＩＢＭ研究所と共通の性質をもっていた。私はファイナンス分野の業績によって採用されることになるが、実際には好きなことを教えてよいのだ。たいていの人にとってはどうでもいいことだが、私には大事だった。

今ではわかるのだが、私はアカデミックな経済学における一つの重大な進歩——ルイ・バシュリエの式を復活させた一九七二年のブラック゠ショールズ゠マートン・モデル——によって、経済学の主流から押し出されようとしていた。私は彼らと闘い、なおかつ彼らが消えるのを安全な場所でじっと待つことができただろうか?

残念ながら、マイナス面が大きかった。私の人生を支配する夢の観点から言えば、タイミングがあまりにも悪かった。フラクタル幾何学が順調に展開していたし、まず一九七五年にフランス語の著作を出してからもっと大部の作品を英語で書こうと、十分な材料をＩＢＭで蓄えていた。〝スペインの宿屋〟に落ち着いてしまったら、〝パリにやって来た頑固な学者〟がコレージュ・ド・フランスのポストゆえにさらされる誘惑に触れることで計画が遅れるだろうし、場合によっては完全に頓挫するかもしれない。

私がこれから語ることは、愚かな話だと思われるかもしれない。しかしなによりも大事なのは科学に対して燃えさかる志であり、私はそれを危険にさらすことなど考えたくはなかった。コレージュ・ド・フランスの教授に課せられる一年間の仕事を一学期にまとめるのは難しくないので、妥協案を考えることはできたかもしれない。研究室をもたず幼い子どももいなかったショレムやほかの教授たちは、このやり方で一学期ごとにコレージュ・ド・フランスとアメリカを行き来することができた。ＩＢＭは喜ぶかもしれない。実際、一年後に私がＩＢＭのフェローとなってそれまでよりもずっと自由が利くようになったのは、一九七三年一月に大成功を収めたあの講演も一因だったに違いない。もっと時差に強く、もっと駆け引きがうまかったなら、コレージュ・ド・フランスの仕事に就いて、ＩＢＭの仕事も非常勤で続けたかもしれない。しかし私の立場は微妙だった。せっかくリシュネロヴィチに声をかけてもらったが、私は誘いに応じるほどその仕事を強く望んではいなかった。彼には感謝しつつ、その話は断った。彼が驚いたかどうかはわからない。

一九七三年、母の死

ＩＢＭでは、有給の研究休暇は正式に認められてはいなかったが、交渉は可能だった。私は一九六八〜六九年度にグッゲンハイム・フェローとしてパリに滞在する予定だった。しかし六八年の五月革命という政治的動乱に邪魔された。ひどい余波が続くのは確実で、そのあいだ来訪者は歓迎されないか、少なくとも居心地が悪くなりそうだった。パリにゆかりのある者ならなおさらだ。そこで研究休暇は一九七二〜七三年度に延期した。母の健康状態に不安が生じたころである。

母は父とさほど年齢は違わなかったが、高齢になっても非常に元気だった。レオンの娘三人の世話をし、私の出世を見守って誇らしく思ってはいたが、積極的に口を出してくることはなかった。レオンが現在のアパートに引越したとき、母も同じ建物のもっと小さな部屋に引越した。かかりつけの医者――アリエットの優秀で華やかないとこの一人だった――は母を敬愛しており、毎年夏に母を〝療養〟に行かせるとよいと考えていた。現地の医師に宛てた手紙にはいつも、単に高齢なだけでどこか悪いわけではないので、ごく軽い療養をおこなうように、と記されていた。ある年、療養先の医師のやり方が下手だったので、母は別の医師のところに行った。そちらの医師のやり方が今度はきつすぎて、レオンが母を迎えに行くはめになった。これで母の体力はひどく衰えてしまった。一九七一年の夏のあいだ、レオンに代わってアリエットと私が母の世話を引き受けることにした。それでIBMは、私が一九七二〜七三年度の一年間をパリで過ごせるようにと研究休暇をくれた。母の状態が悪化して一九七三年一月に亡くなったとき、私たちはそばで看取ることができた。母の生涯は長く、常に厄介事に満ちていた。しかし最終的には、充実した幸福な人生となった。亡くなる直前、(かろうじて)生きている母に会ったとき、私はすばらしい出来事があったことを伝えた。コレージュ・ド・フランスでおこなった講演のことを話したのだ。母の耳に届いただろうか。喜ぶ力が残っていたならいいのだが。

ミッタク＝レフラー研究所への訪問

スウェーデン王立科学アカデミーの数学研究所は、ストックホルム郊外のユースホルムという優雅な町にあり、華やかなヴィクトリア朝時代人のヨースタ・ミッタク＝レフラー（一八四六～一九二七）の旧邸宅に置かれている。フィンランドに森林を所有する妻のおかげで、彼は自分の趣味に合った邸宅を建てることができた。一階には広いが無駄な装飾を排したブルジョア風の部屋があり、使用人部屋として使われていた部屋もいくつかある。どこの大学でも自慢できそうな三階建ての図書館には多数の貴重な古書が所蔵され、保管用の広いスペースもある。ミッタク＝レフラーはわざわざ名門大学まで出向かずに数学を教えたいと思い、ストックホルム在住の数人の友人とともに、考えうるかぎり最もこぢんまりした大学（現在のストックホルム大学）に私財を寄付した。彼は《アクタ・マテマティカ》という学術誌も創刊した。

ミッタク＝レフラー研究所は、命名の由来となった人物が携（たずさ）わっていた数理解析の分野だけを扱い、毎年（年によっては半期ごとに）異なるテーマに取り組んでいる。全盛期には、管理職に不慣れなレンナルト・カルレソンが所長を務めていた。しばしば彼の共同研究者となったピーター・ジョーンズを擁していた時期にはとりわけ勢いがあった。各年度のテーマは何年か前に選んでおくことになっている。数年間で三つのテーマが私の研究からとられ、私は非常にうれしく思った。一九八四年にはマンデルブロ集合が選ばれたが、これはマンデルブロ集合が流行の最先端になる前のことで、マンデルプロ集合の局所連結性予想（MLC）の解明が期待されていた。多大な努力がなされたが、失敗に終わっている……今日に至るまで。一九九八年には28章で触れる、ブラウン運動に関する4／3予想が選ばれた。この問題の難しさが明らかになったころのことで、関係者が一堂に会したら解決が促進されるのではないかと期待された。ところが実際には会合の前に問題が解決されたので、会合ではその成果から直接的な帰結を引き出すことができた。二〇〇二年には私の研究から着想を得た三回めの会合が開かれ、このときのテーマはインターネットの数学だった。

読者にも経験があるかもしれないが、電子メールというのは無視できないほどの割合で行方不明になる。同一のメッセージを重複して送ってくる人もいてわずらわしいが、工学においてはすべてが有限だというもっともな理由から、じつは送信者が安全策をとっているのだ。複数のメッセージが集められて分別される方法は、非常に複雑だ。コンピューターのメモリーはもはや高価なものではなくなったが、どこかに必ず容量の有限なバッファーが存在する。重大なニュースが発生したりすれば、誰もがたくさんの相手にメッセージを送信し、バッファーが満杯になる。このとき、メッセージはどうなるのか？　メッセージは消える――水が川に流れ込むように。

初めのうち、専門家は電話回線網に関する一九二〇年代の古い理論が使えると思った。しかしインターネットが拡大すると、このモデルが通用しないことがわかった。次に専門家が試したのは、一九六〇年代の中ごろに私が考案した理論だった。しかしこれも通用しなかった。さらにその次に、一九六〇年代の終盤から一九七〇年代に私が発表した数学的構造であるマルチフラクタルを試した。マルチフラクタルという概念は、数学者が数学研究を楽しむために生み出してもおかしくないものだったが、実際には私の乱流研究から生まれたものである。新しいインターネットの設備をテストする場合、マルチフラクタル的な変動性のもとで設備の動作を調べる。私の理解しているところでは、これはかなりの大事業と言える。

第25章　ハーヴァードでの〝奇跡の年〟——マンデルブロ集合などが純粋数学に進出する（一九七九〜八〇年）

一九八〇年の春になし遂げたことや着手したことは、外国の占領下で少年時代の私が思い描いたいかなる奔放な夢をもはるかに超えるものとなった。

「またコンピューター画像をどっさりつくったようですね。最新作ですか？　見てもいいですか？　うむ……。私にはさっぱり理解できません。そんな曲がりくねった線から、いったいどうしたらなにか数学的なものが引き出せるというのです？　こんな遊びがピエール・ファトゥやガストン・ジュリアの有理関数の反復合成に関する古い理論と本当に関係しているのですか？　彼らの時代はとうの昔に終わったようですが」

こんな意見や問いかけを初めて聞いたのはいつ、どこでだっただろう。なぜこんなことを言われたのだろう？　こうした言葉は生涯を通じて何度となく耳にしたが、一九八〇年の春学期には、教授宛ての郵便物が仕分けされて入っている棚のそばへ行くと必ず、格別に強い調子で言われたものだ。

ハーヴァードに一年間滞在するのは三回めだったが、数学科に所属するのはこのときが初めてで、前の二回とはずいぶん違っていた。数学者の目の前に新しい世界が姿を現そうとしていた。あるいは、古い世界が苦しみながら復活しつつあったのかもしれない。

毎日毎日、同僚や学生、それに通りすがりの人まで、ゆるやかに展開するプロセスを目撃していた。これは私がそれまでに経験したことのないもので、ハーヴァードの純粋数学者たちも何世代ものあいだ経験しておらず、まったく予想外のプロセスだった。私にとっては心を奪われるようなプロセスだが、ハーヴァードの数学者たちにとってはよくてもせいぜい不可解と思われ、多くの場合にはいやがられたりもっと悪く受け止められたりしていた。これは、ほぼ無意味なインクのしみからスタートして、それを段階的に変形させるプロセスだった。まず、しみをおおまかな観察結果に変形し、それから観察の精度を上げていき、私の場合には最終的に完全に文章で表現された数学的予想とした。その結果、驚くべき画像が得られた。

四〇六ページ下と四〇七ページに掲げる画像は、私がそのころラムダとミューマと呼んでいた興味深い対象だった。のちに「マンデルブロ集合」の名で知られるようになる、新しい基本的な数学的構造である。これは数学において最も複雑な対象と言われており、民俗学のテーマにもなり、知に対する私の貢献として最もすぐれ最も広く知られたものとなっている。

私は最も単純な予想しか証明できなかった。もっと難しいものを証明するのは無理だろうとわかっていたのであきらめるしかなかったが、そのあいだずっと不満を抱き、完全で厳密な証明はできないものかと大声で呼びかけたりもしていた。ハーヴァードやパリの有能な数学者たちがこの話を知り、まもなく集結した。彼らはすぐに私の予想のいくつかと彼ら自身の予想の多くを証明した。数十年が

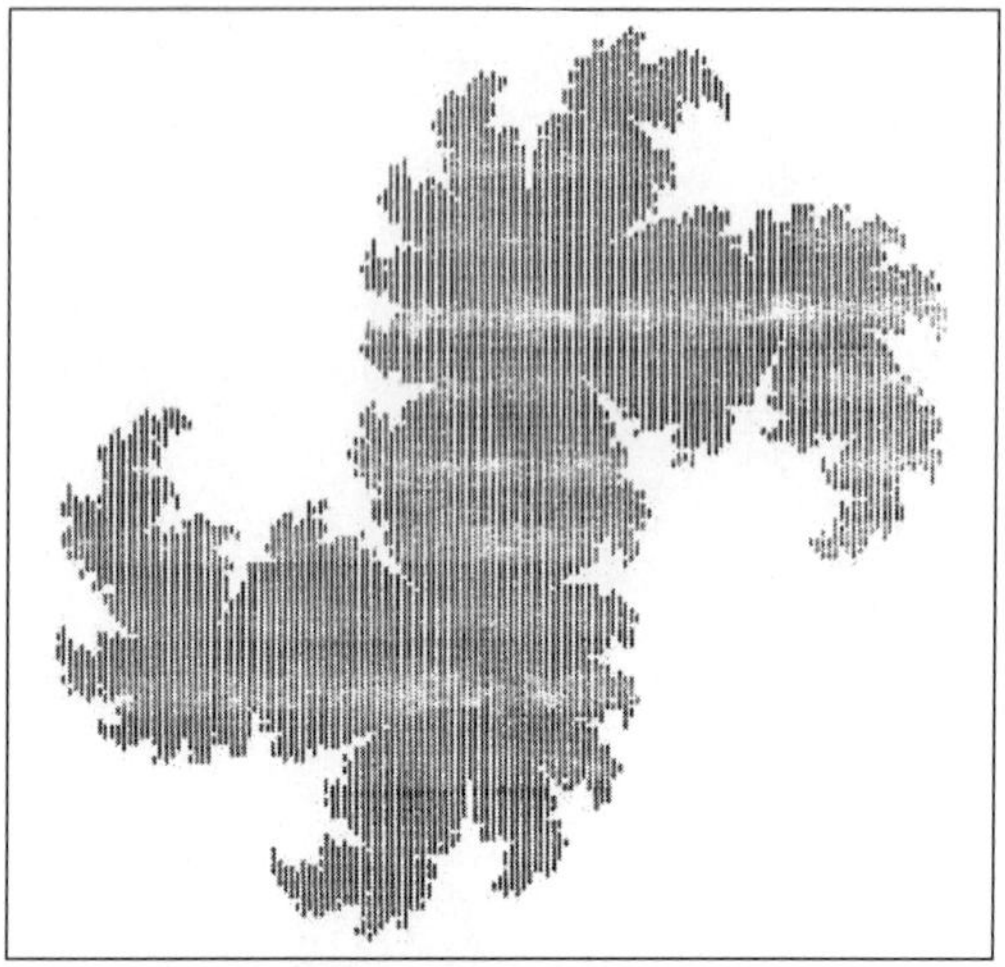

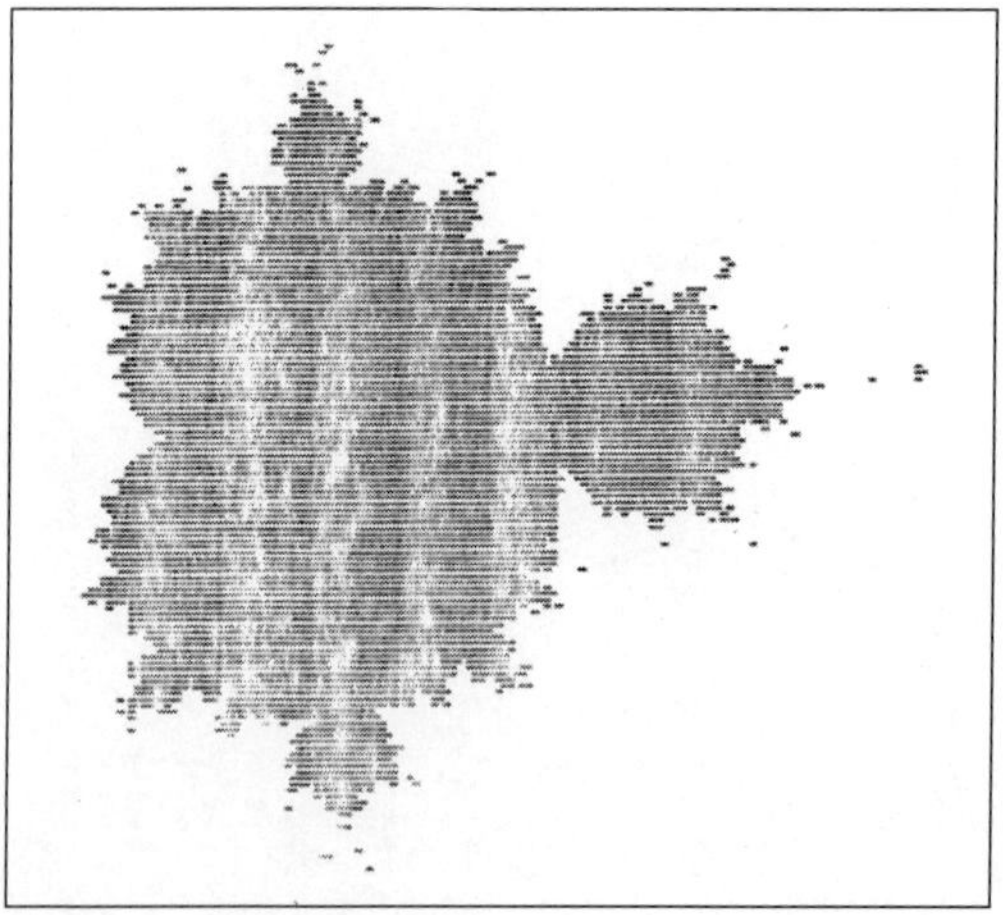

最初に「島」が１つあり、それから増えていった。これらの「沖合い」の島が出現しはじめると、汚れのしみと区別するのは難しかった。

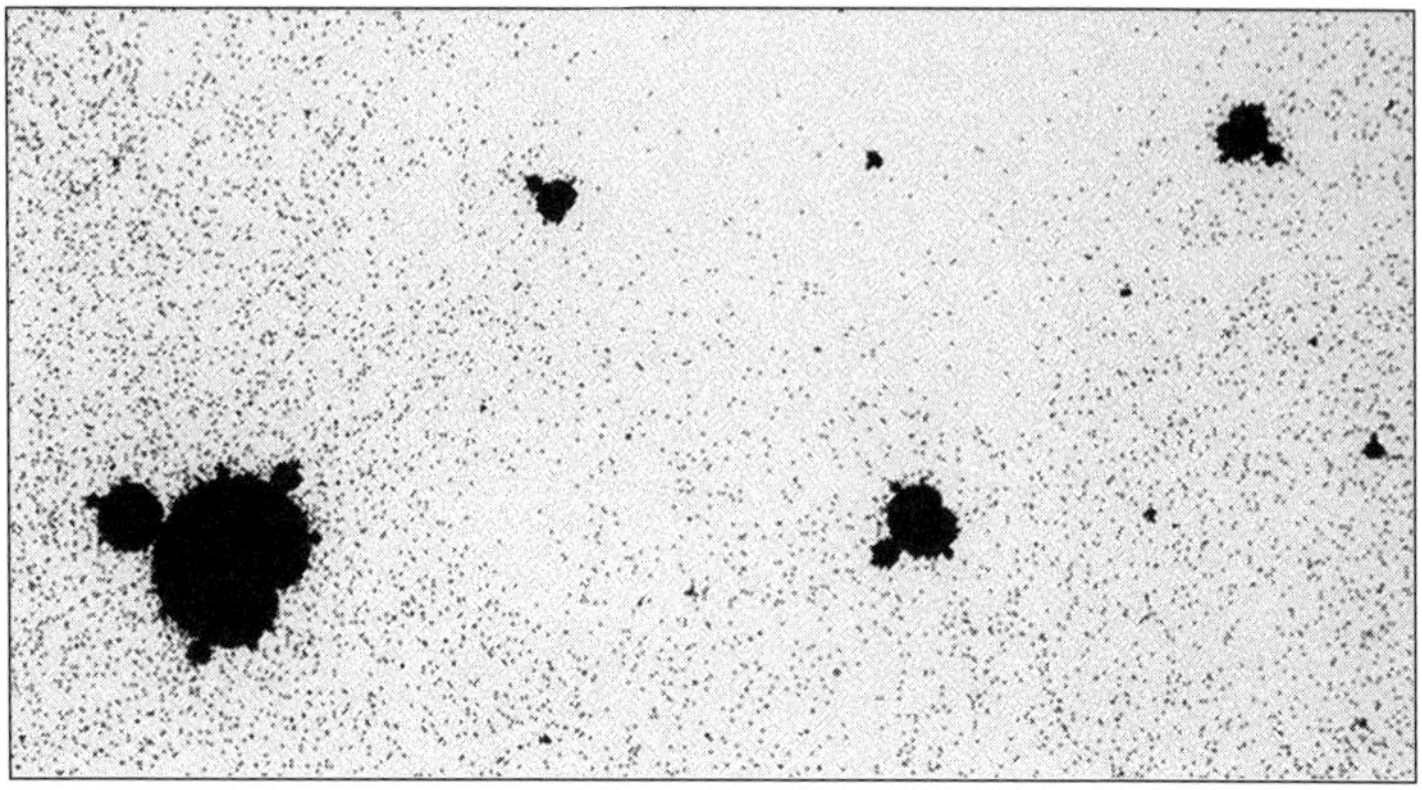

経つうちにさらに多数の予想が加わり、多くは絶妙な方法で証明されている。私の最初の重要な予想は、別のかたちに言い換えられることはあっても、証明を目指すたくさんの専門家の試みを寄せつけず、依然として堂々と未解決のまま残っている。

あのめくるめく出来事の起きた日々から三〇年が過ぎたが、私の予想によってよみがえった数学の一分野は今もなお燦然と輝きつづけている。

人生を変えた昼食会

いったいなぜこうなったのか？　一九七〇年代の半ば、私はしょっちゅうスティーヴン・ジェイ・グールド（一九四一〜二〇〇二）と会っていた。彼は精力的な古生物学者で、ハーヴァードで多数の職に就いていた。私たちはまったく別々に、不連続性の唱道者として非常に目立つ存在となっていた――彼は古生物学における断続平衡説の提唱者として、私は相場価格の変動において。一九七七年初めのある日、私はボストンを訪れていた。こちらにいるあいだに昼食を一緒にどうかとグールドに電話をかけた。彼も都合がよかったので、会う約束をした。

彼はハーヴァードでの同僚で数論学者のバリー・メイザーを連れてきた。バリーは頻繁にパリを訪れ、フランス語に堪能で、一九七五年に出版した私のフランス語の著書『フラクタルな対象』を熱心に読んでくれていた。私はそれを発展させて完成したばかりの一九七七年の英語版『フラクタル』を彼に見せた。話は盛り上がったが、それぞれに予定があったので途中で切り上げなくてはならなかった。その日は金曜日だったので、バリーは翌日に彼の家でブランチを食べないかと言ってきた。断るはずがあろうか？

ブランチを食べながら、バリーは二つのテーマについて私を質問攻めにした。一つは実解析の初期、すなわち一九〇〇年ごろに書かれた論文や書籍についてだった。この時期、実解析は数学におけるさまざまな〝病変〟の寄せ集めと見なされていたが、私の考えではこれらは〝おもちゃ〟だった。二つめのテーマは、私がそのようなおもちゃを道具に変えた例であり、そのような例はすでにかなりの数にのぼっていた。話の途中でバリーはこう言った。「そうだね、これをうちの学科でやったらすばらしい講義になりそうだ。今やっている実解析の講義はとても動きが早くて最新の内容になっているから、概念だけがいかなる動機とも結びつかないで唐突に出現しているような印象を与える。そのギャップを埋める補完的な講義ができないかと考えていたのだが、私自身がそのへんの歴史をよく知らないし、実際の応用だって一つも思いつけない。ほかの人にも無理だ。君はどうだろう、やってみる気はないか？」

まさに願ってもない話だ！　私を招く手はずを整えていたとき、バリーは自分のやっていることがどんな結果に至るか想像もできなかったはずだ。しかし一九七八～七九年度には私の次男ディディエ（前回ハーヴァードで教えたときにはまだよちよち歩きの子どもだった）が高校の最終学年を迎えることになっており、その年に引越すことはできなかった。そこで一九七九～八〇年度にすることで話がまとまった。結局、ディディエがハーヴァードに進学したので、私たち一家は全員でハーヴァードのあるケンブリッジに引越すことになった。

一九七九年の秋が近づいたが、ＩＢＭを休職するための契約がまだまとまっていなかった。それでも大丈夫だと言われた。秋学期中は私用でハーヴァードを訪れていることにしておいて、教えるのは次の一九八〇年の春学期からということにするから、とのことだった。

非整数次元の物理学

その年の秋には研究を進める時間があったので、ヨークタウンのＩＢＭに来ていたテルアヴィヴ大学の物理学者、アムノン・アハロニーとの共同研究に着手することができ、これがやがて長期にわたる研究となった。

私は彼の講演に何度か行っていた。あるとき、講演のあとで私が意見を述べると、こんな返事が返ってきた。「そうだね、君の言うとおりかもしれない。フラクタル次元の図形っていう例の妙な数学のアイデアのことだが、あれは私のやっている物理学に役に立つかもしれない。一緒にじっくり調べないか？」

そこで私たちは共同研究に乗り出し、深くのめり込んだ。まずはあの〝奇跡の年〟にハーヴァードで、それから何年間にもわたってさまざまな場所で研究を続けた。私たちは非整数次元をもつ図形の利用法を調べた。私たちの論文のほとんどは、次元が1や2や3ではなく、それより大きな整数でもなく、非整数になる空間を扱った。そしてフラクタルを統計物理学の主流に近づけた。

この〝非整数次元〟という奇妙な概念は数学と物理学に別々に入り込み、それに対する反応も数学と物理学とで異なっていた。数学者は多数の定義を提案したが、物理学者は基本的に観察結果が計算による予測と合致するか確かめながら——「論より証拠」というわけだ——試行錯誤的に前進した。この共同研究ではどちらのメンバーの技能も不可欠で、研究の結果は最終的なものではなかったが、「よさそうな気配」が感じられた。このことから、私は大胆な予想を発表した。物理学における通常の偏微分方程式を解けば、予期される見慣れたなめらかさか、あるいはフラクタルの、いずれかが導き出されると予想したのだ。

時の中で凍りついた古い大問題

マンデルブロ集合はどのように生まれ、なぜあれほど強烈な反応を引き起こしたのか？ もとをたどれば、一九四〇年代の終わりごろにまだ学生だった私がショレム叔父から〝受け継いだ〟問題が発端となっている。

「純粋数学の中で格別に古くて単純だが重要な問題の一つが、ピエール・ファトゥとおまえの教わったガストン・ジュリアとともに、数十年前に頂点に達した。しかしそれ以降は新しい問いが出てこなかったので、彼らの研究は止まってしまった。それを凍りついたままにしておいてはならない。私自身、これをよみがえらせようと何度も懸命に挑んだが、いつも失敗に終わった。四半世紀にわたって、挑んだ者はことごとく敗れた。今度はおまえの番だ。どうしたらいいか考えてみろ。彼らの古い論文の抜き刷りを渡しておく。数が少なくてとても貴重なものだから、なくすなよ」

　私はショレムの助言を聞き入れて、抜き刷りも受け取った。「行った、見た、勝った」と叔父に報告できることを願った。そして私はとりかかったが、自分の力で進展させられそうなものは見つからなかった。ショレムやほかの挑戦者たちと同じように、私も十分に目新しくて解決の可能性も十分にある問題を探した。そして私も挫折した。

　若いころ、研究者の至福とは、はるか昔に発表されたまま未解決となっている問題に取り組んで解決することだと聞かされた。また、数学の問題をうまく記述することができても、長いあいだ、場合によっては数世紀を経ても解決できず、そのあいだに周辺で別の分野が新たに発展してしまうことがあるとも聞いていた。本や学校の授業から、手に負えそうで興味深い未解決の問題が存在しなければ、一つの分野がまるごと滅びる可能性もあるということも理解していた。私はこうした話にかすかな慰めを覚えた。

　今思えば、ジュリアとファトゥの研究を展開する試みが完全な失敗に終わったことから、彼らの時代に存在していたような、数学に対するもっと強力な姿勢や独創的な観点が欠けていたというような単純な話ではないことが示唆されていた。たとえば一九一〇年代から一九五〇年にかけて、数学界の支配権はアンドレ・ヴェイユの仲間であるブルバキのメンバーへと移っていったが、彼らはきわめて意図的にまったく別の問題に焦点を当てていた。

その後、私がプリンストン高等研究所にいた一九五三〜五四年度には、別の重要な要素が根を張りはじめた。私の後見人のジョン・フォン・ノイマンが、同僚たちの関心を気象の方程式に引きつけようとしていた。明示的な数式で与えられる解をもつ方程式は片手で数えられるほどしかなく、しかもそれらはすでに一八世紀には知られていた。それ以外の方程式については、フォン・ノイマンの気象研究の方程式も含めて、そのような解が得られる可能性は夢のまた夢だった。ノイマンにとって、これはつまりコンピューターを用いた数値シミュレーションによって答えを探すべきということを意味していた。しかし、彼はそのことを誰にも納得させられないうちに亡くなってしまった。

当時の数学者の圧倒的多数は、彼らの分野の汚れなき〝純粋性〟が機械によって冒され、数学の築いてきたものが故意に消し去られるおそれがあるなどと考えるだけでぞっとした。私はプログラミングを習ったことはないが、価格に関する研究でコンピューターを使いはじめてすぐにその威力を理解した。ハーヴァードにいたとき、ある博士候補者がコンピューターの助けを借りて難しい数学的問題を手なずけることに成功したのでびっくりしたと同僚が話していた。古くから存在する大問題をコンピューターでよみがえらせることができるとは、数学者は誰一人としてまったく予期していなかった。復活とは、自然に起きるものではない。そんなことはこれまでに一度もなかった。ここで述べる私の例では、私の人生における偶然の出来事が結びついて復活が実現したのだった。

最初の出来事は、コレージュ・ド・フランスでショレムの前任者であり後ろ盾でもあったジャック・アダマールがアンリ・ポアンカレの死去に際して書いた長い追悼文だった。アダマールの死後、ショレムが彼の著作集を編集して私に一部くれた。それに載っていた追悼文は「クライン群の極限集合」と呼ばれる無味乾燥な響きの数学的テーマを論じていた。私は数学の得意な高校生向けの本でそれについて読んで知っていた。追悼文を読んで、ジュリアとファトゥをよみがえらせろとショレムに説き伏せられたときのことを思い出し、私の関心に再び火がついた。休暇中にプリンストンの数学専攻の学生を〝客員助手〟として迎えたとき、私はクライン群の極限集合の構築を目指し、実際につくった。

数学における転機

次の話に移る前に、ごく簡単な式を持ち出さねばならない。この回想録で許された唯一の式だ。あくまでも「許された」ものであり、これを理解したり吟味したり、これを使ってなにかをしたりする必要はない。この式が非常に短いものだということがわかってもらえれば、それで十分だ。

定数 c を選び、最初の z を平面の原点とする。z を z の二乗で置き換えて定数 c を加える。この操作を繰り返す。

数学的表記を用いれば、この指示は三つの文字と三つの記号だけで書き表せる。これは数学用語で言う「二次写像」だ。二次写像とは、古くから知られる「放物線」と呼ばれる曲線と似たようなものだ。しかしマンデルブロ集合では、z は平面上の一点を指示し、式はある瞬間における点の位置によって次の瞬間の点の位置がどのように決まるかを示す。再び数学用語を使えば、この式はまさに最も

単純な「離散時間力学系」——「複素力学系」と呼ばれるもの——を定義すると言える。そう、この式は確かにあきれるほど単純だ。だから恐れることはない。

次にこの式を反復合成する。つまり果てしなく繰り返す。すると、定義される図形がしだいに細かくなっていくが、この図形はごく単純なコンピュータープログラムを使って近似できる。

これほど驚くべきことだが、この図形は細部まで目がくらむほど込み入っていて非常に繊細であり、バラモンの数学者から学生や身分の低い庶民、芸術家、そして単に好奇心の強い者に至るまで、幅広い人々が共有できる豊かな探究の場を与えつづけている。これほど多くの人に愛される尽きせぬ美しさはまったく思いもよらないもので、無数の問題がそこから生まれたが、数学や哲学はそれらの問題をまだ研究しつくしていない。人から促されたりしなくても、この集合の境界線上の一点に目を近づけていけば、老いも若きもあらゆる人がただちに魅了される。

言うまでもなく、私は自分がマンデルブロ集合を〝発明〟したとは思っていない。数学ではすべてがそうだが、マンデルブロ集合も昔からずっと存在していて、ただなにかのめぐり合わせでたまたま私がしかるべき場所にしかるべきタイミングで居合わせて、最初にこの対象を調べてさまざまな疑問を抱き、たくさんの答えを推測することができただけだ。それまで見つかってはいなかったが前から存在していて、ただそれを見出す慧眼(けいがん)を備えた者がいなかったので、ずっと見過ごされていたのだと、私は強く感じていた。

円周上の一点に狙いを定めてズームインしていくと、円周の湾曲はしだいに平坦化し、だんだんと直線に近づいていく。一方、マンデルブロ集合の境界線上の一点に視点を接近させると、どんどん美しく、奔放で、バロック的になり、明らかにさまざまな点で複雑になっていくのがわかる（本書のカラー口絵を参照）。マンデルブロ集合が「すばらしい——しかしすばらしく役に立たない」と言われるのを聞いたことがある。新たな発見の有意義な用途が見つかるまでには時間がかかるものだ。実際、一見無用と思われるマンデルブロ集合にも、じつはきわめて有用な性質がいろいろあることがわかっている。すぐれたスケッチにはその複雑さという点で一〇〇〇の言葉に匹敵する価値があると述べたナポレオンの言葉が思い出される。さらには「光あれ」という聖書の一節さえ思い出される。私はマンデルブロ集合についてそろそろ感動しなくなってもおかしくないが、自分としてはずっとそうならないことを願っている。畏(おそ)れ多くも言わせてもらえば、チャールズ・ダーウィンが記した次の魅惑的な言葉がマンデルブロ集合にも当てはまる。

かくも単純な起源から、
このうえもなく美しく驚異的な形状が果てしなく
進化してきたし、今も進化しつづけている。

おおむね活発に、私はこのマンデルブロ集合とともに三〇年以上を過ごしてきた。この分野の成功によってあまりにも多くの探究者たちが集まってくるという事態が起こらなければ、大喜びでもっと長くこれとともに過ごしただろう。

ニューヨーク科学アカデミーでのマンデルブロ集合の予告篇

一九七〇年代の終盤にはカオスの数理的理論がしきりと話題になっていて、一九七九年にニューヨーク科学アカデミーで開かれた非線形動力学に関する大規模な会議でもこれにスポットが当てられた。私はまだマンデルブロ集合の発見には至っていなかったが、あの重要な時期を迎えようとしていた反復合成の研究について講演した。私は世界各地で上映する予定の見事なスライドショーがどんなものか、ちょっと見てもらわずにはいられなかった。

聴衆は度肝を抜かれ、質問はほとんど出なかった。しかしそのあとの出来事は忘れることができない。私の講演はその日の最後のセッションだったので、ＩＢＭの同僚で友人のマーティン・グッツウィラーがさっきのスライドをもう一度見せてほしいと言い出したのだ。これは私にとってうれしい驚きだった。聴衆のほとんどが席を立たずにアンコールを待っていた。

この会議の紀要は重要な参考文献となった。私は自分の講演の記録ではなく、マンデルブロ集合に関する重要な事実を初めて公表することになる文書を提出した。初期の画像をいくつか加えたが、印刷業者にインクの汚れだと誤解されるおそれがあったので、「しみは消さ
ないこと。意図したもので、重要」と指示を添えた。

ハーヴァードでも同じ講演をおこなった。そのころハーヴァードでは、この〝数理物理学のようなもの〟に幅広い関心が寄せられていた。たくさんの質問が出され、最後に代数幾何学者でフィールズ賞受賞者のデイヴィッド・マンフォード（一九三七〜）が質問をした。ハーヴァードの数学教授で私の同僚でもあり、私を温かく受け入れてくれた彼に、私はこの場で感謝したい。「同じやり方で、クライン群の極限集合に関する高速アルゴリズムは作成できませんか？」。この問題については、一〇〇年前から多くの数学者が取り組んでいた。その中には偉大な数学者もいれば、おそらく無数のアマチュア数学愛好家も含まれていた。驚くべきことだが本当に（そして〝戦利品〟の単純さを考えれば不面目とも言えそうだが）、すべての試みが失敗に終わっていた。

デイヴィッドは、クライン群の極限集合を調べることはできないのかと訊いてきた。私は意気揚々として、少なくとも重要な特殊事例一つについてはすでに構造を発見したと答えた。そして論文の草稿を見せると、彼は感嘆した。そして、私の用いたやり方がずっと前から存在しているきわめて基本的なもので、一〇〇年ほど前にこの問題を最初に提起したポアンカレやロベルト・フリッケやフェリックス・クラインといった天才たちも熟知していたはずのものであることを見抜いた。私は次ページ

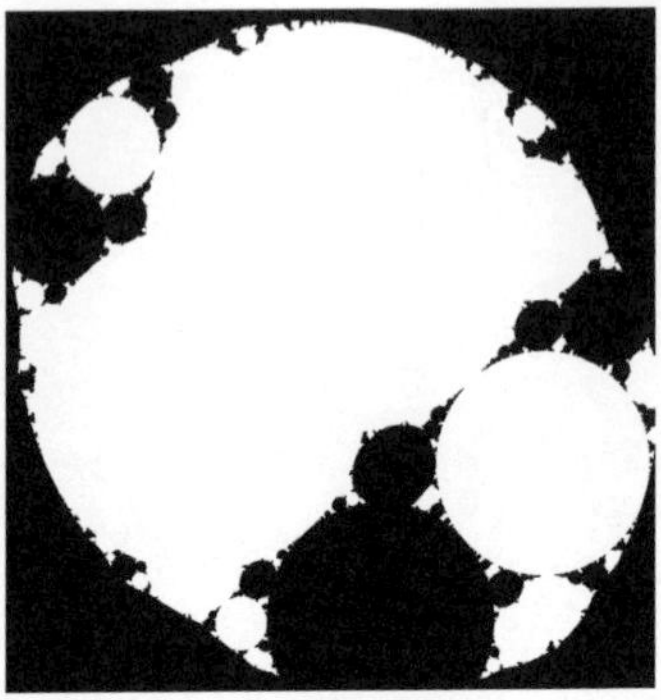

左図の自己反転の極限集合から、右図のもっと一般的なクライン群の極限集合へ行き着いたのだ。

これらの先達やほかにもたくさんの者が失敗してきたのに、なぜ私は成功できたのかと、デイヴィッドは疑問を口にした。私は例によって、本書でもすでに語った私の研究生活の話を引き合いに出して答えた。私はなにかを探求するとき、対象を見て、とにかく見て、その視覚的イメージとたわむれるのだと。一度しか見ないのは、計測装置で一度だけ測定するようなものだ。一度では絶対に足りない。

このころ、クライン群の研究は停滞していた。かつては、ハーヴァード大学のラース・アールフォルス（一九〇七～九六）やコロンビア大学のリップマン・バース（一九一四～九三）といった大物たちが大きな前進を遂げていた。しかし彼らに続くのは難しく、私の考えたアルゴリズムに関心をもつ人などいそうにない、という感じが強かった。ところがある日、ハーヴァードにある私の研究室の壁がやたらと薄いせいで、「クライン群」という言葉が私の耳に入ってきた。話していたのは同僚のS・J・パターソンだったが、彼はこのテーマに関心をもつ人などほとんどいないと断言した。関心をもつ人がいないとわかっているなら、そのこと自体が調べるに値する、と私は彼を説得し、セミナーを開催することにした。初回には三〇人ほどが集まった！

マンフォードはもちろん参加した。彼は私の研究に対してきわめて協力的な態度を示すようになり、私の助手から記録的な速さでコンピュータープログラミングを習った。私は例の壁の向こうでパターソンと話していた学生、デイヴィッド・ライトにもマンフォードを紹介した。マンフォードは、ライトが夏休みの仕事としてプログラミングをやっているが、ハーヴァードの数学専攻の大学院生がこんな異端分野を持ち上げるようなことをするのはまずくないかと言った。私は、すぐに異端ではなくなるかもしれないと言ってマンフォードを安心させた。実際、まもなくたくさんの数学者が——もちろんすべてではないが！——コンピューターの威力に夢中になり、代数幾何学の重鎮だったマンフォードもそこから離れた。彼はコンピューターを使って、私が調べたものより豊かな構造をもつクライン群について調べた。彼がIBMを訪れて作成した初期の図の一つを最初に掲載したのが『フラクタル幾何学』である。現在では、彼の関心はコンピューターを利用した視覚理論に移っている。

フラクタルを扱う初めての講義をめぐる紆余曲折

フラクタルというテーマを扱う初めての講義——私が一九八〇年の春学期に行き当たりばったりでやった——は、私の手がけていた研究と密接に関係のあるものにした。単位の出ない科目だったので、若い学部生から年季の入った博士候補者まで幅広い受講者が集まった。

授業の助けとしてデモンストレーションをやりたいと言うと、学部四年生のピーター・モルデイヴにやらせるといいと言われた。彼は私が雇ったプログラマーの中で最高の助っ人だった。パソコンはまだ世に出回っておらず、学生は誰一人として使い方を知らず、グラフィックスのメリットもまるでわかっていなかった。ピーターのプログラミングの力量に助けられ、講義は大評判となった。さらに、卒業前の最終学期に入っていたピーターは、もうハードな授業はとっていないので私の研究をぜひ手伝わせてほしいと言ってきた。

春休みに入るころまで、講義はなかなか順調に進まなかった。しかし春休みが過ぎると、がらりとようすが変わった。その年の暮れ近くにマンデルブロ集合と名づけられることになる対象の発見について、初めて人前で議論ができた。ピーターの助けがなければ、この発見は不可能だっただろう。

*

結局、ハーヴァードの話はうまくいかなかった。私は私なりのコンピューターの使い方を探究して指導するつもりだったが、ハーヴァードではコンピューター自体もそれを使うことも歓迎されなかった。そのため学生や教員には、設備も技能もほとんどなかった。パソコンはまだ普及していなかったので、コンピューターがどうしても必要な人はよそへ行くか、あるいは個人でひそかに所有していた。ハーヴァードのコンピューターをめぐる状況がいかに劣悪か声を大にして訴えてきた私のもとに、よい知らせが届いた。しかし、せっかくの朗報も私には遅すぎたのでがっかりした。全米科学財団が私などからの批判に応えて、ミネソタ大学の幾何学センターにスーパーコンピューターを導入することになったと、デイヴィッド・マンフォードから不意に知らされたのだ。

幅広い驚異、複雑性、謎

マンデルブロ集合は、私の属する三つの大きく異なる集団、すなわち視覚的イメージ、複雑性、純粋数学のいずれかに関心をもつ人たちの心を強くとらえている。

視覚的イメージ

あの簡単な二次写像を $z=0$ から始めて非常に多くの回数にわたって反復すると、複雑な図形が得られる。その複雑さには圧倒される。もちろん手作業で反復プロセスをおこなうのは不可能で、コンピューターを使わないと無理だ。このタイプの視覚的イメージとして最も初期の〝未熟〟なものは、白黒で描かれていた。正確に言えば、最初に使ったのは濃い灰色と薄い灰色だ。式に出てくる定数 c は数直線上の一点として表されるふつうの数（実数）ではなく、平面上の点として表される複素数である。

今では数百冊の本やウェブ上で、何百万という例が見つかる。カラーにしたらどうだろう？　定義式から得られるのは、1、2、3……といった整数だ。一目見てわかりやすくなるよう、私は数字をさまざまな階調の灰色で置き換えた。さらにそれからカラーに変えた。配色はプログラマーが好き勝手に選んだので、センスのよさや悪さが現れていた。

複雑性

「反復せよ」という言葉で終わる規則の研究に着手したとき、私はほとんど根拠もないのに、そんな単純な写像から格別におもしろいものが生まれるはずがないと決めつけていた。

そのころ、アンドレイ・コルモゴロフとＩＢＭの私の同僚グレゴリー・チャイティンが、それぞれ別個に数学的構造の複雑性を測定しようと試みていた。彼らはその構造を生成するのに必要な最も短い文の長さをその物差にするという考え方を提案した。これによれば、マンデルブロ集合はどう位置づけられるのか？　一部で言われているように、マンデルブロ集合は数学全体で最も複雑な集合なのだろうか。あるいは、それを生成する式同様、ごく単純なものなのか？　私には判断できなかったので、この問いは別の方法で言い換えるべきだと考えた。しかし、今日(こんにち)ではマンデルブロ集合においてほぼ瞬時に入力と出力とのあいだに明瞭で不連続なコントラストが生じることから考えて、多くの人はこの集合をきわめて——まるで奇跡のように！——複雑なものととらえている。私は自分の放浪の人生に導かれてこの集合の発見者となれたことを並外れた恩恵だと感じている。

純粋数学

私より前に〝あの集合〟の研究をした人がいただろうか？　いや、一人もいない。私がそれを発見してからというもの、先行研究を探すために膨大な労力が費やされた。ある図がそうだとする主張が出されたが、その図はそのつもりで描かれたものでなく、なんらかの意義を認めるにはあまりにも不完全であり、ただ論文にコメントもなく添えられたものにすぎなかった。また、ファトゥの書いた長い論文一つを読破して、関係のある記述の中に〝あの集合〟への言及を発見した人もいたが、それ以上の論考や結果の予想は記されていなかった。

驚いたことに、そしてとてもうれしいことに、このテーマについては私の論文が紛れもなく最初の論文だったのだ。タイトルは「［ある］複素［パラメーターおよび複素変数］に関する［二次写像］の反復合成のフラクタル的な側面」だった。この論文は、一九八〇年の終わりごろに《ニューヨーク科学アカデミー年報》に掲載された。

この《年報》は、革新的な論文を発表する媒体として最もふさわしいものだったか？　この疑問は当然だ。じつはまったくふさわしくない。しかし私は講演旅行に出ようとしていたので、印刷された論文がどうしても必要だった。そこで、科学アカデミーで発表した解説的な論文を掲載する予定だったのを差し替えて、もっと新しい論文を載せたのだ。そしてどこへ行くときにも、校正刷りの写しを持っていった。この作戦の効果のほどはと言えば、この論文のおかげで〝あの集合〟に私の名前がつけられることになった。ただし初めのうちは――つまり引用してもらうことが大事だったころには――その論文を引用する人はほとんどいなかった。

＊

皮肉にもこのようなわけで、私の最も有名な発見はＩＢＭで並外れて質の高い画像が作成できたお

かげで達成できたわけではなかった。発見の場となったのは、きわめて劣悪な体制のもとでややこしい研究環境に対処せざるをえなかったハーヴァードだった。最初の晩にできた画像、何が何だかわからなかった。次の晩にはもっとまとまりが出てきた。何日か経つうちにすっかり見慣れて、あたかも以前からずっと見てきたもののように感じられた。なんとも信じがたかった！

マンデルブロ集合は、〝現実主義的な人々〟からなる明確なコミュニティーで強い影響力をもつフラクタルファイナンス理論と比べてどれほど重要なのか？　私の頭が生み出したさまざまな〝子どもたち〟は、私の心の中ではどれも等しく大切である。比べようがないし、比べるべきでもない。しかしそれならば、私がとりたてて一九七九～八〇年度を〝奇跡の年〟と考えるのはなぜなのか？　一九六二～六三年度も、この年におこなった研究によって確かにすばらしい一年になったとはいえ、時間をかけて徐々に展開する奇跡が一つ起きただけだった。これに対し、一九七九～八〇年度の奇跡は稲妻のごとく展開した――まさに奇跡と呼ぶにふさわしく。

第26章　言葉と本——「フラクタル」と『フラクタル幾何学』

言葉の力をあなどることなかれ。タイミングよくぴったりな場面に——そしてこれを忘れてはいけない——ふさわしい〝絵〟とともに現れれば、言葉は大きな力をもつ。「フラクタル」という言葉はじつにたくさんの人の心や本や辞書にたちまち広まったので、一九七五年に生まれたばかりの言葉だとはもはや信じがたいほどである。その根底にある概念については太古の時代から幾度となく記されているので、私の研究を語るために新たな言葉をつくり出す必要が本当にあったのかと疑念を抱く人もいるかもしれない。

この「フラクタル」という言葉はどんな経緯で使われるようになったのか？　フランス語版の本を書いていたとき、必要に迫られてこの言葉をつくった。間違いなく用語が必要だと思われ、その用語は広く受け入れられるようになると確信したのだ。子どもが生まれてからようやく名前を考えだす、迷信深い親のような行動だっただろうか？　それでもかまわない。私自身を、そして願わくは私の刺激を受けてあとに続く人たちを、言い表す言葉が必要になった場合には「フラクタリスト」という言葉の響きがよさそうだということもあらかじめ確認しておいた。

私がどの言語で話しても強いなまりが出るのと同じで、どの分野でも研究にかかわる書き物にはやはり強い〝外国なまり〟が現れる。そのせいで、私の論文のいくつかは却下され、草稿の段階で完成させる価値がないと判断されたものもあった。それらは出版されず、私個人の保管庫の暗い片隅にしまい込まれた。

その結果、未完成の草稿がたまりはじめた。そんなあるとき、友人のマーク・カッツから、思いがけないがじつにすばらしいアドバイスをもらった。「研究にいそしむ若手研究者は、論文を発表するか、さもなければ学界から去るしかないとわきまえているのがふつうだ。ところが君はどうだ。こんなふうにばらばらの論文を次々に書くのをやめて本を書かないと、命取りだぞ」。私はマークがこの〝命令〟をくれたことに心から感謝している。

私は大量の論文を三冊の本として出版することで、自分の見解を世に問うという困難を克服した。それらの本は、フラクタルの説明と事例集を組み合わせた幅広い〝エッセイ〟の連作とした。それは（軍隊用語を使うのは好きではないが、ほかの言い方をするのは難しい）「武器をとれ」の合図であり、過去に成功した作戦行動の物語だった。

〝予告篇〟となった一九七五年のフランス語版『フラクタルな対象』

本の刊行が近づいたのに、まだ『フラクタル次元の具象的対象』という仮題しかついていないと知って、版元のフラマリオン社は愕然とし、もっとうまいタイトルをつけるようにと言ってきた。友人たちも同じ意見だった。「君はまったく新しい概念について書いたのだから、好きな名前をつける権利がある。むしろその義務がある。しゃれたタイトルにしろ」

すでにたくさんの意味を背負わされた古い言葉（「カタストロフィ」や「カオス」を思い出してほしい）に新たな意味を与えてもよかった。しかし私は昔からある言葉をすぐに想起させることのない、新しい言葉をつくることにした。砕けた石のように不規則で断片化されたものという概念を伝えたかった。幼いころにラテン語を勉強していた私は、ラテン語がきわめて具体的なイメージに富んだ言語だということを知っていた。息子ローランのラテン語辞典を調べて、「fractus」という形容詞が「割れた」や「砕けた」を意味することを確認した。そしてこの形容詞から「フラクタル」という言葉を考え出した。

私たちはＩＢＭの社内を探し回り、写真製版原稿を作成するための道具をかき集めた。私はわずかな〝スタッフ〟を使って本の作成をすべて自分で〝管理〟していた。スタッフにはフルタイムのプログラマー（兼フランス語タイピスト）が一人いたが、しょっちゅう新しい人に替わっていた。それとパートタイムで手伝ってくれる人が一人か二人いた。圧倒的に不利と思われた勝負を乗り越えた、強烈な勝利の時だった。すべての関係者が高揚した気分を味わい、私は限界まで突き動かされ、作業に携（たずさ）わったすべての人が莫大な努力を要求された。

成功の見込みがまったくないのに出版される本はない。しかし予告篇にあたるフランス語版の本については、成功の確率を予想することができなかった。フラマリオンがこの本の出版というリスクを冒すことを断れなかったのは、私が共通の友人から社長に紹介されたという、それだけの理由だった。

刊行当初はなかなか売れなかったが、しばらくすると調子が上がり、現在は第四版が小型の普及版として販売されている。最初の刊行から何年も経ったころ、何人かのフランス人数学者から、学生時代に私の本から強い影響を受けたと言われたこともある。しかし一九七五年の時点では、この輝かしい展開は見通しの利かない未来のずっと先にあった。

私の薄い本は、かつてはアンリ・ポアンカレ、ジャン・ペラン、ルイ・ド・ブロイの著作も出していた立派なシリーズに加えられた。そのシリーズは一九七五年には死にかけたような状態だったが、私の本で息を吹き返したらしい。

ショレムに一冊渡したら、彼はまずきちんと出版を祝う言葉を述べて、それからページをめくってこれが数学の本ではないことに気づくと、いささか憤慨したようすで、「しかしこれはいったい何の本だ？　誰のために書いた？」と言った。私はこう答えた。「まだわかりませんが、この本ならではの読者層が生まれるといいと思います。たくさんの人に読んでもらえればなおさらいいですね」。いとこのジャックもそこに居合わせた。彼はおもしろがっているようすで、「父さんは本を書くとき、読者がどんな人か、いつもちゃんとわかっているの？」と言った。するとショレムはこう答えた。「そうだ。私の書くものを全部読んでくれる人は、世界中で一五人ほどだからな。それで十分だ。とても励まされる」

ちょっとした出来事が頭に浮かぶ。フランス語で書かれた新刊は少ないが、書店はたくさんあるうえに目立つ存在だった。多くは現在なら旅行代理店やディスカウント店が立地するような場所に店を構えていた。私はたくさんの店主や店長と個人的な知り合いになった。オフィリブという書店の店長とは、彼が身を固めるのを手伝って以来、友人付き合いをしていた。彼は私をほかの人のいないところに連れ出すと、アドバイスをくれた。「君の本はすばらしい。誰でも魅了される。だけど気をつけろよ。現実を見失わないで、残りの人生をもっとよくするように努力するんだ。なにかふつうなものに戻って、出世に役立つような評判を築け」。言うまでもなく、このアドバイスに従うことはできなかった。その書店をはじめとして各地の書店が一九八二年の英語で書いた本をたくさん売ってくれたので、その本のフランス語訳の出版計画は取りやめになった。

一九八二年の英語版『フラクタル幾何学』

一九七九年にハーヴァードへ行ったとき、完成間近と思っていた三冊めのコンピューターテープを持参した。しかしその年は〝奇跡の年〟となったので、まだ確定していない原稿は、マンデルブロ集合や物理学の主流派から出はじめた初期の論文への言及を加えるためにどんどんふくらんだ。一九八〇年にフラクタルを扱う初めての講義を担当してわかったことを反映させて、何度となく構成の変更もした。結局ほぼ全面的に書き直すことになったが、ページ数を大幅に増やした原稿は読みやすくなった。価格を抑え、そのうえカラー口絵（当時はまだ高価なものと考えられていた）を一六ページ入れるようにと、W・H・フリーマン社の幹部を説得することにも成功した。それがよい投資になると思ったからだ。そして実際そうなった。危惧していたとおり刊行は予定より遅れたが、カラーページが手に入ったので、私は各地の会合にそれを持っていった。

クールシュヴェルで初のフラクタル会議が開かれる

一九八二年七月、『フラクタル幾何学』の発売を待つあいだに、科学界を代表する人たちを相手に本の内容を発表して反応を目の当たりにするという、うれしい機会に恵まれた。初めて開かれたフラクタル会議でのことだ。会場はフレンチ・アルプスの高地にある高級スキーリゾート、クールシュヴェルである。パリに『フラクタル幾何学』の最終校正刷りが届いたので、パリのＩＢＭで何時間もかけて参加者全員分のコピーを用意して、石のように重たいスーツケースを引きずって会場に向かった。聴衆は五〇人ほどで、きわめて多様な人たちが混ざり合っていて、なにか特定の集団の代表というわけではなかった。フラクタルには特定の支持基盤がなかったのだ。

私が初めて企画したこの会議で、手伝ってくれる人はあまりいなかった。フラクタルに関する論文を発表したことのある研究者のほとんどを講演者として招いており、ヨーロッパ各国のＩＢＭ支社もネームバリューがありそうな人を何人か派遣してくれた。プログラムの枠がまだ半分しか埋まっていなかったので、私は空いているすべての枠に自分の名前を入れたが、聴衆の誰かが私をこの任務から解放してくれないかと期待していた。ありがたいことに、この会議の前後に開催された実践的な夏季セミナーに触発されて、ＩＢＭヨーロッパが当時としては高性能のコンピューターを提供してくれることになった。そのうえ、ＩＢＭで私の同僚であり親友でもあったリチャード・ヴォスとアラン・ノートンが同行してくれた。

運営にあたる幹事などはいないので、私は参加の返事を促す手紙をほとんど出さず、旅程の指示は完璧にしたが余分なおまけは加えなかった。あとになって多くの参加者から、会議が本当に開かれるのか半信半疑だったとか、会場のホテルに到着したときには強い達成感を覚えた、などと打ち明けられた。参加者たちの所属機関では、これほどのコンピューターや高度な支援は手に入らなかった。そのため、真夜中を大きく回るまでコンピューター室は人でいっぱいだった。

夏のあいだ、スキーリゾートは閉鎖されるか、料金が格安になる。ホテル側はほかの客を入れないと約束していた。ところが会議の数日前に到着すると、支配人がまことに申し訳ありませんがと詫びてきた。ECユース管弦楽団からホテルの空いている半分を貸してもらえないかと頼み込まれて、断れなかったという。音楽家はよい隣人ですから、と支配人は言った。昼間にハードな練習をするから、夜にはすっかりおとなしくなるはずとのことだった。それに加えて、オーケストラは仕事探しの音楽祭ツアーに出発する前の全体リハーサルを私たちに見せてくれると約束した。さらに私はオーケストラの指揮者に会えることになった。シカゴ交響楽団の指揮者ゲオルク・ショルティ（高山病で具合が悪かったので、会議の参加者とともにゆっくり過ごすことはできなかった）と、のちにベルリン・フィルの指揮者となるクラウディオ・アバド（訳注　当時はロンドン交響楽団の指揮者）である。華々しい過去と輝かしい未来。すばらしい話だ！　日曜日の夜に開会の挨拶をしたとき、私は恒例の音楽の余興を私の友人である名指揮者のショルティとアバドが生（なま）でやってくれると得意満面で告げることができた。もちろん誰も信じなかったが、実際に演奏会が始まると、私の言葉が冗談ではなかったことをみな悟った。

私は会議全体で司会を務め、積極的に討論を仕切った。また、私に代わって講演を引き受けてくれる人が最終的には何人か見つかったが、それでも発表の四分の一は私がおこなった。参加者の多くが金曜日の午後には帰ってしまうと考えて、私は最後の講演は自分でやり、その直前の時間は聴衆のいない部屋で話すことになってもかまわないという友人に頼んだ。ところがうれしいことに、会場は最後まで満員だった。さらに驚いたことに、全員がすべての講演に出席した。数学者は、自分たちだけの知る深遠な秘奥(ひおう)と思っていたものが、じつは自然界の本質的な部分だったと知って驚嘆した。物理学者は、数々の複雑な問題が単純明快な方法で解決できることを知って愕然とした。

この日までの私の人生におけるすべてのケプラー的瞬間が、ここで一つになった。

フラクタル会議と誕生日祝い

これを皮切りにたくさんのフラクタル会議が開催され、それぞれがしだいに専門的なものになっていった。私はこうなることを期待していたし、ほかの科学者もやはりそう考えていた。トリエステで会議が開かれたとき、会議の主催者で当時ノーベル物理学賞選考委員会の委員長を務めていたスティグ・ルンドクヴィストとともに、ジャーナリストの取材を受けたのを覚えている。フラクタルという分野が成功するかどうかは、その基本的な概念を熟知し、それをもっと専門分野に特化したテーマに沿っていろいろな方向へ展開させ、その結果として専門的でない一般的なフラクタル会議を減らせるかどうかにかかっている。そう聞かされて、ジャーナリストは驚いていた。

こうした会議が誕生日祝いを兼ねることもあった。一九八九年には、友人で物理学者のアムノン・アハロニーとイェンス・フェダーがＩＢＭフランスの支援を得て、〈物理学におけるフラクタル〉というすばらしい会議を私の六五歳の誕生日に企画してくれた。会場は、リヴィエラ付近の山上に位置するサン゠ポール・ド・ヴァンスという村にあるホテル、ル・マ・ダルティニだった。

会議のあと、アリエットと私は強く浮き立った気持ちを鎮めようと一日そこに滞在したが、それでもまだめまいのするような気分のまま短い旅行に出かけた。一九四四年に馬の飼育係をしていた場所が近かったので、そこを車で通った。また、以前からの好奇心を満たすため、ロアンヌにある有名な四つ星レストラン、フレール・トロワグロで豪華なディナーを堪能した。それからテュールへ向かった。戦争中に数年間を過ごした、山あいの谷間にある町だ。あれから長い年月が過ぎたが、今でも私はここを真の故郷だと思っている。

それから少し経ったころ、今度はハインツ゠オットー・パイトゲンがバート・ノイエンアールで会合を主催した。通常の夜の講演だったはずのものが、思いがけない楽しみに変わった。私の友人で作曲家のリゲティ・ジェルジュが、自分でつくったばかりの曲の深層にあるフラクタル構造を説明した。それはピアノ曲集の一曲だった。この晩年のピアノ曲集は結局完成させられなかったが、彼の最高傑作の一つとなっている。楽譜がスクリーンに映し出された。ピアニストも招かれており、リゲティがこの非常に短いが忘れがたい作品を脱構築し、それから再構築するのを手伝った。

七〇歳の誕生日には、かつて私のもとでポスドクをやり、しばしば論文の共著者となり、友人でもあったカール・C・エフェルツが、キュラソー島で会議を主催した。二月のカリブ海の魅力とともに、その地で彼の一族が名士であることが大いに役立った。この会議は心に残るものとなったが、講演者の多くは出番ぎりぎりにやって来て、終わるとすぐに帰っていった。真に学際的なフラクタル会議の時代は終わったと私は判断した。私が八〇歳に近づき、次の会議の相談が始まったとき、私は友人た

ちに対し、全員が一堂に会するのではなく、分野ごとにそれぞれ特化した場を設けるべきだと強く訴えた。一部の友人が私の願いを聞き入れて、私の八〇歳の誕生日を祝してフランクフルトのドイツ連邦銀行でファイナンスに関する会議を開いてくれた。別の友人たちは自分たちのやりたいようにやり、パリで分野横断的な国際会議を開催した。こちらも私の八〇歳の誕生日を祝うためのものだった。どちらの会議でも、すばらしい時を過ごした。

ブレーメン発のベストセラー本に便乗する

一九八二年に刊行した本に、ブレーメン大学での展覧会と一般向けの本という〝販売促進〟上の強力な助けが現れた。アンリ・ポアンカレのような偉人たちがかつては携（たずさ）わっていたがすでにすたれて久しい上等な解説書の伝統が、これらによってよみがえったのだ。

一九八四年の夏、私はグラフィックスを従来の白黒からカラーに切り替えるための準備をしていた。すべてが片づいたとき、ドイツの一般誌にブレーメン大学のハインツ＝オットー・パイトゲンと彼の同僚たちによる記事が掲載された。そこでは私がとり入れようとしていたのとまさに同じタイプのカラー画像が扱われていた。私は生涯を通じて、どんな相手とも真っ向から張りあわない主義だった。そこでカラー化の作業をやめて、記事の著者たちに称賛の手紙を送り、協力しないかと持ちかけた。手紙が行き交い、一九八五年の春には招待状が届いた。ブレーメン大学のグループは、フラクタルアートの大がかりな展覧会を開く準備を進めていた。展覧会はまずブレーメンで開催し、それから世界各地を回る予定だった。ブレーメンでの内覧会に来て講演をしてほしいと言われたので、私は喜んで引き受けた。展覧会の図録は見事な出来映えで、大好評を博してすぐに売り切れてしまった。その予告篇のようなものが《サイエンティフィック・アメリカン》の表紙を飾った。図録が発展して、パイトゲンとペーター・リヒターの『フラクタルの美』（宇敷重広訳、シュプリンガー・フェアラーク東京）という類まれな美しい本となった。うれしいことに、私はこの本のためにフラクタルの歴史を扱う章の執筆を依頼された。

私はブレーメンのグループと親しくなり、彼らの活動に何度も加わった。自分で始めるには躊躇（ちゅうちょ）するがかかわれるのはうれしい、というようなものもあった。彼らの書いた数冊の教科書は、今でもフラクタルとカオスについて指導する際の基本となっている。彼らはまた、ドイツとフロリダ州ブロワード郡で、高校の数学教育を支援するためにフラクタルを利用する先進的なプログラムも企画した。

「フラクタル幾何学の父」と呼ばれる

論文が大量に発表できるようになったきっかけについて話そう。アメリカの出版社は、本は薄いほうが読者に好まれると信じている。そこで『フラクタル幾何学』では上質の紙（聖書用紙）を使い、分量も五〇〇ページ以下として厚みを抑えた。私は膨大な〝削除〟作業をするはめになった。この本で言及された、未完成で未発表の論文が多数残ったわけだ。『フラクタル幾何学』に専念していたあいだは研究の発表ペースが遅かったが、それらの論文のおかげでペースが上がり、それが数年間続いた……そしてまだ落ちていない。

『フラクタル幾何学』によって、世間の関心が強烈に高まった。「強烈」という言葉にはいくつかの意味があり、「頼もしい」ものか「脅威をもたらす」もののいずれかを表すことが多いが、このときにはその言葉のもつすべての意味が強く感じられた。じつにさまざまな招待状が届くようになり、驚くべきことに今でも途絶えることがない。応じられるのはごくわずかだったが、私の人生のあらゆる面がなんらかの点で変わった。〝流行〟は生まれたかと思うと消えていく。ベストセラー本というのもそうした流行の一つで、すぐに書棚や人の心から消え去る。これに対して新しい〝スタイル〟は、始まりはゆるやかだが長続きする。

『フラクタル幾何学』がよく売れた理由の一つは、驚くほど幅広い雑誌に書評が掲載され、しかもそれが熱意のこもった言葉で書かれていたことだ。ＩＢＭ研究所の図書館に立ち寄るといつも、館員から新しい雑誌を渡されたものだ。実際には「いつも」ではなかったかもしれないが、とにかくそんな感じがした。それらの雑誌は、私の研究について知っているとか関心をもっているなどとは思いもよらない分野のものであることが多かった。考えてみると、最も思いがけなかったのはフランス王党派の機関誌だった。その書評の冒頭には、私の本の書評を書かずにいられないという思いに駆られて筆者自身が驚いていると書かれていた。

この本は、書評家には気に入られても読者が読もうとしないという〝出版社の悪夢〟にはならなかった。何年間にもわたって、私よりも頻繁に書店を訪れる友人たちが、科学書コーナーでほかの本が何冊か置かれているのと並んで、『フラクタル幾何学』だけは高く山積みになっていたと報告してくれた。この本のおかげで、私は息子たちの大学の学費を払うことができた。今でもこの本は版を重ねている。

数々の受賞

賞というのは大事なものだろうか？　私はこれまでにいくつもの選考委員会に名を連ねてきたので、委員会の決定が天啓によるものではなく、不安を覚えてしまうほど人間的なものだということを十分すぎるほどよく知っている。標準的なキャリアを歩む同僚たちには、賞は道のりの進み具合を示すさまざまな指標の一つとなる。私の場合はほかに指標がなかったので、賞にはほかの人の場合とはまったく別の重みがあった。予期せぬ賞をもらうときには特にそうだった。

ＩＢＭの名誉のために言うと、最初にもらった二つの賞はＩＢＭの社内で与えられたものだ。まず一九八三年に研究部門レベルで〈卓越したイノベーション〉賞をもらい、翌年には全社レベルでこの賞をもらった。一九七四年にＩＢＭフェローに任命されたのも、初期の賞と考えてよいかもしれない。

社外でもらった最初の賞は、一九八五年のバーナード科学功労賞だった。これはコロンビア大学で長く総長を務めたフレデリック・バーナードを記念して、全米科学アカデミーの委員会からの推薦にもとづいて同大学が五年ごとに授与していた。過去の受賞者には、アルベルト・アインシュタイン、ニールス・ボーア、エンリコ・フェルミらがいた。私の直前の受賞者は、ブルバキの創始者で私の宿敵、アンドレ・ヴェイユだった！　ＩＢＭで私の上司だったラルフ・ゴモリーから受賞を知らせる電話をもらったとき、しっかり椅子に座っているかとまず訊かれた。それから過去の受賞者のリストを読み聞かされた。この賞をもらえるくらいなら、これからもいろいろもらえるのは確実だ、と彼は言った。実際に彼の言ったとおりで、一九八六年にはフランクリン・メダル、一九八九年にはイスラエルのハーヴェイ賞、一九九四年には日本の本田賞を受賞した。

一九八八年のスタインメッツ・メダルには心が温まった。というのは、チャールズ・プロテウス・スタインメッツは父にとって特別なヒーローだったからだ。スタインメッツはポリオのせいで身体が不自由だったにもかかわらず偉大な発明家となり、またドイツ帝国から逃れたドイツ人自由主義者として偉大な市民改革家にもなった。

際立って異色なのはサイエンス・フォー・アート賞で、これをもらったのも一九八八年だった。賞を設けているのはＬＶＭＨモエ・ヘネシー・ルイ・ヴィトンだった。当然ながら、私は迷った。酒造会社というのは、たとえ一流の会社であっても十分に立派とはいえないのではないか？　なんといっても、そのころのＩＢＭはまだ〝禁酒派〟だったのだから。そこで私は、妻と相談するから一晩待ってほしいと言った。賞金は少なかったが、贅沢品の扱いに長けた会社の宣伝活動として、まる一週間にわたってパリと地方で行事が計画されていた。私たちにとって、これは忘れられない経験となった。

純然たる科学賞ではないものとしてもう一つ、パリのジャック・シラク市長からパリ市ヴェルメイユ・メダルが授与されることになり、立派な式典が計画されていた。しかし一九九五年、シラクはフランス大統領を目指して選挙運動中だった。そのせいで約束が何度も延期され、結局は彼の次の市長から市庁舎内の大ホールでメダルを受け取ることになった。私は市長の公式演説と私自身の答辞の原稿を用意するようにと言われた。私はかつて市庁舎の前を数えきれないほど何度も通ったことがあった。そこの大ホールが、印象派の画家たちに反発されたことで知られる、仰々しく因習的な様式の極致であることに気づいてもよかったはずだが、実際にはそんなことはまったく考えもしなかった。

数学分野に特化した賞としては、ワルシャワ大学とポーランド数学会が毎年授与するシェルピンスキ・メダルをもらった。二〇〇五年の受賞者に決まってワルシャワでメダルを受け取ったことで、私とポーランドの関係がようやく〝完結〟した。

最も権威のある賞は、二〇〇三年に受賞した日本国際賞〈複雑さの科学技術〉分野だった。変化に富んで楽しい行事でいっぱいの一週間を過ごし、日本文化を垣間見て大いに刺激を受けた。愉快な一場面もあった。受賞晩餐会で、隣席に座る皇后陛下と話ができるようにと通訳者が用意されていたのだが、会のあいだずっとテーブルの後ろでひざまずいていた通訳者にとって、この日の仕事はきわめて楽だった。じつは皇后陛下と私はどちらも英語が堪能で、自分たちで楽しく会話ができたからだ。

＊

JAPAN
PRIZE

最も心に残った賞は、一九九三年のウルフ賞物理学部門だ。この賞をもらえたのは、どうやら一九八九年にサン＝ポール・ド・ヴァンスで開催された〈物理学におけるフラクタル〉会議のおかげらしい。これが心に残った理由は二つある。一つは、エゼル・ヴァイツマンがイスラエルの大統領に就任して最初の公務がこの授賞式だったことだ。もう一つは、ＩＢＭはこの受賞の話に有頂天だったが、一九九三年に私が受賞したころはまさに基礎研究が廃止に向かっている時期だったことである。

しかし率直に言えば、のちに私がスターリング記念教授になったイェール大学では、物理学分野の同僚たちはこの賞をなんとも思っていなかったと認めざるをえない。彼らは一言もその話をしなかったのだ。

受賞に伴う反動

突然の成功には、ほぼ確実にトラブルがついて回る。『フラクタル幾何学』は好評を博したが、この生まれたばかりの研究分野を知や資金や組織の面で強固にするには至らなかった。それでも脅威を覚えさせるには十分だった。物理学者のハンス・ベーテは研究において自分だけの特別な強みをもつことを推奨したが、私の場合、それは鋭敏な眼力だった。

しかし、特別な強みをもつよそ者から競争を挑まれて、理性的に受け止める集団はない。『フラクタル幾何学』をめぐって生じうる結果のうち、最も望ましくないのは見向きもされないことだった。その次に望ましくないのは万人から嫌われることだ。三番めは不可解な反目で、実際に起きたのはこれだった。私はこれに耐えることを学ばなくてはならなかった。

私はこの本のおかげで世界的に名の知られた科学者となった。しかも本業のかたわらせっせとマスコミに登場したりしないでそれをなし遂げた。私が科学者として独力で達成した仕事には、幅広く人を引きつける魅力があるらしい。

しかしその一方で、激しい敵意や批判にもさらされつづけた。熱烈な書評が途切れることなく発表されるばかりではなく、軽蔑的な発言や悪意に満ちた酷評もときおり見られた。

バルザック＝ボーア＝ビアリク症候群――言葉、ペン、目

手際よく書く能力は大きな財産となる。モーツァルトは頭の中でオペラ作品全体を作曲し、楽譜にきちんと記すまで覚えておくことができた。逆の極端な例が大作家のオノレ・ド・バルザックだ。活版組みの作業に対する要求が尋常ではなく、そのせいで植字工のあいだで評判が悪かった。判読しにくい殴り書きで原稿を何ページか書き、そのうえいたるところに修正を加える。使いの者がこの原稿を印刷屋に届けるのだが、バルザックは翌朝にはゲラを受け取りたがる。さらに修正を加え、余白には〝吹き出し〟も書き込む。手つかずで残る部分はほとんどなく、この作業が何度も繰り返されるのだった。一説によれば、彼の仕事を引き受ける印刷屋がこの負担の大きな仕事に毎日一定以上の時間をとられずにすむように、初期の労働組合を結成したらしい。あるときパリの博物館でバルザックの原稿の校正刷りを見て愉快な気分になった私は、修正の入った原稿を自分用に購入しようとした。しかし、それはかなわなかった。私は高価すぎて買えないのではないかと思っていたが、そうではなくて売ってくれる人が見つからなかったのだ。古書や昔の原稿を扱う一流業者にあちこちであたってみ

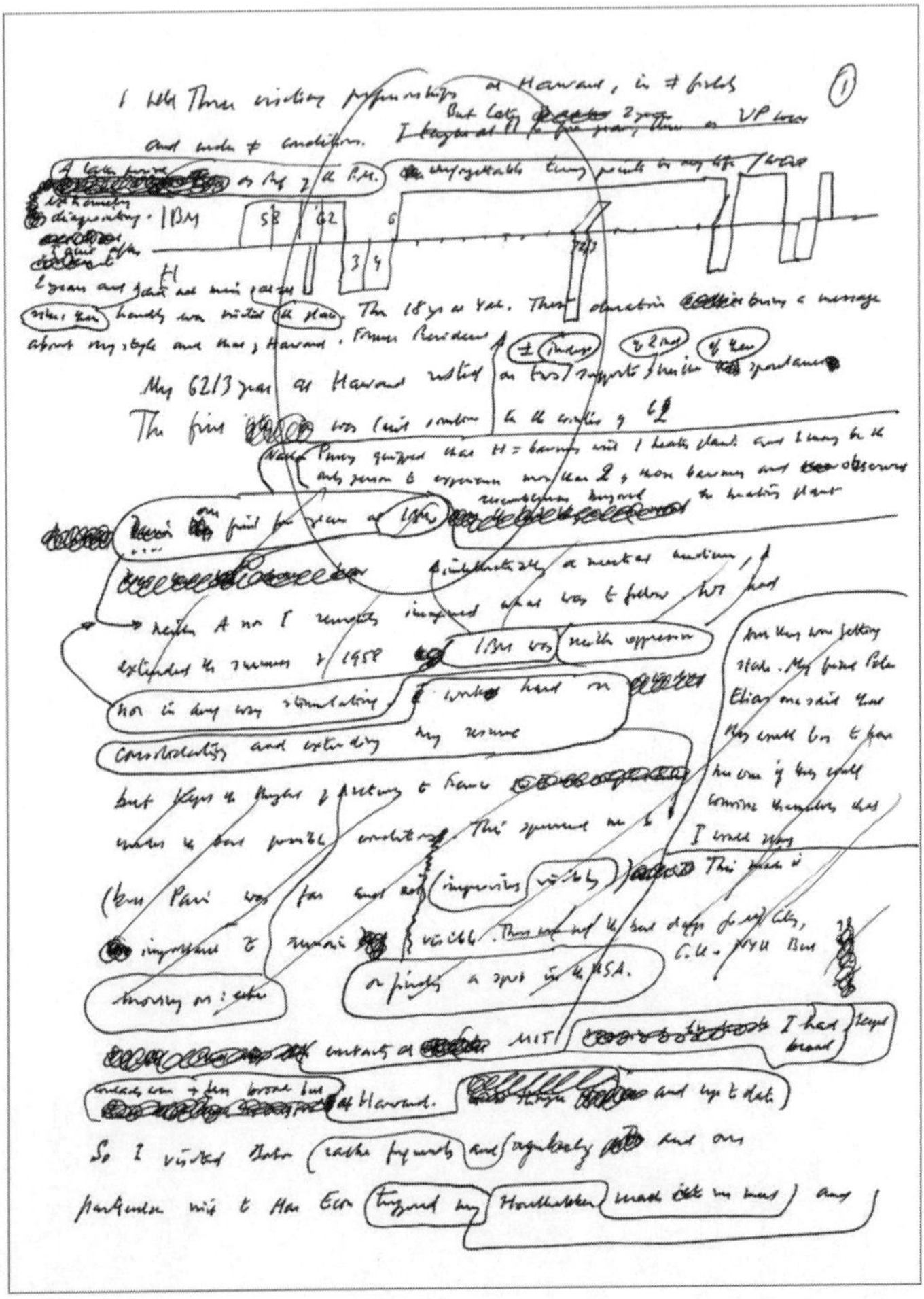

たが、話にならなかった。「申し訳ありませんが、お役に立てません。オークションにでもいらしたらいかがでしょう」

偉大な物理学者のニールス・ボーアも、バルザックに劣らずひどかったと言われている。そのうえ金持ちで有力者だったので、あまり急ごうとしないという問題もあった。周囲が強く促さないかぎり、いつまでも原稿の見直しを続けるばかりで出版しようとしなかった。しかも初期の草稿のほうが最終稿よりもすぐれていると評価されており、今でもある種の地下出版物として出回っている。もう一人、帝政ロシアに生まれたヘブライ語詩人ビアリクも推敲魔だった。そこで、この極端な執筆スタイルを「バルザック＝ボーア＝ビアリク症候群」と呼んでもいいかもしれない。

私はこの病気の重症患者だ。目次をつくってから章や節、文を正しい順序で書いていくことはありえない。全体の枠組みになると考えられる材料がいくつか手元にあれば、それを使って書きはじめ、あちこちに内容を加えていく。朝の目覚めとともに、執筆中の本で配置のおかしい部分があるのではないか、もっと前か後ろに動かしたほうがいいのではないか、という気分に襲われることもしょっちゅうだ。誇張ではなく、本が完成するころには中身が暗記できているほどなのだ。若いころにはタイピストに頼むことができなかったし、まとまった原稿を手書きでていねいに書く時間もなかった。だからじつはまだ修正の必要な初期草稿を印刷屋に送ったことも少なくない。ゲラにはバルザック並みの膨大な修正が必要で、ときには活版を最初から組み直すほうがましな場合もあった。それで料金がふくれ上がった。ワープロのおかげで、この病気と付き合うのも以前とは比べものにならないほど楽になったが、治ったわけではない。あるとき、私のアシスタントがとりわけ見づらい原稿に悪戦苦闘していると、それを見たプログラマーが、ワープロがなかったころにはアシスタントもなしでいったいどうやっていたのかと訊いてきた。「おそろしく大変だったよ」と私は答えた。

私のように〝絵〟を好む「視覚人間」と、言語を好む「聴覚人間」とのあいだに見られる違いについて、もっと詳しく説明させてほしい。手書きでも印刷物でも、文字というのは視覚と聴覚への作用を併せもつものとして、人間の進化の過程で最近になって誕生したものであり、高度に発達していながらこれをまったく生み出さなかった文化もある。モーツァルトやホメロスのような聴覚人間は、線状に並んだ音を心の耳で聞いて紙に書き留める。この場合、反復操作はあまり必要ではない。私が思うにバルザックは視覚人間であり、多元的な思考を同時に並行しておこなうが、書き留めるときにはそれを線状にしなくてはならなかったはずだ。私は手書きの文字が下手なので、口述筆記にすればよかったのではないかと思う。文章の出来具合が最もよくわかるのは、活字を組んだあとだ。それから冶金で金属を一定の高温条件下に保持して軟化させる〝焼きなまし〟に似た精神プロセスに入る。この〝焼きなまし〟的な段階では、文章を活字にすることで単語やフレーズ、段落、章のあいだの思いもよらない関係が見えてくる。そうした関係がわかれば、必要に応じて調整できる。紙は創造力の新たな坩堝となり、モーツァルトほどの才能をもたない人間の支えとなる。

科学論文の多くは読者を説得する必要がないので、完全に無味乾燥である。書き手は確立された領域内の小さな集団に属している。集団内の全員を知っているか、あるいは論文指導教官や後見人を通じて紹介され、同じ集団の仲間を対象として書く。それゆえ書き方は重要ではなく副次的なものとなる。一方、私の場合は見知らぬ一般読者を対象として書いているという事実が書き方に影響し、方向性を与えている。書いているのがオペラであれギリシャ劇であれ、作者はすばやくテーマに切り込む方法を知っていなければならない。なぜなら、受け手が内容を理解できるまで我慢して付き合ってくれることは期待できないからだ。受け手に興味をもたせ、さらには少しでも楽しませたければ、送り手には相手の流儀で物語る能力が欠かせない。

例の症候群ゆえに、私の研究における生産性は、助けてくれる人が得られるかどうかに大きく左右されてきた。私の生産性の空白は、想像力の欠如ではなく支援の欠如から生じた。そして私は非常に残念に思っていると言わねばならない。若いころにもっと助けが得られていれば、もっと速く前進し、『フラクタル幾何学』も一九八二年よりもずっと早く、基礎研究の資金が潤沢だったころに発表できただろう。そうなっていたら、状況は大きく違っていたはずだ。

第27章　イェールにて、学内で最高の職位「スターリング記念教授」となる（一九八七～二〇〇四年）

新たな仕事の誘いを受けたりすばやく昇進したりする器用さなど、発揮できたためしがない。それでもたまには幸運に恵まれたこともある。最大の幸運は、イェール大学でポストを得たことだ。

イェール大学の数理科学非常勤教授

イェールへの道を踏み出すのに欠くことのできない役割を果たしてくれた仲介役は、自称「制度派経済学者」のマーティン・シュービクだった。私たちが出会ったのは、私がジョン・フォン・ノイマンのポスドクとしてプリンストン高等研究所に在籍し、シュービクがプリンストン大学にいたときだった。そのころ彼は、『ゲームの理論と経済行動』をフォン・ノイマンと共同で執筆したオスカー・モルゲンシュテルン（一九〇二～七七）のところにいた。六〇年代のほんの一時期、私たちはＩＢＭ研究所で同僚だったが、彼はすぐにイェールへ移った。

私が一時的にハーヴァードに在籍していた一九六四年に一度、それから一九八七年の初めごろにもう一度、シュービクが不意に電話をかけてきたことがあった。最初のときには、私は彼を素っ気なくあしらったに違いない。二度めのときは、もっとおおらかな話しぶりだったはずだ。それからまもなく、数学科の主任教授ロナルド・ラファエル・〝ラフィ〟・コイフマンから電話をもらった。「ハーヴァードに在籍しながらIBMとも強いつながりを保ち、スカースデールにご自宅があると聞いています。IBMもご自宅も、ハーヴァードよりイェールのほうがずっと近いでしょう。こちらに移るつもりはありませんか？」「しかし、サージ・ラングはどう思っていますか？」と私は尋ねた。ラング（一九二七～二〇〇五）は著名な数学者で、彼の強烈に表明される強烈な意見を恐れる者は多かった。「確かにサージは学科の教員について明確な意見をもっていますが、それを表に出すことはありません。彼にどう思われるかが気になるなら、うちこそ最高の場所です」「しかし今のところ、イェールには数学者の知り合いが一人もいないのですが」「いや、ストックホルムのミッタク＝レフラー研究所でお会いになったピーター・ジョーンズがいますよ」「でも彼は今シカゴでしょう」「イェールに移ったんです。私もあなたにお会いしたことはありませんが、あなたの研究のことはよく知っています。それにシュービクや、ほかにもあなたがご存知の経済学者が何人かと、そのほかの教員も、あなたに来ていただこうと力を尽くしています。まずはこちらにお越しいただいて、直接会って相談させていただけませんか」

行った、見た、口説き落とされた。大きな決め手は、ハーヴァードよりもイェールのほうがスカースデールの自宅に近いことと、イェールでの仕事は長期的なプロジェクトの一部になりそうだということだった。イェールの数学科はプリンストンやハーヴァードよりも格下とされるのを嫌い、「格下」ではなく「異質」の存在になろうと決めていた。そのために、抽象度の高くないテーマを特に拡充させようとしていた。そこでまずは知名度の高いベテランを採用したがっていた。

そのころイェール大学の「学部」にあたるイェール・カレッジの学長は著名な生化学者のシドニー・アルトマンで、彼はそれからまもなくノーベル賞を受賞した。エイブラハム・ロビンソン（一九一八～七四）を記念して、基金が集められていた。私はたまたまロビンソンに会ったことがあったので、彼が航空学、記号論理学、数学という三つの別個の分野で高い評価を確立したことを知っていた。亡くなったときには数学と哲学のスターリング記念教授だった。そこで、基金の支給先は並外れた多才さの期待できる人材に限られており、私が適任だということになったらしい。正規の常勤教授を雇うには金額が足りなかったが、私を初代の（そしてこれまでのところ唯一の）数理科学のエイブラハム・ロビンソン非常勤教授――勤務時間は半分になる――にするには十分だった。「非常勤」という肩書きは教授の肩書きをもつことと矛盾するが、誰も気にしなかった。交渉はスムーズに進んだ。ハーヴァードでの出来事から学んだ経験に助けられ、また当初の五年契約より先のことは考えていなかったおかげだ。ただし実際には、一七年も在籍することになった。

ニューヘイヴンに引越すことも考えたが、私はたいていＩＢＭに出勤するのでそれは現実的でないと思った。また、ＩＢＭがいろいろと便宜を図りつづけてくれたこともあとから理由に加わった。ＩＢＭとイェールをかけもちしていたこの時期に、ＩＢＭ研究所はスタッフの半数を解雇したので、私も退職した。ＩＢＭは名誉フェローの肩書きをくれて、ヨークタウンの研究室を使いつづけてよいと言い、さらに数種類の手当も与えてくれた。手当が支給されるのは二年間の予定だったが、実際には一三年も続いた。こんなわけで私たちは引越さず、イェールでは同僚との付き合いがあまりできなかった。これは明らかにもったいなかった。

長時間の自動車通勤は退屈だったが、アリエットが親切にも運転手役を買って出てくれて、私の勤務中にイェールの構内で過ごすことを楽しんでいた。通勤をめぐる唯一のうれしい話は、建築家のフィリップ・ジョンソンから彼の有名な「グラスハウス（ガラスの家）」に招待されたことだ。私はコーヒーを飲みながら、ゆるやかに起伏する敷地を眺めて言った。「コネティカットのふつうの森と比べると、ここはずいぶん木がまばらですね。クロード・ロランの描いたイタリアのフラクタル的な風景画と似ています。わざとこうしたのですか?」「もちろんです。後ろを見てください」。振り返ると、一見したところロランの絵の本物らしきものが、額縁に入れないでイーゼルに載せてあった。私は度肝を抜かれ、そのきわめて高価な絵が常時そこに置いてあるのか訊きそびれた。ジョンソンはもう亡くなり、彼の所有していた土地は美術館になっている。あの名画はどう扱われているだろうか。

友人で同僚のマイケル・フレイム

イェールで過ごしたあいだで格別にうれしかったのは、マイケル・フレイムと付き合えたことだ。彼と出会ったのは、イェールの前に彼が勤務していたユニオン・カレッジに私が赴いたときだった。すぐに彼を一年間イェールに招くと、彼は学部生向けにフラクタルをテーマとした講義をやって大好評を博した。さらに何回かこちらに来たあと、彼はイェールで（かけがえのない）非常勤教授になった。

マイケルは数学の入門科目の責任者だが、フラクタルを扱う初級と中級の科目も教えているので、そのために大量の講義録を作成した。さらに、高校教師を対象とした非常に重要な夏季プログラムの運営にもあたった。彼の講義はどれも大人気だった。彼とは論文の共同執筆もおこなっている。また、数学をはじめとするあらゆるテーマで彼と交わした議論は、私がニューヘイヴンで過ごした時間の中でもとりわけ大切な部分となっている。

二〇〇二年には、フラクタル幾何学の教師たちによる論文をまとめた『フラクタル、グラフィックス、数学教育』という本を共同編集した。執筆した教師たちが初めて顔を合わせたのは、一九九七年一二月にマイケルと私がイェールで会議を開いたときだった。私の知るかぎり、完全にフラクタルの指導に特化した研究会はこれが最初である。

イェール大学のスターリング記念（数理科学）教授

非常勤教授として一二年間勤めたところで、スターリング記念教授として終身在職権が与えられた。学者の夢は――アメリカに限らずどこの国でも――一流大学で終身在職権を獲得することだ。しかし一九四五年にエコール・ノルマルを退学した私は、大学での学究生活について考えるのはやめて歩きつづけた。私は最終的にこの夢を実現したが、タイミングはぎりぎりで――一九九九年に私は七五歳になった――勤務時間も通常の半分とされていた。

「スターリング」という言葉はさまざまな意味合いを帯びている。私にとって重要な意味をもったのは、一九二〇年代にスターリングという姓の卒業生が母校への恩返しとしてイェールに大金を寄付したという事実だった。寄付金は、彼の名をつけた建物を二棟――第一級の図書館と相応のロースクール――を建てるのに十分な金額で、さらにあるプロセスに従って選ばれる教授の肩書きにもその名が冠せられたが、その選考結果はきわめて妥当な場合もあれば不可解な場合もあった。アメリカの大学でユニヴァーシティ・プロフェッサー（訳注　卓越した業績を上げている教員に与えられる称号）の任命が始まったころ、イェールはこのあいまいだが常にあがめられている役割をスターリング記念教授に担わせるべきと判断した。ケンブリッジかオックスフォードから受け継いだ規則により、イェールでも卒業生でなければ終身在職権をもつ教員にはなれない。この規則は修正するより抜け道を使って守るほうが簡単だ。そこで、この目的専用の文学修士号というのが使われる。

この名誉が私にどう影響したのか？　しばしば私は、ほかの誰もがそんな夢はおかしいとか実現不可能だと思うような大それた夢を思い描く力を発揮し、しかもその夢を実現してきた。さすがに数理科学のスターリング記念教授になるとは夢にも思わなかったが、これほど波瀾に富んで曲がりくねった道を経た「パルナッソス山への階梯(かいてい)」にふさわしい終着点として、喜んでこの栄誉に浴した。

私はスターリング記念教授の称号が授与されたことを、異端者がさなぎから脱して体制側の蝶に変身する瞬間ととらえたか？　率直なところ、そうは思わなかった。その出来事がわざと形式張らずに進められたせいかもしれない。イェールの総長から電話があり、それからコンピューターのプリンターで印刷された証書が学内便で届けられ、学科の茶会でシャンパンがふるまわれた。それだけだった。重大な変化は一つも起こらなかった。さらに言えば、同窓会誌が一九八七年の私の着任を取り上げる計画を立てていたが、なかなか実現しなかった。結局、まだ新しい話題であるスターリング記念教授

就任と、近づきつつある私の退職まで一緒に扱えるほど長く待つことになった。急激な変化が生じなかったことには、じつはもっと深い理由がある。私はもともとイェールに在籍していて、公然たる敵がいなかったからだ。

こんなふうに、ハーヴァードではうまくいかなかったが、イェールでは大成功を収めた。この違いをどう説明したらよいだろう？　受賞者数や学会の会員数という点では、両大学の数学科に大きな違いはない。しかし私の触れた雰囲気はまったく違っていた。一九三〇年代、イェールの数学科は二人の大物の激しい対立によって動かされていた。一人はノルウェー人、もう一人はスウェーデン人で、彼らは義理の兄弟でありながら互いに憎みあう敵となり、あらゆる人にどちら側につくか無理やり選ばせた。この暗黒時代の記憶が同僚間の確固たる協調を促した。今でもそれは続いている。

アイザック・ニュートン研究所

イングランドのケンブリッジにあるアイザック・ニュートン数理科学研究所は、スウェーデンのミッタク＝レフラー研究所といくらか似たところがあるが、もっと規模が大きく、扱う範囲も広い。一九九九年の一月から四月まで、ここでフラクタルをテーマとしたプログラムが開催された。

ありがたいことに、ケンブリッジ大学は私にロスチャイルド客員教授の職に就かないかと言ってくれたが、私がそこの定年を一〇歳過ぎていることがわかって、誘いを撤回せざるをえなかった。しかしゴンヴィル・アンド・キーズ・カレッジが私をG・C・スチュワード客員フェローにしてくれた。これはすばらしい経験だった！　またキャヴェンディッシュ研究所は、物理学のスコット講義で講師を務めさせてくれた。私はそれらの講義やたくさんのセミナーで手がいっぱいになった。キーズのフェローへの待遇として、家具つきの家が提供された。テュールを離れてから私は自転車に乗っておらず、あえてその能力をもう一度使おうとも思わなかったので、家とニュートン研究所とキーズ・カレッジのあいだの長い道のりを歩いて移動した。かかりつけの医師は喜んでいた。

ケンブリッジを離れる準備が整ったとき、興味があればよそのカレッジで長期の客員フェローになれると非公式に言われた。アリエットと私は強く心を動かされたが、イェールもスターリング記念教授のポストを用意してくれた。これを断れるはずがなく、やがて孫たちがやって来て、私たちをマサチューセッツ州にあるもう一つのケンブリッジへ連れて帰った。

第28章　私の研究は史上初の広範なラフネス理論を築いたか？

同じ手法がインターネットと気象と株式市場で通用するのはなぜか？　私が特段の努力をせずに、これほどさまざまな物事のさまざまな側面に触れていられるのはなぜなのか？

自分が長らく脚注で述べてきたことを前面に押し出すべきだと気づいたことが、人生における重要な転換点となった。私は気づかぬうちに、ラフネス理論に取り組んでいた。色、音の高低、重さ、熱さについて考えてみよう。それぞれが物理学の一領域のテーマである。また、化学は酸や糖やアルコールで満ちている。これらはすべて知覚から生じる概念だ。ラフネスはこうした生の感覚のいずれにも劣らず重要なのに、それ自体の研究はおこなわれていなかった。

私はほぼ白紙の状態から始めて、特定の幾何学的スケーリング不変性を備えたラフな形状を研究するための、新しい道具箱を特別につくる必要があった。それぞれのスケーリング不変性はおのずと数値的不変量をもたらす。私はその一つをラフネスのさまざまな定量的尺度の最初のものとしてとらえ直した。

その後、フラクタルやマルチフラクタルの幾何学によって、ほかにもさまざまな内在的尺度が提起された。集合の「空疎さの度合い」さえ具象的で実用的な概念となった。

一九八二年、ダン・パソジャという冶金（やきん）学者から連絡をもらった。彼は、金属の破面などのラフネスを測る尺度がついにフラクタル次元から得られるのではないかと感じていた。実験でこの直感が裏づけられ、私たちは一九八四年に《ネイチャー》で論文を発表した。これによって多くの追随者が生まれ、実際にラフネスの尺度を扱う研究分野が生み出された。それ以来、私は自分の生涯の業績について記述する際には必ず、その論文の内容を冒頭にもってきている。

私がラフネスの研究を始めるまで、ラフネスはきちんと定義されていないか、あるいはあまりにも多くの的外れな数量によって測られていた。現在では、一つか二つ、あるいはほんの数個の数字でその度合いを示すことができる。

ブラウン島の海岸線から4／3という数にたどり着く

重量は昔から数で表されてきた。色や音の高低といった感覚も、明確で測定可能な振動数で表せる純化された尺度を獲得して久しい。しかし、ラフネスはどうだろう？　大哲学者プラトンは感覚に関する文章を記しているが、その中でラフネスに触れたのはほんの数行だけだった。

私が生まれる直前、数学者のフェリックス・ハウスドルフ（一八六八〜一九四二）は「怪物」と呼ばれる変則的な数学的図形に数を与えて、これを「次元」（この言葉については本書ですでに触れた）と呼ぶことにした。この次元のもつ興味深い数学的特性のことを聞いた私は、それが完全に理論上のものなのか、それとも純然たる秘奥(ひおう)から取り出して解釈しなおすことによって、直感的に理解できて具象的で、さらには実用的でもあるなにかに変えられるものなのかと考えた。じつはまさにそのように変えられるのだ！

このテーマに彩りを添えるのが、ブラウン運動で描かれた島の海岸線の話だ。ブラウン運動の示す上下動に初めて脚光を当てたのは、誤解にもとづいてはいるが意義深いバシュリエの価格変動モデルだった。しかしここでは価格のことは忘れて、紙の上を移動する点について考えよう。この点は、紙の左辺と下辺への射影が互いに独立なブラウン運動を示すとする。この点が示す動きを平面ブラウン運動と呼ぶ。ブラウン運動の概念は、物理学と数学で広く用いられるようになった。しかし不思議なことに、実際に例をつくってそれを検証した人の話を、私は一度も聞いたことがなかった。そこで私は非常に長時間にわたるブラウン運動の例を描き、自分に難題を課した。数学的推論によってすでに確立されている二つの性質を混ぜ合わせ、私のすぐれた眼力で調べれば観察できるかもしれない新たな性質を見つけ出そうとしたのだ。

初めのうちはうまくいかなかった。新発見かもしれないものがあっても、排除すべき邪魔な古い構造がたくさんあって、それらに負けてしまった。

特に、これよりずっと単純な図形を見るときと同じような美的観点から見ると、私の描いたブラウン運動の各〝区間〟には欠陥があった。不自然だったのだ。これは、区間の両端部と中間部がそれぞれ異なる形状を示し、一様ではないからだ。そこで私が最初にやったのは、ループをつくってこの問題を解消することだった。たとえば時点0から時点1までで区間を区切るのではなく、閉じた輪を描

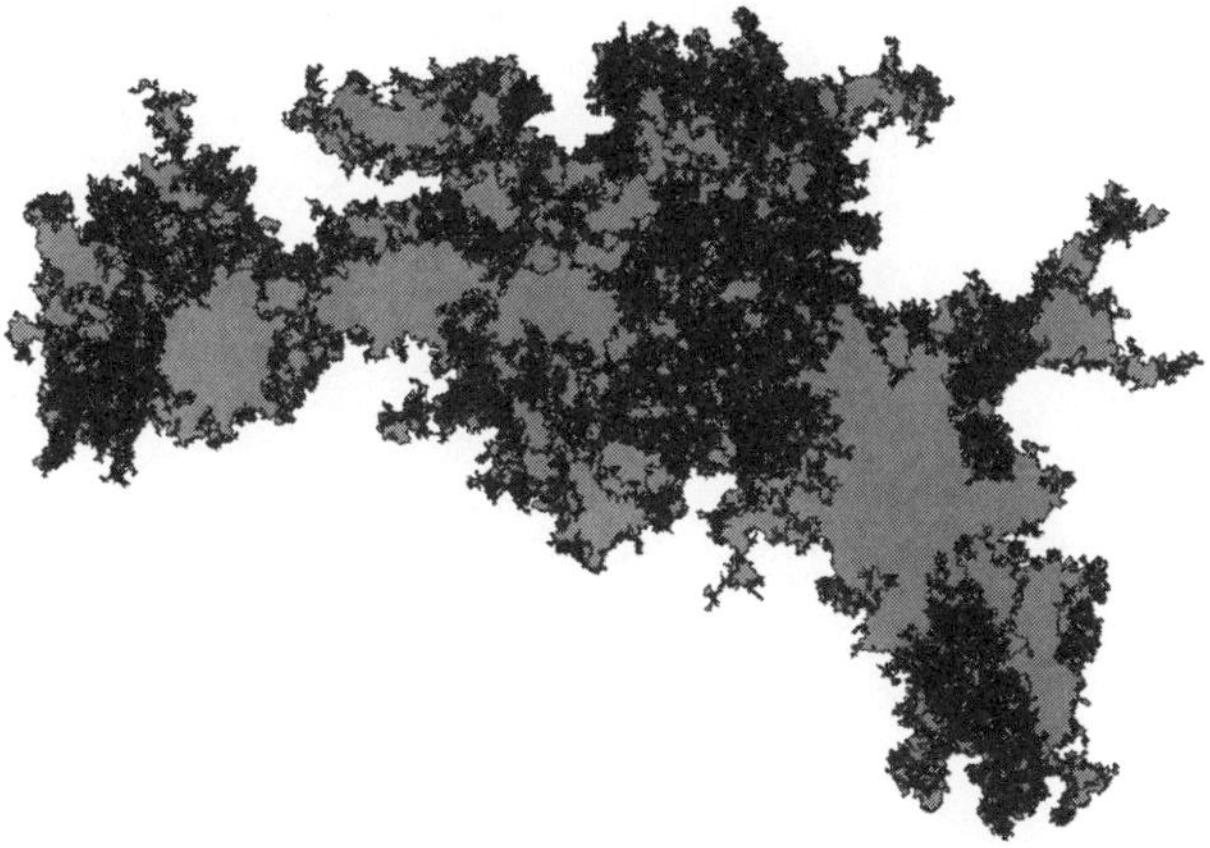

かせたのだ。ブラウン運動を出発点と同じ点で終わらせるようにすると、特徴的な新しい図形が生じた。私はこれを「ブラウンクラスター」と名づけた。しかしそれでもまだ無関係な細かい構造があまりにもたくさんあったので、この無意味な複雑さを解消するためにさらに手を打つ必要があった。出だしで何度もつまずいたあと、図を二つの部分に〝色分け〟した。外部から到達できる平面上の点はすべて白で塗りつぶし、ブラウン運動の軌跡によって外部から〝隔離〟される点を黒で塗ったのだ。すると驚くべき結果が得られた（上図）。

たちどころに――一秒も経たないうちに！――興味深い島が新たに出現したのだ。私の視覚的記憶は反射的に、自分が以前に考案したフラクタルのコンピューターモデルで生成された島や、実在の島を思い出した。新しい島の入り組んだ海岸線が提示していたのは、〝ブラウン運動の輪郭〟という新しい概念であった。視覚を軽視していた過去の世界では、こんな概念は誰の頭にも浮かばなかった。〝図〟が既存の問題を〝視覚化〟したのではない。今の例では〝図〟が先に存在している必要があり、それから〝キャプション〟として問題が生じたのだ。

ブラウン運動からブラウン島の海岸線を引き出したことでいくらかの成果は得られたが、次の段階ではさらに大きな成果が得られた。今度はラフネスの数値的尺度を投入することによって、その海岸線を定量化したのだ（〝図〟を嫌う代数学者とは対照的に、真の幾何学者は数字を受け入れる。私たちは過ちに対して寛大なのだ！）。

ブラウン島の海岸線を目で見て調べると、そのフラクタル次元は4／3と予想された。すぐに測定したところ、思っていた以上に4／3に近かった。私はこの時点で、海岸線のフラクタル次元として4／3というのが数学的に正確な数値だと予想した。

この実験は二つの点で成功したと言える。ハードサイエンスにおいても、視覚を訓練し直すことによって、代数解析では永久に到達できなかったかもしれない新たな予想を発見できるようになるということが確証された。この実験はまた、数学に対して、進むべき新たな方向を示すことにもなった。現在では、ブラウン運動で境界線が描かれるということなど当然の概念と見なされるかもしれない。しかし視覚による入念な検討をおこなわなければ、この概念が発展して4／3というフラクタル次元に到達することは不可能だったはずだ。

4／3予想が、とらえどころのない真理の探究に弾みをつける

当時の職場だったＩＢＭで、仲間たちはブラウンクラスターから別のクラスターへと進んでいった。最初に取り組んだのが臨界パーコレーションクラスターだった。これは統計物理学の分野で非常に大

きな意味をもつ有名な数学的構造である。これについては、境界が二つの異なる方法で定義できるので、フラクタル次元として先ほどと同じ４／３に加えてもう一つ、７／４という二つの値が出てくるという問題が内在する。どちらの値も最初は実際の数値から得られたが、今では理論的に証明されている。その証明方法は、現実の目的には役立たない特殊な議論によるものではなく、別の場でも大いに役立つことがわかっている。この研究が続くにつれて、これまで物理的な観点に立ってはいても厳密さを欠いたまま議論されてきた、きわめて多様な幾何学的図形が、純粋数学においてもてはやされるようになった。そしてこの二つの値の証明は、きわめて難しいがまた非常に興味深いものでもあることがわかった。

　純粋に数学的な予想を証明するには、図や例がいくつあれば十分、というようなことはないが、４／３という値は非常に単純なので、厳密な証明も簡単にできると思われた。実際、すばらしく優秀な友人たちは、一晩で証明すると請(う)けあった。ところがこの約束は翌週、翌月、翌年へと延期され、ついに二一世紀へ、すなわち三つめの千年紀(ミレニアム)まで先送りされた。

　じつはこの証明は並外れて厄介だったので、一八年間にわたる全世界を挙げた探索が成功したときには大騒ぎとなり、強い熱気と活発な動きが生じた。力を出しあってこれをなし遂げた三人の数学者はすぐさま称賛の的となり、二〇〇六年には三人の中で最年少の数学者が、栄誉あるフィールズ賞――数学分野で類(たぐい)まれな可能性を示す者に与えられる賞――を受賞した。この難しい証明は、数学においてきわめて活発な一領域を独自に生み出しただけでなく、多くの一見無関係な予想を突如として決着させることによって、遠く隔たった別の領域にも影響を与えた。

SEMINAR
The Origins of Fractals in
Benoit B. Mandelbrot

これは確率論に与えられた初のフィールズ賞だったが、それ以前にもマンデルブロ集合に関する私の重要な予想がフィールズ賞をすでに二回もたらしていた。私は現在広くおこなわれている分業というやり方を軽視しているが、皮肉にもそのような私の考えが、数学においては予想と証明を分業化することで前進がなし遂げられるかもしれないということを宣伝する結果となった。

研究がこれまでとは違う相手に届きはじめる

こうした活動のおかげで、私は講演をしたり、いろいろな団体と会合したり、画像を見せたりして、世界各地をめぐることができた。

あらゆる年代の人たちから、このようなことをよく言われる。「握手していただけますか？　この国ではあなたのフラクタル幾何学が高校で扱われています。だから私たちがあなたの名前を初めて聞き、あなたの作成した数学的な図を見たのはもう何年も前のことなので、あなたはとっくに亡くなっていると勝手に思い込んでいました。だって、あなたのような方なら、ニュートンの生きていた時代のすぐあとに生きていたというほうが、いかにもそれらしいじゃないですか。自分が学校で習ったことの一部があなたの頭に初めて浮かんだときの話をご本人から聞けるなんて、信じられません。握手できるなんて不思議な気分です……まさに一大事です」

あるとき講演を終えるなり、詰めかけていた大学生のグループの代表とおぼしき若くてチャーミングな女性がこう言ってきた。もちろん私は喜んで握手した。なんと変わった賛辞だろう！　その一語一語に私の心は天高く舞い上がった！　すべての言葉がまさに心の奥底できわめて甘美に響いた。もっとはっきり言わせてもらえば、このような場面が私の生きる糧なのだ。

第29章　美とラフネス――円の完結

回想録を書くことは、謙遜の練習だ。私が生まれたのは一九二四年で、今は二〇一〇年である。自分のなし遂げたことを振り返ってみると、じつはこの二つの年には大きな意味がある。私の記憶にある最初の世界ニュースは大恐慌に支配されていたが、私の最晩年もまた別の不況に支配されようとしている。少年時代の終盤は第二次世界大戦と重なり、フランス中部の貧しい山間地で過ごした。常に生存の脅威にさらされていたが、夢は自由に駆けめぐり、将来に向けて種(たね)をまいた。

ＩＢＭ研究所の黄金時代が始まったときにたまたま入社し、その時代が終わるまで在籍したことには、重要な意味があるのか？　戦時中に思い描いた夢がそこでようやくかなったことについてはどうだろう？

一九二四年に生まれた者の中で、科学者になった人はたくさんいるに違いない。ほかの人が見過ごしたり拒絶したりした役割を、私はなぜ追求したのか？　私は常にそのことを疑問に思ってきたので、自分自身を理解するための試みとして本書を執筆した。

三五歳になったとき、自分の人生に疑問を覚えた。科学に自分の痕跡を残すという夢を見ているうちに、じつは「船に乗りそこねた」のではないのか？　この不安から、驚くほどの年齢になってから自己のあり方を改革するに至り、私の最も有名な研究をすることができた。私はそのことを強く自覚している。ファイナンスの土台を新たに築き直したのは四〇歳を目前にしたころで、マンデルブロ集合を発見したのは五五歳のときだった。多くの人が指摘していることだが、これらの年齢は科学者として異例の、驚くべき遅さだ。そして私が手本として見習おうかと考えたが実際にはそうしなかった人たちは、残念ながらたくさんいる。

価格変動に関する私の研究が一九六〇年代に受け入れられていたら、私は自分の生み出したものに満足して、そのまま落ち着いてしまったかもしれない。それは誰にもわからない。しかしいろいろな出来事がそうではない方向へ展開した。私は放逐の身となり、知の放浪生活を再開した。公認されていない考えを広めようとしたからといって、ガリレオのように正式な裁判で罰せられることはない。誰も私の声に耳を傾けようともしなかったので、「それでも地球は回っている」と言いたければ、わざわざよそを向いて声を殺したりする必要はなく自由に言えた。

科学がそれまで手を出さなかったか棚上げしてきた問題に私が引きつけられ、いつも生きた化石のような気分になったのはなぜなのか？　正規の学校教育をきちんと受けなかったせいかもしれない。戦争中の占領下にあったフランスで過ごした少年時代は、時代遅れの本、未解決のまま長く放棄されていた古い問題、そして時代を超えた疑問で彩られていた。私がしだいに好むようになった幾何学は、最も古く具象的で包括的なタイプのもので、鋭い眼力によって可能になり、器用な手に助けられ、今(こん)

日ではコンピューターにも助けられている。やがてそれは数式と図が対等の立場で見え、理論が現実世界と相対し、数学やハードサイエンスが芸術と出会う、とらえがたい場となった。こうした出会いの結果、それぞれの価値と美しさが専門家たちの狭い世界をはるかに超えて燦然と輝き、知性と感性の世界に統一をもたらす。

科学者になってからは、古い問題を次々によみがえらせ、華々しく進化させることに研究の多くを費やしてきた。それらの問題はいずれも古いということ以外にほとんど共通点がないように思われたが、やがてどれも自然界や芸術におけるラフネスと関係していることが明らかになった。驚くべきことに、古くは単なる装飾のために見出された構造や、近年では〝病理〟の名のもとに数学者が紹介することになったさまざまな構造のあいだに、ループができあがっているらしい。さらにもっと最近では、それらの構造を私が科学のために用い、意図せぬおまけとして美の創造にも用いることになった。

絵画と音楽におけるラフネス

樹木や山をフラクタルで〝模倣〟した初期の仕事を経て、私はこう考えるようになった。自然界の本物の樹木や山が実際にフラクタルであるなら、画家がそれらを描いた作品にも同じことが当てはまるはずではないか？　『フラクタル幾何学』に収録したレオナルド・ダ・ヴィンチの有名な素描、『大洪水』を見てみよう（次ページ）。間違いなく、これはフラクタルになっている。

熟練した芸術家は、たとえば大小さまざまな渦を組み合わせるなどして、バランスのよい構図を見つけなくてはならない。これはつまり、多様なサイズの要素を自然なかたちで――つまりフラクタル

となるように——配置するということではないだろうか？
『フラクタル幾何学』には、富士山が背景に描かれた『神奈川沖浪裏』という葛飾北斎の有名な版画も収録した。北斎が最盛期を迎えたのは一八〇〇年ごろだが、歴史上には彼以前にもフラクタル構造をもつ複雑な形状を認識していた画家や哲学者がたくさんいる。イタリアを中心に活躍したフランス人画家、クロード・ロランの風景画は写実的と言われるが、実際にはそれらの作品は著しく単純化されており、フラクタルの観点で容易に解釈できる。歴史を通じて、画家は常にフラクタル構造のもつさまざまな可能性を理解してきたが、この構造が幾何学に発展することはなかった。これについて著述する者はごくわずかで、読む者はおそらく皆無だったからだ。
ロシアの画家ワシリー・カンディンスキー

（一八六六～一九四四）が約九〇センチ四方の紙に作品を描くようすを撮影した動画がある。まず紙面全体を横切るように線を一本描き、それから短い線を何本か加える。最後のシーンでは、それよりさらに短い線をたくさん描いている。私がカンディンスキーの絵を見て感じていたことが、これで裏づけられた。彼は明確にではないかもしれないが直感的に、フラクタル性というものを理解していたのだ。

最初のうち、私はこうした芸術作品をおもしろいと思ったが、重要なものとは思わなかった。しかし数え切れないほどたくさんの読者が私に奇妙なことを気づかせてくれたので、すぐに見方を変えた。太古から芸術家の作品にはフラクタルが存在していたということがわかりはじめたのだ。驚くほど多くの芸術家がフラクタルの性質をとらえ、それを表現する語彙をもたなくともその認識を作品ではっきりと描出している。

シェルピンスキのガスケットと呼ばれる数学的構造は、複数のまったく同じパーツでできている。この構造はイタリアの教会の装飾として、床のモザイクや屋根および天井の絵画にきわめて広く用いられている。フラクタル構造は、別の時代のペルシャやインドの美術にも見られる（次ページ）。

私は、自分とはまったく別の世界の住人である作曲家たちと強いつながりをもっている。たとえばリゲティ・ジェルジュから、こう打ち明けられたことがある――私の作成した画像を見るまで、音楽にはフラクタル性が必要なので好き勝手につくってはいけないという、音楽の重要な側面を理解していなかった、と。音楽学校では、音楽と雑音を区別する方法など教えていなかった。リゲティがニューヨークである賞をもらったときに大きな記事が出て、その中で彼は、これまでにつくられた最もす

ぐれたデザインを列挙した。そこにはケルズの書（訳注　聖書のケルト装飾写本として有名）、タージマハル……そしてマンデルブロ集合も入っていた！　これはきわめて力強い言明であり、それからまもなく彼に会えたときにはうれしかった。私たちはこれまでに何度も会って楽しい時間を過ごしており、まじめな公開討論をやったこともある。また、チャールズ・ウォリネンもフラクタル性を理解する有名な現代の作曲家だ。彼はしばらく前から作曲にフラクタル的なアプローチを用いていると、好んで口にしていた。西洋音楽の多くはさまざまな時間スケールで類似した構造を示すということを十分に理解していたのだ。一九九〇年、彼と私はグッゲンハイム美術館で「音楽とフラクタル」という風変わりな催しをおこなった。これほど異なる文化に属する二人が、コラボレーションしたいと思った場合にそれをどう実現するかを見届けるのは興味深い。

無関係な行為か、それともラフネスに対する統一されたフラクタル的アプローチか？

イギリスの哲学者で行動の人であるアイザイア・バーリン（一九〇九～九七）は、物知りなキツネと大事なことを一つだけ知っているハリネズミとの違いについて古代ギリシャの詩人アルキロコスが述べたことを記している（ちなみに私はバーリンに会ったことがある）。あるとき、講演の冒頭で私を紹介する役目を任せられた同僚たちが私に、自分はキツネとハリネズミのどちらだと思うかと何度も訊いてきた。つまり彼らは私が二つの顔をもつと思っていたのだ。

次ページに示す大理石の彫像は、ローマ神話の戸口と橋をつかさどる神、ヤヌスの像である。ヤヌスは互いに反対を向く対照的な二つの顔をもち、一方の顔で人を裁いて場合によっては追い払い、も

う一方で人を歓迎し魅了すると信じられていた。

よかれ悪しかれ、二つの顔というのは、人類有数の功績であり私の研究分野でもある広義の「数理科学」を表すのにぴったりなメタファーでもある。裁きの顔は、たいていの人にとって無味乾燥で冷淡と思われる考え方に誇りを抱く専門家、すなわち純粋主義者の顔だ。歓迎の顔は、じつは建築や工学や芸術といった、日常の仕事や楽しみにおいて数学が果たす数々の役割を婉曲に表現するものとなる。象徴としては、この二つの顔は未来と過去を同時に眺めるものとされる。

私自身は数学の忠実な（世間では乱流のようだと言われているが）僕なので、二つの顔が互いに反対を向いていることにはいつも反発を覚えてきた。今から何世紀も前に二つの顔が同じ方向に向けられ、平和が広がり、すばらしい成果がもたらされたと知って、私は喜んだ。

フラクタル幾何学という概念は、初めは信じがたく思われるが、改めて考えればごく当たり前のことだと感じられ、これがほんの最近まで発展しなかったのはなぜなのかと不思議な気持ちにさえなる。

真のラフネスはしばしばフラクタルであり、測定できる

ラフネスを測る尺度でなによりも重要なのは「フラクタル次元」だ。フラクタル次元で最も単純なものは「相似次元」であり、その最も初期の例が、スウェーデンの数学者、ヘルゲ・フォン・コッホの示した曲線である。このコッホ曲線は無限の長さをもつので、当初は「怪物」——私は「おもちゃ」と呼ぶが——とされた。フラクタル幾何学は、海岸線について記述したり、のちには自然を制御したりする作業にこれを適用することによって、この驚くべき成果を生み出した。ジュゼッペ・ペアノが平面上のすべての点を通る〝曲線〟を考案したことにより、さらに恐ろしい怪物が出現した。このペアノ曲線は数学者のあいだで大騒ぎを引き起こし、過激な純粋主義者と現実世界を重視する者とのあいだに深い対立をもたらした。ペアノ曲線は直感的にまったく受け入れがたく荒唐無稽だとする見解が支配的だった。これは純粋数学者にとって失意の言葉ではなく、強い自負を表す言葉である。次ページの図は、コッホ曲線（輪郭または海岸線）とペアノ曲線（平面全体を覆う川または血管網）を組み合わせたものである。

私は真に稀有な出来事にかかわるという、思いもよらない恩恵にあずかった。現実の縛りから自由な純粋な思考がとらえられ、手なずけられ、誰もがよく知っている現実と結びつけられる場に居合わせたのだ。怪物が下僕となった——惑星軌道が楕円であることを示したケプラーが新たな道を切り開いたのと同じように。楕円はそれまで古（いにしえ）のギリシャ人のおもちゃでしかなかったのだ。

ラフネスは自然界と文化のいたるところに存在する。銀河の分布にも、海岸線や山や雲や樹木の形状にも、肺のさまざまな管の配置にも、ラフネスは見られる。株価チャート、絵画、音楽、一部の数学的構造（よく知られたものもあるし、私が生み出したものもある）にも見られる。これらほどなじみはないが指摘するに値するものとして、無秩序の物理学におけるクラスターのラフネス、乱流のラフネス、カオス力学系のラフネス、異常拡散・異常雑音のラフネスというのもある。これらは私が研究したさまざまなテーマの性質を典型的に示している。

理想的な円が体現するようななめらかな図形と同様、数学的フラクタルはコンピューターで実行できる完璧に的確な式によって、いくらでも細かく、「視覚的イメージ」というきわめて具象的なものを使って記述することができる。私はこうした〝絵〟の一つひとつによって、科学や芸術の特定領域における特定の洞察に至った。一部の〝絵〟には持続的で重大なインパクトのあることが判明し、それらの探究に専心する研究者たちによって展開された。

本書に収録したカラー図版は、多くの点で変化に富んでいる。自然の生み出したものや美術作品もあるが、ほとんどは適切に選んだ式の助けを借りてコンピューターで描いた純然たる数学的構成物である。それらの式には、ある重要な性質が共通している。それは私が研究生活のすべてを費やしてあらゆる角度から研究したもの、すなわち「ラフネス」だ。これらの図は単に美しいだけでなく、あらゆる学問のあらゆる目的に役立つように描かれている。その結果、図のいくつかはリアルで、自然界に存在する形状を想起させる。どれをとってもフラクタルだ。それゆえ私は人からおまえは何者かと尋ねられたときには「フラクタリスト」と答えることにしている。

フラクタルの性質を理解するために、一六三二年にガリレオが表明した見事な宣言を思い出そう。「[哲学は]数学という言語で記されており、その文字は三角形や円などの幾何学的図形であり、それらがなければ……人は暗い迷路で迷ってしまう」。円や楕円や放物線は非常になめらかな図形であり、三角形には変則的な部分が若干あることに注目しよう。私は若いころにはこれらの図形を愛していたが、自然界にはそんな図形はほとんど存在しない。科学にはこれらの図形が必要だと訴えた点では、ガリレオは完全に正しかった。しかしこれらだけでは不十分なことがわかっている。その理由は単に、世界の大部分は偉大なラフネスと無限の複雑さを備えているからだ。しかし無限の複雑さの海には、単純さの島が二つ浮かんでいる。ユークリッド的な単純さの島と、ラフネスは存在するがどの

スケールで見てもそのラフネスが変化しないという比較的単純な島だ。

どのスケールでもおおむね同じように見える形状の例として、引き合いに出される定番がカリフラワーだ。ちょっと見ると、カリフラワーは小房が集まってできていることがわかる。ほかの部分をすべて切り落とし、小房を一つだけ取り出して調べると、それがまた小さなカリフラワーのように見える。さらに「小房の小房」を一つ残してほかの部分をすべて取り除くと、すぐに拡大鏡が必要になるが、やはりカリフラワーの形をしている。つまりカリフラワーを見ると、一つの物体がたくさんのパーツでできていて、各パーツが全体と似た形でただサイズが小さいだけという構造であることがわかる。雲もこのように反復されるラフネスの例だ。雲は雲と同じような形をした小さな渦が集まって大きなうねりとなり、それが集まってさらに大きなうねりとなってできている。雲に視点を近づけて、どんどん細かいスケールで見ていくと、なめらかな形状が現れるのではなく、相変わらず入り組んだ形状が見える。

私はなめらかでないものがすべてフラクタルだと言っているのか？　科学のどんな問題を解くにもフラクタルさえあれば十分だとでも？　いや、そんなことはまったく言っていない。私が声を大にして言いたいのは、実在するものがなめらかでないとわかった場合、そこで試すべき数理モデルはフラクタルかマルチフラクタルだということだ。ラフネスはいたるところに存在するので、フラクタルもいたるところに存在する。幾何学的構造に限らず、互いにまったく無関係と思われる領域で同じ手法が通用することも非常に多い。

常に存在してきたフラクタルに居場所ができる

私が研究したいと思う対象にほかの人も関心をもつことはほとんどなかった。そこで私は生涯の大部分をアウトサイダーとして過ごし、さまざまな分野を渡り歩いた。今振り返ると、多くの場合に私は一〇年、二〇年、四〇年、あるいは五〇年も時代を先取りしていたことがわかり、切なさの混ざったうれしさを覚える。ほんの数年前まで、私が博士論文で扱ったテーマは流行から外れていたが、今では大人気となっている。

私は新しい分野の創造を志していたわけではないが、私と近い関心をもち、それゆえ分野の狭義化へ向かう破滅的な傾向を打破する人たちの永続的なグループがあれば、それを歓迎しただろう。残念ながら、私はこの大事な点で失敗した。秩序というのはおのずと生じてくるものではない。私は若いころ、分子生物学がマックス・デルブリュックの手で創造されている最中のカルテクに留学していたので、新しい分野を生み出すということがどんな意味をもつかは理解していた。しかし、私の研究からはそんなものはなにも生まれなかった。原因の一端は私の性格にある。私は権力を志向したり他人からの支持を求めて手を尽くしたりしないからだ。また、当時の状況も一因だった。私はアカデミックな世界には不向きな人間だと思われていたので、民間企業の研究所に所属した。そのうえ、本来ならまったくかけ離れた別々の活動のあいだに組織立った緊密な結びつきを築くというのは、一人の力では無理だったのかもしれない。

私はラフネスの一般理論の樹立を目指したわけではない。私はトップダウン型よりもボトムアップ型の研究のほうが好きなのだ。だから、新たな分野を生み出そうとはしなかったが、長い時間が過ぎた今、この強大な統一性を堪能し、新しくなにかを発表するときにはいつもこれを強調している。傲慢のそしりをかえりみずに言えば、フラクタルは視覚的イメージとして私たちの目の前に常にあったのに、その真の役割は誰にも気づかれず、私に発見されるのを待っていたのだ。

さすらいの人生が終わりに近づくなかで、私は生き延びて秀でた存在になるのだという、少年時代から私を駆り立ててきた大それた目標のことをいつも考えている。なまじはんぱな成功を収めるたびに、かつて抱いた期待や渇望がよみがえった。皮肉にも、研究においてもそれと同じパターンにしばしば遭遇した。晩年を迎えてもなお、試すことなく置き去りにするしかなかった昔のはかない希望が

なにかのきっかけで呼び覚まされると、苦しい気持ちに襲われる。ジョージ・バーナード・ショーは、こんなふうに言っている。

理性的な人間は、自分を世界に合わせる。理性を欠く人間は、世界を自分に合わせる努力を続ける。したがって、すべての進歩は理性を欠く人間にかかっているのだ。

この言葉を知ったのは、高齢になってからだ。知と理性の進歩を目指しながら、私はいつもかなり理性を欠いてきた。

＊

これで私の話は終わりだ。私自身の経験の分布は、私の研究の中心テーマ、すなわち極端なフラクタル的不均一性を想起させるのではないだろうか？　私は総じて、退屈な時間を過ごしたことがほとんどない。人生は大いなる楽しみで、その楽しみは今でもある程度続いている。ほかに望むべきことがあるだろうか？

孫たちのそばにいられるように、イェールを退職し、ニューヨーク近郊のＩＢＭの研究室を引き払い、広い一戸建ての家からボストンのアパートに移るというふうに、生活を縮小する苦しみに耐えている。いつもわかっていたことだが、生活の根を引き抜くのは合理的だとしても決して楽しいことではない。

私はすでに八〇歳を過ぎた年寄りだが、今でも自分がある意味で成熟を続けているのがわかる。そして依然として敵に囲まれてもいる。なぜこうなるのか？　ただの偶然かもしれないが、私はたいていそこには理由があると思っている。

あとがき

イェール大学数学科教授　マイケル・フレイム

ベノワ・マンデルブロは、この自伝の最終校正に入る直前に亡くなった。長年連れ添った彼の妻アリエットから頼まれて、私はこのあとがきを書くことになった。ベノワの研究が科学と文化の世界にどう収まるかについて、いくらか違った視点を示すことができれば幸いである。

*

ベノワと出会ったのは二〇年前、彼が私をイェールに誘って仲間に加えてくれたときだった。彼の世界に入れてもらえたのは、ある特別な意味で、私たちが二人とも幼い子どものようなものだったからだろう。ベノワが電話をかけてきて疑問や思いつきについて話しだすと、私たちはすっかり夢中になった。ふと時計に目をやると、一時間か二時間が過ぎていた。一週間ほどそれぞれのやり方で作業をして、自分たちの観察したものの詳細を解明した。やがて彼からまた電話がかかってきて、私たちは再びのめり込む。私は彼の無邪気な驚異の念と同じものをもっていたのだと思う。

ベノワは複雑なものが好きだった。たとえば海岸線や価格グラフのラフネス、チャールズ・ウォリネンやリゲティ・ジェルジュの音楽、アウグスト・ジャコメッティの絵画、北斎の版画を好んでいた。彼がこれらに見出した要素、すなわち彼の長い（それでもなお短すぎた）キャリアの遍歴において彼の思考を導く助けとなったかもしれないものは、これらの例すべてに共通の性質があるという認識だった。細かく見ていくと、同じパターンが繰り返し現れつづけた。確かに、このことに気づいている科学者や芸術家はたくさんいて、どの部分も微分不可能な一続きの曲線の例は基礎的な実解析の講義でおなじみだったが、ベノワはそれよりもはるかにたくさんのものを見てとった。複雑な図形も単に対象としてではなくプロセスとしてダイナミックに理解しやすくするために、これらの反復するパターンを定量化する方法を見出したのだ。

このパラダイムには絶大な威力がある。そしてその力は依然として存続している。二〇一〇年九月、私はうれしい経験をした。私のフラクタル幾何学の講義を履修している学生八〇人が、フラクタル画像の生成方法を知らない状態で教室に入り、簡単な手順に従って作業し、その日の講義のあとでは画像を見ただけで、上図のようなフラクタルの生成方法が説明できるようになるのを目の当たりにしたのだ。

一日でずいぶん理解が深まったではないかと、私は彼らに言った。最初に浮かんだ驚きの表情が、得意げな笑顔と「やったね！」の声に変わった（ここで私は、毎日こんな奇跡が起こると思ってはいけないよと言った）。これこそベノワが数学の世界に与えたものだ。この贈り物の力を疑う人は、平面変換を扱う標準的な幾何学の講義とこの日のフラクタルの講義を比べてみてほしい。

このような効果が得られるのは、画像が視覚的に複雑（ベノワのインスピレーションを反映している）でありながら、その画像を分析すると、ほんの数個の単純な規則に還元できてしまうからだ。また、学生がこれらのパターンを見抜けるようになったら、基本的なソフトウェアを使ってすぐに解を検証できるという点も重要だ。コンピューターを使った視覚的実験（ベノワの用いたやり方で当初不評を買ったものの一つだ）は、今では説明の必要もないほどありふれたものとなっている。

科学以外で、ベノワがフラクタルに最も多くの時間を費やした分野はファイナンスだろう。バシュリエの一九〇〇年のモデルは、スケーリング性、変動の独立性、ショートテール（大きな変動は実際にはほとんど起こらないとされる）という三つの特性を示した。スケーリング性は価格変動のフラクタル性に関するベノワの見方にうまく合致するし、おそらくこの見方を構築する助けにもなっただろう。しかし、残りの二つは実際の観察とあまり合致しない。ベノワの一九六〇年代の研究、すなわち非整数ブラウン運動と安定レヴィ過程もスケーリングになっている。非整数ブラウン運動では、変動は互いに依存するが、それでもショートテールになる。安定レヴィ過程はロングテールだが、変動は互いに独立だ。一九九〇年代、ベノワはマルチフラクタル〝素描(カートゥーン)〟という際立ってシンプルでエレガントな方法を考案した。この〝素描〟はスケーリングになっており、互いに依存した変動とロング

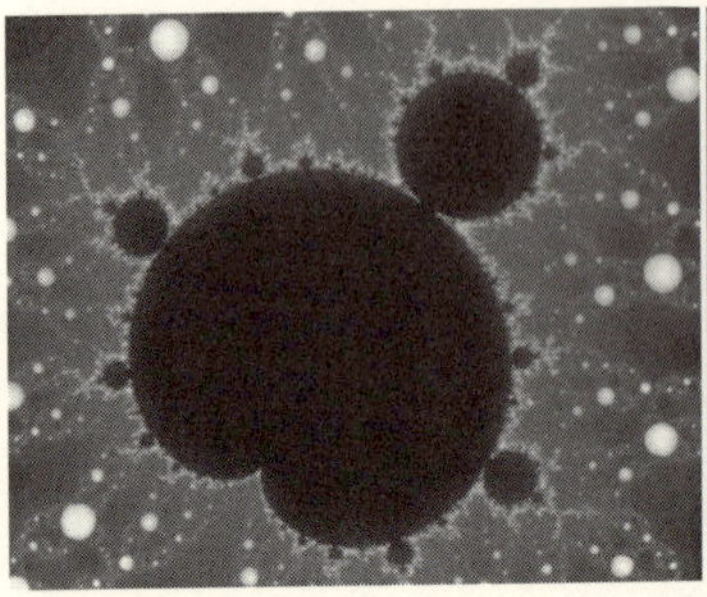

テールという性質を備え、容易に微調整することができる。ベノワの研究の多くは、スケーリング、反復合成、次元といった単純な概念をそれまでとは違う新たな場できわめて巧みに応用することに立脚していた。

格別に大きな驚きをもたらすのは、マンデルブロ集合だ。講義では、簡単な式を提示して、反復合成のプロセスと結果の色分けの方法を説明する。そしてプログラムを実行し、教室中に衝撃が広がるのを待つ。「この式からあんな図ができるですって？　冗談を言わないでください」「まあ待てよ。君はまだなにも見ていないんだ。少し拡大して、どんなものができているか見てみよう」「あの複雑ならせんや渦も、さっきのと同じ簡単な式で描けたってことですか？」「そのとおり」。この奇跡については、これ以上あれこれ言う必要はない。上のような画像を見て、式がどれほど簡単だったか思い出して、考えて、驚愕すればいい。

ベノワは、美術、建築、音楽、詩、文学作品に見られるフラクタルのパターンについての執筆や講演をおこなった。北斎やダリの作品、エッフェルの建築、リゲティやウォリネンの音楽、スティーヴンズの詩、ストッパードの戯曲などにフラクタル的な面を見つけては大喜びした。自然界の精妙なパターンに向けたのと同じ注意深い観察眼によって、これらも見出したに違いない。フラクタルの新しい事例を見つけるたびに彼

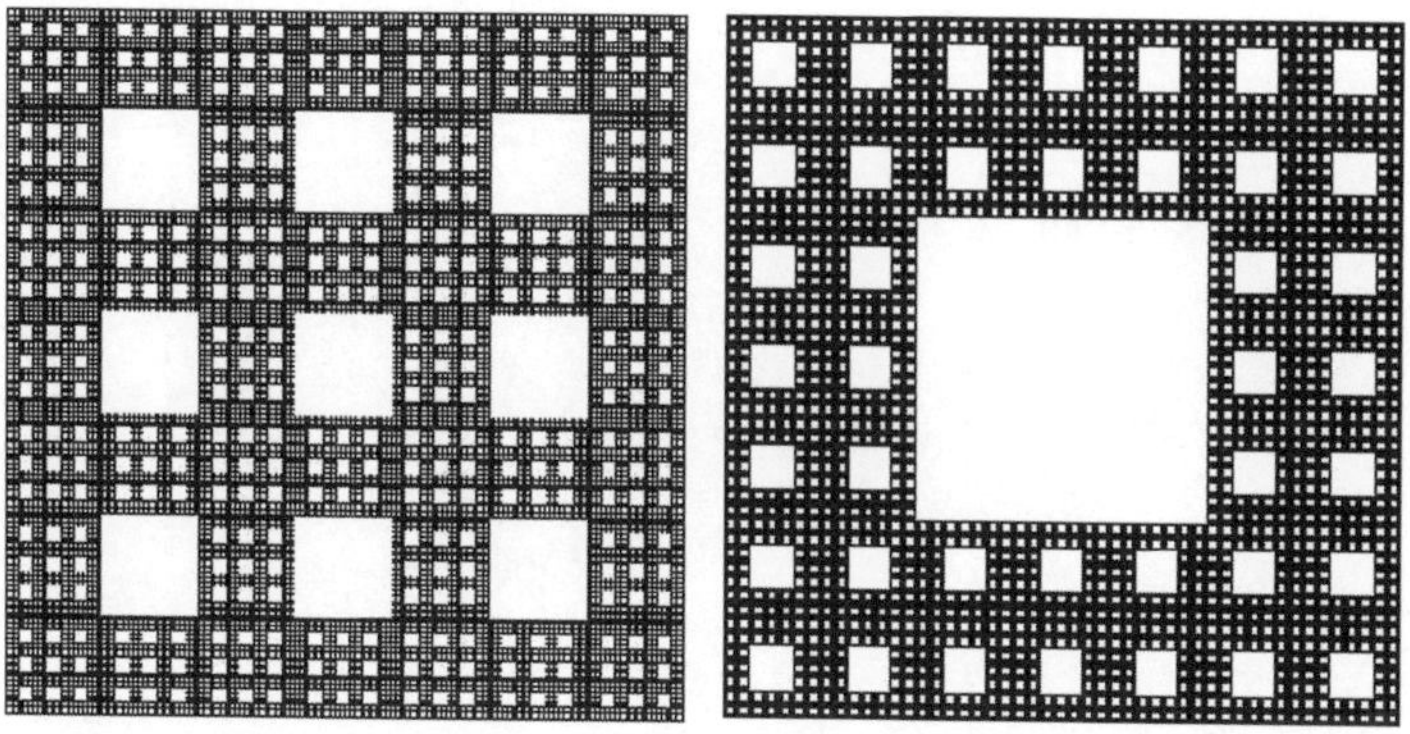

は喜んだ。もちろん自分のアイデアが不適切に用いられていれば、はっきりと、しばしば単刀直入にそれを批判した。そうした誤りがいかに多岐にわたっていたかを考えれば、彼の憤りも理解できた。

私はベノワから病気のことを聞いたあと、彼のなし遂げた業績、驚嘆すべき遺産――才気あふれる科学者一〇人に分け与えても十分に満足させられるほどなのだ――を振り返らせようとした。しかし彼は、まだやっていない研究、少なくとも彼の手では完了させられないであろう研究について語った。この自伝を完成させられないこと以外で彼が最も残念がったのは、負の次元に関するアイデアをこんなに早い段階で置き去りにしていくことだった。ベノワの研究の多くと同じく、負の次元もシンプルだがエレガントな問いから始まった。ベノワは二つの集合における共通部分の次元に関するおなじみの公式から始めて、「共通部分を表す式から得られる負の解の意味を理解することはできないか」と考えた。単純な問いから巧妙な事例の計算へ、そして実験による検証へと進んだ。

空隙性も未完となった領域である。この概念は、上の図に示すフラクタルのように、見た目はまったく異なるが次元は同じというフラクタルがたくさんあることにベノワが気づいたときに生まれた。これは難題だったが、研究の出だしには着手した。すべきことはまだたくさんあるとベノワは考えた。ベノワはこのプロジェクトの続け方について語った。結局のところ、彼が大事にしていたのは名声ではなく研究だった。非凡な生涯の長い道のりを歩むあいだ、いつもそうだったと私は思っている。

はるか昔のある夏、私は祖父とともに庭の通路に横たわり、空が暗くなるにつれて星が輝きだすのを眺めていた。ただし「暗くなる」という言葉は適切ではない。夜空は「暗くなる」のではなく「深くなる」のだ。私はありえないほどの深みをのぞき込んでいた。眠りから覚めかけているときのように、手の届くところよりほんの少し先にある驚異を垣間見た。あれは何だったのか？　半世紀が過ぎ、ベノワからその答えを教わった。人は自分の見たもの、聞いたもの、感じたものを体系づけるのに、それまでとは根本的に異なる方法の手がかりを、つかの間だけ得ることがよくある。しかし、ほとんどの人はそれをちらりとしか見ることができない。ベノワは私たちの立つ世界全体のあり方を変え、無数の人々に世界を新たな見方でとらえるための道具を与えた。そのような世界の見方を覚えることは、私の知る最も明白な覚醒の例だ。

ベノワはこんな教訓を与えてくれた――好きなものを見つけて、それを一心に追求せよ。自分が何を追っているのかわからなくなることもあるかもしれないが、追いつづければやがて見つかるはずだ。見つかったら、目が覚めるだろう。私たちの見つけたものは私たちのもので、一人ひとりの発見が私たちすべてを豊かにする。私が思うに、これこそベノワが最後に残した最高の教えだ。好奇心と情熱に従え——それがどこへ向かうにしても。新しい世界が見つかるか、それとも新しい雪片が見つかるか、それは大して重要ではない。フラクタルと同じように、人生も結果よりもプロセスとしてとらえたほうがよく理解できる。

ベノワはよく言っていた。フラクタルは残った部分で定義することができるが、取り除かれた部分でも同じくらいうまく定義できると。ベノワの死は一つの穴を残した。彼の驚異的な好奇心、思いやり、友人に対する激しいまでの律儀さ、家族への限りない愛情……これらが夜空に消えた。それでももちろん、思い出は残り、膨大な業績も残る。

*

二〇一〇年二月、カリフォルニア州ロングビーチで開かれたTEDカンファレンスが、ベノワにとって最後の本格的な講演の場となった。そこで彼が語った言葉を引いて結びとしたい。

底の知れない驚異は単純な規則から生まれます……単純な規則を果てしなく繰り返すことによって。

図版クレジット

Reprinted from *The Fractal Geometry of Nature*: p. 468
Courtesy Michael Frame: pp. 482, 485
Augusto Giacometti, 1912: 口絵 p. 4（上右「フラクタルによる花の絵」）
Sigmund Handelman: pp. 29（中右），346（上），377（右），口絵 p. 1（下右「フラクタルによる海岸線」）
Eriko Hironaka: p. 424
Katsushika Hokusai, ca. 1829-33: 口絵 p. 4（中右「神奈川沖浪裏」）
Mark Laff: p. 29（中左）
Mark R. Laff and Sigmund Handelman: p. 474
Shaun Lovejoy: 口絵 p. 1（中右「フラクタルによる雲」）
Benoit B. Mandelbrot Archives: pp. 36, 41, 45, 48, 50, 54, 60, 63, 69, 96, 106, 118, 131, 181, 182, 212, 227, 234, 305-307, 330, 331, 351, 359, 383, 418（右），435, 441, 444, 454, 462, 470（上），476, 477, 479, 480, 口絵 p. 4（下左、金）
Peter Moldave: pp. 406, 407
Produced by Ken G. Monks: 口絵 p. 6（上、円の反転）
Merry Morse: 口絵 p. 1（上左「本物のシダ」、中左「本物の雲」）© 1988 F. Kenton Musgrave: 口絵 p. 3（上下とも）
NASA: 口絵 p. 4（下右、木星）
NASA Website public image: 口絵 p. 1（下左「本物の海岸線」）
Alan Norton: pp. 418（左），459, 口絵 p. 8（すべて）
Jean Louis Oneto: p. 344
© H. O. Peitgen: p. 414
© H. O. Peitgen and P. H. Richter: p. 484（左）
Przemyslaw Prusinkiewicz, 1986: 口絵 p. 1（上右「フラクタルによるシダ」）
Courtesy Bernard Sapoval: p. 189
Courtesy Nassim N. Taleb: p. 364
Photograph by John Tate: p. 470（下）
UC San Diego Center for Astrophysics: p. 377（左）
Richard F. Voss: pp. 29（上、下），346（下），347, 484（右），口絵 p. 2（すべて），口絵 p. 5（すべて），口絵 p. 6（下、マンデルブロ集合），口絵 p. 7（上下とも）
Courtesy E. R. Weibel, Institute of Anatomy, University of Bern: 口絵 p. 4（上左、肺）

訳者あとがき

数奇というべきか。それとも必然だろうか。

ベノワ・B・マンデルブロは、一九二四年にポーランドのワルシャワで生まれ、少年時代にパリへ移住し、二〇一〇年にマサチューセッツ州ケンブリッジで死去した。子どものころは社会情勢に振り回され、成人後には本人の意思や他者の思惑、それにさまざまなめぐり合わせに動かされて、波瀾に満ちた生涯を送った。彼の自伝である本書は、まるで数人分の人生を詰め込んだかのごとく、数々の多彩なエピソードでつづられている。

特に大きな転機が二つあった。一つはエコール・ポリテクニークへの入学。超難関のエリート校であるエコール・ノルマル・シュペリウールにも合格しており、最初はそちらに入学したが、一日だけ通って退学してしまう。当時勢いのあった数学者集団ブルバキの影響が濃厚な、閉塞的な空気に耐えられなかったためである。二つめの転機は、フランスでようやく得た大学教員の身分を手放して、アメリカのＩＢＭに入社したこと。「独自の発見で科学に足跡を残す」という子ども時代からの夢が、自由で活気にあふれるＩＢＭの研究所でなら、かなうかもしれないと思ったからだ。

枠にとらわれない。二つの決断の根底には、突き詰めればこの考え方がある。そういえば、彼の人生全体が枠にとらわれない生き方だ。「枠にとらわれない」というシンプルなルールに従って歩んだ道が彼の生涯であるのなら、その波瀾万丈な人生は必然だったのかもしれない。

$$z_{n+1} = z_n^2 + c$$
$$z_0 = 0$$

「最も複雑な数学的対象」といわれるマンデルブロ集合を描くとき、用いられる式はこれだけだ。コンピューターで計算を何度も繰り返して結果を平面上に表示すると、あの有名な図形が出現する。ごく単純な規則から、きわめて複雑な結果が生じる――どことなくマンデルブロの生涯と似ているのがおもしろい。

＊＊＊

マンデルブロというと、「数学者でしょ」とか「経済学者じゃなかった?」などと言われる。研究者としての彼のキャリアは数学からスタートした。やがて経済学や工学などさまざまな分野にかかわるようになり、各分野で業績を残している。

代表的な業績は、いずれもフラクタルと関係している。単純にいえば、フラクタルとは部分と全体が互いに相似な図形である。よく引き合いに出されるのがブロッコリー。一株のブロッコリーをいくつかに分けると、小房はもとのブロッコリーと大きさが違うだけで形はよく似ている。小房をよく見ると、さらに小さな小房が集まっているのがわかる。じつはこうしたフラクタルな形状というのは自然界にたくさん存在するのだが、その形状をいち早く幾何学的に研究したのが「フラクタルの父」ことマンデルブロだ。その成果は彼の代表作『フラクタル幾何学』（原書は一九八二年刊行。邦訳は広中平祐監訳、ちくま学芸文庫が入手しやすい）にまとめられている。

経済学の分野では、市場における価格変動を説明するモデルとして、フラクタルを精緻化したマルチフラクタルにもとづくモデルを考案している。二〇世紀中盤以降、この分野では一九〇〇年にフランスの数学者バシュリエが確率論にもとづいて提案したモデルが標準理論とされてきたが、マンデルブロはこれが不十分であることを見抜く。実際には、大幅な価格変動というのはこのモデルが示すよりもかなり頻繁に起きるのだ。マンデルブロによれば、マルチフラクタルモデルのほうが現実をはるかに正確に反映できる。これもマンデルブロ本人による『禁断の市場』（原書は二〇〇四年刊行。邦訳は高安秀樹監訳、東洋経済新報社）は、このマルチフラクタルモデルをはじめとして、ファイナンス分野での成果をわかりやすくまとめた一冊となっている。

フラクタルの概念は、いわゆる学問の世界だけのものではない。一九八〇年に発見されたマンデルブロ集合（マンデルブロいわく、「発明」したのではなく、昔から存在したものをたまたま自分が「発見」しただけ）は学問の世界を飛び出し、一九八〇年代には絵柄としてファッションやアートの世界で流行した。近年では、映画のコンピューターグラフィックスで溶岩や波の動きといった自然現象をリアルに描くために、フラクタルの概念が応用されることがあるそうだ。

＊＊＊

本書『フラクタリスト』の読みどころは、彼の研究の足跡だけではない。独創的な発想で多様な業績を重ねて世界的な科学者となるまでの、一人の人間としての歩みもじつに興味深い。厳しくも愛情深い両親に見守られて、ワルシャワで比較的平穏に過ごした幼年期。フランスで第二次世界大戦に翻弄された少年時代。そして逆境を乗り越えて科学者へのスタートラインに立った二〇歳の冬。マンデルブロはどの時期にも、その時代ならではのユニークな出来事に遭遇する。それを描写する語りはきわめて鮮やかだ。一〇歳の夏を過ごした村で眺めた農作業の遠景は、ミレーの農民画を思わせる見事な描写で語られている。すでにこのころから人並みはずれた観察眼が開花していたのか、などと想像させられる。

二〇代は、兵役のために一年間の中断はあったが、学生およびポスドクとして研究の方向性を模索する時期となる。ジョン・フォン・ノイマンなど、マンデルブロに大きな影響を与える科学者との出会いも、多くがこの時期である。本書では、科学界の大物たちがさらりと登場して、思いがけない横顔を見せる。読者にちょっとした暴露話をしてぺろりと舌を出しているような、マンデルブロのお茶目なところもうかがえる。

三〇代以降は、主にＩＢＭを拠点として研究に邁進する。といっても、一つの分野だけを究めるのではなく、さまざまな分野を渡り歩き、「よそ者」の立場で成功を収めていく。いよいよ、「異端者」を自任する彼らしい生き方が実を結ぶ時期を迎えるのだ。とはいえ、いつも順調なわけではない。有名大学に就職するチャンスをふいにして失意に暮れた話など、失敗談もユーモアを交えて語られている。

本書の原書がアメリカで出版されたのは二〇一二年一〇月だが、マンデルブロは二〇一〇年一〇月に亡くなっている。執筆中に病気が判明し、刊行を見届けることはできなかった。そのため彼の妻から頼まれて、親友が「あとがき」を書いているのだが、亡き友に対するあふれんばかりの友情と尊敬がひしひしと感じられる。周囲にこびることなくわが道を進んだマンデルブロは、敵も少なくなかっただろうが、真の友人もたくさんいたに違いない。

＊＊＊

ソニーコンピュータサイエンス研究所の高安秀樹氏には、本書の帯推薦文を頂戴したうえ、訳語に関する質問にもお答えいただいた（ただし、限られた質問を提示させていただいたのであって、記述に誤りなどあれば訳者の責任である）。早川書房の伊藤浩氏には、本書を翻訳する機会をいただき、訳稿に対してたくさんの的確なご指摘とご提案をいただいた。二タ村発生氏には校正の労をおとりいただいた。また、翻訳作業で行き詰まったときに助けてくれた友人たちに、この場を借りて感謝の気持ちを伝えたい。

皆様、ありがとうございました。

二〇一三年晩夏

田沢恭子

フラクタリスト―マンデルブロ自伝（じでん）―
2013年９月20日　初版印刷
2013年９月25日　初版発行
＊
著　者　ベノワ・Ｂ・マンデルブロ
訳　者　田沢恭子（たざわきょうこ）
発行者　早川　浩
＊
印刷所　三松堂株式会社
製本所　大口製本印刷株式会社
＊
発行所　株式会社　早川書房
東京都千代田区神田多町２−２
電話　03-3252-3111（大代表）
振替　00160-3-47799
http://www.hayakawa-online.co.jp
定価はカバーに表示してあります
ISBN978-4-15-209401-8　C0042
Printed and bound in Japan
乱丁・落丁本は小社制作部宛お送り下さい。
送料小社負担にてお取りかえいたします。